ERRET - CUIOME 1982

COLLECTION MICHEL LÉVY
— 1 franc le volume —
1 franc 25 centimes à l'étranger

FRÉDÉRIC SOULIÉ
— ŒUVRES COMPLÈTES —

SI JEUNESSE SAVAIT
SI VIEILLESSE POUVAIT

— PREMIÈRE SÉRIE —

PARIS
MICHEL LÉVY FRÈRES, LIBRAIRES-ÉDITEURS
RUE VIVIENNE, 2 BIS

1858

COLLECTION MICHEL LÉVY

OEUVRES COMPLÈTES
DE
FRÉDÉRIC SOULIÉ

POUR PARAITRE DANS LA COLLECTION MICHEL LÉVY

ŒUVRES COMPLÈTES
DE
FRÉDÉRIC SOULIÉ

UN VOLUME PAR SEMAINE

LES MÉMOIRES DU DIABLE.	2 vol.
CONFESSION GÉNÉRALE.	2 —
LES DEUX CADAVRES.	1 —
LES QUATRE SOEURS.	1 —
AU JOUR LE JOUR.	1 —
MARGUERITE. — LE MAITRE D'ÉCOLE.	1 —
HUIT JOURS AU CHATEAU.	1 —
LE BANANIER. — EULALIE PONTOIS.	1 —
SI JEUNESSE SAVAIT!... SI VIEILLESSE POUVAIT	2 —
LE PORT DE CRÉTEIL.	1 —

Les autres ouvrages paraîtront successivement.

IMPRIMERIE DE BEAU, A SAINT-GERMAIN-EN-LAYE.

SI JEUNESSE SAVAIT
SI VIEILLESSE POUVAIT

PAR

FRÉDÉRIC SOULIÉ

I

PARIS
MICHEL LÉVY FRÈRES, LIBRAIRES-ÉDITEURS
RUE VIVIENNE, 2 BIS

1858

SI JEUNESSE SAVAIT

SI VIEILLESSE POUVAIT

I

Le passage Radzivill. — Deux vieillards. — Comment on fait de l'or. — Souvenirs d'Alemagne. — Esquisse d'une vie bien employée. — Miracle.

Tout le monde, à Paris, connaît le passage Radzivill ; mais peu de gens l'ont considéré sous son aspect pittoresque et philosophique. Avant que le marteau de la civilisation, c'est-à-dire de la spéculation, ne l'ait embelli ou détruit, prenons-en un dessin exact afin que nos derniers neveux puissent se faire une idée de cette mystérieuse existence. Deux allées parallèles, étroites, fangeuses et obscures, partent de la rue de Valois et sont réunies à leurs extrémités par un couloir également obscur, fangeux et étroit ; du milieu de ce couloir qui longe l'égout de la rue Neuve des Bons-Enfants, monte un escalier droit qui aboutit également au milieu d'un couloir supérieur, des deux bouts duquel partent deux autres allées aussi étroites, aussi fangeuses, aussi obscures que les allées inférieures, et qui débouchent en retour sur ladite rue Neuve des Bons-Enfants. Au centre de ces deux parallélogrammes superposés s'élève un escalier en spirale, immense, ténébreux, infini, et qui, les pieds dans la boue, ne s'arrête que là où la misère elle-même ne pourrait plus monter. Bien des fois, en considérant cette fantatisque construction, je me suis imaginé que la main de quelque magicien tout-puissant s'était plongée dans l'enfer du Dante, qui descend par neuf cercles jusqu'aux entrailles de la terre, et, le retournant de bas en haut comme on ferait d'un bonnet de coton, avait élevé au-dessus du sol ce monument immonde et ses neuf étages.

C'est là, dans ce repaire effroyable, à son étage le plus élevé, dans son cabinet le plus délabré, que le plus âgé et le plus misérable de ses habitants était en contemplation devant une tabatière vide et un vieux billet de loterie. Cependant le visage de ce vieillard ne dénotait ni abattement ni désespoir; un sourire de dédain contractait seulement ses lèvres, et tout à coup il repoussa la tabatière et le billet en s'écriant :

« Ah! si jeunesse savait! »

Comme il prononçait ces paroles, la porte s'ouvrit, et un autre vieillard entra aussitôt dans le cabinet.

Ces deux hommes, parvenus l'un et l'autre à ce dernier terme de la vieillesse où tout caractère primitif s'efface dans un délabrement général du corps et de l'esprit, gardaient cependant encore en eux l'expression d'une nature et d'une vie bien différentes. Le premier, l'habitant du cabinet, était d'une stature remarquable; le développement de sa poitrine, la plénitude de ses membres, montraient que dans sa jeunesse il avait dû être taillé dans d'admirables proportions de force et de beauté; sa tête, toute couronnée de cheveux blancs, était peut-être un peu petite pour l'ampleur de ses épaules; son visage, quoique d'un dessin encore très-correct, n'annonçait pas qu'une intelligence de premier ordre eût jamais animé ce corps, mais il était sillonné de ces rides avachies qui décèlent l'action des passions brutales.

Quant au visiteur, c'était une sorte de momie vivante. Jamais corps plus étriqué, membres plus grêles, taille plus exiguë, ne s'étaient appelés du nom d'homme; et, pour compléter le contraste avec l'autre vieillard, une tête énorme et que l'exercice d'une pensée active avait dépouillée de tous ses cheveux, reposait sur des épaules étroites et relevées en bosse. Ces deux personnages se considérèrent un moment en silence, et l'habitant du cabinet dit le premier :

— Qui ai-je l'honneur de recevoir chez moi?

— Je me nomme le baron Bazilius, dit celui qui venait d'entrer, et je crois être chez M. le chevalier de Mun.

Si quelqu'un avait pu être témoin de cette entrée et de cette réception, il eût été incontestablement frappé de la façon dont ces deux mendiants s'abordèrent, car la pénurie excessive de leur costume disait assez leur pauvreté. Les noms qu'ils s'étaient attribués pouvaient jurer avec les guenilles dont ils étaient couverts; mais la tenue, le ton avec lesquels avaient été prononcées le peu de paroles que nous avons rapportées, eussent suffi à prouver que ces gens ne se donnaient pas des titres qu'ils étaient incapables de porter. Il y eut un moment de silence pendant lequel le vieux chevalier attendit que le visiteur voulût bien s'expliquer.

— Monsieur, dit enfin le baron Bazilius, je suis un pauvre savant (si un homme peut dire qu'il est savant après avoir vu tant de vérités à jamais acquises, disait-on à la science, tomber au rang des plus déplorables erreurs); depuis soixante-quinze ans, je cherche le grand problème de la nature.

— Ah! lui dit le vieux chevalier d'un ton dédaigneux, vous êtes un souffleur; vous courez après la pierre philosophale.

Le baron Bazilius renvoya au chevalier son dédain, mais d'une manière discrète et par un sourire qui ne fit que rendre plus pincées ses lèvres minces et blanches comme du vélin.

— Faire de l'or, répliqua-t-il d'une voix brève, est un métier trop vulgaire, à l'époque où nous sommes, pour qu'un homme de sens daigne s'en occuper.

Le chevalier ouvrit de grands yeux et répéta :

— Faire de l'or est un métier vulgaire !

— Oui, monsieur, ce que nous appelons, chimiquement parlant, la matière première de cette composition, se récolte par les chiffonniers dans toutes les rues et au coin de toutes les bornes.

— Quelle est donc cette matière première ?

— Ceci, dit le savant en montrant au chevalier un petit morceau de son billet de loterie.

— Le papier ? lui dit le baron.

— Le papier, monsieur. Prenez une masse convenable de cette substance, et écrivez dessus : Actions de l'entreprise du *bélier romain* appliqué au pavage ; quinze pour cent d'intérêt assurés, trente-cinq pour cent de dividendes immanquables ; ou bien : Actions du journal *le Tigre civilisé*, cent lignes d'insertion par mois comme prime aux actionnaires, indépendamment des intérêts et dividendes ; ou bien encore : Actions du théâtre moral *le Vertuorama*, pour l'instruction de la jeunesse, entrées de la salle et du théâtre aux actionnaires : et tout aussitôt les pauvres, les avares, les paresseux, que l'appât du gain attire plus nécessairement que l'aimant n'attire le fer ; les envieux, les lâches, les sots, qui ont besoin de calomnier ou de parler d'eux ; les débauchés, jeunes et vieux, les vieux surtout, les marchands de contremarques et les faiseurs de tragédies classiques, enlèveront, les uns les actions de votre pavage, les autres celles de votre journal, les derniers tous les coupons de votre théâtre, et votre papier se changera en or.

Le chevalier secoua la tête comme un homme peu persuadé de l'efficacité de ce procédé, et le baron continua :

— Cela vous semble-t-il trop difficile ? Eh bien ! prenez de la graine d'ognon et mêlez-la avec un peu de beurre, ou bien prenez de la sciure de bois, ou bien quoi que ce soit, et amalgamez-le avec ce que vous voudrez, et annoncez sur un autre morceau de papier : Remède infaillible contre... contre ce qu'il vous plaira, contre les maux de reins, de dents, d'yeux, de cœur, de jambes, contre les anévrismes ou les cors aux pieds, ou mieux, contre tous les maux ensemble, et chaque rame de prospectus se changera en un sac de louis.

— Monsieur, dit le chevalier, ce sont des industries de charlatans, et votre papier changé en or peut être une fort bonne plaisanterie ; mais si j'avais à recommencer la vie, ce n'est pas à ces moyens que je demanderais ma fortune.

— Il est vrai qu'il y en a un plus simple. Vous prenez une feuille de papier, vous y mettez votre signature, vous l'escomptez, et vous ne payez pas à l'échéance; la métamorphose est opérée. Il faut dire que l'abus de ce moyen l'a rendu très-difficile; mais il en est mille autres que vous ne pouvez nier. Le papier gribouillé des faiseurs de romans, celui des écrivains politiques, des économistes et des inventeurs d'almanachs; le papier timbré des avoués, des notaires et des huissiers ; les papiers-monnaies des banques et des gouvernements; le papier des loteries, le papier même qu'on vous offre au pied de cette maison, dans un établissement nécessaire, tous les papiers, vous dis-je, se changent en or ! Aussi, vous l'ai-je dit, ce n'est pas ce que vous appelez la pierre philosophale qui a été l'objet de mes recherches ; c'est un mystère d'une importance bien autrement grande.

— Quel qu'il soit, monsieur, dit M. de Mun, d'un ton impatient, il doit m'être assez indifférent.

— Peut-être, répondit le baron.

— Monsieur, reprit le chevalier, j'ai quatre-vingt-quinze

ans, j'ai mis mon dernier écu sur ce billet de loterie, mon dernier sou dans cette tabatière : le billet a perdu, la tabatière est vide, je n'ai plus rien à attendre de la vie, et je suis prêt à mourir.

— Avec le regret de votre existence dissipée en faux calculs, en vaines illusions, en espérances décevantes.

Le chevalier considéra le vieux savant, dont le visage était crispé par une malice infernale, et dont le regard brillait d'un feu qui semblait partir d'un brasier allumé dans les profondeurs de son crâne.

— Qui vous a dit ma pensée ? s'écria-t-il en tressaillant.

Le baron Bazilius éteignit l'éclat de ses regards, effaça l'expression de sa physionomie, et repartit d'une voix insinuante :

— Vous-même, monsieur, vous-même me l'avez révélée, lorsque vous vous êtes écrié : « Ah ! si jeunesse savait ! »

— Eh ! monsieur, fit le chevalier avec un soupir, quel homme éclairé par l'expérience n'a regretté de ne l'avoir acquise qu'à l'heure où elle lui était inutile ?

— La croyez-vous donc un guide infaillible ?

— Oui, monsieur, reprit le chevalier, surtout lorsque aucune déception n'a manqué à la vie d'un homme, comme, par exemple, à la mienne.

— A la vôtre ! dit le baron ; vous êtes né cependant noble, riche, beau...

— Et je meurs dégradé, pauvre et inconnu, après avoir vécu malheureux, dit M. de Mun d'un ton amer. Puisque rien ne me manquait au départ, et que je suis si mal arrivé, c'est que l'expérience n'a jamais éclairé ma carrière.

Le visage du baron reprit sa malignité sauvage. Il attacha sur le chevalier son regard d'un rouge de fournaise comme s'il eût dû l'éclairer jusqu'en ses entrailles, et lui dit d'une voix éperonnée de sourires moqueurs :

— Peut-être croyez-vous avoir beaucoup vu et beaucoup

appris, parce que vous avez vécu longtemps, mon cher monsieur ; mais ce n'est pas une raison pour être sûr qu'on ne se tromperait plus si on avait à recommencer la vie ; elle a tant de phases diverses que nul homme ne peut se vanter de les avoir toutes parcourues.

— Sans doute, monsieur, dit le chevalier avec humeur, celui qui a vécu toute sa vie dans un laboratoire, en face d'une cornue et d'un alambic, serait peu propre à tenter cette épreuve, si elle était possible ; mais j'ai la vanité de croire, vanité que j'ai payée assez cher pour ne pas m'en glorifier, que je ne serais plus la dupe des fripons, des coquettes, des intrigants, des flatteurs, des faux amis, pas plus que je ne l'ai été de charlatans à la façon de Mesmer..... ou à la façon...

— Du baron Bazilius, voulez-vous dire...

— Vous avez le don de deviner ma pensée, monsieur, reprit le chevalier avec hauteur, mais moi je n'ai pas cette faculté, car je ne sais pas encore à quelles intentions vous êtes entré chez moi.

— Pour m'assurer qu'il existe un homme qui ne craindrait pas de recommencer sa vie, si cela était possible.

— Eh bien ! repartit le chevalier en se levant, cet homme vous l'avez vu ; qu'avez-vous à lui demander ?

— S'il veut essayer.

Le visage du chevalier se rembrunit, et, malgré la pauvreté de ses vêtements, il reprit un moment l'air de grand seigneur qui devait lui aller si bien dans sa jeunesse, et répliqua :

— Si vous avez compté vous jouer de ma vieillesse, monsieur, je me dispenserai de respecter la vôtre ; et, si faible que je sois, il me reste encore assez de force pour vous jeter à la porte.

Cette menace ne parut pas faire le moindre effet sur le baron, car il tira paisiblement une tabatière de sa poche, et l'ouvrit pour ainsi dire sous le nez du chevalier. A cet aspect, les narines du vieillard menaçant s'épanouirent et vibrèrent, ses doigts s'allongèrent par un mouvement convulsif, et ce fut les yeux fixés sur la tabatière, qu'il écouta Bazilius qui répliqua du même ton d'ironie :

— Je crois votre expérience infaillible, mais elle ne peut exister là où la mémoire fait défaut, et la vôtre est bien paresseuse, ce me semble.

En disant cela il tendit sa tabatière à M. de Mun. Il y eut un moment d'hésitation, mais le besoin l'emporta ; le chevalier plongea les doigts dans la tabatière, et aspira avec une furieuse avidité la prise énorme dont il s'était emparé.

O prodige ! jamais sensation, si douce et si vive à la fois, n'avait ému le sens olfactif du vieillard ; c'était ensemble un parfum éthéré, une excitation caressante, et un agacement voluptueux des papilles nasales. Le chevalier ferma les yeux comme pour mieux savourer cette jouissance ineffable ; il éternua, et alors il lui sembla que son cerveau se débattait au milieu de matières hétérogènes ; il éternua encore, et ces matières semblèrent se séparer de la matière cérébrale dont elles obstruaient l'action ; il éternua une troisième fois, et sentit aussitôt son cerveau se dégager tout à fait. Ce fut d'abord une confusion active, mais sans désordre, comme celle d'un régiment dispersé pour le repos, et dont les soldats accourent pour reprendre leurs rangs : de même les pensées et les souvenirs du chevalier, depuis longtemps endormis, s'éveillaient rapidement et se classaient en tumulte. Alors il regarda le baron Bazilius avec un étonnement mêlé de terreur, et lui dit :

— Quelle est cette substance ?

— Du tabac porté à la quinzième puissance, voilà tout. Le mien opère à un degré supérieur l'effet que le tabac vulgaire opère d'une façon presque imperceptible.

— Et c'est là sans doute votre merveilleuse découverte ?

Le baron répondit avec un sourire de dédain :

— C'est le plus misérable des résultats que j'ai obtenus, mais il suffira à vous prouver que je ne suis pas un charlatan qu'il faut jeter à la porte.

— Mais enfin, lui dit M. de Mun, épouvanté de la vie confuse encore qu'il se sentait au cerveau, pourquoi êtes-vous venu chez moi ?

— Je vous l'ai dit : pour rencontrer un homme qui ne craindrait pas de recommencer sa vie.

— Et je vous ai répondu, je crois, dit le chevalier, dont les idées récentes étaient un peu bousculées par le retour des souvenirs anciens, je vous ai répondu que cet homme vous l'avez vu.

— Et je vous ai demandé si vous vouliez essayer, dit le chevalier en se levant à son tour ; vous m'avez menacé de me jeter à la porte comme un charlatan, et c'est alors que je vous ai dit que votre mémoire vous faisait défaut, et c'est alors...

En parlant ainsi le baron avançait sur le chevalier, dardant sur lui ses yeux de feu ; à chaque pas le chevalier reculait avec plus de terreur, enfin il se voila la face de ses deux mains, ne pouvant supporter l'éclat de ces rayons dévorants, et il s'écria :

— Bazilius ! Bazilius ! est-ce vous, vous mon maître à l'Université d'Heidelberg.

Le chevalier tomba sur son lit et le baron sur sa chaise ; mais l'effort qu'il venait de faire avait probablement épuisé le baron, car il murmura d'une voix douce et douloureuse, comme s'il eût répété le refrain de quelque vieille ballade :

— Meta ! ma fille, Meta ! pourquoi sors-tu si matin ? Tu vas, dis-tu, écouter le chant des oiseaux qui saluent le retour du soleil sur les saules du rivage comme des enfants joyeux qui revoient leur père après une longue absence. Meta ! ma fille, Meta ! pourquoi sors-tu si tard ? tu vas écouter, dis-tu,

1.

la voix gémissante des vents qui, pendant la nuit, chante une musique céleste dans les ruines du vieux château. Non, Meta, ce ne sont pas ces chants ni cette voix que tu vas écouter, ce sont les chants d'amour et la voix jeune et discrète du bel étudiant français.

— Pauvre Meta ! murmura le chevalier.

Le baron se redressa, et, d'une voix retentissante et qui fit vibrer l'étroite chambre où il se trouvait, il s'écria :

— Citoyen, cet homme n'est pas un espion des Prussiens ; c'est le fils de mon vieux professeur, c'est Max Bazilius, mon ami d'autrefois, un cœur honnête, un fils respectueux, un père juste et bon ; s'il est en France, c'est moi qui l'y ai appelé. Citoyen, sauve-le. Qu'as-tu répondu à cette voix de ton âme, chevalier ? « Je ne connais pas cet homme ; qu'on le mène à l'échafaud. »

— Oh ! Bazilius, s'écria le vieillard tremblant, je me souviens... je me rappelle tout ; Meta abandonnée et morte, Max accusé et tué ; mais, Bazilius, ce n'était pas ma faute... Je ne savais pas...

— Mais tu sais maintenant, n'est-ce pas ? dit le baron d'un ton amer.

— Oh oui ! répliqua le vieux chevalier, je sais ; quatre-vingt-quinze ans d'erreurs et de fautes m'ont appris la vie.

— En es-tu sûr ? dit le baron.

— Tu ne connais que mes crimes et non pas mes châtiments, Bazilius, reprit le chevalier. Revenu dans mon pays j'ai dévoré ma jeunesse dans l'orgie surannée du vieux Louis XV. Tout l'amour de mon âme a été donné à des courtisanes de la halle ou de la cour, et je n'y ai gagné que la corruption de leur sang et de leur cœur. Je me suis marié à une femme dont la vertu devait, disait-on, rassurer ma défiance, et six mois après elle payait de l'argent que lui rapportaient les caprices du royal débauché de Versailles, ceux qu'elle éprouvait pour les beaux laquais qui la servaient. Je l'ai chassée, et, pour échapper à sa honte, dont on faisait la mienne, je suis allé dans les Amériques, où j'ai dévoré les restes de ma fortune à servir un pays de marchands fripons, de puritains dissolus, d'enfants bâtards d'une nation avide et perverse ; je croyais me battre pour la liberté, je me battais pour une tasse de thé et un morceau de sucre. Oh ! c'est alors que j'ai appris. Revenu en France, j'ai cru à la prédication insensée des encyclopédistes ; je les ai suivis, et j'étais le disciple de Mirabeau le père, qui parlait des droits de l'homme, quand je sus qu'il avait obtenu dix-sept lettres de cachet contre son fils. Dans ma honte, je me fis l'ami de celui-ci, et le lendemain de sa mort je trouvai dans ses papiers la preuve que la veille il s'était vendu à la cour. Je reparus à la convention, où je votai la mort de Louis XVI, qui traitait avec les ennemis de la France, et bientôt après on me condamnait comme partisan de la monarchie. Plus tard j'étais près des princes de la famille royale, qui portaient, disait-on, si noblement les peines de l'exil, et je voyais l'un d'eux faire la cuisine avec son premier gentilhomme, et l'autre s'enfuir à la première balle de Quiberon. J'ai vu Barras s'enivrer avec des femmes publiquement nues, et dévorer les restes de la fortune de la France. J'ai vu Bonaparte commencer sa tyrannie aux applaudissements de la république, et la finir par cette immense hécatombe d'hommes qui s'est accomplie en Russie. J'ai vu la restauration et les trahisons blanches, les trahisons tricolores, les lâchetés en guenilles, les lâchetés dorées ; j'ai vu les apostasies des uns, les entêtements aveugles et forcenés des autres ; et enfin, pour couronner cette longue existence, j'ai assisté à cette énorme plaisanterie qu'on appelle la révolution de juillet. Ah ! sur ce chapitre j'en sais trop, Bazilius, pour craindre de recommencer ma vie et d'être dupe d'aucun parti ! Et si ce n'est pas assez du spectacle de tous ces événements, je te dirai que pour ma part, dans ma famille, j'ai été fils rebelle, mari trompé, père renié ; pour ma part, dans ma carrière, j'ai été soldat, libelliste, agent d'affaires, député, ministre, ambassadeur, espion, munitionnaire, directeur de théâtre, banquier : pour ma part enfin, et dans mon âme, j'ai été dévot, libertin, joueur, avare, dissipateur ; j'ai épuisé la coupe de toutes les jouissances, éprouvé la trempe de tous les hommes et de tous les événements, répudié toutes les espérances. Oh ! si je pouvais recommencer ma vie, je voudrais devenir le maître du monde.

Le chevalier s'était animé en parlant, au point de ne pas faire attention à la manière dont le considérait le baron, à mesure qu'il récapitulait ainsi sa vie passée ; le sourire imperceptible et pincé de Bazilius s'était peu à peu évanoui ; il s'était changé en un rire sourd et bas, quand le chevalier avait parlé des divers états qu'il avait faits ; puis enfin il avait éclaté en sons rauques et convulsifs, quand M. de Mun avait placé si haut l'avenir d'une nouvelle vie si elle lui était rendue. Ce rire farouche, insolent, moqueur, arracha le chevalier à son exaltation. La pensée lui revint qu'il était véritablement dans les mains de quelque charlatan qui avait expérimenté sur lui l'effet d'un nouvel excitant, et il voulut s'élancer sur le baron ; mais une inertie insurmontable de tous ses membres le tint cloué sur son lit.

— Oh ! misérable ! s'écria-t-il, tu m'as tué !

— Je t'ai redonné la vie de l'esprit...

— Oui, oui, reprit le chevalier, je sais, je me souviens, je te reconnais... tu es Bazilius, cet audacieux chimiste qui passait pour avoir obtenu des secrets effroyables par de sacriléges expériences. Mais il y a soixante-quinze ans que tu étais devant moi jeune homme, déjà alors aussi vieux, aussi cassé, aussi mourant que tu l'es...

— Et si je voulais je redeviendrais jeune et fort comme tu ne m'as jamais vu.

En ce moment le chevalier ferma les yeux, baissa la tête et murmura sourdement :

— Oh ! je deviens fou... je deviens fou...

Puis il fit un effort violent pour se lever et s'arracher à la vision qui le tourmentait ; mais il retomba sur son lit où il s'agita d'un reste de force mourante avec une rage furieuse.

— Bazilius, s'écria-t-il, Bazilius, tue-moi... tue-moi... Oh ! sentir sa tête penser, brûler, et ne pouvoir rien... Oh ! tue-moi...

— Je suis venu pour autre chose, chevalier, reprit le vieux savant d'un ton sec et péremptoire. Je viens de te guérir de la vieillesse du cerveau ; je puis te guérir maintenant de la vieillesse du corps, mais c'est à une condition.

— Ah ! démon, démon, s'écria le chevalier, tu viens tenter mon âme ; retire-toi, Satan !

— Quelle pauvre raison avais-tu donc, chevalier de Mun, qu'après tant d'années passées en ce monde, tu cries au sortilége pour une chose que tu ne comprends pas, quoique tu l'aies en partie éprouvée. Tu as vécu quatre-vingt-quinze ans, viens-tu de me dire ; alors tu dois avoir vu nier et traiter de rêves insensés tout ce qui fait aujourd'hui l'orgueil des nations et de la science ; mais je n'ai que faire de te citer les mille exemples vulgaires qui te montreraient que toute découverte a été l'objet des mépris de quelques ignorants et de toutes les académies savantes : je t'ai prouvé mon pouvoir et je puis t'en faire sentir toute la portée ; je t'ai parlé d'une condition, mais ce n'est pas une condition que ma volonté seule t'impose, c'est la condition nécessaire de ton retour à la jeunesse.

— Et quelle est cette condition ?

— Tu ne pourras plus oublier. La mémoire, ce que tu appelles l'expérience, sera toujours à tes côtés, prête à te conseiller.

— C'est ce que je veux, s'écria le chevalier.

— Oh! ne crois pas que ce soit une mémoire comme celle de ta première vie, qu'on fasse taire par le vice, par la fureur du mouvement, par l'ivresse d'une passion ; cette mémoire, elle sera indépendante de toi ; inhérente à ton corps, elle en sera cependant séparée : ce sera ton ombre, toujours visible aux yeux de ta pensée, toujours présente et implacable, qui te parlera d'une voix à laquelle tu ne pourras fermer les oreilles, insensible aux émotions physiques et morales de ton corps ; une mémoire que tes plus doux ravissements comme tes douleurs les plus vives ne pourront rendre muette ; ce sera enfin l'expérience toujours éveillée, active, admonestant et avertissant à chaque minute ; voilà la condition, la veux-tu accepter?

— Oh! tu railles, Bazilius, reprit le chevalier, tu railles, car tu me présentes comme une rude condition la seule chose qui puisse faire de la nouvelle vie que tu prétends pouvoir me redonner, un avenir de gloire, de puissance et de bonheur ; tu railles, car, ce pouvoir, si tu le possédais, tu t'en servirais pour toi-même.

— Ne te souviens-tu pas de ce que tu viens de me dire? Ne m'as-tu pas vu, il y a soixante-quinze ans, vieux, cassé, mourant comme je le suis, et ne me retrouves-tu pas tel que tu m'as quitté? Ces années écoulées ont suffi à une nouvelle carrière. Je pourrais la recommencer encore avec une plus longue masse de souvenirs et d'expérience, mais j'en ai assez, et j'ai reconnu que la mort était le dernier bienfait que Dieu ait accordé à l'homme.

— En ce cas pourquoi m'offres-tu ce magnifique présent de la vie?

— C'est ma vengeance, chevalier de Mun, vengeance terrible si tu l'acceptes, et tu l'accepteras ; ta vanité féroce ne t'y pousserait pas, que le premier don que je t'ai fait t'y forcerait par la torture. Tu penses, tu sens, tu désires, vieillard impotent et délabré, et rien en toi ne peut plus satisfaire à une volonté. Ce supplice peut être long sans que tu en meures, et tu succomberas à la tentation de revivre.

Le chevalier s'agita encore sur son lit, comme un enfant se roule dans son berceau, sans pouvoir se dresser sur ses jambes.

— Oh! c'est un rêve affreux, un rêve que je fais... au secours... au secours...

Bazilius se pencha sur le chevalier et plongea ses regards enflammés dans les yeux éteints de sa victime.

— Ombre infernale, laisse-moi, dit le chevalier.

— Tiens, lui dit Bazilius en le souffletant de sa main décharnée, suis-je une ombre?

— Oh! s'écria le chevalier, la vie, la force pour une heure, pour une minute, pour que je te punisse et que je t'écrase.

Bazilius se mit à rire et repartit :

— Don Diègue, qu'as-tu fait de ton Rodrigue pour venger ton injure? Et maintenant écoute-moi.

Le chevalier était étendu sur son lit; Bazilius s'assit sur sa poitrine dans la position de cette figure de singe hideux, sous laquelle les peintres représentent le cauchemar; le malheureux chevalier, haletant, étouffé, sentit la voix lui manquer sous ce poids incommode.

— Je suis un corps, tu le sens, chevalier, lui dit Bazilius. Ne crains rien, tu ne mourras pas encore, mais ainsi tu m'entendras mieux, cela fera cesser un moment le supplice de ta pensée. Chevalier Jacques-Arthur de Mun, voici le récit de ta vie comme tu aurais dû le faire. Tu as séduit ma fille Méta quand je te disais : Épargne cette enfant, jeune homme, sa raison est perdue, et si tu la trompes elle en mourra.

— Je ne savais pas...

— Mais tu sais maintenant, reprit Bazilius en se soulevant et retombant de tout son poids sur la poitrine du chevalier, tu sens et tu ne commettras pas le même crime. Revenu en

France, qu'as-tu fait lorsque ton père t'a dit : Défie-toi de ces femmes de la halle ou du boudoir, corruption où périra la fleur de ton âme et de ta jeunesse?

— Je ne savais pas.

— Mais tu sais maintenant, reprit Bazilius avec un accent amer et méprisant. Quand tu as épousé ta femme, on t'a averti de la vénalité et de la fureur de ses amours; mais il fallait rétablir par un riche mariage ta fortune dissipée.

— Je ne savais pas et j'espérais.

— Mais tu sais maintenant, reprit encore le baron en se soulevant de nouveau pour retomber plus lourdement sur la poitrine du malheureux chevalier, puis il ajouta :

— En vérité, c'est trop de honte que de te rappeler ta vie entière, vie de débauche, de désordre, de cruauté, d'infamie, de sottise, où tu as été aussi souvent victime que bourreau, aussi souvent trompé que trompeur. A cela tu répondrais encore : « Je ne savais pas, » quoique les avertissements ne t'aient jamais manqué; mais Dieu a voulu, et tu en es la preuve la plus effroyable, que l'expérience des pères ne profitât jamais aux enfants. Eh bien! tu auras la tienne, et je saurai si c'est là le guide infaillible.

— Peut-il y en avoir un meilleur? dit le chevalier avec un pénible effort.

Bazilius le regarda avec un sourire cruel, et, au lieu de répondre, il lui adressa la question suivante :

— N'y a-t-il pas des hommes qui, sans avoir plus appris de la vie que tu n'en savais, n'ont jamais commis tes crimes ni tes erreurs?

Le baron sembla attendre la réponse du chevalier avec anxiété; celui-ci ne la chercha point et répondit :

— Ceux-là ont été plus heureux que moi.

A ces mots Bazilius se trémoussa sur le corps du malheureux chevalier; une joie inespérée l'agitait, il frappait des mains, riait, se balançait, et, dans sa joyeuse humeur, il se mit à pincer le nez du vieillard de ses doigts maigres et osseux, et lui dit d'un ton d'invalide qui joue avec son caniche et lui fait des mines et des contorsions coquettes :

—Ah! vieux misérable, drôle de quatre-vingt-quinze ans, nous allons en faire de belles, n'est-ce pas? Je t'aime, chevalier de Mun ; tu es le vice endurci jusqu'à la férocité. A la bonne heure, mon ami. Avec un autre que toi je n'aurais pas pu résoudre le grand problème. Car tu ne sais pas qui je suis, seigneur; je suis la science, et j'ai de par le monde une sœur aînée qui s'appelle la conscience et qui prétend que c'est elle qui préside à toutes les bonnes actions. Je veux lui prouver que c'est moi, et pour cela tu es l'homme qu'il me faut; tu n'as jamais hésité à faire le mal, et tu n'as jamais eu que le remords de l'avoir fait maladroitement. Oh! bon chéri, il faut que je te baise.

Le chevalier voulut se soustraire à cette accolade ; mais il sentit les deux lèvres desséchées de Bazilius sur son front brûlant : elles étaient froides comme une démonstration de mathématiques, et lui donnèrent un frisson douloureux.

— Esprit, démon ou ombre, je t'adjure, laisse-moi, s'écria le chevalier.

— Quand tu voudras, dit le baron en sautant à bas de son lit.

A l'instant même la pensée de Mun reprit son activité, elle brûlait son cerveau; c'était le supplice du mutilé à qui l'on a coupé les jambes, les bras et la langue ; c'était le supplice du cataleptique frappé d'immobilité et d'impuissance, qui voit et entend, sans pouvoir avertir qu'il n'est pas mort. Quelquefois on prépare la bière devant lui; le linceul est jeté sur sa face, la prière bourdonne au pied de son lit, horreur! il ne peut crier ni se mouvoir. Le chevalier cependant pouvait encore parler.

— Bazilius, vas-tu me laisser mourir ainsi ?

— Tu veux donc revivre, chevalier ?

— Oui, la vie pour me repentir, dit le chevalier.

— Ou pour te venger, dit Bazilius en riant.

— Je ne sais, je ne sais, dit le vieillard ; mais assez de ce supplice affreux... assez... la vie quelle qu'elle soit..... ou la mort.

— La vie... la vie ! dit Bazilius avec triomphe... la vie.

Aussitôt il tira de sa poche un flacon d'un pur diamant, renfermant une liqueur lumineuse, dont l'éclat resplendit avec une intensité inouïe. Il sembla au chevalier que ses yeux buvaient cette bienfaisante lumière qui les pénétrait d'un sentiment de douce fraîcheur. Bazilius en était éclairé si vivement qu'il semblait un corps diaphane. Sa peau jaune et parcheminée brillait comme une topaze, et ses deux yeux saillirent comme d'éclatants rubis. Alors il tira encore de sa poche un gobelet d'émeraude, et y versa une goutte de sa splendide liqueur. Cette goutte retentit sur la pierre comme le son argentin d'un timbre divin ; ce son se prolongea avec une vigueur d'abord croissante, et puis s'éteignit insensiblement par de molles vibrations qui caressaient amoureusement l'oreille du chevalier. Bazilius versa cette goutte de liqueur sur la langue de Mun, et une saveur céleste, vive, appétissante à la fois, éveilla chez le vieillard décrépit toutes les jouissances du goût.

A ce moment Bazilius s'arrêta et lui dit :

— Des cinq sens dont la nature t'a doué, quatre ont été rajeunis. Vois ce qu'ils ont été et ce qu'ils sont devenus par l'abus, l'excès, la dépravation. Maintenant c'est le toucher, c'est la force, c'est la jeunesse que je vais te rendre ; prépare-toi, l'épreuve est solennelle.

Aussitôt Bazilius déchira les guenilles qui couvraient le chevalier, il mit à nu ce corps flétri, décrépit, infirme, hideux, et répandit sur lui le reste de cette liqueur éthérée.

A ce moment il sembla au chevalier qu'un feu dévorant le pénétrait de toutes parts, déchirant nerfs et muscles, corrodant les chairs, étreignant les artères, tenaillant le cœur et les entrailles.

— Infâme! infâme! cria-t-il en se relevant, tu m'as tué...

La même idée qui lui était déjà venue qu'un chimiste avait voulu éprouver sur lui l'action de quelque substance inconnue lui revint à l'esprit. Cependant la torture augmentait, le feu pénétrait jusqu'à la moelle des os ; c'était la souffrance universelle, excessive, instantanée de tout ce qui peut souffrir dans le corps humain.

— Ah! s'écria le chevalier, je te punirai, infâme!

Aussitôt, avec une force et une vigueur étonnante, il se jeta sur Bazilius. Il l'atteignit, le prit dans ses bras, l'y serra avec rage; mais ce corps, comme un ballon gonflé, et dont le gaz s'échappe, céda sous cette étreinte puissante. Le chevalier, plus furieux, le saisit, l'enleva de toute la force excessive qui renaissait en lui, et le jeta sur la terre où il s'aplatit comme une peau vide, flasque et molle. Cependant l'ardeur du feu ne faisait que s'accroître, et le chevalier fut transporté d'une colère furieuse; cet être tout à l'heure si pesant, et qui lui échappait, donna à Mun un vertige de rage forcenée, et, avec une frénésie qu'attisaient la torture et l'impuissance de saisir ce fantôme, il foula ce tégument insensible qui semblait s'amincir à chaque coup, il le battit du pied, trépigna, dansa sur lui avec d'horribles imprécations, et il allait sans doute périr dans une suffocation de colère impuissante, lorsque tout à coup la douleur cessa comme par enchantement; un bien-être inouï remplit le corps du chevalier, sa poitrine se gonfla, ses membres s'étendirent dans la plénitude de leur vigueur : il se vit, il se sentit, il se toucha, il s'écouta : il était beau, jeune et fort, et, comme il s'agitait avec une sorte de délire de joie, il entendit une voix grêle, incisive, railleuse, qui lui dit :

— L'œuvre est faite.

Il porta ses regards sur le sol : c'était ce qui restait du

corps de Bazilius ; il voulut y toucher, et ne sentit rien ; seulement, cette apparence s'agitait quand il s'agitait, demeurait immobile quand il ne remuait plus, et le chevalier lui dit :

— Mais qui es-tu ?...

La voix, qu'il reconnut alors, la voix de Bazilius, la voix de la science, la voix qui lui avait dit qu'il n'oublierait plus, lui répondit :

— Je suis ton ombre !

II

Bon sens et humanité du bon peuple. — Le gamin. — Le gendarme. — Le commissaire de police. — L'anthropophage. — Manière de gagner sa journée.

Est-ce vrai, lecteur, que vous trouvez invraisemblable ce que je vous ai raconté ? Certes, je professe le plus profond respect pour le public ; mais, en vérité, pour vous permettre d'être si difficile, monsieur le lecteur, ou madame la lectrice, qui êtes-vous, s'il vous plaît ? Êtes-vous avocat, juge, ou député, vous, Monsieur, qui me repoussez du dos de la main avec un air si dédaigneux ? Comment ! monsieur l'avocat, vous affirmez à votre client, qui n'a ni droit ni ombre de droit, que sa cause est excellente, et vous prétendez qu'il vous croie et vous donne quelques cinq cents francs d'avance ! Quoi ! monsieur le juge, vous déclarez que cette fille a empoisonné son père trente-cinq jours de suite, mais qu'il existe des circonstances atténuantes, et la société doit respecter cette vérité à genoux ! Et vous, monsieur le député, vous dites que vous êtes inaccessible à l'ambition, et, sur la foi de votre serment, il faut que vos électeurs dorment sur les deux oreilles ; mais vous voilà ministre, et vous jurez encore que vous n'avez que le bien public en vue, et il ne faut pas en douter, sous peine de destitution ! Mais, je me trompe ; j'y suis, vous êtes chimiste, et vous dites qu'il y a de l'arsenic dans les chairs de ce cadavre de six mois ; non, vous dites qu'il n'y en a pas... si, vous dites qu'il y en a, — il n'y en a pas, — il y en a, — il n'y en a pas ; — si ! — non ! — mais si, — mais non !!! Et vous voulez qu'on vous croie ! — Pardon, vous êtes journaliste, et vous dites que vous ne vendez ni vos éloges ni vos blâmes, et vous voulez qu'on vous croie ! — Ce n'est pas cela, vous êtes agent de change, vous prétendez faire un métier honnête, et vous voulez qu'on vous croie ! — Je me trompe encore, vous êtes entrepreneur des fosses *inodores*, et vous affichez que cela ne sent pas mauvais, et vous voulez qu'on vous croie !

J'y consens.

Et vous, madame, quel âge avez-vous, s'il vous plaît ? — Seize ans. — Pardon, à cet âge on ne lit pas de romans, on en fait ; on écrit des petites lettres, toutes brûlantes d'un feu innocent, et on se rencontre en cachette, dans des petits coins où l'on affirme qu'il ne se passe rien que papa et maman ne puissent voir ; je vous crois, je vous crois, ma belle enfant ! Et vous, madame, qui me regardez, la tête haute et en clignant les yeux, comme on regarde un faquin, vous êtes bien sûre que vous n'allez au bois, entre trois et cinq heures, qu'afin de prendre l'air pour la santé de votre mari qui s'évertue à la chambre des députés à improviser une interruption. Je vous crois, madame. Et vous, digne matrone, lorsque du haut de vos cinquante ans décharnés, vous dites que tout ce qui est jeune n'a plus la grâce, la fraîcheur, la naïveté, la séduction de votre temps ; vous le dites parce que c'est vrai, et non pas parce que vous crevez de dépit d'être vieille et laide. Je vous crois, madame, je vous crois. Et vous aussi, cher curé, quand vous prêchez le pardon des injures; et vous aussi, gros docteur, quand vous ordonnez le régime; et vous aussi, élégant héritier d'un chaudronnier auvergnat, quand vous dites : *un homme comme moi!* Et vous, pâle jeune homme, qui écrivez à votre père, entre une pipe et une contremarque de Musard, que vous faites votre droit; et vous, qui vendez avec garantie les chapeaux imperméables, la toile incombustible, les fers *inoxidables*, je vous crois tous, Messieurs, je vous crois. Eh bien! pour tant de complaisance de ma part, ayez-en un peu pour moi, et croyez, aussi sincèrement que je vous crois, que ce que je vous ai raconté est l'exacte vérité, et vous verrez de belles choses, je vous le jure. Que, si vous n'en voyez pas, c'est que la foi vous manquera, et ce ne sera pas ma faute. Ceci étant bien convenu entre nous, je continue mon récit, et peut-être vous semblera-t-il curieux d'apprendre comment le grand sens et la bonté d'un bon peuple comprirent cet étrange événement.

Or, on doit concevoir qu'une chose si extraordinaire ne puisse arriver à un homme sans qu'il se demande à lui-même s'il n'est pas le jouet d'un rêve. Le chevalier de Mun se secoua pour s'éveiller; il se mit à parler tout haut, pour s'assurer de sa voix, et, charmé de la rondeur et de la plénitude de son organe, de l'agilité et de l'élasticité de ses membres, il sauta à tort et à travers, battant des entrechats, criant, frappant des mains, donnant de grands coups de poing aux murs, à son unique chaise, si bien que c'était un vacarme qui éveilla l'attention de toute la maison.

— Qu'est-ce? dit une vieille femme en montrant sa tête branlante à l'entrée du palier; est-ce que le vieux M. Mun est devenu enragé?

— Écoutez donc, dit une autre vieille tête féminine, portant un nez à crochet, ce n'est pas la voix du vieux palanquin, c'est la voix d'un jeune homme.

— Dieu me pardonne, ajoute une troisième, ce gaillard casse les meubles du vieux Méléagre.

Les trois voix reprirent à l'unisson :

— Faut aller chercher le commissaire.

Une voix piaillarde repartit aussitôt :

— Ah! je vais y aller, moi.

Et sur ce, un gamin, figure pâle et livide, bouche vorace et bien dentée, cheveux noirs, longs et huileux, corps grêle et efflanqué, le tout vêtu d'une blouse bleue découpée en guenille, enfourcha la rampe de l'immense escalier, et disparut dans la profonde spirale, en criant à tue-tête :

— Un commissaire! un commissaire!

L'une des trois vieilles se pencha sur le gouffre où s'enfonçait le gamin d'un vol rapide et circulaire, comme un démon qui va porter l'âme d'un usurier en enfer, et elle lui cria :

— Dis-lui de mettre son écharpe, mon ange.

Après cette touchante recommandation, cette vieille revint à son poste, et l'entretien suivant s'établit entre elles :

Première vieille. — Il l'assassine, c'est sûr; j'entends le râle du vieux gueux.

Troisième vieille. — Il faut que celui qui fait le coup ait bien faim de tuer un homme, pour s'en prendre à ce grabatier.

Deuxième vieille. — Laissez donc, il a peut-être plus d'écus dans sa paillasse que vous ne pensez.

Première et troisième vieilles (ensemble). — Est-ce que vous en avez l'idée?

Deuxième vieille (d'un ton prophétique). — Vous savez, le pauvre du boulevard Poissonnière, qui montre une maison en fer; eh bien! à ma connaissance, il a sept maisons en pierres de taille sur le pavé, et un château à Compiègne, où il donne des dîners servis en or.

Première et troisième vieilles (d'un air capable). — Ça s'est vu, ça s'est vu.

Première vieille (seule). — Entendez, on n'entend plus rien.

Troisième vieille (après un silence). — Il est achevé.

Silence général et attentif; les trois vieilles grattent pour ainsi dire la porte des yeux, les oreilles sont tendues; toutes trois, par un mouvement, s'avancent sur la pointe du pied; la deuxième, qui paraît la plus intelligente, a quitté ses savates, et fait signe aux autres de s'arrêter; elle arrive seule au trou de la serrure, et se recule avec horreur.

Première et troisième vieilles (d'une voix qui coupe le silence, comme le bruit d'une scie ébréchée sur du bois pourri). — Qu'est-ce que c'est? qu'est-ce que c'est? qu'est-ce que c'est?

La deuxième vieille se retire et montre le trou de la serrure d'un geste tragique. La première vieille regarde longtemps, et se retire à son tour en levant les yeux au ciel. La troisième fait son inspection, et obtient le même résultat.

Première vieille. — Un homme tout nu!

Troisième vieille. — Un jeune homme!

Deuxième vieille (celle qui est intelligente). — Un bel homme!

Première et troisième vieilles. — Quelle idée de se mettre tout nu pour assassiner quelqu'un!

Deuxième vieille. — C'est pour ne pas tacher ses habits avec le sang du vieux. Il est à ma connaissance que le jury a condamné à mort une bande de douze hommes, parce que le chef avait une tache de sang grande comme une tête d'épingle sur la manche de sa veste.

Les deux autres vieilles. — Ça s'est vu, ça s'est vu.

Troisième vieille. — Qui ça peut-il être?

Deuxième vieille (toujours celle qui paraît avoir une connaissance supérieure du monde). — Ça doit être un fils abandonné qui a retrouvé son père.

Première vieille. — C'est vrai, on dirait qu'il lui ressemble.

Troisième vieille. — C'est pourtant un beau jeune homme.

Deuxième vieille (la vieille supérieure). — Le père a dû être magnifique.

A ce moment la porte du chevalier de Mun s'entr'ouvre et se referme aussitôt; les trois vieilles rentrent avec épouvante chacune dans son trou et tenant sa porte prête à se fermer. Il s'établit un long silence pendant lequel s'échangent des regards pleins de trouble, d'attente et de frayeur. Puis, lorsqu'elles se sont assurées que le calme est entièrement rétabli, l'entretien reprend ainsi :

Première vieille. — Le petit ne revient pas.

Troisième vieille. — Il n'aura pas trouvé le commissaire.

Deuxième vieille. — Il le trouvera, je vous en réponds !

Première vieille. — C'est vrai, qu'il est bien gentil, votre enfant.

Deuxième vieille (de l'air le plus majestueux). — Ah ! dame, on n'est pas né duc et pair pour être un imbécile comme les autres.

Les deux autres vieilles (oubliant la catastrophe du vieux voisin à cette déclaration solennelle). — Duc et pair !!!

Deuxième vieille. — Sa mère, qui est ma fille, me l'a confié pendant qu'elle suivait la duchesse d'Angoulême à Gueretz (c'est ainsi que la vieille prononçait Goritz, sans doute). Ah ! madame, continua-t-elle, la révolution de juillet a été bien cruelle pour nous ! Ma fille était très-liée avec madame de Feuchères, et le prince de Condé adorait le petit. J'ai vu de mes propres yeux le testament où il était porté pour vingt-sept millions.

Les deux autres vieilles balancèrent la tête en bas, en signe de condoléance et de participation à ce malheur inouï, tandis que la grand'mère du déshérité la balançait en l'air comme si elle appelait le ciel en témoignage de ce qu'elle venait de dire.

Cependant, au bruit de plusieurs personnages qui gravissaient l'escalier, ces signes taciturnes cessèrent tout à coup. Le passé fut oublié pour le présent; et les trois vieilles se penchèrent vers l'escalier avec une expression de joie. On entendait encore dans les étages inférieurs la marche lourde et éperonnée d'une grosse paire de bottes, que le jeune duc et pair était déjà au sommet de l'escalier, et criait de sa voix perçante :

— Je n'ai pu avoir qu'un gendarme.

— C'est bien peu, fit avec dédain la première vieille à qui la révélation de ce qu'était cet intéressant enfant avait inspiré un commencement de haine contre sa voisine.

— C'est tout ce qu'il faut, repartit aigrement la respectable aïeule.

— Dites-nous, mon chéri, fit la troisième vieille d'un ton caressant, a-t-il son sabre ?

— Flatteuse ! grommela la première vieille, tandis que la noble jeune canaille répondait de ce ton d'insolence railleuse qu'on ne peut exprimer :

— Tiens ! s'il a son sabre; est-ce qu'il serait gendarme, s'il n'avait pas de sabre ?

— Qu'est-ce qui dit ? fit la première vieille avec un grognement désapprobateur.

— Il dit la vérité; le magistrat, sans les enseignes de son état, n'est qu'un homme comme un autre.

Cette phrase, où la prononciation de la deuxième vieille fit défaut à ses connaissances légales en disant enseignes pour insignes, fut débitée avec un accent qui imposa le silence à ses deux voisines.

Il faut dire que la présence du gendarme qui arrivait en haletant comme une cheminée de locomotive, contribua à supprimer toute réflexion. Il était suivi de deux ou trois personnes qui avaient entendu l'enfant avertir le gendarme du meurtre qui venait de s'accomplir. Parmi ces personnes se trouvait un liquoriste voisin à qui le prétendu défunt devait trois livres huit sous de petits verres d'eau-de-vie, et qui venait s'informer de sa créance. Ce puissant intérêt lui fit recouvrer la parole avant que le gendarme eût encore pu se remettre de son ascension, et il dit :

— Est-ce qu'il l'a tout à fait tué ?

— Il n'y a pas de doute, fit la deuxième vieille, car on n'entend plus qu'un silence de morgue.

— Voyons, voyons, dit le gendarme qui soufflait plus régulièrement : où est la chambre du coupable ?

— C'est là, dit la deuxième vieille ; mais tirez votre sabre, gendarme. Cet homme est armé de plusieurs couteaux.

Le gendarme ne tint aucun compte de l'avis et frappa à la porte. On ne répondit pas.

— Entrez donc, dit la vieille.

— Je n'en ai pas le droit, fit le gendarme d'un air capable.

Et il frappa plus vigoureusement ; le même silence lui répondit, ou ne lui répondit pas, comme on voudra.

— Quel scélérat ! murmura la première vieille.

— Il va se sauver par les toits, dit la deuxième ; c'était bien la peine de se déranger. Aussi, mon ange, fit-elle à son chéri, je t'avais dit d'amener un commissaire.

— Puisqu'il est sorti, le commissaire, dit le gamin.

— Sorti ! fit l'aïeule avec indignation. Un commissaire qui sort... Et voilà comment se fait la police. Ça nous coûte pourtant assez cher.

Le gendarme refrappa et obtint le même silence qu'avant.

— Il est sauvé, c'est sûr, fit la vieille.

— Eh bien! s'il est sauvé, cria le gamin, nous le saurons; et sans autre forme de procès-verbal il donna un coup de pied à la porte, qui s'ouvrit avec force. Le gendarme se précipita avec intrépidité dans la chambre, et la parcourut de l'œil.

— Est-ce que vous vous... moquez de moi! s'écria-t-il d'une voix de tonnerre. Il n'y a personne ici.

— Puisqu'il s'est sauvé, dit la vieille.

— Et celui qu'il a assassiné, s'est-il sauvé aussi?...

— Tiens, fit le gamin en furetant dans le lit, pas de sang, pas de mort... Il a emporté son mort.

— Par où? fit le gendarme furieux : par la fenêtre? elle est fermée en dedans; par la cheminée? il n'y en a pas.

— J'ai pourtant entendu tout briser ici, dit une des vieilles.

— Et moi aussi..., et moi aussi..., firent les deux autres. Vous voyez..., vous voyez; la table est brisée, la chaise est en morceaux.

Pendant qu'on examinait les dégâts, le gamin s'était mis à cheval sur le lit, et chantait à tue-tête :

Oh! oh! oh!
Qu'il était beau,
Le postillon de Lonjumeau.

Et tout en prolongeant dans un cri aigu le refrain de cette chanson, il se dandinait sur le matelas relevé en bosse, comme un jockey qui trotte à l'anglaise. Le gendarme comprit le gamin. (Il y a entre ces deux intelligences une sympathie étrange). Il leva le matelas, et vit le coupable dans son affreuse nudité.

— Le voilà l'assassin! s'écria la deuxième vieille tandis que les autres se retiraient pudiquement.

— Que faites-vous là ? dit le gendarme.

— Je suis chez moi, repartit le chevalier de Mun; j'y suis comme il me plaît, et je vous ferai repentir d'avoir brisé la porte de ma chambre.

Le gendarme fut d'abord assez interloqué de l'assurance de ce monsieur; mais les témoignages unanimes du voisinage ayant établi que le matin même la chambre était occupée par un veillard de quatre-vingt-quinze ans, qui avait disparu, le ton hautain du prévenu passa pour l'impudence d'un criminel endurci.

— Allons, allons, dit le gendarme, tirez-vous de là et répondez-moi décemment.

— Qu'il s'habille d'abord décemment, dirent les deux vieilles, sans cela on ne peut pas déposer contre lui.

Mais on chercha vainement les habits du misérable assassin; sa chambre n'en renfermait pas, et force lui fut de s'envelopper dans un vieux reste de couverture. Cependant les interpellations, le tumulte, les suppositions augmentaient à tous moments. Qu'était devenu l'intéressant M. de Mun? où était-il? On l'avait vu rentrer la veille, on ne l'avait pas vu sortir le matin, et l'on trouvait à sa place un autre individu inconnu, qui ne pouvait dire ni d'où il venait, ni qui il était, ni comment il se nommait. Toutefois il n'y avait aucune trace de meurtre, pas une goutte de sang; c'était à n'y rien comprendre. Le gendarme et le gamin tirèrent chacun de toutes ces circonstances une conclusion digne de leurs sentiments particuliers.

— Monsieur, dit le gendarme, vous ne me paraissez avoir commis d'autre crime que celui de n'avoir pas d'habits, mais comme je vous trouve chez une personne qui est peut-être sortie pour ses affaires et que rien ne justifie votre présence dans sa maison, mon devoir est de vous conduire en prison.

Le chevalir voulut résister, et le gendarme tira son sabre, ce qui fit une peur si vive à l'accusé qu'il faillit se trouver mal.

2.

— Mais qu'a-t-il fait du vieux ? s'écria le liquoriste exaspéré par le souvenir de ses trois livres huit sous.

— Eh bien ! dit le gamin, puisqu'on ne trouve ni l'homme ni les guenilles, c'est qu'il l'aura mangé tout habillé.

L'assemblée parut frappée de l'idée lumineuse du jeune enfant, et elle provoqua un tressaillement d'horreur suivi des plus foudroyantes menaces. Alors, comme les voisins de tous les étages s'étaient émus peu à peu du vacarme qui se faisait au sommet de la maison, cette charmante idée descendit l'escalier comme une étincelle électrique, et la foule qui s'amassait à la porte fut avisée qu'on venait d'arrêter un homme qui en avait mangé un autre tout entier, si bien qu'il n'y en avait plus de trace. Sur ces entrefaites, le commissaire de police arriva ; il trouva la population disposée à manger le coupable pour montrer l'horreur que lui inspirait son crime ; et, sans savoir de quoi il s'agissait, il annonça à la foule irritée que l'on allait livrer cet atroce criminel à la vengeance des lois. Il gravit alors le tortueux escalier et arriva juste au moment où les trois vieilles armées de manches à balai très pointus, commençaient le siège du coupable vainement défendu par le gendarme. Lorsque l'écharpe respectée du commissaire s'interposa entre elles et M. de Mun, elles baissèrent leurs armes, mais elles élevèrent à la fois leurs voix prophétiques comme les sorcières de Macbeth, en criant toutes les trois :

— Va..., va..., tu ne mourras que sur l'échafaud.

Je ne puis dire par quel sentiment secret cette menace agit sur le malheureux accusé, mais il pâlit et finit par se trouver mal tout à fait. L'horrible gamin eut encore un mot pour la circonstance, et cria de sa voix glapissante :

— Ah ! cet ogre, il a une indigestion.

On emporta l'assassin pendant que la deuxième vieille, celle dont nous avons déjà signalé l'intelligence, disait au gendarme en le tirant par son habit :

— Vous n'oublierez pas que je suis témoin, que c'est moi qui ai fait découvrir le crime. Je me recommande à vous pour être assignée.... Ah! fit-elle en levant les yeux au ciel, c'est toujours quarante sous par jour que ça me rapportera.

Puis, comme se ravisant tout à coup pendant que l'on s'éloignait, elle cria au gendarme :

— Et le petit! faites assigner aussi le petit. Tiens, tiens, mon bon chéri, c'est quatre francs à nous deux mon loulou.

— Ah! fit le gamin d'un ton d'humeur, j'aime mieux aller le voir guillotiner.

Il nous a été prouvé depuis que ce jeune enfant fréquentait l'école primaire, où il avait appris à lire, et c'est en vertu de cette instruction qu'il volait la *Gazette des Tribunaux* dans le cabinet de lecture du rez-de-chaussée et l'étudiait avec une ardeur digne de l'attention de M. le ministre de l'instruction publique. Cet illustre gamin s'appelait Léopold Fouriou. Ô peuple français! peuple qui marchez en tête de la civilisation, ô peuple parisien, essence précieuse de ce peuple civilisé, sois béni !

III

Dissertation médico-légale. — Deux scélérats. — À quoi sert l'expérience. — Un premier défenseur de la veuve et de l'orphelin.

Quand notre héros revint de son évanouissement, il était dans une prison, étendu sur une planche revêtue d'une botte de paille ; lui-même avait été couvert d'une vieille blouse et d'un mauvais pantalon. Un geôlier fort propre et deux messieurs très-élégants étaient autour de son lit. L'un d'eux dit à l'autre :

— Eh bien ! docteur, croyez-vous à la possibilité de ce fait?

— Je ne puis vous cacher, monsieur l'inspecteur, que la science constate cette effroyable passion chez certains individus. Jacobi de Hatzfeld en cite plusieurs exemples dans son traité *ex professo*, entre autres celui d'un pâtre nommé Goldsmich, qui assassinait les voyageurs pour les dévorer.

Le chevalier, qui n'avait aucune idée du crime que le propos du jeune Léopold Fouriou lui avait fait attribuer, encore engourdi, d'ailleurs, de son évanouissement, ouvrit les yeux, et, parlant sous l'influence d'une sensation intime qui le dominait, il murmura :

— J'ai faim.

A cette parole les deux messieurs se reculèrent avec une épouvante terrible; trois porte-clefs se précipitèrent sur le malheureux pendant qu'il se débattait instinctivement, et l'amarrèrent sur le grabat, de façon à ce qu'il ne pût pas bouger. Pendant ce temps, le docteur, un tant soit peu tremblant, disait à l'inspecteur, non moins effrayé :

— La fureur de ces abominables appétits se dévoile.

— C'est très-curieux, fit l'inspecteur.

— Ah! ah! murmura le docteur, l'Académie des sciences a dédaigné de rendre compte de mes observations sur l'amygdalite; voici un fait sur lequel il faudra bien qu'elle parle du mémoire que je vais lui adresser.

— Oh!... oh!... fit l'inspecteur, la *Gazette des Tribunaux* fait la bégueule. Je vais aller porter le fait au *Droit*, il y a cent abonnés dans cette nouvelle.

Ils se retirèrent avec le geôlier et laissèrent le chevalier de Mun tout seul.

— Ça commence mal, dit tout haut le chevalier, qui s'était peu à peu rappelé l'accusation dont il était l'objet. Comment vais-je me tirer de là? Où est donc cette ombre, ce compagnon inséparble de moi-même, qui devait me guider dans la vie?

— Me voici, repartit la voix sèche et pénétrante de l'ombre.

— Eh bien! madame la science, l'expérience, que dois-je dire? que dois-je faire?

— Je ne sais pas, repartit l'ombre.

— Comment, tu ne sais pas?

— Je ne puis savoir que ce que j'ai appris étant à ton service dans ta première vie; or tu n'as jamais été dans une position pareille, nu comme un ver, gueux comme un rat, sans ami, sans famille, sans un être au monde qui puisse dire qui tu es.

— C'est vrai, c'est vrai, murmura le chevalier : eh bien! je dirai la vérité.

— On te prendra pour un fou et on t'enfermera à Bicêtre.

— C'est probable; mais si je ne dis rien?

— La justice humaine est sujette à d'étranges méprises, et comme on ne te retrouvera pas en qualité de victime, elle est capable de te prendre en qualité d'assassin, pour te venger toi-même.

— Est-ce là tout ce que tu as à me dire? N'as-tu pas un bon conseil à me donner?

— J'en ai énormément pour d'autres circonstances, mais je ne trouve rien dans ton passé d'immédiatement applicable au danger présent. Voyons, réfléchissons, et nous causerons après.

— Ce n'est pas la peine d'en savoir tant, dit le chevalier, pour se trouver à court dès le premier pas.

Comme il allait se désoler de son impuissance, il entendit ouvrir la porte de la prison, et l'on poussa dans l'intérieur un nouveau prisonnier, avec ces paroles :

— N'ayez pas peur, il est enchaîné.

Celui qu'on venait d'introduire ainsi était, comme le chevalier de Mun, un jeune homme ; mais il était loin d'être doué comme son collègue de cachot, des avantages d'une beauté peu commune et d'une force herculéenne.

Il était petit, frêle, chétif ; il semblait déjà miné par la misère, la maladie ou le chagrin. Son visage n'avait d'autre expression qu'une douceur angélique et une expression de vive intelligence. Il s'était réfugié dans un coin de la prison, et regardait du côté de Mun avec une sorte d'effroi curieux.

— Dites-donc, Monsieur, lui cria le chevalier, avez-vous peur que je vous mange, que vous n'osez approcher?

Le jeune homme tressaillit malgré lui, mais il s'approcha et lui répondit d'une voix triste :

— Après ce que vous avez fait, cette frayeur peut m'être permise.

— Bien ! fit le chevalier, on m'a enfermé avec un fou.

— S'il y a folie dans l'accusation que je porte contre vous, ce n'est pas à moi qu'il faut vous en prendre, dit le jeune homme avec une tristesse craintive, c'est à ceux qui en me conduisant ici m'ont dit de quel crime affreux vous êtes prévenu.

— D'avoir assassiné un vieillard pour le voler, n'est-ce pas ?

— Ce ne serait rien, Monsieur, dit le jeune homme.

— Comment rien ? que prétendent-ils donc ?

— Un pareil crime n'a pas de nom, dit le jeune homme en s'éloignant.

— Qu'est-ce que ce peut être ? dit tout bas le chevalier à son ombre.

— Je ne sais pas, j'étais évanouie comme toi.

— Que sais-tu donc, science stupide ?

— Le passé que j'ai vu dans l'ombre.

— Que le diable t'emporte ! fit le chevalier, ne voyant aucune issue raisonnable à sa position.

Pendant ce temps, le jeune homme s'était assis sur une escabelle, le plus loin possible du chevalier, qui se disait à lui-même :

Ce drôle est plus heureux que moi : il a peut-être véritablement assassiné ou volé, mais enfin il peut dire qui il est; avec un peu d'adresse et de bonheur, et grâce à ses amis ou à ses complices, il arrivera probablement à se faire acquitter, au lieu que moi...

A cette pensée, le chevalier se secoua dans ses cordes, avec une telle violence, qu'il rompit celles qui tenaient ses mains et qu'il se souleva sur sa paille. Le jeune homme poussa un cri d'effroi, et le chevalier, à qui cette frayeur paraissait fort insultante, lui cria :

— Ah ça ! décidément, vous avez donc peur que je vous mange ?

Le prisonnier ne résista pas à cette épouvantable parole et se mit à pousser des cris perçants en frappant à la porte du cachot.

— Rassure-le, sans cela on va venir t'enchaîner de nouveau, dit l'ombre au chevalier.

Celui-ci dit alors d'une voix calme qu'il essaya de rendre amicale :

— Voyons, jeune homme, qu'avez-vous ? Que vous a-t-on dit qui vous alarme à ce point?

L'autre malheureux se retourna, comme s'il avait senti sur son épaule la dent de son compagnon, et se mit à crier :

— Grâce, grâce, ne me dévorez pas... Ah! ce doit être une mort horrible !

— Vous dévorer ? reprit le chevalier, à qui son ombre conseillait tout bas la patience et qui sentait déjà que ses avis ne seraient pas toujours goûtés.

— N'avez-vous pas déjà dévoré un homme ce matin ?

Le chevalier retomba sur sa paille, se mit à rire avec frénésie, puis il reprit :

— Quoi! c'est en France, à Paris, dans notre siècle, qu'on peut croire à de pareilles stupidités ?

— Jacobi en cite des exemples mémorables, dit l'ombre dans l'oreille du chevalier, et tu as dit deux fois à ce jeune homme : « Avez-vous peur que je vous mange ? »

Cette admonestation de sa mémoire, qui lui expliqua le propos du docteur, troubla la gaité du chevalier, et il se dit encore :

— Que faire ?

L'ombre ne répondit pas.

Le pauvre diable, a qui la jeunesse devait rendre la fortune et le pouvoir, qui voulait devenir le roi du monde, avec le seul appui de ses quatre-vingt-quinze ans d'expérience, se trouva embarrassé comme le dernier des mortels à la première épreuve, et il retomba désespéré sur son grabat, tandis que l'autre prisonnier s'aplatissait, pour ainsi dire, le long de la porte. Peut-être y fût-il mort de frayeur si cette porte ne se fût ouverte, et n'eût donné passage à un jeune homme homme, à qui une voix dit tout bas :

— Vous n'avez qu'une demi-heure, maître Tisonneau.

Ce nouveau personnage, qui s'avança rapidement vers le lit sur lequel gisait le chevalier, était un homme de moyenne taille, poupart rose et frisé. Il avait de vingt-huit à trente ans, était exactement vêtu de noir, avec une cravate blanche, il portait sous le bras un portefeuille rempli de papiers.

— Qui êtes-vous ? dit de Mun en le considérant.

— Je suis avocat, et je viens pour vous demander si vous voulez me choisir pour vous défendre.

— Vous êtes bien jeune, dit le chevalier, dont le vieil esprit parla malgré lui.

— Quel âge avez-vous donc, mon cher ? fit l'avocat ; vingt ans à peine?

— Oui, dit le chevalier, qui se remit sa nouvelle personne en mémoire, j'ai vingt ans.

— Nous n'avons pas le temps de causer longtemps ; une autre fois vous me raconterez votre crime en détail ; mais, si vous voulez me prendre pour défenseur, j'ai vingt-cinq louis à votre service.

Le chevalier réfléchit à l'étrangeté de la proposition, et il n'avait pas encore répondu que l'autre prisonnier s'écria :

— Homme généreux, vous ne me refuserez pas alors vos bons offices.

— Qu'est-ce que c'est ? qui êtes-vous ? fit l'avocat d'un ton sec.

— Un orphelin, monsieur, arrêté cette nuit comme vagabond au pied d'un arbre des Champs-Elysées, où je me suis endormi accablé de faim et de lassitude.

— Eh bien, mon cher, vous irez à la correctionnelle, vous aurez un mois de prison ; vous n'avez pas besoin d'un avocat pour ça.

— O mon Dieu ! s'écria le prisonnier en pleurant, un mois de prison ! que deviendra ma pauvre sœur pendant ce temps ?

Maître Tisonneau se retourna vers le chevalier de Mun sans écouter les doléances du malheureux, et lui dit :

— Eh bien, voyons, l'ami, acceptez-vous ?

— Ce serait vous voler, mon cher, repartit dédaigneusement le chevalier, dont la haute expérience avait compris que l'avocat cherchait une cause à effet pour se faire un commencement de réputation ; je suis innocent comme l'enfant qui vient de naître.

L'avocat se pencha sur le lit du chevalier et lui dit à voix basse :

— Vous avez peur de parler parce que cet homme est là, je le conçois, quoique je ne le croie pas de la maison. En tout cas, voici deux louis d'arrhes. Souvenez-vous que je suis le premier en date : maître Tisonneau ; vous n'oublierez pas ?

Il se retourna pour sortir, et l'autre prisonnier lui dit :
Et moi, monsieur ?

— Toi, je t'ai dit ton affaire.

— Mais je suis innocent aussi: mon arrière-grand-père est à la mort, ma sœur et moi nous avons tout vendu pour le soigner, et j'étais allé jusqu'à Passy pour voir si je pourrais trouver de l'ouvrage.

— Et tu t'es endormi en revenant; ce n'est pas fort, ceci, mon garçon. Je te conseille de te faire honnête homme, tu me parais trop bête pour autre chose.

— Honnête homme! monsieur, dit le jeune homme avec énergie, je le suis.

Cette protestation arrêta l'avocat : il considéra un moment le prisonnier et lui dit après un moment de réflexion :

— Au fait, je t'enverrai le petit Minuet. Un honnête homme qui n'a pas de quoi manger! tu dois être un communiste ou un radical, quelque chose comme ça. D'ailleurs Minuet te posera à sa manière, et s'il te fait condamner, ce qui est probable, tu auras toujours une trentaine de francs des sections.

Le prisonnier écoutait encore sans comprendre, que l'avocat s'était vivement retourné vers le chevalier, et, après lui avoir jeté un dernier regard s'éloigna en disant :

— Ça sera neuf.

Il disparut aussitôt, et les deux prisonniers demeurèrent seuls.

Le chevalier avait vu bien des choses, mais il ne connaissait pas encore cette nouvelle race d'avocats dont nous avons présenté un individu à nos lecteurs. Celui-ci est l'avocat destiné à un immense succès. Il cherche, il demande, il sollicite, il achète une ou deux causes extravagantes, furieuses, ruisselantes de sang ou de poison; il enfle jusqu'à une sorte d'éloquence redondante, une loquacité intarissable; il grossit jusqu'à la fureur et assouplit jusqu'aux larmes son organe grêle et criard ; et grâce à cette mise de fonds de talent, de conscience et de sensibilité, il se fait une énorme réputation.

Cette réputation une fois jetée au monde, il se gare des procès criminels comme d'un billet à ordre de fils de famille, il se rabat sur les vulgaires procès, où il gratte de l'or sur les plaideurs, après avoir gratté la gloire sur les assassins, et au bout de quelques années, il a un cabinet considérable et considéré : alors, il plaide pour les sociétés d'actionnaires et les séparations de corps, pour tous les procès où l'on paie cher pour bien faire tondre et injurier ses adversaires. Ceci est l'avocat homme d'affaires ; quant à l'avocat politique, celui qui se destine à régir l'Etat, nous en aurons tout à l'heure un échantillon.

IV

Encore un défenseur de la veuve et de l'orphelin. — Nouveau personnage. — Le chevalier transformé en marquis par un gamin. — Un juge d'instruction destiné à devenir garde-des-sceaux. — Fabrication de poudre. — L'ombre continue à être bête. — Divers moyens impossibles d'avoir à déjeuner sans argent. — Moyen du gamin. — Un métier non patenté. — Le marquis se loge dans une maison à aventures.

Le chevalier se livrait à d'assez tristes réflexions en ne voyant aucune issue à sa position. Cependant les heures se passaient et rien ne venait. Il avait déjà essayé de lier conversation avec l'autre prisonnier ; mais, soit que celui-ci fût sous l'empire d'un désespoir trop vif, soit que l'horreur que lui inspirait le crime prétendu du chevalier fût insurmontable, il ne lui avait répondu que par monosyllabes. Enfin la porte du cachot s'ouvrit de nouveau, et, cette fois, un homme en robe fut introduit. Cet homme et sa robe étaient démesurément longs; le visage était long aussi, le nez long, les cheveux longs, et il traînait autour de la prison un long regard.

Il s'avança vers le lit d'un air mélancolique et méditatif.

— Voulez-vous me montrer vos mains, s'il vous plaît? dit-il au chevalier.

Celui-ci les lui montra.

L'avocat (c'était encore un avocat) arracha de sa poitrine un soupir désespéré et dit d'un ton pesant :

— Des mains admirables de forme, d'une finesse et d'une blancheur qui attestent l'homme de loisir, le riche, le privilégié : j'en étais sûr, un si grand crime, une si horrible dépravation ne peuvent se trouver que dans cette caste.

— Ah ça, dit le chevalier, vous êtes donc aussi âne que votre confrère, pour croire à ces stupidités atroces?

Mais l'avocat se détourna et alla au jeune homme, qui était demeuré dans son coin, et lui dit :

— C'est vous, citoyen, qui êtes accusé de vagabondage?

— C'est moi, monsieur.

— Votre nom?

— Jean Bazilius.

— Jean Bazilius! s'écria une voix tonnante.

L'avocat citoyen et le citoyen prévenu tombèrent par terre d'épouvante, tandis que le chevalier, à qui ce nom avait donné une commotion électrique si violente qu'il avait achevé de briser ses liens, s'était dressé de toute sa hauteur :

— Jean Bazilius, le fils ou le petit-fils de l'illustre Bazilius le chimiste?

— Son arrière-petit-fils, monsieur, dit le jeune homme en tremblant; mon père est mort, mon grand-père a péri dans la révolution, victime de l'infâme trahison d'un certain chevalier de Mun, et c'est mon bisaïeul, l'illustre savant, que j'ai laissé hier soir mourant dans un pauvre grenier du passage Radzivill. Vous le connaissiez?

— Non, repartit le chevalier, en retombant sur son lit, foudroyé pour ainsi dire par cet étrange concours de circonstances.

Pendant ce temps, maître Minuet s'était relevé en s'écriant :

— Cette administration des prisons est un crime permanent : on enferme ensemble le malheur et le crime, et il y a tant d'humidité sous ces voûtes semi-sépulcrales qu'au moindre pas on glisse et on tombe sur le sol.

Puis il ajouta en essuyant le derrière de sa robe :

— Je me charge de votre cause, jeune homme. La misère et la persécution, voilà l'héritage que l'ordre actuel assure au descendant de l'un des plus grands noms dont la France s'honore.

— Pardon, fit le jeune homme d'une voix timide, mon bisaïeul était allemand.

— Je le savais, mon cher, fit maître Minuet d'un ton rogue ; mais la gloire naturalise. A demain, je reviendrai vous voir.

L'avocat sortit ; mais, à la façon dont il s'esquiva de côté, dès que la porte fut entre-bâillée, on eût pu voir qu'il avait hâte d'échapper à l'appétit de ce terrible accusé qui avait rompu ses liens. Mais le chevalier était tellement absorbé dans ses pensées qu'il ne s'aperçut ni de la sortie de l'avocat, ni de l'entrée de deux autres individus. C'était d'abord une jeune fille, et ensuite l'intéressant enfant Léopold Fouriou avec lequel nous avons eu déjà l'occasion de faire connaissance. La jeune fille s'était précipitée dans les bras de son frère Jean, pendant que Léopold, planté devant le chevalier, l'examinait en se dandinant et en grignotant du bout des dents un croquet dur comme une pierre.

Pendant ce temps Jean interrogeait sa sœur et lui demandait des nouvelles de son illustre bisaïeul.

— Hélas! repartit la jeune fille, ton absence a causé le plus affreux malheur. Ce matin, ne te voyant pas revenir, épouvantée de ce qui pouvait t'être arrivé, je suis sortie pour m'informer dans le voisinage si on ne t'avait pas aperçu. Notre bisaïeul paraissait plus tranquille et je lui avais caché la cause de ma sortie; mais lorsque je voulus rentrer à la maison j'appris qu'un crime affreux y avait été commis; je montai en tremblant; j'arrive, j'ouvre, notre aïeul n'était plus dans la chambre; je l'ai vainement cherché, je me suis informée, personne ne l'avait vu sortir de la maison.

— Est-ce que vous l'aviez mangé aussi, cria le gamin en riant, comme le vieux chevalier M. de Mun?

Cette interpellation tira notre héros de la rêverie qui l'absorbait complètement, tandis que Jean s'écriait:

— Le chevalier de Mun?

— Eh bien oui, dit le gamin, c'est le vieux qui logeait à l'autre bout de notre corridor.

— Grand Dieu! dit Jean, je devine la vérité; mon bisaïeul aura appris que ce misérable demeurait près de lui; la haine qu'il lui portait, cette haine, le seul sentiment vivant qui fût resté dans ce cœur mort à toute affection, lui aura inspiré d'aller trouver son ancien ennemi, et Dieu sait ce qui sera arrivé.

— Tiens, ce qui sera arrivé, dit Fouriou, ils seront sortis ensemble pour se donner une volée, ou pour se raccommoder, et, à l'heure qu'il est, ils sont peut-être gris comme des pots chez quelque marchand de vin, ou bien ils se sont tués tous deux en duel.

— Hélas! répondit la jeune fille, je crains que cet enfant ne dise la vérité.

— Oublies-tu, repartit Jean, que, pour sortir de la maison,

mon bisaïeul a dû avoir quelques vêtements, et que nous avons vendu jusqu'au dernier, n'espérant pas qu'il pût jamais quitter le lit sur lequel il gisait depuis six mois.

— Tiens, c'est ça, s'écria le gamin, il aura volé les habits de monsieur, c'est pour ça qu'on l'a trouvé tout nu. Ah ça, dites donc, vous, continua-t-il en s'adressant au chevalier, pourquoi n'avez-vous pas tout raconté au moment où on vous a arrêté?

— Que voulez-vous, mon ami, dit le chevalier, à qui les suppositions du gamin semblaient une lumière soudaine qui devait l'arracher à son extravagante position, le trouble, la frayeur, m'ont fait perdre toute présence d'esprit.

— Cré matin, que vous êtes bête, mon cher! dit Léopold; on voit bien que vous êtes un provincial; car ça doit être à vous ce portefeuille que j'ai trouvé dans le lit du vieux en farfouillant après votre départ.

A l'aspect de ce portefeuille le chevalier pâlit. Le jeune homme fut épouvanté de l'horrible souvenir que le vieillard lui avait légué.

Mais, avant de faire connaître cette histoire d'où devait naître le dénouement de cette cruelle position du chevalier, il faut apprendre au lecteur comment la sœur de Jean était arrivée jusqu'à lui.

— Hélas! lui disait-elle, lorsque je fus trop certaine de la disparition de notre bisaïeul, ne sachant que faire, que devenir, à qui m'adresser, pleurant, me désolant, et priant Dieu de m'éclairer, je vis entrer cet enfant qui me dit...

— Je vous ai dit une chose juste, mam'zelle Méta, dit Léopold, en l'interrompant d'un air de franche amitié pour elle; je vous ai dit : Ma grand'mère et les deux vieilles chauves-souris de voisines viennent de faire arrêter un grand zozo d'imbécile qui est capable de se laisser condamner vu qu'il a perdu ici ses papiers. Je vais aller à la Préfecture de police pour les lui rapporter. Votre frère doit y être ou bien il est à la Morgue; j'y verrai. Vous avez voulu venir; voilà votre frère, voici le zozo, et voilà son portefeuille.

— Mais qui êtes-vous donc, monsieur? dit Jean au chevalier.

— Cette lettre vous l'expliquera, dit celui-ci, qui voulait expérimenter sur quelqu'un le succès de la ruse que l'enfant lui avait inspirée.

Jean prit la lettre et lut les lignes suivantes :

— « Mon cher cousin, au moment de mourir, je vous adresse mon fils Arthur que quelques affaires appellent à Paris; guidez-le, je vous prie, et rendez, si vous le pouvez, au fils les services que le père vous a rendus autrefois.

« Le marquis de Mun. »

— Eh bien, après? fit l'enfant.

— J'arrivai il y a quinze jours à peu près, et ne sachant à quel degré de misère était descendu le chevalier de Mun, je me présentai chez lui avec mon bagage. Il m'accueillit avec empressement; mais le soir même de mon arrivée il me conduisit dîner à une barrière près de la Seine, et comme il m'avait fait boire outre mesure, le soir, en rentrant... la nuit était sombre...

La voix du chevalier tremblait en parlant ainsi, quand le gamin reprit :

— Il vous a poussé à l'eau peut-être, en ce cas c'était la nuit des noyades, et vous êtes plus heureux que celui qu'on a repêché le lendemain matin et qui est resté à la Morgue jusqu'à hier sans qu'on ait pu le reconnaître.

Le chevalier était pâle comme un mort pendant que l'enfant parlait ainsi; car celui-ci venait de raconter l'affreuse vérité. Voici comment le chevalier la tourna. :

— Oui, il me poussa à l'eau, et je parvins à m'échapper, quoique blessé; mais je répugnais à accuser un homme de ma famille, lorsque, ce matin, me sentant plus de force, je me traînai chez lui; mais soit émotion, soit faiblesse, je me trouvai mal en arrivant dans sa chambre, et il aura profité de mon évanouissement pour me dépouiller.

— Et mettre vos habits en gage comme les autres, dit le gamin, car le portefeuille est plein de reconnaissances du Mont-de-Piété, à moins que ce ne soit le triple grand-papa Bazilius qui ne les ait mis sur soi-même. C'est drôle, pourtant, qu'un grand corps comme vous soit sujet à s'évanouir comme ça.

Méta avait écouté le récit du beau jeune marquis de Mun avec un intérêt que méritait sans doute son malheur, mais qu'obtenait assurément sa belle et charmante figure. Le marquis aussi regarda cette admirable jeune fille, dont la beauté brillait par la pauvreté même de ses vêtements, et tous deux avaient baissé les yeux, elle devant l'ardeur du regard, lui devant la chasteté de cette figure d'ange, lorsqu'on vint leur annoncer que le juge d'instruction allait les interroger.

Voici donc le vieux chevalier de Mun devenu le jeune marquis de Mun, grâce aux savantes combinaisons du gamin Léopold Fouriou ; le voilà avec un titre avoué et une fortune, car dans ce portefeuille se trouvait une lettre de crédit sur un banquier de Paris, lettre testamentaire qui mettait à la disposition du porteur une somme de cinq cent mille francs. Quinze jours avant, le chevalier avait jeté à l'eau le jeune homme dont il prenait la place, pour quelques louis et des hardes à mettre en gage, car la lettre de crédit ne lui avait pas paru susceptible d'exploitation, vu qu'elle disait au banquier : « Mon fils, jeune homme de vingt ans, que je vous » recommande, vous remettra, etc... » et maintenant, le coupable en tirait cinq cent mille francs ; c'était peu, mais il en tira une conclusion bien supérieure à la morale des hommes qui ne vivent que de leur part. Cette conclusion, il la formula de la manière suivante : Un forfait n'est jamais perdu. Le marquis, qui venait d'éprouver que l'expérience était un pauvre auxiliaire dans les circonstances difficiles, s'apprêta à se rendre chez le juge d'instruction, avec la ferme conviction que maintenant, grâce à cette expérience infaillible, il allait dompter la fortune et le sort. Cependant il est très-probable que la résolution qu'elle lui avait soufflé de pousser des cris d'indignation et de traiter ce magistrat le plus cavalièrement du monde, et comme le devait un gentilhomme, eût remis notre héros dans l'embarras, si par hasard le gamin inexpérimenté n'eût demandé quel était ce juge d'instruction. Le geôlier répondit qu'il s'appelait M. Jean Bonhomme.

— Connu! connu! s'écria le gamin, en s'adressant aux prévenus; je l'ai vu faire, le juge Bonhomme. En voilà un qui a la passion des criminels! il en voit partout, et je crois qu'il en fait peindre sur les verres de ses lunettes. Un jour que je lui ai été présenté, au sujet d'une conspiration que j'avais vue dans une mansarde faire des cartouches, il m'a tordu comme un linge, pour me faire exprimer la vérité. Mais non, mon juge, tu n'es pas assez fin pour Fouriou; Fouriou est ton maître; mais vous autres deux, ne vous y jouez pas. Vous, surtout, le marquis, vous êtes colère comme un dindon, mon cher, et il est homme à vous asticoter jusqu'à ce que vous le soyez assez pour lui dire qu'il vous embête. Sitôt dit, sitôt pincé, on vous présente la carte..... Pour injure au magistrat, deux ans de prison. C'est une manière d'avoir son criminel, une manière à lui... je lui vote un brevet d'invention...

Cette appréciation un peu risquée de la magistrature faite par le jeune Léopold Fouriou, l'emporta cependant sur les conseils que l'expérience avait donnés au marquis Arthur de Mun. Au lieu de faire peur au magistrat de sa colère, il prit le parti de lui faire pitié par sa timidité bête, et il fut immédiatement relâché, ainsi que Jean Bazilius. Toutefois il faut dire, pour la justification du juge, qu'il ne se serait pas contenté de l'histoire de la noyade, et qu'il eût voulu savoir où le noyé avait passé ses quinze jours d'indisposition, si, par un de ces hasards dont le marquis attribua le résultat à l'habileté de ses réponses, il ne fût arrivé que, la veille de ce jour, on avait découvert que, dans une cave un homme mêlait de la poussière de charbon à d'autres substances. Cette fabrication clandestine de poudre à canon avait paru au juge Bonhomme le premier fil du réseau qui couvre la France d'une conspiration permanente, et il s'était vite débarrassé des autres prévenus en faveur de celui qui promettait une si nombreuse proie. Comme, d'après le portrait que nous venons de tracer du bon juge, nos lecteurs seraient peut-être curieux de connaître le succès qu'il obtint dans cette affaire si vaste, nous allons lui en soumettre un résumé. Il résulta des rapports de plusieurs officiers attachés au comité d'artillerie et des dépositions des voisins, que l'inculpé de conspiration républicaine s'occupait de la culture des hortensias, et faisait un mélange de poussière de charbon et de terre de bruyère, pour donner à ses plantes cette belle couleur bleue qui les rend si précieuses.

Ce point d'histoire étant convenablement coulé à fond, je reviens à notre héros. Nous avons montré M. de Mun riche, ayant un nom, une position, rêvant du moins qu'il avait tout cela pendant qu'il était enfermé dans les prisons de la Préfecture de police : maintenant le voilà libre ; et, avec la liberté, il devait réaliser tous ses projets. Mais, à son second pas dans la vie, l'homme qui avait tant vu et tant appris se trouva aussi embarrassé qu'au premier. Certainement c'était très-joli d'être le marquis de Mun, d'avoir vingt-cinq mille livres de rente, et d'être orphelin, ce qui n'est certainement pas aussi avantageux que d'être bâtard, mais ce qui ne laisse pas d'avoir son bon côté. En effet, l'orphelin est affranchi, comme le bâtard, des devoirs les plus vulgaires ; pour lui, point de considération de famille, pas d'autorité qui vienne faire obstacle à l'accomplissement de ses désirs ; le soin du *moi*, l'adoration du *moi*, la fortune du *moi*, deviennent son unique pensée ; point de partage avec des parents exigeants. Le bâtard ou l'orphelin, dans la position particulière du marquis de Mun, est à la fois son dieu, son espoir et son but: admirable position, mais qui, malgré un commencement de succès, n'était pas encore tout à fait conquise à notre héros.

A la porte du Palais de Justice, Arthur de Mun s'était séparé de Jean (ainsi que du gamin et de Méta, qui avaient attendu l'issue de l'interrogatoire), en se promettant bien de ne plus revoir cette sotte canaille. Cependant il ne voulut pas agir à la légère, et il allait se demander ce qu'il fallait faire, tout en se promenant sur le quai aux Fleurs, lorsqu'il entendit une bouquetière dire en le voyant passer : « Quel dommage qu'un si beau garçon soit un paresseux, et peut-être pis! » Cette réflexion était inspirée par l'état de dénûment d'Arthur, et lui apprit que le premier soin qu'il devait prendre, c'était de se vêtir d'une manière sortable. Notre jeune homme, car désormais nous le considérerons comme étant ce qu'il paraît être, avait cinq cent mille francs dans sa poche, et il ne pouvait pas, avec toute son expérience, découvrir un moyen d'avoir un habit. Il se disait, à la vérité, d'un air sûr de lui : « Si j'avais un habit, j'aurais bientôt mes cinq cent mille francs, et mieux encore. Si j'avais mes cinq cent mille francs, j'aurais bientôt un habit. » Mais, quant à avoir l'habit ou les cinq cent mille francs, l'un sans l'autre, rien, absolument rien, ne venait l'éclairer. Enfin, las de flotter entre ces deux propositions sans issue, il s'adressa à son ombre et lui dit:

— Voyons maintenant, c'est à toi à me guider ; que dois-je faire ?

Hélas! le pauvre homme s'adressait bien mal, car ce qui ne lui avait d'abord paru que difficile, lui parut impossible lorsque l'expérience eut embrouillé la question de tous les *si* et de tous les *mais* dont elle a une si abondante provision. — D'abord, lui dit-elle, te présenter ainsi chez le banquier, c'est t'exposer à te faire arrêter comme un voleur, ou comme ayant trouvé ce portefeuille, ensuite de quoi on te ramènera ici, et c'est une épreuve à ne pas recommencer; d'un autre côté, à supposer même que tu eusses un habit, cela ne te donnerait pas tes cinq cent mille francs, car je me connais en hommes de finances, ils sont d'un chiffre énorme beaucoup moins faciles à tromper que la justice, non point parce qu'ils sont plus spirituels, mais parce qu'ils défendent leurs propres intérêts, et non pas ceux de la société. Or, avant de te donner ladite somme, il faudra que ton identité soit prouvée cinq cent mille fois au banquier, et les intérêts en plus, s'il en doit. D'un autre côté, tu sais que le jeune de Mun ne s'est pas présenté chez le banquier, vu que tu l'as arrêté à temps dans les bras de la Seine; mais tu n'es pas parfaitement sûr que quelqu'un de cette maison ne le connaisse pas d'ancienne date. Le plus prudent, c'est de renoncer à tes cinq cent-mille francs.

— Tu n'es qu'une sotte, repartit le chevalier, ombre de moi-même : renoncer à ma fortune?

— C'est-à-dire à ce que tu as volé !

— Cela n'appartient pas davantage au banquier qui le tient en ce moment; d'ailleurs, chère ombre, je ne te demande pas de morale, mais un moyen de me tirer d'embarras.

— Comme tu ne t'es jamais trouvé en pareille circonstance, je ne puis pas te dire ce que tu as déjà fait, et par conséquent ce que tu aurais à faire.

Cette réponse mit le chevalier en colère, et, sans trop faire attention à l'endroit où il se trouvait, il se mit à menacer son ombre du poing, si bien que deux sergents de ville (les sergents de ville sont comme les pigeons, ils vont toujours par deux); si bien, disons-nous, que deux sergents de ville se mirent à examiner notre homme d'un air curieux.

A ce regard, le marquis eût donné cent francs qu'il n'avait pas pour pouvoir jeter à l'eau les cinq cent mille francs qu'il avait; et, dans un premier mouvement de frayeur, il se dirigea du côté du pont Saint-Michel; puis, lorsqu'il eut pris une avance assez considérable sur les sergents, il se mit à courir avec une rapidité telle que, malgré leur ardeur, les deux ramiers l'eurent bientôt perdu de vue. De cette façon notre héros arriva dans les petites rues hideuses qu'on appelait autrefois les coulisses de la Grève, et il fut très-étonné de voir que son ombre l'avait suivi à grand'peine.

— Ah çà! lui dit-il tout à fait découragé, vas-tu me quitter?

— C'est toi qui m'as oubliée, lui repartit son ombre; sans cela je t'aurais dit que le meilleur moyen de te faire arrêter était de te mettre à courir comme un voleur que tu es.

Le marquis fit encore la grimace; mais il fut détourné de ses réflexions sur l'ineptie de son ombre par un léger tiraillement interne, quelque chose d'inquiet et d'irritant qui lui fit jeter un regard avide et plein de convoitise, sur un jambon et une galantine insolemment étalés derrière une vitre d'un beau poli. Le marquis reconnut qu'il avait faim.

— Hum! se dit-il, quand j'aurai mes cinq cent mille francs, j'irai déjeuner chez Véry.

— Mais tu ne les as pas, ces malheureux cinq cent mille francs! tu n'as pas d'habit pour les avoir, et tu n'as pas assez d'esprit pour avoir un habit.

— Ah çà! mon ombre, ceci n'est pas neuf; je n'ai pas le sou et j'ai faim. Ça m'est arrivé bien souvent, et pourtant j'ai déjeuné; tu ne resteras pas à court cette fois-ci.

— Non! de par Dieu, repartit l'ombre d'un air triomphant, nous avons à ce sujet des antécédents assez nombreux; ainsi lorsque tu étais en Amérique, un jour que tu avais perdu au jeu jusqu'à ta solde à venir, tu entras dans une maison de fermiers, prétendant qu'ils donnaient asile à des espions anglais; et tandis que les soldats fouillaient la maison, tu visitais le garde-manger. Je crois, parbleu! que ce fut d'une bosse de bison que tu te régalas très-gaillardement, et de deux bouteilles de bordeaux que le fermier gardait pour le jour où il lui naîtrait un fils.

L'eau en vint à la bouche du marquis.

— Mais ce n'est pas le cas, dit-il, je n'ai ni soldats à mes ordres, ni ferme isolée sous la main, ni espions anglais à poursuivre.

— C'est juste, dit l'ombre, et tu as peut-être encore mieux déjeuné dans ce village de Flandre où tu te présentas chez un vieux prêtre comme un confrère proscrit. C'était une bien autre affaire qu'aujourd'hui, ma foi; tu étais condamné à mort, ce qui ne t'empêcha pas de manger de fort bon appétit; lorsque le curé eut découvert que tu n'étais qu'un régicide, et qu'il voulut te chasser, avec quelle présence d'esprit tu le menaças de le dénoncer, comme ayant cru donner l'hospitalité à un prêtre! Mais ce jour-là, non-seulement tu as déjeuné, mais encore dîné et attrapé deux louis au pauvre homme.

— C'est très-bien.... très-bien ; mais cela ne me tire pas de mon embarras présent.

— Ah! dit l'ombre, il y a encore...

— Au diable le passé!... c'est le présent qui m'occupe, fit le marquis avec colère...

Mais du moment où il allait recommencer ses extravagances, il entendit une voix connue qui lui cria :

— Hohé! de la borne... le marquis.

Celui-ci leva la tête et aperçut en face de lui et à la fenêtre d'un petit restaurant le charmant enfant auquel il devait à la fois son arrestation et sa délivrance.

— Qu'est-ce que vous faites là?

La question était on ne peut plus naturelle; le marquis ne sut qu'y répondre, et allait quitter son poste lorsque Léopold lui cria :

— Voyons, montez un peu, faut pas être fier, parce que

vous êtes marquis; je vous offre une côtelette de porc frais et un litre à douze.

La faim, cette horrible conseillère, cria si fort dans l'oreille du marquis... une côtelette de porc frais et un litre à douze, qu'il n'entendit pas son ombre qui lui disait : Tu vas te compromettre dans une compagnie indigne de toi.

Arthur monta et trouva le gamin attablé d'un air important, comme un coulissier qui va faire faillite :

— Dites donc, lui dit le gamin, je vous croyais chez votre banquier, moi?

— Je ne puis m'y présenter dans cet état.

— Qu'est-ce qu'il vous manque donc?

— Un habit convenable.

— Tiens! fit le gamin, et vous êtes embarrassé pour ça? Ah! êtes-vous de votre village, mon cher! Le vieux qui vous a pillé a mis vos habits au Mont-de-Piété; il faut les retirer.

— Avec quoi? fit le marquis; je n'ai pas d'argent.

Le gamin le regarda d'un air surpris.

— Ah! ça, êtes-vous donc bête! Voici la manière : Vous avez là pour six cents francs de reconnaissances; je les ai vues. Cent francs une montre en or qui doit en valoir deux cents; cent cinquante francs une épingle à diamant, qui doit en valoir deux cents.. Je vais vous enseigner un négociant qui vous donnera trois cents francs des deux reconnaissances; avec ça, vous retirez le reste, et vous êtes vêtu comme un prince.

Cette idée sourit d'abord à Arthur; mais il se trouvait, selon l'observation de son ombre, que le marquis noyé avait quatre pieds dix pouces, et que lui, marquis vivant, avait près de six pieds. Cependant l'idée du gamin en fit germer une autre dans la tête du marquis; c'est qu'il pourrait vendre toutes les reconnaissances et avoir d'autres habits.

— Ma foi, dit-il, mes habits sont tout à fait hors de mode, et je préfère en acheter de neufs.

Le gamin le considéra d'un regard bien autrement profond que celui de Jean Bonhomme le juge, et murmura entre ses dents :

— « Tu n'es qu'un mauvais filou. » Puis il reprit tout haut :

— Va comme il est dit.

Aussitôt il frappa fièrement sur la table, et sans attendre la carte, il dit au garçon :

— Six sous de pain, vingt-quatre sous de vin, seize sous de côtelette. Une poignée de main comme pourboire : total, quarante-six sous; voilà vingt francs, rends-moi ma monnaie.

Le marquis regarda la pièce d'or; c'était une de celles que maître Tisonneau lui avait données comme arrhes de sa cause. Il examina le gamin; celui-ci se curait les dents avec la pointe de son couteau en sifflottant un air langoureux.

— C'est comme ça ! fit le gamin qui se laissa regarder avec une complaisance admirable, et qui ramassa sa monnaie d'un air parfaitement désintéressé. Voulez-vous venir chez le négociant en question ?

Le marquis jugea prudent de ne paraître avoir rien deviné, et accepta.

Le gamin le conduisit dans une maison que M. de Nun reconnut pour avoir été y faire la même opération dans les derniers temps de son ancienne vieillesse; la facilité avec laquelle il trouva le véritable escalier entre trois ou quatre qui se confondaient au pied de l'allée, la persistance avec laquelle il monta jusqu'au cinquième, sans demander une seule fois s'il était arrivé, firent réfléchir Léopold qui se dit :

— Ce filou en sait autant que moi; mais je vais le pincer.

Ils entrèrent dans une chambre encombrée de toutes sortes d'ustensiles et de meubles, où un homme d'une quarantaine d'années était occupé à visiter les poches d'un paquet d'habits qui lui étaient sans doute arrivés par une voie analogue à celle par laquelle les nouveaux venus se proposaient de faire passer la défroque du défunt.

Le marquis ne fut pas étonné lorsque M. Landurde dit à Léopold d'un ton d'amitié bienveillante :

— Bonjour, gamin ; comment va la grand'mère ?

— Elle boulotte, fit le gamin en plongeant la main et le nez dans un autre paquet éventré, et d'où sortaient une foule de guenilles à tout usage. Voilà un monsieur qui a une histoire à vous raconter.

Le marquis fit à M Landurde le récit de son aventure en termes si clairs, si nets et si choisis que Léopold Fouriou, qui jusqu'à ce moment n'avait pas entendu sortir quatre paroles de suite de sa bouche, le regarda avec une plus grande curiosité, et parut fort incertain de savoir ce qu'était sa nouvelle connaissance.

— Est-ce vrai tout ça ? fit M. Landurde en regardant le gamin.

Celui-ci fit un signe approbateur, et le négociant prit les reconnaissances des mains du jeune marquis, et après les avoir examinées, il les lui remit :

— C'est très-bien, dit-il, et je donnerai cent écus de tout cela ; mais pour pouvoir faire usage de ces reconnaisances, il faut que le propriétaire les signe, et m'autorise à retirer les objets engagés.

— C'est ce que je vais faire, dit le marquis à qui ce mot, cent écus, fit oublier toute prudence. En prenant une plume et de l'encre, il mit aussitôt la signature nécessaire au dos des reconnaissances.

Le gamin s'était penché avec une curiosité vorace ; mais lorsqu'il vit sortir de la plume du jeune marquis la signature du vieux chevalier, si ce n'est que la nouvelle était d'une écriture plus ferme, il laissa échapper un sifflement prolongé et qui voulait dire :

En voilà un gaillard qui en sait plus long que moi et qui m'a mis dedans avec son air bête.

M. Landurde ouvrait des yeux stupéfaits, il regardait alternativement le gamin et le marquis, pour savoir s'ils étaient complices ; mais la figure ébahie du gamin apprit à l'usurier qu'il était aussi étonné que lui de cette merveilleuse adresse de faussaire. M. Landurde, regardant le marquis en face, et considérant sa stature et sa force athlétique, tendait machinalement la main vers une dague de Tolède, pour le moins, afin d'être en mesure de résister à cet intrépide brigand, lorsque le gamin s'écria vivement :

— C'est bon ! la chose est en règle maintenant, donnez les cent écus, monsieur le marquis est pressé.

Celui-ci avait enfin compris le motif de l'étonnement du négociant ; mais il était trop tard, et il ne devina pas le motif de l'intervention du gamin. Il était même si troublé qu'il n'avait pas remarqué le signe par lequel maître Fouriou avait, pour ainsi dire, ordonné à son ancien de conclure l'affaire sans observations. La vue des trois cents francs, que Landurde tira, écu à écu, de cinq ou six sacs différents, absorba toute l'attention du marquis ; d'ailleurs, il eût remarqué que Léopold, tout en paraissant jouer, poussait l'aiguille d'une vieille pendule sur le chiffre neuf, qu'il ne se fût point douté que cela voulait dire qu'il reviendrait à neuf heures.

Arthur de Mun reçut ses cent écus et se hâta de quitter cette maison, se disant que l'obstacle invincible étant levé, il allait marcher dans sa force et dans sa liberté ; mais il avait oublié Léopold, qui descendait sur ses talons, et qui lui offrit de lui enseigner un tailleur et de le reconduire à son hôtel ; car, comme l'observait judicieusement Fouriou, vous avez dû loger quelque part pendant que vous n'étiez pas au fond de la Seine. Le marquis lui jeta une pièce de cent sous d'un air tout à fait gentilhomme, et s'éloigna. Léopold hésita un moment, comme s'il était tenté de remonter chez son ami le négociant ; mais il se souvint sans doute d'une affaire plus pressée, car il prit ses jambes à son cou et tourna le dos à Arthur.

Celui-ci se sentit enfin libre, maître de lui, et en position de ne plus agir sans réflexion, comme il l'avait déjà fait ; et comme il n'y avait ni gendarme à ses trousses ni appétit qui criât dans son estomac ; comme enfin il n'était sous le stimulant d'aucune crainte ni d'aucun besoin pressant, il se trouva parfaitement capable, grâce à son expérience consommée, d'acheter un habit propre et tout ce qui s'ensuit et d'aller se loger dans un hôtel garni assez équivoque pour que la production d'un passeport en règle, ou toute autre formalité de police, ne lui fût pas demandée.

Or le soir de ce fameux jour, M. le marquis de Mun, après avoir acheté un habit raproprié et avoir dîné d'une manière confortable chez un restaurateur médiocre, rentra dans la chambre qu'il avait louée rue Saint-Nicolas-d'Antin. Il faut faire remarquer que la rue Saint-Nicolas-d'Antin avait été choisie par Arthur en habile connaisseur. D'abord elle était assez éloignée du quartier du Palais-Royal, pour qu'Arthur n'eût pas à craindre la rencontre du petit nombre d'individus qui connaissaient son nouveau visage, jusqu'à ce qu'il fût établi dans une position du haut de laquelle il pût braver toute reconnaissance de la part de cette canaille. Outre cet éloignement, la rue Saint-Nicolas-d'Antin a un caractère mixte qui allait fort bien à la position d'Arthur : cette rue finit par ses deux bouts à deux des grandes voies de Paris renommées par leur opulence, la rue du Mont-Blanc et la rue Caumartin, et cependant elle-même est assez obscure, assez sale, assez mal habitée. Le magasin n'y est guère qu'à l'état de boutique, et l'allée y est plus fréquentée que la porte cochère. Mais M. de Mun avait posé là le pied de son échelle avec une certaine habileté, très-disposé à ne monter qu'échelon à échelon.

Or donc ce soir-là, comme notre marquis rentrait l'estomac plein, le cœur gai, il s'enferma dans sa chambre et il se donna audience à lui-même dans la personne de son ombre ; ce qui résulta de leur entretien fut une règle de conduite très-sage et que nous nous empresserions de faire connaître au lecteur, pour qu'il jugeât du caractère et de l'habileté de notre héros, si lui-même n'avait été interrompu dans son dialogue par un petit coup frappé à la porte. Tout l'alarmait, et ce ne fut qu'en tremblant qu'il répondit : Entrez.

Il s'attendait à quelque visite menaçante ; il fut donc très-surpris de se trouver face à face avec une jeune fille de dix-huit ans, d'une beauté équivoque, d'une mise comme sa beauté, et qui se glissa dans la chambre avec un empressement mystérieux. Cette femme était remarquablement rousse, d'une taille assez élevée, et promettant de l'embonpoint. Le marquis la considéra d'un air défiant, et son ombre lui glissa dans l'oreille : Prends garde, c'est une intrigante.

— Qui ai-je l'honneur de recevoir chez moi ? (c'était une vieille formule de son ancienne splendeur) dit le marquis assez dédaigneusement pour montrer qu'il avait mesuré la valeur de la personne qui se présentait ainsi chez lui.

La dame, sans répondre, fit signe à Arthur de se taire, et sembla écouter ce qui se passait à l'extérieur. Arthur écouta aussi et il entendit une voix d'homme qui criait :

— Je vous dis que madame la duchesse de Ménarès loge dans cette maison.

Le portier, propriétaire de l'hôtel garni, repartit :

— Je n'ai aucun locataire de ce nom, vous dis-je.

— On l'a vue entrer ici il n'y a pas deux heures, et elle n'est pas repartie.

— Je vous dis encore une fois que je n'ai pas de locataire de ce nom, et après tout, Monsieur, ce n'est pas une maison de duchesses que la mienne.

— Quand les duchesses se cachent, dit le premier interlocuteur, elles ne sauraient mieux choisir que votre bouge, car personne ne s'aviserait de les y venir chercher. Mais le hasard a fait que mon valet de chambre l'a vue entrer ici, et il ne l'a pas vue sortir.

— Eh bien! Monsieur, que voulez-vous que j'y fasse? si cette dame a voulu se cacher, vous comprenez bien qu'elle n'a pas été me dire son nom de duchesse.

— Ceci est raisonnable, dit le questionneur : je vais donc vous tracer son portrait, et vous allez alors m'indiquer sa chambre. Une femme de dix-huit ans, blonde, pâle, grande?

— C'est madame Durand.

— Madame Durand, répéta le questionneur, c'est le nom de sa première femme de chambre, ce doit être elle; où la trouverai-je?

— Au premier, n° 4.

V

Quiproco. — Une duchesse espagnole et un comte espagnol. — Première querelle avec l'ombre. — A quoi sert de souffler la chandelle. — La visite nocturne et ses suites. — On parle d'un comte polonais.

Le bruit de quelques écus se fit entendre sur la table de la loge, et Arthur entendit monter lestement l'escalier. La dame, épouvantée, se recula et alla se cacher dans un angle de la chambre et derrière les rideaux du lit d'Arthur. On frappa trois ou quatre coups à une porte voisine de la sienne, et personne n'ayant répondu, l'individu, qu'on ne voyait pas, se mit à crier par le trou de la serrure :

— Ouvrez, madame la duchesse, c'est moi. J'ai découvert votre retraite; vous ne m'exposerez pas à un esclandre, que je ferais certainement, malgré les dangers qui pourraient en résulter pour vous.

L'effet de cette voix semblait si fort épouvanter la prétendue duchesse qu'elle regardait Arthur en joignant les mains, comme pour lui dire : Protégez-moi. Mais l'ombre de celui-ci lui dit encore : C'est une intrigante. Est-ce qu'on trouve des duchesses fagotées comme ça dans des maisons comme celle-ci? D'ailleurs, le nom de Ménarès est espagnol, et cette femme est rousse comme une Allemande.

Arthur hésitait cependant; il y avait dans toute la personne de cette duchesse un attrait particulier, et ces cheveux roux eux-mêmes lui disaient que si elle n'était pas espagnole, elle devait en avoir les passions; il hésitait, disons-nous, lorsque sa porte s'ouvrit tout à coup, et il vit entrer un monsieur portant à la fois des favoris noirs, des moustaches noires, une royale noire, la plus belle barbe noire du monde, disposée en massifs réguliers et pittoresques tout à la fois; ce monsieur était en outre noir par les sourcils, par les cheveux, par les yeux, par les bottes vernies ; sa redingote noire, un gilet de velours noir avec des chaînes d'or et une chemise de fine batiste, sur laquelle brillaient de gros boutons en diamants, montés sur émail noir, complétaient le plus magnifique Espagnol qu'Arthur eût vu depuis longtemps.

Ce pouvait être un homme de trente-huit ans. Comme il se trouva face à face avec Arthur, qui, pour mieux écouter, s'était tenu collé derrière la porte, le superbe hidalgo ne put franchir le seuil, mais il mesura le jeune homme d'un air redoutable, et voyant que c'était un enfant, malgré ses cinq pieds huit pouces, il lui dit avec peu de courtoisie :

— Dites-moi, monsieur, vous ne sauriez pas ce qu'est devenue la dame qui loge dans cette chambre ?

Arthur se sentit pris de l'envie de couper la figure à ce monsieur ; mais son ombre le tira par la basque de son habit, en lui disant :

C'est une mauvaise affaire où tu serais un sot de te fourrer ; ce sont des intrigants qui ne demandent pas mieux que de te prendre à leur piége. Ne fais pas ici le jeune homme, le Don Quichotte, et agis avec la prudence d'un homme qui sait la vie.

Sur ce Arthur répondit :

— Je ne sais, monsieur, si madame est la personne que vous cherchez, mais elle vient de s'introduire à l'instant dans ma chambre.

En disant cela, il montra la dame de la main, et vit qu'elle le regardait avec une surprise étrange.

Elle se redressa tout à coup avec une énergie singulière, et, sans daigner jeter les yeux sur l'Espagnol, qui, dès qu'il la vit, avait ôté son chapeau et pris une posture respectueuse, elle dit à Arthur :

— Un homme qui n'a pas une parole pour protéger une femme, quelle qu'elle soit, lorsqu'elle s'est mise sous sa protection, cet homme, surtout quand il est jeune, est un lâche.

— Madame ! s'écria Arthur d'un air furieux.

La duchesse passa devant lui en le couvrant d'un souverain regard de mépris, et dit à l'Espagnol :

— Puisque je suis découverte, j'obéis. Je suis à vous, comte de Camballero.

Elle rentra dans sa chambre, et le comte la salua profondément quand elle passa devant lui. Aussitôt qu'elle fut rentrée, le comte tira quelques louis de sa poche et les présenta au marquis.

— Tenez, mon ami, voici pour vous remercier d'avoir bien fait les choses.

— Pour qui me prenez-vous donc? dit le marquis avec hauteur.

— Pour rien, fit le comte ; vous m'avez rendu un service en m'évitant de faire fouiller cette maison par un commissaire de police, je vous paie ce service, voilà tout.

— Mais c'est donc véritablement la duchesse de Ménarès?

— Et qui voulez-vous que cela soit?

— Je vous avoue que je l'ai prise pour une intrigante..... sans cela, ajouta le marquis d'un air menaçant, vous ne l'auriez pas découverte si aisément, et...

Mais avant qu'il eût eu le temps de faire cette apologie de ses intentions, un — Insolent!

Articulé d'une voix méprisante, lui coupa la parole ; et comme il allait se récrier et demander raison, la duchesse parut et dit au comte :

— Venez, monsieur, et laissez là ce misérable.

Elle descendit rapidement l'escalier, et le comte la suivit. Arthur, suffoqué de colère et d'étonnement, courut à la fenêtre, pour leur jeter une injure sur la tête ; mais il s'arrêta en voyant la duchesse monter avec le cavalier dans un magnifique équipage qui s'éloigna rapidement.

Après cette petite scène imprévue, Arthur se renferma dans sa chambre comme un forcené ; on eût dit qu'il murait le champ clos où allait se livrer un combat à outrance. En effet, il se posa d'une façon tragique devant son ombre, qui prit exactement la même pose académique ; il lui montra le poing ; elle lui montra le poing.

— Ah çà, s'écria le marquis, te moques-tu de moi?

— Je ne suis point plaisante de ma nature, dit l'ombre ; depuis tantôt une foule de siècles, on m'a appelée la triste expérience.

— Triste ou gaie, car le ton n'y fait rien, tu ne m'as encore servi à rien.

— C'est que tu ne sais pas m'employer, mon bon ami, répliqua l'ombre.

— Et comment se sert-on de toi, ma bonne amie?

— Avec un peu d'esprit et de jugement, rien n'est plus facile.

— Il me semble que je n'en manque pas, dit le marquis d'un ton suffisant.

— Hum! fit l'ombre.

— Hein? fit le marquis.

— Je peux te dire cela entre nous, et sans que personne nous entende : tu es un peu bête, mon cher ami.

— Moi?...

— Tu es bête.

— Ce n'est pas possible.

— Tu es très-bête.

— Veux-tu te taire?

— Tu es excessivement bête.

— Ce n'est pas vrai.

— Tu es bête, et je vais te le prouver.

— Mille tonnerres! te tairas-tu! s'écria le marquis, en donnant à son ombre un grand coup de pied qui alla frapper le mur, où le marquis se fit un mal horrible, comme si l'ombre lui avait rendu son coup de pied, tandis qu'elle reprenait du même ton sardonique et persévérant :

— Tu vois bien que tu es très-bête.

Arthur fit une grimace douloureuse ; cette grimace était-elle le résultat du mal qu'il s'était fait ou de la conviction qu'il éprouvait?

Elle était le résultat de l'un et de l'autre ; mais Arthur, ayant passé à ce moment devant une glace, où il resta un moment à se contempler, s'écria :

— Allons donc, il est impossible qu'avec une figure comme

celle-là, une tournure comme celle-ci, un nom historique, et la fortune que j'aurai demain, je ne réussisse pas.

— Tu ne serais pas le premier sot qui aurait réussi, lui dit son ombre tout bas.

— Qu'est-ce que c'est donc que l'esprit? C'est d'arriver, et j'arriverai.

— Les commencements ne sont pas heureux, fit l'ombre; sans le secours d'un gamin, tu n'aurais pas d'habit et tu crèverais de faim. Ce matin tu t'écriais : « De la jeunesse, de la force, de la beauté, et je deviendrai le maître du monde. » Pauvre marquis! et tu t'es fait arrêter comme anthropophage, et voilà qu'une femme te traite de lâche, et un homme d'insolent.

Le noble Arthur commençait à trouver la société de son ombre fort ennuyeuse, et, indépendamment de cette voix qui lui déplaisait, la vue de cette compagne impertinente qui se modelait sans cesse sur lui, et qui répétait exactement ses haut-le-corps d'indignation, ses trémoussements de colère, l'irritait; il souffla la chandelle, dans un mouvement de colère.

L'ombre se mit à ricaner et lui dit :

— Tu commences, pour bien peu, à vouloir me faire disparaître; mais qu'importe que tu ne me voies pas? tu m'entendras.

Ici le marquis, pour étouffer cette voix moqueuse, se mit à jurer d'une façon terrible, en criant de toutes ses forces.

La voix menue de l'ombre perça ce tapage, comme le son aigu du fifre perce les ronflements de la grosse caisse, et lui dit :

— Tu vas te faire prendre pour un fou.

Le marquis se tut, en se rongeant de colère, et il dit d'une voix contrainte :

— Eh bien! expérience d'enfer, que me conseilles-tu?

— Que veux-tu d'abord ?

— Je veux être riche et considéré.

— Il faut travailler et être honnête homme.

— Je ne veux pas travailler, et je serai honnête homme quand je serai riche.

— Bien mal acquis ne profite jamais.

— Tu sais le contraire.

— C'est-à-dire que j'ai vu des fripons ayant les dehors du bonheur ; pour ceux-là, je ne sais ce qui se passait dans leur intimité, mais tu n'as jamais eu à t'applaudir d'une mauvaise action.

— Ni d'une bonne.

— Tu n'en as jamais fait.

— Ce n'est pas pour mériter le prix Monthion que j'ai voulu revivre, c'est pour m'amuser.

— Soit, dit l'ombre, nous essaierons.

Comme le marquis allait répondre, un léger coup fut encore frappé à sa porte.

— Entrez, dit le marquis avec impatience.

La porte s'ouvrit, et une voix d'une suavité caressante poussa un petit cri d'effroi. Le marquis reconnut, à la lueur du gaz qui éclairait l'escalier, une exquise silhouette de femme qui se dessinait dans le cadre éclairé de la porte. Cette apparition avait quelque chose de fantastique et d'élégant ; les formes souples et élancées d'une jeune fille se dessinaient aux yeux du marquis, et lui apprirent la réalité des vingt ans qui lui avaient été rendus. Il se leva et s'avança d'un mouvement rapide vers cette apparition.

— Prends garde, lui dit encore son ombre : c'est une intrigante.

— Ah ! lui dit le chevalier, tu n'as que cette chanson. Tu rabâches, la vieille, tu rabâches.....

— Il n'est pas naturel qu'une fille de cet âge et de cette tournure.....

— Tu viens de m'en dire autant pour cette Espagnole de tout à l'heure, et tu m'as fait faire une sottise.

L'ombre se tut; elle semblait s'être trompée une fois, et elle ne voulut pas risquer de compromettre son autorité en se trompant peut-être encore, et elle laissa le marquis céder à ses vingt ans.

— Est-ce que vous êtes sans lumière, Charles? dit l'inconnue en entrant doucement et d'une voix qui affectait un léger grasseyement.

— Oui, répondit Arthur de ce ton bas et sifflant qui est à peu près le même dans tous les organes.

— Tu as bien fait, reprit l'apparence de jeune fille; on te croit encore absent, et comme les jeunes gens de la maison passent souvent par cette rue pour rentrer le soir, ils auraient deviné que tu étais de retour, et qui sait si l'un d'eux ne fût pas monté?

La nécessité d'une obscurité profonde se trouvant ainsi établie, Arthur imagina qu'il serait excellent d'en tirer profit, et, pour savoir jusqu'où ce profit pouvait s'étendre, il prit la main à l'élégante visiteuse.

« Ah! ah! dit l'ombre au marquis, voici où tu vas triompher; un blanc-bec de vingt ans eût dit à cette ravissante créature : « Vous vous trompez, » et il l'eût poliment reconduite chez M. Charles. Tu n'es pas si innocent, toi... Nous n'avons pas vécu quatre-vingt-quinze ans pour faire de telles niaiseries. Commençons par lui serrer la main. »

A cette douce pression l'inconnue dit doucement :

— Est-ce avec cette froideur que tu me reçois, après un mois d'absence?

Avant que son ombre lui eût suggéré ce que voulait dire ce reproche, et à quoi cela l'autorisait, Arthur, pour lui prouver qu'il n'était pas si bête qu'elle voulait bien le dire, se subrogea aux droits de l'absent.

— Tu as coupé tes moustaches, dit la douce voix.

4.

Mais Arthur ne se mit pas en peine d'expliquer cette absence si bien sentie; il envahit les possessions du pauvre Charles avec une telle rapidité, que la conquête elle-même, si disposée qu'elle fût à subir le joug de l'usurpateur, ne put que dire d'une voix impatiente :

— Ce n'était pas pour cela que j'étais venue..... Je voulais savoir si le comte de Trobanowski revient à Paris, ou s'il attendra la duchesse de Ménarès au Havre.

Ce nom, qui venait d'être pour lui le sujet d'une rencontre si peu aimable, revint à la mémoire d'Arthur, qui répondit à tout hasard :

— La duchesse a été retrouvée par le comte Camballero.

— Nous savons ça, le comte vient de l'écrire à la maison.... Et le Polonais... que fait-il?

Arthur ne parla pas; mais sans doute il agissait, car la voix répéta d'un ton mignard :

— Mais ce n'est pas pour ça que je suis venue...

La réplique à cette observation se fit attendre assez longtemps, quoique nous puissions affirmer qu'elle fut attendue sans impatience, si toutefois elle le fut. Nous pouvons même dire que la visiteuse l'avait complètement oubliée, lorsqu'il plut au marquis de parachever le tour charmant qu'il venait de jouer, en disant de sa voix de stentor :

— Pourquoi donc êtes-vous venue?

A cette question pas un mot ne fut prononcé. La dame se dégagea et, passant rapidement du côté de la porte, elle gagna l'escalier et s'enfuit comme épouvantée. Arthur voulut au moins la voir, et la suivit sur le palier; mais elle porta la main à son visage : il s'aperçut seulement qu'elle tenait quelque chose de brillant. Arthur mit la main à sa poche, et l'allée se fermait comme il s'écriait :

— C'est ma bourse!

Il rentra furieux dans sa chambre et courut à un tiroir où il avait enfermé ses papiers les plus importants, entre autres, la fameuse lettre de crédit ; il la trouva et, consolé par cette suprême espérance, il s'écria :

— Assez, assez de ces rencontres abjectes ! Ce matin, dénoncé par deux vieilles folles déguenillées, traité comme un enragé, insulté et morigéné par un gamin, dépouillé par un prêteur sur gages et volé par une fille..... C'est un autre monde qu'il me faut. J'avoue que mon esprit ne peut descendre jusqu'à me défendre de piéges si bas... Demain j'irai chez mon banquier... et.....

— Nous verrons, dit l'ombre en hochant la tête. Tu as soufflé la chandelle pour ne pas me voir, et il en est arrivé que tu n'as pas vu qu'on te volait ta bourse.

VI

Un banquier qui, au premier aspect, semble bonhomme. — Une marquise bourgeoise. — Alarme du marquis. — Rencontre préméditée du gamin.

Le lendemain de ce grand jour, Arthur, grâce au bon tour qu'il avait fait la veille, se trouva dans la nécessité absolue de se rendre chez le banquier qui devait lui remettre les cinq cent mille francs appartenant à celui dont il avait pris le nom. Ce banquier s'appelait M. de Labarlière, et occupait un hôtel rue de la Chaussée-d'Antin, et par conséquent à très-peu de distance de la maison où Arthur avait subi de si cruels désappointements.

La nuit porte conseil, et le marquis, un peu revenu de l'éblouissement de son merveilleux retour à la jeunesse, avait réfléchi aux chances qu'il pouvait avoir de tromper le banquier ; en conséquence, et au lieu de se tracer une règle de conduite bien arrêtée, il se promit d'avancer ou de se tenir à l'écart, selon les circonstances et selon le caractère de l'homme auquel il allait avoir affaire. Il se remit en mémoire les façons, la tenue, l'air gauche de l'ancien Arthur, et se présenta vers onzes heures chez M. de Labarlière. C'était un dimanche : les bureaux étaient fermés ; mais le marquis aima mieux arriver directement au chef de la maison, que de passer par une filière de commis fort curieux d'examiner de la tête aux pieds un marquis de province, et qui, avec l'intention de le trouver ridicule, eussent pu arriver à découvrir qu'il était un fripon.

Ne sachant précisément quelle démarche avait été faite par le marquis noyé, au sujet de la lettre de crédit, il se réserva autant que possible de s'en déclarer porteur ou propriétaire à son gré. C'est pour cela qu'au lieu de demander à voir immédiatement M. de Labarlière, il remit la lettre à un domestique, en le chargeant de demander à son maître s'il voulait bien le recevoir. Les quelques minutes qui s'écoulèrent entre l'allée et le retour du valet furent remplies d'une anxiété cruelle ; le sort d'Arthur se décidait en ce moment. Le regard du domestique qui l'avait toisé des pieds à la tête, lui avaient suffisamment annoncé que son habit bleu à boutons jaunes, son pantalon d'un gris équivoque, ne lui donnaient pas une tournure de gentilhomme, et mentaient surtout à sa qualité d'héritier. Cependant, le premier mot du domestique sembla décider la question en sa faveur, car il revint avec empressement et, d'un air aussi respectueux que son regard avait été insolent, il dit à Arthur :

— M. de Labarlière est prêt à recevoir M. le marquis de Mun.

Arthur suivit le laquais à travers une suite de salons, et arriva dans un petit cabinet où il trouva un homme d'environ cinquante ans, court, gros, et d'une physionomie assez empâtée pour qu'on s'étonnât de la réputation qu'il avait d'être l'un des plus habiles financiers de Paris. Au moment où on ouvrit la porte, il se leva avec empressement pour quitter le bureau devant lequel il travaillait ; mais, comme si le regard qu'il jeta sur le marquis l'eût repoussé à sa place, il se rassit et dit avec une légère inclination de tête :

— Qui êtes-vous, Monsieur, et que me voulez-vous ?

— C'est moi, Monsieur, répondit Arthur, qui viens de vous faire remettre une lettre de crédit de cinq cent mille francs.

Le banquier considéra de nouveau le marquis, et quoiqu'il n'eût aucune raison de soupçonner une fraude, il lui demanda assez sèchement à quel titre il lui présentait cette lettre. Arthur se montra étonné de la question, et répliqua d'un ton encore plus sec que celui du banquier :

— C'est à titre de créancier de votre maison, Monsieur, et comme héritier de M. le marquis de Mun, dont je suis le fils.

M. de Labarlière, qui jusque là avait trouvé convenable de laisser debout l'habit bleu et le pantalon gris, s'empressa d'offrir un siége au marquis et à l'héritier. Cependant son regard ne quittait pas Arthur, car, en même temps que l'étrangeté de son costume l'étonnait, la beauté et la distinction de sa personne lui paraissaient une sorte de preuve de la vérité de son assertion.

— Monsieur, lui dit-il enfin, j'ai été avisé depuis plus de quinze jours de votre arrivée et de la mort de monsieur votre père, et j'ai été aussi surpris depuis ce temps de ne pas vous voir...

— Que vous l'êtes sans doute en ce moment... de me voir dans l'état où je suis ; n'est-ce pas, Monsieur ? dit Arthur en souriant.

— Il est vrai, dit le banquier, que je m'étais fait une tout autre idée du fils de M. Mun, et que votre personne....

— Ou plutôt mon costume, Monsieur, vous a fait croire que vous étiez en présence de quelque intrigant de bas étage.

— Ah! Monsieur, fit le banquier en s'inclinant d'un air de confusion et d'excuse.

— Mon Dieu, Monsieur, ne vous en défendez pas, reprit Arthur, car si j'avais eu la défiance que vous me montrez, ce n'eût pas été dans ce costume ni en ce moment que je me fusse présenté chez vous.

— Que vous est-il donc arrivé? dit M. de Labarlière avec une curiosité où régnait encore un reste de doute.

— Beaucoup de choses où j'ai été plus ridicule qu'il n'est permis à un gentilhomme de l'être, dit Arthur, qui reprit avec talent ses façons de 1760. Je me suis laissé dépouiller comme un provincial, par tout ce qu'il y a de plus misérable, et si je n'arrive pas nu chez vous comme un petit saint Jean, c'est que la coquine qui m'a pris hier mes derniers louis, n'a pas pu emporter mes habits.

La façon de dire était tout à fait marquise; elle l'était même tellement, que M. de Labarlière fronçait déjà les sourcils, en se consultant sur le parti qu'il devait prendre, lorsqu'une dame entra inopinément dans le cabinet du banquier.

C'était une femme de cinquante ans, d'une maigreur excessive, ne possédant personnellement rien de ce qui ne peut se dissimuler quand cela existe, et de ce qui se remplace si aisément quand cela n'existe pas.

Elle était vêtue de blanc, et la finesse du squelette étant donnée par la nature, il s'en suivait que, grâce aux adjonctions créées par l'art, cette femme avait une de ces tailles frêles et menues qui font d'autant mieux ressortir l'ampleur des hanches et la rondeur du sein, qu'on peut donner à ces appas la juste mesure qui doit les rendre très-séduisants et leur prêter tout l'aspect de l'extrême jeunesse. Par un hasard assez remarquable, elle s'arrêta un moment à l'embrasure de la porte qu'elle venait d'ouvrir, et rappela à Arthur d'une manière à la fois précise et fugitive l'adorable silhouette qui l'avait si galamment escroqué la veille au soir.

Cependant, avant d'avoir fait cette remarque, ou plutôt avant d'avoir subi cette sorte de réapparition, Arthur s'était levé, et avait salué la femme qui entrait, quelle qu'elle fût. Ce bon livre de savoir-vivre avait frappé le banquier, qui alliait mal, dans son esprit, le langage et les façons d'Arthur avec la pénurie de son costume et la prétendue niaiserie qui l'avait laissé duper par de misérables intrigants. Il allait donc arriver que, pour avoir voulu trop ressembler à ce qu'il devait être, le marquis de Mun était menacé d'une inquisition sévère sur sa personne, lorsque cette dame vint à son aide. Ce que M. de Labarlière avait été un quart d'heure à reconnaître, ladite dame le vit en une seconde. Il n'y a point d'habit mal fait ni de pantalon disgracieux pour des vieux yeux féminins ; ils ont un sentiment artistique qui devine la beauté sous les voiles les plus disgracieux. Madame de Pimpani reconnut au premier coup d'œil qu'Arthur était le plus beau jeune homme qu'elle eût rencontré de sa vie : elle répondit à son salut le plus gracieusement du monde, et dit à son frère d'une voix qui fit tressaillir notre jeune homme :

— Je viens vous avertir que Charles est de retour.

A ce nom de Charles, Arthur attacha sur la dame des yeux aussi épouvantés que surpris ; la silhouette et le Charles s'unirent dans un même souvenir, et Arthur pâlit à la pensée de ce qu'il avait peut-être osé contre cette figure abominable. Mais ni elle ni son frère ne purent s'en apercevoir, car le banquier s'était levé précipitamment à la nouvelle de cette arrivée, et avait entraîné sa sœur dans l'angle d'une croisée où ils causaient à voix basse : après que M. de Labarlière eut sans doute obtenu les renseignements qu'il désirait avoir, ce fut le tour de madame de Pimpani d'adresser des questions au banquier, et évidemment ses questions avaient pour objet la présence de ce jeune et bel étranger. Les réponses de M. de Labarlière ne devaient pas être favorables à Arthur car il lui sembla que la sœur les combattait en attachant sur son protégé des regards curieux et stupéfaits. M. de Labarliere ne paraissait point convaincu que la beauté d'Arthur fût une preuve de son identité, et ce fut probablement pour faire taire les protestations de madame de Pimpani, qu'il lui dit d'un ton de mauvaise humeur, mais d'une voix assez mal contenue pour qu'elle pût arriver jusqu'au marquis :

— Tout ce que je puis vous dire, c'est qu'il prétend avoir été hier soir dépouillé de ses derniers louis par je ne sais quelle coquine.

A cette phrase, le visage convaincu de la dame donna une consistance aux vagues soupçons qui avaient traversé la tête du marquis, et, pendant qu'elle le regardait, pour les confirmer tout à fait, il dit de cette voix de stentor, de laquelle il avait attendu la veille un si grand effet :

— Oui, madame, on a profité de mon inexpérience pour me réduire en l'état où je suis.

S'il était donné à quelqu'un de traduire le mouvement de physionomie de madame de Pimpani, c'eût été probablement un assez long récit commençant par ces mots, suivis de plusieurs points d'exclamation :

— Il appelle cela de l'inexpérience!!!

Quoi qu'il en soit de ce que pensa la dame et de ce qu'elle ne dit pas, le résultat de l'épreuve fut favorable à Arthur; car elle sembla affirmer à son frère qu'il commettait une grande imprudence en paraissant douter que ce fût véritablement le marquis de Mun qui était devant lui. M. de Labarlière essaya encore quelques objections, mais elles ne tinrent pas contre la dernière raison que madame de Pimpani glissa dans l'oreille de son frère. Il se retourna vers Arthur, et lui dit alors avec une courtoisie empressée :

— Il ne faut pas vous étonner, monsieur, de l'accueil un peu réservé que je vous ai fait d'abord; vous savez mieux que moi à quelles indignes tromperies un homme d'honneur peut être exposé.

Nous ne pouvons dire par quel hasard les regards d'Arthur et de madame de Pimpani se rencontrèrent à cette parole ; mais Arthur, en consiérant ce visage décharné et artistement peint, ces yeux éraillés, ces sourcils tracés au pinceau et ces cheveux noirs dont la transparence rougeâtre annonçait l'emploi des cosmétiques de madame Mà, ne put s'empêcher de pousser un profond soupir en disant :

— Je le sais, monsieur.

Probablement madame de Pimpani n'était pas assez complétement absorbée par l'admiration émue que lui causait la présence d'Arthur, car elle réprima un mouvement furieux de dignité. A l'expression lamentable du marquis, M. de Labarlière ne vit qu'une doléance fort naturelle du pauvre dupé, et se retira en lui disant :

— Permettez-moi, monsieur le marquis, de vous laisser un moment avec ma sœur ; j'ai besoin de faire à la personne dont on vient de m'annoncer l'arrivée une réponse qu'elle ne peut attendre longtemps.

M. de Labarlière se retira, et madame de Pimpani et Arthur restèrent en présence : elle le considéra un moment en face et lui dit, du ton le plus dégagé :

— Vous êtes M. le marquis Jacques-Arthur de Mun, n'est-ce pas ?

— Oui, madame, répondit Arthur d'un air impertinent ; et je demeure rue Saint-Nicolas-d'Antin, n. 8, au premier, la porte à gauche, et dans une chambre qui a été, je crois, occupée par un M. Charles.

— Je sais tout cela, monsieur, répondit madame de Pimpani, sans se troubler le moins du monde et d'un air moqueur. Je l'ai appris d'une femme de chambre que j'ai envoyée hier hier à cette adresse, et à laquelle il est arrivé je ne sais quelle aventure, dont je ne veux pas savoir les détails.

Le visage d'Arthur prit une expression de joie à cette déclaration, et repartit toujours avec la même impertinence :

— Et ladite femme de chambre était sans doute jeune et jolie?

— C'est ma sœur de lait, repartit madame de Pimpani, en se pinçant les lèvres d'un air hautain.

Elle est bien nommée, pensa le marquis, auquel un ancien souvenir de liaison avec M. de Bièvre avait prêté une pointe de calembourg dans l'esprit, et en faisant une horrible grimace. Mais il garda pour lui cette réflexion, pendant que madame de Pimpani continuait :

— Une fidèle négresse sur laquelle je puis compter.

La grimace d'Arthur redoubla ; mais, comme il s'aperçut qu'il allait faire éclater la vieille, il reprit le plus gracieusement du monde :

— Est-ce aux bons rapports que cette fille a pu vous faire de moi, madame, que je dois la protection qui vous a fait prendre ma défense contre les soupçons de M. de Labarlière?

— Peut-être, monsieur, dit madame de Pimpani en souriant ; mais il ne suffit pas de ce que vous avez fait, pour vous assurer cette protection à l'avenir.

— Est-ce qu'il me faudra recommencer, madame? fit le marquis en affectant une frayeur comique.

— Cela vous a paru, à ce que l'on m'a dit, assez agréable pour que je ne fusse pas étonnée que la fantaisie vous en reprit, dit madame de Pimpani dont le vieux visage avait une malice qui rappelait au malheureux l'expression terrible de Bazilius. Il commençait à avoir peur, lorsqu'elle reprit d'un ton dédaigneux :

— Mais laissons, je vous en supplie, cet entretien fort équivoque et de mauvais goût, et dites-moi, monsieur, si vous êtes dans les dispositions que monsieur votre père m'a annoncées dans la lettre qu'il m'a écrite avant de mourir.

A ce moment, les autres frayeurs d'Arthur le reprirent à la gorge ; il chercha à se rappeler tout ce qu'avait pu lui dire son parent disparu, sur les intentions secrètes de son voyage, mais il ne trouva rien qui pût l'avertir des intentions auxquelles madame de Pimpani faisait allusion. Il se contenta donc de répondre vaguement :

— Le premier devoir d'un gentilhomme et d'un fils respectueux est d'accepter sans discussion l'héritage entier de son père, quelques obligations qu'il lui impose.

— La duchesse de Ménarès, monsieur, répondit madame de Pimpani, n'attendait pas moins de vous, et j'aurai l'honneur de vous présenter à elle quand je l'aurai instruite de votre arrivée.

Comme elle achevait cette phrase, le banquier rentra, et sa sœur quitta le cabinet après avoir recommandé, par un signe, le silence à Arthur. Celui-ci, au nom de la duchesse, avait éprouvé un étonnement encore plus vif que celui qui l'avait frappé à l'aspect de madame de Pimpani. Ces rapprochements de noms, ce conflit de circonstances étranges lui faisaient douter de la réalité de ce qui se passait, et il restait immobile à sa place, cherchant à démêler par quel fil tous ces personnages se trouvaient attachés les uns aux autres, lorsque M. de Labarlière lui dit :

— Ma caisse est fermée aujourd'hui, et je ne pourrai faire établir le compte exact de ce qui vous est dû ; mais d'après ce que vous m'avez raconté, je crois vous être agréable en vous priant de prendre ces dix mille francs jusqu'à ce que nous puissions arrêter ce compte par le solde de ce qui vous appartient, à moins qu'il ne vous soit plus commode, ajouta le banquier d'un ton désintéressé, de laisser vos fonds dans ma maison comme avait fait monsieur votre père.

— C'est une décision, monsieur, à laquelle je crois que je m'arrêterai, mais à laquelle je n'ai pas encore pensé.

— Comme il vous plaira, monsieur, dit M. de Labarlière ;

nous en causerons, si vous voulez, demain, à dîner, car je compte que vous me ferez l'honneur d'accepter mon invitation, et que je pourrai vous présenter au reste de ma famille.

Arthur accepta et se retira immédiatement.

Lorsqu'il fut hors de cette maison, et quoiqu'il ne pût se rendre un compte bien exact de la voie dans laquelle il s'était engagé, il se sentit déchargé d'une énorme inquiétude; et il serra ses billets avec un mouvement de joie convulsif, et s'écria en lui-même :

— Maintenant l'avenir est à moi!

Si M. de Mun s'était jamais occupé de poésie, peut-être que son ombre eût pu répondre à son exclamation par une des plus belles strophes de M. Victor Hugo, qui commence par ces mots :

> Non l'avenir n'est à personne,
> Sire : l'avenir est à Dieu.

Mais, quoique moins poétiquement exprimée, la réponse ne manqua pas à l'exclamation, et cette réponse n'était autre chose que la présence de Léopold Fouriou, assis négligemment sur une borne en face la porte cochère de l'hôtel de M. de Labarlière. Lorsqu'il aperçut Arthur, il descendit de sa borne, et lui dit de ce même ton impudent et railleur qu'il avait la veille :

— Dites donc, monsieur le marquis, est-ce que c'est vous qui payez à déjeuner ce matin?

— Qu'est-ce que c'est que ce drôle? fit Arthur en s'éloignant, après lui avoir jeté, du plus haut qu'il put, un regard de mépris :

— Dites donc, dites donc, lui cria le gamin, vous oubliez bien vite les amis. J'ai à vous parler sérieusement de la part du négociant à qui vous avez repassé hier les reconnaissances du Mont-de-Piété.

Comme le gamin disait cela en élevant la voix pour se faire mieux entendre d'Arthur qui marchait rapidement devant lui, celui-ci craignit qu'il ne donnât suite à ses confidences publiques, et s'arrêta pour répondre à l'illustre Léopold.

— Je suis sûr, dit celui-ci en ricanant, que vous ne couriez pas si vite il y a quinze jours, quand vous n'aviez que cinq pieds deux pouces ; mais l'air de Paris vous est bon à ce qu'il paraît, car vous êtes fièrement grandi en peu de temps.

Ceci expliqua à Arthur que le prêteur sur gages avait sans doute été retirer les habits du Mont-de-Piété, et avait reconnu qu'ils ne pouvaient appartenir au colosse qui s'en disait le propriétaire. Cependant Arthur ne sachant pas jusqu'à quel point cet homme pouvait vouloir user de cette circonstance accusatrice, et voulant de son côté pouvoir y parer avec connaissance de cause, crut devoir transiger avec Léopold, et l'engagea à le suivre.

VII

Destinée du marquis. — Son passé, son avenir. — Considérations sur la question espagnole, par Fouriou. — Les Ménarès. — Fidélité carliste. — Les habitués du théâtre du Palais Royal. — L'habitué du quai aux Fleurs. — Un comte polonais. — Une comtesse polonaise. — Prétentions du gamin. — Premier récit de l'ombre.

Le marquis, tout en marchant, et pour commencer sa reconnaissance, demanda à Léopold comment il avait été informé de sa présence chez M. de Labarlière.

— Il me semble, lui répondit Léopold, que lorsque je vous

ai apporté le portefeuille à la Conciergerie, je vous ai prouvé que je savais lire. Il ne faut donc pas vous étonner si j'étais sûr qu'un gaillard de votre force ne s'arrêterait pas à chiper quelques méchantes hardes, et voudrait s'attribuer les cinq cent mille francs du défunt.

— De qui veux-tu parler? dit Arthur.

— Pardieu, dit le gamin, du petit dont cette vieille canaille de chevalier avait mis les habits en gage, sans doute de complicité avec vous, car sans cela vous n'auriez pas su aussi bien ce que contenait le portefeuille. Je commence à comprendre la chose maintenant ; vous avez escofié le jeune de moitié, et comme la moitié vous a paru trop maigre pour votre appétit, vous avez escofié le vieux à vous tout seul, pour ne partager avec personne. Cela n'est pas trop bête. Seulement je me suis imaginé de m'instituer héritier du vieux chevalier, comme vous du petit marquis, si ce n'est que je ne prends la place de personne. Votre affaire était bien emmanchée; mais, ce que je ne conçois pas, c'est la rage qui vous a pris de hurler comme un fou, pendant que vous étiez dans la chambre du vieux. Mais enfin ce qui est fait est fait, la chose a bien tourné, il ne faut pas que nous la laissions en chemin.

Cette manière de s'associer à lui déplut singulièrement au marquis de Mun; mais il n'en savait pas encore assez pour pouvoir éconduire le gamin, et il répondit d'un air qu'il tâcha de rendre bienveillant :

— Tu es fou, mon pauvre garçon, et tu arranges dans ta tête une histoire comme celles que tu as l'habitude de lire dans la *Gazette des Tribunaux*.

— D'où savez-vous que je lis la *Gazette des Tribunaux ?* fit Léopold : vous connaissiez donc bien le vieux chevalier pour qu'il vous ait parlé de moi?

Arthur se mordit les lèvres de la niaiserie qu'il venait de

dire, et reconnut qu'il n'y avait rien à gagner pour lui à discuter avec Léopold.

— Sans doute, reprit-il, je connaissais le chevalier ; la meilleure preuve que j'ai eu affaire à lui, c'est qu'il m'a dépouillé de tout ce que je possédais.

— Vous devez en être consolé, reprit Léopold en ricanant, puisque vous avez tout rattrapé.

Le ton dont Fouriou prononça ces paroles alarma le marquis, et à tout hasard il répliqua :

— Après la ruine complète dont j'ai failli être victime, je suis fort peu touché de la perte de quelques valeurs, qui ne m'ont pas été restituées.

Il paraît que vous n'estimez pas beaucoup votre peau, monsieur le marquis, car si les papiers qui étaient cachés dans le secret de votre portefeuille étaient tombés dans les mains de la police, ou je ne me connais pas en cour d'assises, vous eussiez pu dire adieu à vos cinq cent mille francs et à la promenade des Tuileries ou toute autre qui pourrait vous plaire.

— Quels sont ces papiers ? s'écria Arthur, de plus en plus alarmé.

— Si vous voulez monter chez vous et vous faire servir un morceau de galantine et une bouteille de vin de Champagne ; car, lorsqu'on est chevalier, on ne doit plus boire que du champagne, je vous raconterai l'histoire du papier.

— Tu l'as dans ta poche ? dit Arthur avec anxiété.

Le gamin hocha la tête, et reprit d'un air hypocrite :

— Vous comprenez bien que je n'ai pas voulu l'exposer à se perdre, et je l'ai appris à peu près par cœur, pour pouvoir vous le réciter.

Le marquis espéra qu'il trouverait dans ce récit l'explication de la réception que lui avait faite madame de Pimpani, et il engagea Léopold à le suivre dans sa chambre. Une fois qu'ils y furent établis, Arthur donna l'ordre à l'un des garçons de l'hôtel d'aller chercher et d'amener un tailleur célèbre et de lui recommander d'apporter plusieurs habillements noirs complets comme il convenait à un héritier d'en avoir. Il donnait encore à ce garçon les détails nécessaires sur sa taille et sur sa personne pour que les habits fussent convenablement choisis, lorsque Léopold, continuant les instructions données par Arthur, expliqua comme quoi il lui fallait aussi un habillement complet, et montra qu'il s'entendait en élégance beaucoup mieux que le marquis lui-même. Celui-ci montra qu'il avait profité des sages conseils que son ombre avait dû lui donner en secret, car il s'excusa, pour ainsi dire, vis-à-vis du gamin de l'avoir oublié, et confirma les instructions que Léopold venait de donner au garçon. Une fois ces arrangements pris et le déjeuner ayant été servi, voici en quels termes le jeune Léopold rendit compte à Arthur de Mun de la lettre particulière, ou plutôt du petit manuscrit qu'il avait soustrait du fameux portefeuille.

Je demande pardon à mes lecteurs de leur donner le récit de Fouriou tel qu'il fut fait au marquis, au lieu de la lettre qui sans doute racontait les événements dont il va être question d'une façon grave et convenable; mais je n'ai pu me procurer cette lettre, et je suis obligé de m'en tenir au résumé qui en fut fait par le gamin.

— Voici ce que c'est : Le papa vous explique comme quoi il y a en Espagne un roi et une reine; seulement ce n'est pas comme dans les contes de fées, où le roi et la reine ont un enfant charmant qui promet d'être un prince accompli, et un tas d'autres choses, et qui là-dessus vivent en bonne amitié. Pas du tout. Le roi et la reine d'Espagne vivent comme chien et loup, c'est-à-dire qu'ils ne demandent pas mieux que de s'étrangler l'un et l'autre, ce qui est bien étonnant puisqu'ils ne sont pas mariés. Cela prouve, entre nous soit dit, que les mœurs de la cour sont bien différentes des nôtres : tant il est que, pendant que madame la reine règne à

Madrid, monsieur le roi lui fait la guerre dans la province. D'après la lettre du papa, il paraît que ce roi-là avait non-seulement des partisans dans son pays, mais encore en France, et que le papa était un des plus chauds. Mais avant de vous expliquer ce qu'il a fait pour témoigner au roi Charlos tout le dévouement qu'il avait pour lui, il faut que je vous parle d'une autre histoire qui est aussi dans la lettre.

Il y avait en Espagne, parmi ceux qui tenaient pour le roi Charlos, comme disent les Espagnols, un certain duc et une certaine duchesse de Ménarès, qui avaient plus de millions que le roi lui-même. Ce duc et cette duchesse, vivant dans un pays où on envoie tous les cinq ou six ans des gouvernements se promener pour leur santé, avaient fait passer en France une bonne partie de leurs chers millions et les avaient mis en dépôt chez M. de la Barlière où vous avez été ce matin. Lorsqu'ils en eurent assez amassé en dehors de leur pays pour y servir la cause de leur roi, qui pendant ce temps-là se faisait traquer comme un renard et se faisait dire la messe comme un pape, ils lâchèrent l'Espagne au ciel bleu comme dit la romance de M. Monpou, et vinrent en France où ils amenèrent avec eux leur fille unique qui devait hériter non-seulement de tous les millions de Paris, mais encore de tous les millions d'Espagne.

Maintenant, voici la chose : le duc et la duchesse, et un tas d'autres bêtes de leur sorte, tant Français qu'Espagnols, donnaient de l'argent à M. de la Barlière pour qu'il achetât et envoyât au roi d'Espagne des fusils, de la poudre, des canons et du chocolat : or, le papa, votre papa s'entend, le papa qui vous écrit, qui demeurait à Mont-de-Marsan, était chargé de faire passer les objets en question à ce bon roi Charlos, et c'est à cela qu'il a gagné les cinq cent mille francs dont vous venez d'hériter, grâce à moi. Voilà ce que vous ne saviez pas, et ce que ce bon papa, dont vous n'avez pas la moindre idée, vous écrivait à son lit de mort, comme il le dit sentimentalement.

Mais, pendant que le papa ratissait sur la poudre et le chocolat de M. Charlos, il arrive que le duc et la duchesse de Ménarès meurent tous deux comme s'ils n'avaient pas le sou, et laissent leur fille orpheline, comme le dit toujours sentimentalement le papa, qui, à ce qu'il me paraît, n'était pas très-fort sur le français, attendu qu'à mon idée, on n'est jamais orpheline quand on a des rentes.

Il est probable que vous avez étudié en droit dans votre province, car je vois qu'on fait étudier en droit tous les jeunes gens de famille, sans doute pour les préserver des huissiers, des notaires et des juges, enfin de tout ce qui peut nuire à l'homme. Vous savez donc, par conséquent, qu'aussitôt que le père et la mère sont morts, on nomme un tuteur à l'enfant. Il est vrai que l'enfant avait seize ans, mais enfin le tuteur n'en fut pas moins nommé.

M. de la Barlière avait plus qu'envie de le devenir; quand je dis plus qu'envie, je parle bien; il en avait besoin, vu qu'il avait ratissé de son côté sur les millions du duc et de la duchesse, et qu'il n'était pas fâché de reconnaître lui-même ses comptes de cuisine. Mais l'orgueil espagnol, comme dit toujours le papa, ne put admettre qu'une noble duchesse *castillane* (toujours le papa) fût soumise à la tutelle d'un simple Français et, qui plus est, d'un misérable agioteur. (J'ai retenu le mot parce que je ne l'ai pas compris. Pourtant, à l'air général du discours, cela m'a fait l'effet que le papa appelait M. de la Barlière un fripon, ce qui n'est pas délicat de sa part, et ce que n'eût jamais fait un pensionnaire de Saint-Denis ou du Mont-Saint-Michel où l'on se respecte entre soi). Mais revenons à la chose.

Le banquier ne put pas se faire nommer tuteur; mais le banquier a une sœur qui est aussi une espèce de duchesse espagnole, du temps du roi que l'empereur Napoléon Ier avait nommé pour faire ses affaires en Espagne. Ce que le banquier n'avait pas pu faire pour lui, la marquise de Pimpani l'emporta d'emblée pour un certain comte de Camballero qui n'était rien moins que l'amant de la vieille; car il paraît que la sœur est vieille, que le comte est pauvre et que leurs amours se réglaient en pièces de cent sous. Le M. Camballero fut donc nommé tuteur de la petite duchesse de Ménarès. Il paraît que le papa croyait son fils très-bête, quoiqu'il ne s'imaginât pas que cette lettre dût être un jour à votre usage, puisqu'il lui explique, pendant plus de deux pages et demie, comme quoi c'est maintenant la Pimpani qui est à la fois le banquier et le tuteur. Je n'ai pas eu besoin de quatre mots pour comprendre la ficelle. Elle a fait faire des lettres de change à son M. Camballero, et elle lui dit : Si tu fais le méchant avec mon frère, je te fais mettre dedans; et elle dit à son frère : Si tu ne m'en donnes pas, je te fais rendre tes comptes au tuteur. Peut-être que vous êtes curieux de savoir par qui le papa a appris tous ses secrets de famille: c'est par un certain Charles Loupon qui voyage pour le compte de la maison de la Barlière et qui fait à la fois dans les provinces les affaires des carlistes de Charles V, et les affaires des carlistes de Charles X. La lettre dit tout naïvement : « C'est Charles Loupon qui m'a raconté cela, lorsque nous nous sommes rencontrés à Nantes à l'époque où nous avons agité la question de savoir s'il fallait recommencer les mouvements dans la Vendée. » Il n'y a pas d'autres renseignements sur le Charles Loupon.

Le marquis pensa avec raison que c'était celui dont il avait si imprudemment pris la place, et prêta une nouvelle attention au récit du gamin, qui reprit :

— La manigance de la Pimpani allait très-bien ; mais comme il y a une fin à tout, et que la jeune Espagnole semblait ne vouloir rester mineure que d'âge, et pas du tout de mariage ou d'autre chose, on pensa à lui donner un époux légitime; voilà où cela commença à s'embrouiller. Il fallait à la fois un joli gaillard pour plaire à la petite duchesse, et un bon garçon pour acquitter les registres du tuteur et du banquier. Or, savez-vous qui on finit par choisir après bien des recherches inutiles? Vous, monsieur le marquis, ou plutôt le gringalet que vous avez envoyé se faire manger aux poissons. Je récite : « Un grand nom et en même temps une fortune dépendante vous ont mérité ce choix, ô mon fils! descendant illustre de l'illustre famille des Margraves de Mun, votre haute noblesse rassurera les susceptibilités de la noblesse espagnole qui aurait pu s'alarmer d'une mésalliance, et vous-même, en vous prêtant à la fraude loyale de madame de Pimpani, vous trouverez encore dans les restes de la fortune de la duchesse de Ménarès et dans les vastes possessions qu'elle a laissées en Espagne de quoi reprendre le rang dont le malheur vous a fait descendre. Écoutez les conseils d'un père mourant, ô mon fils! c'est au moment où il va comparaître devant Dieu, qu'il vous adresse ces dernières exhortations. Ne vous montrez pas trop difficile lors de la libération de M. de la Barlière et du comte Camballero, car enfin vos possessions d'Espagne vous resteront, et vous serez toujours maître, quand il en sera temps, d'abandonner la cause de Charlos V, lorsque vous serez sûr du triomphe de l'innocente Isabelle. » En voilà-t-il une canaille de père? Il n'a fait accepter monsieur son fils que pour son fanatisme, et parce que, selon lui, il préférait mille morts plutôt que d'abandonner la cause du roi légitime de l'Espagne, et il lui conseille de le lâcher. Quel vieux bélitre! Je continue : C'est au moment où le jeune homme en question allait recevoir la confidence de toutes ces belles choses que le papa se sentit pris d'un mal de ventre tout à fait mortel ; or, comme le jeune homme n'était pas présent, il lui écrivit tout ce que je viens de vous dire, en lui recommandant de se presser un peu plus qu'un maçon qui traîne une pierre, afin d'arriver à temps, vu qu'il se passait à Paris des choses pour lesquelles la jeune duchesse Josépha de Ménarès n'avait pas demandé la permission de son tuteur.

Suivez bien l'histoire, elle est très-embrouillée, et cela va recommencer sur une autre gamme.

Donc M. de la Barlière a deux fils et une fille : comme de juste les fils ne ressemblent pas à leur père. Je peux vous en tracer le portrait, attendu que j'ai l'honneur de les connaître tous les deux, beaucoup mieux que vous ne connaissez votre papa de Mont-de-Marsan.

Le marquis interrompit le gamin, et lui dit avec étonnement :

— Comment se fait-il que tu puisses connaître des jeunes gens comme les fils de M. de la Barlière ?

— Connus, parfaitement connus tous les deux ; je n'ai pas besoin, croyez-moi, d'entrer dans leur salon, de dîner avec eux, pour connaître les gens. Cela se sent, cela se voit, cela se devine à des riens du tout, dont vous n'avez pas d'idée. Il faut vous dire que le soir, quand je n'avais rien de mieux à faire, je m'allais poster au coin du théâtre du Palais-Royal pour ouvrir les portières des voitures ; or, qu'est-ce que c'est que le Palais-Royal, et qui est-ce qui va au Palais-Royal ?

Le gamin prit une attitude de charlatan au moment où il vend et explique les propriétés de son vulnéraire universel ; et il dit d'une voix claire et démonstrative :

— Le Palais-Royal, c'est un théâtre où il y a des demoiselles qui sont maigres comme un os et qui mettent des tas de faux mollets et autre chose pour le montrer le plus possible au public. Le théâtre du Palais-Royal est un théâtre, où on récite toutes les polissonneries possibles, et où, excepté la fin finale de l'amour que la police ne permet pas aux pièces, on fait tout ce qui peut se faire quand la chandelle est allumée. C'est gentil, c'est amusant, je ne dis pas non, mais enfin qui est-ce qui va au Palais-Royal ? Primo, des vieux qui prennent cela comme du tabac pour se faire éternuer, et puis de vrais gamins qui adorent les bâtons rembourrés et les mènent faire des petits soupers ; car entre ces femmes-là et les poupées, il n'y d'autre différence que les unes marchent à la mécanique et que les autres marchent toutes seules. Or, le jeune M. Gustave de la Barlière ne quittait pas ledit théâtre et n'y venait jamais seul, et jamais avec la même ; outre cela il avait toujours des gants jaunes, des cannes à pomme d'or avec des diamants dessus, des camélias à sa boutonnière ; il traitait ses domestiques comme des nègres, et tous les marchands de contremarques le saluaient avec respect : ajoutez à cela que je l'ai vu fumant à un grand balcon sur le boulevard, et vous comprendrez que je n'ai pas besoin d'avoir vécu avec lui de pair à compagnon pour être sûr que c'est un farceur qui mange l'argent de son père par les deux bouts.

Voici maintenant pour le second : Je suis médaillé du quai aux Fleurs ; et les mercredis et les samedis je voyais venir un petit jeune homme barbu comme le Juif-Errant, avec des grands cheveux plats et un chapeau à grands bords et énormément pointu. Il n'y a pas à se méprendre à ce signalement, c'est un républicain ou un artiste. La seule chose qui m'embêtait un peu, c'est qu'il dépensait toujours beaucoup d'argent, et qu'il est connu comme il est connu qu'il fait jour en plein midi, que jamais le républicain et l'artiste n'ont le sou ; ce n'était donc pas un républicain comme un autre, ni un artiste comme un autre.

A toi, à moi, à lui, à qui saura ce que c'est que ce petit barbu, qui achète deux fois la semaine des charges de fleurs et qui les fait porter toujours dans un hôtel garni de la rue Caumartin. Cela fut dit un matin en guise de pari : et je me charge de la commission. On me laisse me présenter tout seul pour traîner des fleurs dans une petite charrette, et le jeune homme me donne l'adresse de l'hôtel en me disant comme d'habitude de laisser les fleurs chez le concierge.

Mais, au lieu d'avoir compris comme j'avais entendu, une fois arrivé là je dis que l'on m'avait ordonné de monter des fleurs chez la personne à qui elles étaient destinées. Le concierge me regarda d'un air effaré et me demanda qui m'avait dit cela. Je lui dépeignis mon jeune homme, et il se tourna vers sa femme comme pour se consulter avec elle, en lui disant :

— C'est bien cela le portrait de M. Félix de la Barlière.

Je connaissais déjà l'autre frère dont j'avais appris le nom en causant par-ci par-là avec le cocher ou avec le valet de pied pendant qu'on l'attendait à la porte du théâtre. Bien, me dis-je à moi-même, je tiens déjà le nom, seulement celui-ci est un farceur à la sourdine.

— Mais, reprit le concierge, il ne vous a pas dit le nom de la personne à qui ces fleurs étaient destinées.

— Ma foi, lui dis-je, il aura supposé que vous sauriez bien m'indiquer le nom de la personne, puisqu'il en envoie ici deux fois par semaine.

Le concierge et sa femme échangèrent un petit signe d'intelligence et il me dit :

— Eh bien, mon garçon, monte au troisième et demande la comtesse Trobanowski.

J'en savais assez pour ce qui avait été du pari des autres, puisque j'avais découvert le nom du jeune homme et celui de la dame ; mais il me fut avis qu'en montant j'apprendrais quelque chose qui pourrait me profiter, et je grimpai au troisième avec deux pots sous chaque bras. Ce fut une espèce de grande femme de chambre, avec des cheveux de filasse, qui vint m'ouvrir et qui cria tout aussitôt :

— Madame, voici les fleurs.

Il y eut aussitôt une voix d'homme qui répondit :

Tout à l'heure ; qu'on les dépose dans l'antichambre.

Je m'étais arrangé de manière à faire plusieurs voyages, afin de pouvoir rôder plus longtemps dans l'appartement.

Quand je remontai le second convoi, il n'y avait personne dans l'antichambre, et je pus écouter ce qui se disait dans le salon à côté.

— Il est temps, criait une voix de femme, que M. de la Barlière s'explique, cela m'embête (elle a dit cela m'embête, je l'ai bien entendu et bien retenu), de faire la comtesse polonaise pour ne recevoir que des bouquets.

— Patience, répéta la voix d'homme, patience, ma sœur, les affaires vont très-bien avec la petite duchesse ; il ne se passera pas un mois sans qu'elle consente à se laisser enlever.

— Il est possible, répondit la femme, que la petite duchesse soit très-amusante ; mais, pour ma part, je m'ennuie beaucoup à entendre M. Félix me faire de la politique humanitaire et des déclarations d'amour pour les malheureux Polonais et les nègres de la Martinique.

— Songe que c'est un mariage superbe, reprit le monsieur, et que si tu as le courage de te tenir encore un ou deux mois, ce sera une affaire terminée.

J'avoue que, dans ce moment-là, ce que j'entendis ne me parut pas assez intéressant pour vouloir en entendre davantage. J'allai chercher le restant des pots et je les remontai. Cette fois je rencontrai le monsieur dans l'antichambre ; c'est un gaillard, mon cher ami, qui vous en remontrerait pour la tenue et la beauté. Mais je ne vous aurais pas parlé de cette rencontre sans un petit incident. Comme j'avais fini de déposer les fleurs dans l'antichambre, je tirai ma casquette et je lui dis :

— Est-ce qu'il n'y a rien pour boire, notre bourgeois ?

A ce mot de bourgeois, il me regarda d'un air de colère et me dit d'un ton emphatique :

— Tiens, drôle, voilà de la part du comte Trobanowski.

J'avais cru d'abord que c'était un faux Polonais, mais, à cette façon d'agir, il n'y avait pas à s'y tromper. Il m'avait peut-être donné sa dernière pièce de cent sous, mais il m'avait flanqué par le nez qu'il était le comte Trobanowski. A vous ou à tout autre, il l'aurait peut-être flanquée avec un soufflet ou un coup d'épée, parce qu'il faut toujours qu'un Polonais soutienne son rang. Je mis la pièce de cent sous dans ma poche, je filai, et je ne m'occupai plus de la chose.

Maintenant, faisons encore une fois volte-face, et revenons à la lettre du papa, qui se trouva pour moi beaucoup plus claire qu'elle n'eût été pour un autre. Il met six pages encore à expliquer à son vrai descendant, si tant est qu'il fût vrai, parce que, dans ce monde, on n'est jamais sûr de rien, il met donc six pages à lui expliquer comme quoi des deux fils de M. de M. de la Barlière, le plus jeune, malgré ses opinions d'égalité, était le plus souvent possible chez la petite duchesse, et comme quoi il lui aurait présenté le comte Trobanowski. C'est ce comte-là qui avait gâté vos affaires, monsieur ; c'est à cause de celui-là que le papa vous ordonnait de partir si vite, attendu que la petite duchesse devenait difficile à garder comme une colombe en mal d'amour. La seule chose qui me chiffonne et que je ne comprenais pas bien dans l'histoire, c'est que le papa a l'air de supposer que le petit républicain à chapeau pointu et à barbe de bouc avait jeté ses prétentions sur la grandesse d'Espagne, et que l'amour du comte était un abus de confiance et une trahison. Mais j'ai réfléchi, et j'ai pensé que le Polonais, loyal avant tout, au lieu d'enjamber par-dessus la passion de son ami, l'avait seulement détournée et lui avait creusé un nouveau lit ; et pour qu'il pût satisfaire à la fois sa passion des grandes dames et de la république, il lui avait arrangé une comtesse polonaise c'est-à-dire tout ce qu'il y a de plus noble, de plus pauvre et de plus proscrit au monde.

Voilà ce que monsieur votre père vous écrit :

— Et je ne vois pas là-dedans, dit le marquis, ce qui peut justifier la menace que tu me faisais.

C'est que ce papier-là finit par ces mots : « Vous trouverez sous cette même enveloppe toutes les lettres où vous me rendez compte des missions dont vous avez été chargé. »

— Et ces lettres, s'écria le marquis en pâlissant, ces lettres, que disent-elles ?

— Comment, fit le gamin en se penchant sur le dos de sa chaise ; comment ! vous ne savez pas ce que vous avez fait, mon cher ami ? Mais vous avez fait de quoi vous faire fusiller six fois, si vous étiez un tant soit peu Espagnol, Polonais, Piémontais ou Autrichien ; mais vous êtes Français, et le mont Saint-Michel est comme le paradis : il s'ouvre à tous les pécheurs.

— Mais enfin, reprit encore une fois le marquis, que disent ces lettres ?

— Elles disent : Donne-moi de quoi que tu as, et je te donnerai de quoi que j'ai. Parlons peu et parlons bien : vous êtes marquis, je veux être chevalier. Je suis votre cousin, je le suis, je le veux être ; c'est à prendre, ou à être retourné dans deux heures à la préfecture de police.

Le marquis écoutait avec un étonnement stupide la proposition audacieuse de Léopold, ne comprenant pas que, dans une si jeune tête privée de toute éducation, il pût y avoir à la fois une si vive intelligence des intérêts les plus compliqués, une ambition si nette et si droite. A ce moment, il lui sembla que son ombre qui se dessinait, à la lueur du soleil, sur le mur de sa petite chambre, s'inclinait en signe d'humilité ; et il lui sembla aussi, pendant que le gamin buvait un dernier verre de vin de Champagne, que l'ombre lui disait de sa voix grêle et menue :

— Voici déjà l'un de vos maîtres, monseigneur.

Le marquis se révolta, mais l'ombre reprit d'un ton sec :

— De l'esprit, de l'impudence, de la décision : rien à perdre, ni rang, ni fortune ; rien à ménager, ni nom, ni famille. Un sens qui devine, cela vaut souvent toute votre expérience du monde, qui n'est qu'un sens qui se souvient.

Voici donc notre héros transporté, comme il le désirait ardemment, du ruisseau dans le salon, du bas peuple dans le beau monde; mais hélas! il avait encore un pied dans ce ruisseau, une main dans les mains de ce bas peuple. Léopold Fouriou était là, devant lui, la casquette sur l'oreille, se posant comme un apprenti lionceau, et offrant à M. le marquis Arthur de Mun une alliance ou plutôt un partage dans la fortune à prendre qui se présentait à eux. Malgré l'avis très-implicite de son ombre, Arthur ne pouvait accepter une pareille complicité. Il était redevenu le jeune, le beau gentilhomme d'autrefois, et avec cette jeunesse il avait repris ce qui l'avait toujours égaré, un contentement parfait de soi-même qui dominait beaucoup d'autres mauvaises qualités : et, contre ce défaut, il n'y a aucune expérience qui tienne. Je le donne à mille millions d'inventeurs de procédés pénitentiaires, ou de moralistes, ou de professeurs de vertu : qu'ils se réunissent, qu'ils travaillent, qu'ils compulsent, qu'ils cherchent, qu'ils imaginent, qu'ils analysent, qu'ils fassent tout au monde, ils pourront découvrir l'art de réformer les assassins, les voleurs, les hypocrites, les calomniateurs, les menteurs ; je leur concède même qu'en cherchant le grand problème, ils trouvent par hasard l'art de guérir les avares, comme Paracelse découvrit le mercure en cherchant à faire de l'or ; mais qu'ils parviennent à extraire de tout leur savoir, de tout leur esprit, de toutes les puissances physiques et métaphysiques réunies ensemble, un procédé qui persuade à un sot qu'il n'est pas le premier homme du monde en toutes choses, je les en défie ; je leur offre cent millions de rente de prime (et si la société veut payer pour moi, elle fera un bon marché) ; je leur promets des statues et des autels s'ils y réussissent. Le temps, ce maître prodigieux qui fait tout et sait tout, n'a pas encore pu y parvenir ; quand on est sot, on meurt sot.

J'avais espéré, je l'avoue, quand j'ai découvert M. le marquis Arthur de Mun (un homme qui avait la force de tête de la jeunesse avec la prévision de souvenirs d'un vieillard), que c'était le cas de voir s'accomplir ce phénomène ; mais point. Le vieux chevalier resté un sot vaniteux, mais affaibli, dans son enveloppe de vieillard, était resté un sot vaniteux avec la férocité d'un homme vigoureux.

Or ce monsieur avait, outre sa vanité d'homme, sa vanité de gentilhomme, ce qui produisait un fruit monstrueux qu'il suçait comme une orange sucrée, et ce suc se tournait en vinaigre sur son estomac à la pensée de s'associer à ce gamin ; ce suc aigri lui montait à la tête ; et malgré son ombre qui lui disait tout bas : « Accepte, ou aie l'air d'accepter, » il acheva une phase commencée dans cette intention de la façon suivante :

— Tu es drôle, tu es amusant, et je ne t'abandonnerai pas ; tu feras un groom charmant, et je t'offre d'entrer à mon service. »

Fouriou lança dans l'air trois de ces coups de sifflet qui sont l'espoir du voleur et le désespoir des dramaturges. C'était une manière à lui d'expectorer des mouvements de rage auxquels il ne voulait pas donner une signification plus claire. Puis, après cette façon de soupir, il dit d'un ton très-calme et très-froid :

— Tu n'as pas l'habitude du vin de Champagne, mon vieux (à ce mot le jeune marquis pâlit, croyant qu'il allait voir s'évanouir sa jeunesse), ça te porte à la tête et ça te fait dire des bêtises. Fourre-toi bien ceci dans la tête ; c'est que je suis le chevalier de Mun comme tu es le marquis de Mun. J'ai des papiers qui prouvent que je suis le petit-fils de cette vieille canaille... Je les ai... entends-tu cela ? N'en parlons plus ; c'est dit..... c'est fait. Voici le tailleur qui monte... Attention, et pas de bêtises.

En effet, le tailleur entra, puis le linger, puis le bottier, puis le chapelier, puis le gantier... Trois heures après, Arthur et Léopold de Mun avaient, le premier la belle tournure d'un gentilhomme de grande race, le second la charmante grâce d'un enfant maladif, de ceux que les femmes obtiennent des dernières années de leur fécondité, qu'elles adorent, qu'elles bercent sur leurs genoux, et pour lesquels elles sollicitent l'amoureuse protection de quelque prudente amie qui éclaire leur frêle jeunesse en la ménageant.

Le marquis le regardait avec envie et commençait à croire que ce pourrait bien être quelque rejeton ignoré d'une noble souche. Arthur croyait à la puissance du sang, dans le sens que ce sang est noble. Qu'on y croie dans le sens qu'il est fluide ou épais, lent ou rapide, et qu'il vous rend par conséquent ardent ou apathique, c'est une question de médecine ; mais que M. de Mun n'admit pas qu'un gamin né de je ne sais qui, ait ce je ne sais quoi qui décèle le gentilhomme, sans tenir à la noblesse par un fil égaré, c'est l'extrême bêtise. Toutefois le gamin, une fois équipé de très-bonne façon, lâcha un mot qui eût dû rassurer le marquis s'il avait eu pour une obole de ce bon sens que donne l'observation. Léopold, après s'être miré dans sa nouvelle splendeur, lui dit d'un ton tout à fait emprunté aux lions, comme les entendent les Folies-Dramatiques :

— Maintenant, marquis, donne-moi un billet de cinq cents francs, je vais me faire friser, et je veux acheter de la pommade du chameau pour me faire pousser des moustaches.

Le gamin voulait être homme ; il y avait de quoi le tenir. Mais Arthur était préoccupé de pensées trop hautes pour regarder ce petit ridicule du jeune Léopold. Du reste, nous devons dire que si la façon dont Léopold avait parlé n'était pas du goût le plus exquis, c'est que les modèles lui avaient manqué, et qu'après une séance ou deux il eût parfaitement remplacé *cinq cents francs* par vingt ou trente louis (jamais vingt-cinq louis ; le chiffre vingt-cinq est proscrit de tout club où entre l'or ; c'est sûr. Pourquoi? Ah dam!...) Léopold eût aussi également dit qu'il allait se faire coiffer et non friser, et n'eût point parlé de la pommade du..... (Voici pourquoi, je me le rappelle à présent, le monde fashionable ne dit plus vingt-cinq louis ; c'est qu'autrefois c'était un nombre vulgaire comme dix écus ou cent pistoles, et que cela sent le commis voyageur, qui achète toujours ses chevaux vingt-cinq louis.)

Léopold annonça à Arthur sa visite pour le lendemain, et cette promesse rappela à celui-ci celle qu'il avait faite à madame de Pimpani d'aller la prendre pour être présenté à la duchesse de Ménarès.

Lorsque Arthur fut seul, il se contempla en lui-même, et se dit avec une assurance admirable :

— L'avenir me sourit : ainsi me voilà marquis, titre précieux, quoi qu'en disent tous les gentilshommes républicains et tous les bourgeois aristocrates ; j'ai la chance de devenir, par un mariage qu'on me mitonne, duc de Ménarès, grand d'Espagne, pays de révolutions, où l'avènement d'un roi nouveau peut me mettre au premier poste de l'État, et alors... alors...

On ne saurait exprimer tout ce qu'il y avait de choses dans cet alors. Femmes andalouses, chevaux barbes, nuits frénétiques, salons splendides, bals, musique, ivresse, trône, Alhambra, que sais-je !!

Toutefois, après cette injection de son regard dans cet avenir merveilleux, Arthur se mit à réfléchir sur l'essentiel de la question ; pour arriver à tout cela, il fallait épouser ; or, pour épouser, il faut aimer ou du moins être aimé. Sera-t-il aimé... Cela ne pouvait être douteux avec sa tournure et sa beauté.

— C'est possible, dit son ombre, si tu étais arrivé à temps.

— Je suis protégé par les tuteurs.

— Raison de plus pour être repoussé. La contradiction est le premier amour de la femme.

— Cependant on a vu des hommes en supplanter d'autres, malgré cet invincible obstacle d'un autre amour.

— Tu as raison.

— Il y a donc une manière d'y arriver.

— Il y en a mille.

— Dis-moi la meilleure.

— La meilleure, c'est-à-dire celle que nous avons vue réussir admirablement, la voici, dit l'ombre :

PREMIER RÉCIT DE L'OMBRE.

Il y avait autrefois à Versailles, en 1760, une certaine baronne de Paimpadeuc, Bretonne râblée, brune, accorte, solide en ses appas, et d'un crépu que toute la poudre du monde dissimulait difficilement. Cette baronne était veuve, galante, âgée de trente-cinq ans, et avait une fille de la moitié juste de son âge, qui, une fois sous la poudre, sous le rouge, les mouches et les paniers, ressemblait si bien à sa mère qu'à l'exception d'un peu plus d'embonpoint du côté des trente-cinq ans, il y avait de quoi s'y méprendre. La baronne de Paimpadeuc était immensément riche, et ne savait que faire de son argent et de sa fille. Un soir elle rêva qu'elle pourrait faire de son argent une dot et de sa fille une chevalière...

— Ah pardieu ! c'est vrai, fit le marquis à son ombre, c'est ma première aventure... C'est quelque chose comme ce qui se présente.

— N'est-ce pas? dit l'ombre ; je continue.

Ce fut un soir... un soir après maintes folies.

Ce vers d'opéra-comique me revient malgré moi quand je pense à la baronne. L'œil égrillard, la hanche provocante, la jambe nerveuse, le pied fin, les dents perlées, les sourcils noirs, qu'elle était charmante à ce souper où elle vint avec le vicomte d'Astres, le plus beau cent-suisse de la maison du roi, et où elle s'en alla avec le baron de Chapry, le plus pétulant mousquetaire de Versailles. Il en résulta un duel le surlendemain matin.

— Était-ce le surlendemain ou le lendemain matin?

— Le surlendemain, mon cher ; la baronne ne se levait que pour retourner souper. La nature bretonne a cela de particulier dans tout ce qu'elle produit, c'est la persévérance. Aucun de ses noirs petits poneys ne soutiendrait une course contre les ardents coursiers d'Arabie, mais une fois en train, ils trottent vingt-quatre heures sans débrider. Mais, pour retourner à la baronne, elle eut un moment d'incertitude, car il y avait à ce souper le petit chevalier de Mun, qui passait pour valoir quelque chose; elle le toisa de l'œil et ne le trouva que de hauteur à faire un mari; un mari, mais non pas pour elle. Pour qui donc ce mari? Pour sa fille Lucinde. Car elle s'appelait Lucinde.

« Une grosse dot, un mari comme je le prendrais pour moi si j'en voulais un : voilà qui est décidé ; je serai une très-bonne mère, ma fille sera très-heureuse, et je ne l'aurai plus à mes côtés pour me demander tous les huit jours avec une naïveté stupide :

— Pourquoi M. A... ou M. R..., ou tout autre qui venait tous les soirs, ne vient-il plus nous rendre visite? »

VIII

La baronne de Paimpadeuc. — Lucinde sa fille. — Art de rendre amoureux les enfants désobéissants. — Succès. — Apparition d'un vicomte et d'un commandeur. — A quoi sert de se griser. — A quoi sert d'écouter aux portes. — Résolution d'une femme sensée.

C'était une femme intelligente que la baronne de Paimpadeuc ; elle faisait comme toi, elle consultait son expérience : elle se demanda donc pourquoi elle avait aimé le premier ou peut-être le seul homme qu'elle eût aimé, et s'étant bien remis les choses en mémoire, elle invita le jeune de Mun à souper avec les plus laides figures de sa connaissance. Quand il y fut venu, elle ne s'occupa point du tout si le chevalier lorgnait ou ne lorgnait pas Lucinde, s'il lui disait des choses tendres comme c'était la mode, s'il la trouvait belle, avenante, ou la comparait à une déesse, à Hébé, par exemple, comme cela se faisait d'habitude ; la baronne ne perdit pas son temps à si peu de chose. Mais dès que le souper fut fini, et tout le monde retiré, elle dit à sa fille d'un air solennel :

— Mademoiselle, je vous défends de regarder, à l'avenir, M. le chevalier de Mun.

— Mais, maman, je n'ai pas levé les yeux sur lui.

— C'est un séducteur, un homme capable de tout, un Lovelace qui a déjà fait vingt victimes.

O matris pulchræ filia pulchrior! (C'était une ombre du latin du vieux chevalier.)

Lucinde rougit et ne dit pas à sa mère que le chevalier lui avait serré le genou sous la table. La baronne n'en savait rien ; mais elle savait de science certaine que sa fille rêverait au chevalier du moment qu'on lui défendrait d'y penser. Il lui en était arrivé autant. Ceci fait, la baronne attendit le futur de pied ferme. On avait joué après le souper et elle avait deviné son chevalier, rien qu'à la manière dont il tenait les cartes. Il les collait à sa poitrine, surveillant de l'œil tous les regards qui auraient pu les convoiter ; en outre, il jouait très-cher et très-serré, et se dépitait sur sa perte. Il y avait deux choses qui devaient assurer le succès : il y avait de l'avare et du dissipateur, par conséquent, la dot d'un million était une tentation à laquelle il ne pouvait résister. Il s'agissait seulement de la lui montrer sans avoir l'air de la lui jeter à la tête. Or, le chevalier était dans la pleine et entière jouissance des plus beaux vingt ans que jamais homme ait possédés. Cela rendait l'entretien fort difficile pour la baronne.

— Ce freluquet, se disait-elle, est capable de s'imaginer que c'est pour mon compte que je lui en veux, et s'il se met en tête de me le prouver, je ne sais trop ce que j'aurai à lui répondre.

Dans cette perspective, voici le stratagème auquel elle s'arrêta. Elle se para d'une robe unie, relevée de rubans verts, comme sa fille en avait une, et prit un tambour à broder, chose dont elle baronne était tout à fait incapable ; une misérable bougie allumée dans le grand salon y jetait une lueur très-incertaine, et lorsqu'on annonça le chevalier de Mun, la baronne, baissant la tête derrière son tambour, fit une révérence de fille à marier et dit d'une voix tremblante :

— Maman va venir, monsieur le chevalier.

La robe, le tambour, la voix produisirent leur effet, et le chevalier répartit le plus galamment du monde :

— Est-ce une raison pour vous éloigner, belle Lucinde ?

— Vous riez de moi de m'appeler belle, monsieur, dit la fausse Lucinde, vous croyez parler à maman.

— Vous êtes plus belle qu'elle de toute les années que vous avez de moins, charmante Lucinde.

— Ne dites pas cela, monsieur; maman a cru voir que vous... que vous me remarquiez, et elle m'a défendu de vous parler.

— Elle a donc mieux compris mon cœur que vous, Lucinde, qui n'avez rien répondu aux signes de mon amour?

— Vous lui avez donc fait des signes, monsieur le chevalier? fit tout à coup la baronne en jetant son tambour avec fracas à l'autre bout du salon de manière à faire accourir les moins curieux, et sa fille était d'une curiosité exemplaire; vous l'aimez, vous aimez ma fille, et la petite sotte s'est emportée sur cette idée.

— Madame! s'écria le chevalier consterné.

— Certainement, monsieur, vous êtes très-galant coureur d'aventures, on cite vos prouesses en ce genre; mais ma fille n'est pas faite pour accroître la liste de vos brillantes conquêtes.

— Je vous prie de croire, madame, à la pureté de mes vues.

— De ce côté comme de l'autre, monsieur, votre recherche est inutile; ma fille a un million de dot, un million comptant, entendez-vous, monsieur le chevalier, et je ne suis pas certaine que la fortune qui doit vous revenir un jour n'ait été gravement écornée par vos promenades en Allemagne.

— Je vous proteste, madame...

— Il suffit, monsieur, n'oubliez pas que je vous défends ma maison.

On entendit des sanglots dans une pièce voisine.

— La malheureuse! la malheureuse! s'écria la baronne exaspérée, elle oublie la pudeur, elle oublie ses devoirs pour une passion indigne! Retirez-vous, monsieur, retirez-vous.

— Lucinde, Lucinde, s'écria le chevalier, parlant avec chaleur à l'huis de la porte derrière laquelle était Lucinde, je vous arracherai à la tyrannie de cette mère barbare.

Et il se retira après cette touchante apostrophe, pendant que la baronne tournait la clef et enfermait l'infortunée Lucinde dans sa chambre. Cela fait, la baronne rajusta quelques mèches de sa coiffure avec un art qui montrait qu'elle s'y entendait à merveille, quoiqu'il fût constant qu'elle eût appris l'art du rajustement dans des circonstances moins tragiques et moins maternelles. Puis, ce soin donné à sa personne, elle s'apprêta à se rendre à la comédie en se disant : « Ou cet homme est un âne bâté, ou dans une heure il séduira mes gens; ou, s'il est bâté à ce point, ma fille, qui est sûrement ma fille, sera à sa croisée pour le lorgner à son passage, et il lui doit au moins cette attention de passer sous sa fenêtre. »

— Voilà ce que j'appelle une mère prudente et avisée, fit l'ombre joyeusement, et il fallait toute la gaucherie du chevalier de Mun pour gâter ce bel arrangement.

— Ma gaucherie, dit le chevalier à son ombre, tu veux dire ma prudence, mon habileté. — L'ombre fit un mouvement et reprit :

— Est-ce qu'il y a quelqu'un ici? non, il n'y a personne; par conséquent nous pouvons tout nous dire : il est vrai que tu as échappé au piège de la baronne, mais non pas parce que tu l'as voulu; un autre t'en dépêtra à ton grand désespoir, et même, à cette époque, tu te laissas aller à dire contre toi-même que tu étais un sot.

— La suite a prouvé le contraire.

— La suite ne prouve jamais rien : qui peut affirmer qu'entre deux actions celle qu'on n'a pas faite eût été pire que celle qu'on a accomplie?

— Mais rien ne dit aussi qu'elle eût été meilleure.

— C'est pour cela que la suite ne prouve jamais rien. Ainsi, chevalier, tu avais donné en plein dans le panneau, et tu t'en réjouissais avec une assurance des plus magnifiques; tu avais gagné la chambrière à qui la baronne avait ordonné de se laisser gagner, et qui, présente à tes rendez-vous avec Lucinde, mettait un holà providentiel et savamment dirigé par la baronne, aux entreprises par trop cavalières de l'un et aux faiblesses fort peu bretonnes de l'autre. (*Nota bené.*) Dans les opinions de la baronne, la femme dont on disait : « Madame de ... a pris un amant, » était une femme qui savait vivre; celle au contraire dont on parlait d'un air de pitié en se servant de cette phrase : « Elle a cédé à la passion de M.. » lui semblait une sotte. Elle admettait cependant comme très-galante la tournure suivante : « Madame F... a couronné la flamme de M. H... » Mais tout ce qui ressemblait à une concession lui paraissait méprisant.

Elle protégeait donc clandestinement les amours clandestins de mademoiselle Lucinde, et préparait une scène à éclats pour amener notre chevalier au mariage, lorsqu'à un de ses soupers, l'un de ses amis, le commandeur de Moralli, lui présenta son neveu, le plus délicieux petit chevalier de Malte du royaume.

Il avait dix-huit ans et pas de barbe, il chaussait des souliers de femme, était mince comme une guêpe, avait des mains menues et blanches, un corps frêle et mignon; c'était enfin ce que vous autres, butors bons à faire des grenadiers pour Frédéric-Guillaume, vous appelez un avorton. Mais aussi quel délicieux visage! comme il se jetait bien dans un fauteuil! comme il savait montrer sa jolie jambe! comme il prenait bien du tabac! car le petit drôle prenait du tabac du bout de ses doigts roses; et puis rien ne lui faisait peur, ni femme, ni homme, ni personne, ni tout le monde; il disait tout, osait tout, et portait son épée en conséquence.

Cependant la baronne, qui avait les petits jeunes gens en exécration, le rudoya de prime-abord de façon à le faire

6.

rentrer sous terre. Mais le petit vicomte la lorgna de l'air le plus calme, et la salua en disant comme à part lui :

— C'est dommage ; sacredié la jolie femme !

La baronne le regarda de son air le plus haut. Mais il lui tourna les talons et dit au commandeur, d'une voix encore plus haute que l'air de la baronne :

— Sacredié, mon oncle, tâchez d'arranger mon affaire.

— Quelle est cette affaire? dit la baronne d'un ton sec.

— Nous en parlerons demain si vous voulez, dit le commandeur.

La conversation n'alla pas plus loin, mais durant tout le souper le petit vicomte dévora la baronne des yeux et but d'une façon à étourdir un Flamand; puis comme celle-ci, ayant eu occasion de parler d'un gentilhomme qui avait donné trois coups d'épée à trois officiers qui avaient mal parlé d'une femme qu'il recherchait, vantait ce gentilhomme comme digne de toutes les faveurs, le petit vicomte s'écria :

— Pardine, Madame, permettez-moi de baiser le petit bout de vos doigts, et je me coupe la gorge avec tous ces messieurs.

On répondit par un immense éclat de rire à cette chevaleresque proposition, et le vicomte, sautant en arrière, courut à son épée et voulut se mettre en garde.

— Envoyez donc votre neveu en pénitence, dit la baronne en riant plus fort.

— Sacredié, madame la baronne, puisque c'est vous qui m'insultez, lui cria le vicomte, j'en aurai raison.

Et avant que la baronne eût eu le temps de se mettre en défense, il s'était approché d'elle et lui avait pris le plus excellent baiser.

— Qu'est-ce que ce petit insolent? s'écria la baronne, furieuse et le repoussant vivement, tandis que tous les convives riaient aux éclats.

— A vous autres! reprit le vicomte qui chancelait beaucoup trop, j'en veux tuer quatre.

L'oncle riait plus que les autres.

— Adieu, messieurs, s'écria le petit vicomte d'un air furieux, je vous attends demain à la pièce d'eau des Suisses.

— Il n'est pas en état de retrouver son chemin, dit quelqu'un, il faut le faire reconduire.

— La nuit est belle, dit le commandeur, et la promenade lui fera du bien.

Le vicomte était sorti, et la baronne, jetant un long regard de conviction sur l'assemblée, dit d'un air bien moins courroucé que dès l'abord :

— C'est qu'il m'a très-bien embrassée !

Puis comme on savait la haine de madame de Paimpadeuc pour les petits blancs-becs, on s'occupa d'autre chose.

Il était trois heures du matin ; tous les convives s'étaient retirés. La baronne demeurée seule passa dans son salon de toilette, et après avoir donné à sa chambrière quelques ordres pour le lendemain, elle prit une bougie et alla jusqu'à la porte de sa fille qu'elle trouva dormant d'un sommeil peu amoureux, c'est-à-dire ronflant comme un Suisse ; elle haussa les épaules avec dédain et rentra dans sa chambre, au fond de laquelle se trouvait une riche alcôve fermée par d'épais rideaux de tapisserie. La baronne, après avoir fait sa prière, car elle s'amusait trop de la vie pour ne pas être reconnaissante envers Dieu de l'avoir faite jolie, galante, riche, infatigable et aimée ; la baronne, dis-je, éteignit sa bougie et s'assit sur son lit, mais elle se rejeta aussitôt en dehors en poussant un cri : en effet, elle avait senti quelque chose comme un homme qui occupait déjà la place. Madame de Paimpadeuc n'était pas habituée à des rencontres si inattendues, et les surprises n'étaient pas de son gracieux domaine ; elle fut donc véritablement épouvantée, et se rencogna toute tremblante dans un des lourds rideaux de son alcôve ; mais au lieu d'une attaque soudaine, violente, madame de Paimpadeuc n'entendit qu'une voix charmante et légèrement embarrassée qui murmura :

— Baronne... belle baronne!...

Et une main douce et mince saisit la sienne au vol.

— C'est le petit vicomte, se dit la baronne furieuse; voilà qui est d'une audace bien impertinente, et je vais appeler mon grand laquais pour le jeter à la porte après lui avoir fait donner le fouet.

Mais le vicomte n'avait pas quitté la main et il était d'une telle pétulance que le grand laquais pouvait fort bien n'arriver que pour constater une impertinence de plus. La baronne chercha donc à se dégager doucement, et l'effort qu'elle fit éveilla tout à fait le dormeur, qui s'écria en se mettant sur son séant :

— Où suis-je donc?

La baronne fit une grosse voix et répondit :

— Dans une maison où on ne vous fera point de quartier.

— Sacredié, s'écria le chevalier en sautant à bas du lit et en tirant son épée, ce ne sera pas sans que j'en perce quelqu'un.

La baronne, prise d'une autre épouvante, poussa un nouveau cri et se jeta dans la ruelle.

— Hé! hé! fit le vicomte, c'est une voix de femme, Dieu me damne! Où êtes-vous donc, ma mie? ajouta-t-il en s'avançant vers la ruelle.

— Prenez garde à votre épée, vous allez me blesser, dit la baronne fort peu rassurée.

— Diantre, cela change la thèse, ma belle; mais dites-moi donc où je suis.

— Puisque vous y êtes venu, vous devez le savoir, dit la baronne en prenant un ton de voix de bal masqué.

— Que je meure si je m'en doute, fit le vicomte.

— Comment, vous ne vous rappelez pas ce que vous avez fait il y a deux ou trois heures?

— Hé par Dieu, j'y suis, j'ai embrassé la baronne. Connaissez-vous la baronne, ma mie? Quel charmant petit corps de femme! et que je l'aimerais de m'aimer un peu comme elle a aimé mon oncle le commandeur!

« Petit drôle! » murmura madame de Paimpadeuc, qui comprenait très-bien que si le vicomte n'avait pas tout à fait repris sa raison, il avait gardé la mémoire de ce qu'on avait pu lui dire. Mais comme elle craignait quelque maladresse, attendu qu'il errait toujours dans la chambre l'épée à la main, elle reprit :

— Lui avez-vous demandé de vous aimer?

— Oui certes, mais elle m'a ri au nez, sacredié, dit le vicomte en s'asseyant sur le lit, et je les ai tous défiés.... c'est cela.

— Et après?...

— Après, ma foi! je me vois encore jusqu'au moment où je suis sorti de table, et que j'ai gagné la porte; alors, je ne sais ce qui m'est arrivé, mais, le diable m'emporte, il m'a semblé que j'étais ivre comme un laquais de fermier-général : les murs venaient à moi, et il me semblait que les portes m'engloutissaient, et puis je suis monté ou descendu, je ne sais quoi, mais me voilà ici.... dites-moi où je suis, ma belle.

— Où vous êtes? mais dans l'hôtel de madame de Paimpadeuc.

— Dans sa chambre peut-être? dit le vicomte se soulevant.

— Non, monsieur le vicomte, mais dans la mienne...

— Et qui êtes-vous?

— Je suis sa nourrice.

Le vicomte se leva du lit comme s'il eût été assis sur un fagot d'épines et s'écria :

— Sacredié, et j'ai dormi là-dessus, j'ai dormi sur un lit de nourrice. Ne dis pas cela, la mère, je te donnerai dix louis pour que tu ne contes cette mésaventure à personne.

La baronne rit en elle-même de l'effroi du vicomte, et lui dit d'un ton railleur :

— C'est mal, monsieur le vicomte, d'être si malséant pour une nourrice; vous auriez peut-être encore besoin de la vôtre.

— Encore cette raillerie ! Est-ce que ta maîtresse t'a fait la leçon pour me plaisanter à ce sujet ?

— Ma maîtresse ne s'occupe pas d'un morveux comme vous.

— Sacredié, la vieille, fit le vicomte avec colère, veux-tu que je t'apprenne le respect qu'on doit aux hommes ?

— Quel homme ! fit la baronne en riant; cinq pieds à peine, point de barbe, et taillé comme une fille de couvent.

— Tu abuses de ce que, grâce à tes rides, je ne puis te prouver le contraire, fit le vicomte; mais, du diantre, d'où me connais-tu si bien, moi qui ne suis venu ici que ce soir?

La baronne craignit d'être devinée et repartit :

— Votre oncle le commandeur a parlé de vous à madame la baronne un jour que je l'habillais et qu'il assistait à sa toilette.

— Et qu'en a-t-il dit ?

— Que vous étiez un petit jeune homme bien présomptueux dont il fallait rabattre le caquet.

— Alors mon oncle le commandeur est un traître abominable, dont je déjouerai la perfidie... Ah ! il a dit cela à la baronne; eh bien, je dirai à la baronne ce qu'il m'a dit d'elle.

— Et que vous a-t-il dit ?

— Tu es bien curieuse, nourrice, dit le vicomte.

Il garda un moment le silence, et reprit :

— Au fait je puis recevoir ce matin mon premier et mon

dernier coup d'épée, et peut-être ne reverrai-je plus ma belle petite baronne; tu le lui reporteras, toi, nourrice, je ne veux pas qu'elle soit dupe de mon coquin d'oncle.

La baronne se sentit prise de pitié pour ce charmant enfant qui parlait si gaiement et si naturellement d'une rencontre où il pouvait être tué, et elle lui dit :

— Parlez, mon gentilhomme, et soyez assuré qu'elle ne perdra pas un mot de tout ce que vous direz.

— Il faut te dire, la vieille, que je suis cadet de famille, comme mon oncle. Mon père m'avait mis à l'âge de huit ans aux oratoriens pour me faire entrer dans les ordres; mais lorsqu'il mourut, il y a deux ans, mon oncle, à qui pareille chose faillit arriver, obtint de la comtesse, ma mère, qu'on ne contrarierait pas mes goûts, et me proposa de le suivre. J'eus quelque peine à quitter le couvent, je dois te le dire : on m'avait si bien endoctriné que je ne voyais de vie qu'au ciel et de plaisir qu'à servir la messe. Mais lorsque j'eus tâté de la liberté, je me trouvai bien sot, et durant deux ans que j'ai suivi mon oncle dans ses caravanes sur mer, j'en ai bien appris à ce sujet.

— Il est certain que vous avez l'air d'en savoir beaucoup trop pour votre âge.

— Eh non ! la vieille, fit le vicomte d'un ton comiquement désolé; car, sorti du couvent, je suis monté sur un navire. J'ai eu l'honneur de me battre contre les Turcs, et, sacredié, j'y allais comme s'ils avaient eu des harems dans leur entrepont; mais, bast! je n'y ai attrapé que des poux et deux bonnes blessures.

— Mais tout à l'heure, dit la baronne, étonnée de ce ton indifférent bien supérieur à la modestie, avec lequel cet enfant parlait de son courage, vous disiez que vous alliez peut-être recevoir votre premier coup d'épée.

— C'est vrai, la bonne; et c'est bien différent. La bataille, ma mie, c'est une ivresse comme celle qui m'a pris ce soir en voyant la baronne ; à ces heures-là, vois-tu, pour la baronne comme pour une frégate turque, je me jetterais au plus fort de la mêlée, tant que j'aurais un bras pour frapper et une jambe pour avancer à cloche-pied. Mais un duel, je n'en ai point encore eu, et je ne sais pas ce que c'est. Je suis ignorant de mille choses, car de ce navire je suis monté dans une chaise de poste, et nous sommes arrivés ce matin à Versailles. A la vérité, j'ai entendu raconter par les gentilshommes du bord, et par mon oncle le commandeur, plus qu'il n'en tiendrait dans cette chambre de bons tours et d'histoires galantes... Je ne dis pas que cela ne m'ait un peu formé l'esprit... mais...

Ici un énorme soupir, qui excita chez la baronne un rire qu'elle eut toutes les peines du monde à réprimer, acheva la phrase... et elle lui dit :

— Et, à ce qu'il paraît, vous aviez hâte d'en finir avec ce qui vous manque.

— Sur l'honneur, la vieille, je n'en étais pas trop tourmenté quand je suis arrivé ce soir, malgré tout ce que m'avait dit le commandeur.

— Ah! fit la baronne, et que vous a-t-il dit?

— Il m'a fait proprement habiller, et après m'avoir visité comme un entrepont de navire : Ah ça, monsieur mon neveu, m'a-t-il dit, je vous ai tenu ferme en lisière, pour que vous ne fassiez pas de folies indignes de vous ; mais je ne veux pas faire de vous un cénobite. Je vais vous présenter ce soir à une femme qui a été de mes amies, elle est fort bien en cour, jolie, malgré ses trente-six ans.

— Trente-deux, s'écria la baronne, emportée par son amour de la vérité à ce sujet.

— Trente-deux ou trente-six, qu'importe? dit le vicomte, je n'ai point vu son extrait de baptême, mais je l'ai vue, et, sur mon âme, elle n'en a que vingt de corps et de visage.

La baronne frissonna du plus charmant plaisir que femme

puisse goûter; elle se rapprocha du vicomte, s'accouda sur le lit où il s'était assis de nouveau, et lui dit :

— Le commandeur vous a dit, vraiment, qu'elle était jolie?

— Oui-dà, il lui a fait cet honneur ; puis il a ajouté : C'est une femme comme il en faut une à un jeune homme qui veut bien débuter à la cour; tâchez donc de lui plaire, cela n'est pas difficile, pourvu que vous ne soyez pas pris devant elle d'une belle timidité d'enfant.

— Ce n'est pas là votre défaut.

— Non, de par Dieu, fit le vicomte, je ne crains ni homme ni diable, et encore moins une femme, et je dois te dire que quand je vis celle-là je me sentis embrasé d'un feu tout nouveau. J'étais venu assez mal disposé à obéir à mon oncle, attendu qu'il m'avait appelé monsieur mon neveu, et qu'il ne m'avait pas tutoyé, ce qui m'annonce toujours quelque affaire solennelle, comme lorsqu'il s'agissait de se battre; mais quand j'eus vu la baronne avec son pied mignon, sa taille vive et preste, et ce je ne sais quoi qui rit dans tout son visage, je me serais battu contre cent mécréants pour avoir un de ces doux sourires qui font voir ses belles dents. Je me rappelai les conseils de mon oncle, et je tâchai de lui montrer que je n'étais point un enfant.

— Mais elle vous plaît donc bien? dit la baronne.

— Tiens, ma mie, dit le jeune homme en prenant la main à la nourrice, sens comme mon cœur bat, rien qu'à sa pensée. Oh! reprit-il, comme elle est gracieuse! comme elle marche! et que son œil a d'éclat et de finesse!... Nourrice, si tu veux parler pour moi, je te promets cent louis.

— Et que lui dirais-je, monsieur le vicomte?

— Que je l'aimerai de toute mon âme, vois-tu, que je me battrai pour elle, que je lui ferai des vers, dis-lui tout ce que tu voudras; tu dois savoir cela mieux que moi...

— Mais je crois que, si elle vous entendait, elle trouverait que vous vous y prenez à merveille.

I. 7

— Le crois-tu, nourrice?

— J'en suis sûre.

— Et tu m'aideras?

— Je vous le jure...

— Ah! par Dieu, pour cela il faut que je t'embrasse.

Le vicomte embrassa la baronne, et la repoussant aussitôt, il lui dit :

— Fi! la vieille, tu te laisses embrasser comme si tu étais jeune.

— C'est pour ma maîtresse, dit la baronne en riant.

— Pour ta maîtresse, j'embrasserais Clotho en personne, nourrice; tu le lui diras... Mais, par la sambleu! ta main tremble, ta main est fine et potelée... ton bras... il est ferme et rond... ta .. sacredié je suis joué, tu n'es pas la nourrice...

La vérification prit une telle tournure que madame de Paimpadeuc s'écria :

— Monsieur le vicomte, voulez-vous être déjà infidèle à votre amour pour la baronne?

— Elle me le rendra bien, ma mie.

— Je vous le promets, petit monstre.

Le chevalier de Mun avait attendu cette nuit même derrière la petite porte du jardin, où Lucinde lui avait donné un rendez-vous, que cette fois la chambrière ne devait pas surveiller. C'est pour cela que Lucinde avait si bien l'air de dormir quand sa mère était entrée chez elle; c'est pour cela qu'elle avait lestement sauté hors de sa couche pour se rendre auprès de toi, chevalier; cependant elle entendit le cri que poussa sa mère, et courut vers la porte de sa chambre.

Lucinde entendit bien qu'on parlait, sans pouvoir toutefois saisir une parole, ce qui fit qu'elle écouta moins longtemps qu'elle ne l'eût fait sans cela. Elle descendit donc dans le jardin; mais la porte avait été close par la prudente chambrière, qui avait envie de dormir. Les échelles avaient été rentrées, de façon que force fut aux amoureux de faire passer leurs protestations par le trou dela serrure. Cependant Lucinde glissa en même temps, par la même voie „ la découverte qu'elle avait faite, et le chevalier, qui était un homme très-fort sur les expédients, imagina tout de suite qu'il pourrait tirer un très-grand parti de cette découverte, et promit à Lucinde que, dès le lendemain, elle verrait qu'il était homme à ne pas languir plus longtemps, et à forcer tous les obstacles. Ils se séparèrent, ou plutôt Lucinde s'en alla et repassa devant la porte de sa mère, qu'elle trouva cette fois barricadée comme de coutume d'une doublure matelassée, et le chevalier attendit dans la rue. Comme il l'avait prévu, le jardin s'ouvrit bientôt, et le petit vicomte, fredonnant un air à la mode, passa lestement à côté du chevalier, qui l'arrêta en lui disant :

— Un mot, monsieur.

Le petit vicomte sauta en arrière et tira intrépidement son épée.

— N'ayez pas peur, dit le chevalier, je n'en veux ni à votre vie ni à votre bourse.

— Sacredié, répondit le vicomte, si vous n'êtes pas un voleur, vous êtes donc un amant jaloux? et, dans ce cas comme dans l'autre, je suis homme à vous faire face, fussiez-vous trois fois plus grand et trois fois plus gros.

— Vous vous trompez de moitié, repartit le chevalier, je suis peut-être amant, mais je ne suis pas jaloux.

— Tête-bleue! fit le vicomte en brandissant son épée, seriez-vous assez impertinent pour dire que je n'en vaux pas la peine?

— L'heure et le lieu où je vous rencontre disent suffisamment le contraire ; seulement nous ne courons pas le même lièvre, quoique nos deux belles demeurent dans le même gîte.

— Ah! ah! fit le vicomte en jetant négligemment son épée sous son bras et en se rapprochant du chevalier, est-ce qu'il y a par hasard là-dedans quelque chambrière avenante, et qui vaille la peine qu'on s'en occupe?

Le ton suffisant dont ces paroles furent prononcées excita la fatuité du chevalier, qui répondit :

— Il peut y avoir là-dedans les chambrières les plus avenantes du monde sans que je m'en occupe; j'aime Lucinde.

— Qu'est-ce que c'est que ça, Lucinde? fit le vicomte en regardant le chevalier de Mun sous le nez.

— Lucinde est le plus ravissant abrégé des merveilles de la nature, Monsieur : brune, potelée, rose, cheveux noirs, regard de feu, dents blanches, et à peu près de votre taille.

— Mais sacredié! s'écria le vicomte en sautant de nouveau en arrière et en brandissant son épée, mais sacredié! c'est tout le portrait de la baronne.

— Il est vrai que sa fille lui ressemble trait pour trait.

— Ah! fit le vicomte, il y a une fille là-dedans, une jolie fille, dont vous êtes amoureux, et à la porte de laquelle vous venez soupirer; je suis des vôtres, monsieur; voici ma main : en quoi puis-je vous être utile?

— Vous avez accès dans cette maison, monsieur; la baronne vous estime fort, à ce que je crois voir?

— Mais oui, monsieur, fit le vicomte en tendant la jambe, elle paraît assez contente de moi.

— Eh bien, monsieur, je viens vous demander d'user de cette influence sur madame de Paimpadeuc pour la déterminer à m'accorder la main de sa fille.

— Ah! fit le vicomte en s'arrêtant tout à coup et en se plantant devant le chevalier, qu'il mesura deux ou trois fois des pieds à la tête, ah! vous épousez; c'est très-bien, très-bien, nous pouvons nous entendre à merveille, et je serai tout à fait à votre service, quand je saurai à qui j'ai l'honneur de parler.

— Je suis le chevalier de Mun, monsieur.

— Et moi le vicomte de Moralli.

Les deux amoureux échangèrent un salut et continèrent leur route. Il fut convenu entre eux que le vicomte tâcherait de voir Lucinde, pour s'entendre avec elle sur le meilleur moment et le meilleur moyen à prendre pour déterminer la baronne.

Le lendemain de ce jour, celle-ci était encore dans son lit sur les trois heures de l'après-dînée ; le petit vicomte s'était assis près d'elle, et il lui baisait le bout des doigts, tandis qu'elle le regardait avec une expression de mélancolie bien rare chez elle.

— Maintenant que vous n'êtes plus un enfant, vicomte, dit-elle, je ne veux pas vous tromper ; ce qui est fait est fait ; mais ce qui a été ne doit plus être.

— Pourquoi voulez-vous me désoler, reprit le vicomte, et pourquoi me renvoyer comme un écolier mal appris?

— Je vais vous dire pourquoi : vous avez dix-sept ans et j'en ai trente-six ; je veux bien braver l'opinion, mais non pas le ridicule.

— Ridicule ! s'écria le vicomte d'un air piqué, mon amour est-il donc fait pour en donner?

— Je puis vous garantir qu'avant un an plus d'une belle dame s'en fera honneur, et si, après quelques nouvelles aventures, vous voulez bien vous souvenir, vicomte, que je suis la première que vous ayez aimée, je ne dis pas que ce jour-là je ne consente à m'en souvenir ; mais, jusque là, traîner un débutant à mon char, jouer le rôle de la vieille maréchale de M..., qui élève des petits jeunes gens à la becquée, c'est ce que je ne veux pas faire et ce que je ne ferai pas.

— Mais la maréchale est affreuse, et vous êtes jolie comme un amour.

— Quand vous saurez mieux ce que c'est qu'une jolie femme, je croirai à vos éloges : n'en parlons donc plus ; je suis Bretonne et entêtée, et j'ai pris là-dessus un parti irrévocable.

— Sacredié! fit le vicomte, c'est ce que nous verrons...

La baronne le repoussa rudement, et lui dit d'un air triste et sérieux qui ne lui était pas habituel :

— Vous n'agissez pas vis-à-vis de moi en galant homme.

Le vicomte ne se tint pas pour battu et insista. La baronne tira une sonnette, et un grand laquais parut dans la chambre. Le petit vicomte eut l'air si pantois que la baronne se défâcha tout de suite, et donna au laquais un ordre tout à fait insignifiant.

— C'est donc sérieux? fit le vicomte.

— Très-sérieux, repartit la baronne.

— Mais vous ne m'aimez donc pas? dit le vicomte d'un ton douloureux.

La baronne le considéra un moment, et deux larmes d'enfant vinrent aux yeux de son jeune amant.

— Ecoutez, lui dit-elle, sans doute vous m'aimez aujourd'hui, mais vous ne m'aimerez pas longtemps; si j'avais quinze ans de moins, je braverais le danger d'être abandonnée, car si cela m'arrivait, ce ne serait qu'un malheur; mais à l'âge où je suis ce serait une humiliation. Je ne veux pas que vous me quittiez avec dédain; je ne veux pas que vous gâtiez, dans votre cœur et dans le mien, un bon et charmant souvenir; séparons-nous aujourd'hui, vicomte, et, dans deux mois, nous serons, l'un pour l'autre, des amis à toute épreuve; dans deux mois, au contraire, si nous n'agissions pas ainsi, nous pourrions devenir des ennemis irréconciliables.

Le vicomte ne comprenait pas beaucoup, malgré ses petits airs de roué, la morale de la baronne; mais il feignit de se soumettre à ce qu'il appelait intérieurement un caprice, et il lui répondit, après un moment de silence :

— Je serai tout ce que vous voudrez, madame; votre ami

seulement, puisque vous le voulez, et je vais vous en donner une preuve.

Il lui raconta alors sa rencontre avec le chevalier de Mun, et la promesse qu'il lui avait faite de servir ses projets de mariage. La baronne réfléchit assez longtemps à cette confidence, mais elle ne jugea pas à propos de confier au petit vicomte sa tactique vis-à-vis du chevalier; elle lui répondit donc :

— Votre confidence me prouve que vous voulez agir en ami ; mais elle me montre aussi que cet homme veut tirer avantage de mon imprudence, pour me forcer à consentir à un mariage qui dérange tous mes projets.

— Le chevalier de Mun est bien né, fit le vicomte ; c'est une sorte d'Apollon herculéen ; on le dit assez bien en cour, et je ne vois pas ce que vous pouvez lui reprocher.

— Quand ce ne serait que sa conduite vis-à-vis de ma fille, ne suis-je pas autorisée à croire qu'il n'agit pas dans des vues aussi droites qu'il veut bien le dire ?

— Sacredié! fit le vicomte, s'il en était autrement, je me chagerais de l'en faire repentir!

— C'est ce dont je serai bientôt instruite, car je vous charge de lui dire que je l'autorise à se présenter chez moi; du moment qu'il viendra dans un but honorable.

IX

Suite du récit de l'ombre. — Le vicomte protége le chevalier. — La baronne s'alarme. — Le vicomte se prend à son jeu. — Conversion de tous les personnages. — La baronne revient au vicomte. — Le vicomte va à Lucinde. — Lucinde vient au vicomte. — Le chevalier reste seul. — Dénouement. — Réflexions du marquis.

Le vicomte se retira, chargé de cette agréable mission, et, comme il traversait l'un des salons qui précédaient la chambre à coucher de la baronne, il y rencontra Lucinde. Elle avait été prévenue par le chevalier de la demande que le vicomte devait faire à la baronne, et le guettait au passage, pour en connaître l'issue. Le vicomte n'eut pas de peine à la reconnaître, tant elle ressemblait à sa mère; il s'arrêta donc, pour la regarder avec complaisance, et, par un singulier sentiment, il s'approcha d'elle après l'avoir saluée, et lui dit, d'un ton quasi-paternel, qui contrastait d'une façon charmante avec sa figure de dix-sept ans :

— Ma belle enfant, je suis charmé d'avoir une bonne nouvelle à vous annoncer: je viens de causer avec votre maman, et nous sommes convenus qu'elle permettrait à M. de Mun de venir ici vous faire sa cour.

Probablement Lucinde connaissait les préférences de sa mère, et probablement elle s'attendait à voir sortir de sa chambre un vicomte un peu plus largement constitué que M. de Moralli. Elle le regarda donc pendant quelque temps, d'un air tout étonné, et finit par lui dire :

— Comment, Monsieur, c'est vous qui.....

Le vicomte fut piqué de l'étonnement, et reprit, de son air dégagé :

— C'est moi qui ai bien voulu prendre en pitié les tourments amoureux du chevalier de Mun, qui, entre nous soit dit, ma belle enfant, me paraît plus habile à séduire un cœur sans expérience qu'à se faire apprécier par une femme qui sait ce que vaut un gentilhomme.

Lucinde, piquée à son tour du ton dont on lui parlait de son amant, répondit sèchement :

— Tel qu'il est, il me plaît, Monsieur.

— C'est un bonheur que tout le monde lui enviera assurément, et dont je voudrais bien avoir le droit d'être jaloux.

— Vous ? lui dit Lucinde, dont le regard jeté à la dérobée du côté de la chambre de sa mère commenta l'exclamation.

— Moi, dit le vicomte, moi, qui ne savais pas que la beauté fût un héritage qui s'accroît en se transmettant. Adieu, ma belle enfant ; ce soir je vous amènerai le chevalier.

Le vicomte baisa respectueusement la main de Lucinde, et sortit avec la grâce nonchalante de l'homme de cour le mieux appris.

Il se rendit chez son oncle le commandeur, auquel il raconta tout ce qui lui était arrivé ; et comme il lui disait l'espoir qu'il avait conservé de faire revenir la baronne sur sa décision, le commandeur, qui prétendait la connaître, lui conseilla d'y renoncer.

— Ne vous y fiez pas, mon neveu, lui dit-il ; la baronne vous a parlé en femme sage et en femme d'esprit.

— C'est une façon de se faire aimer un peu plus, mais elle n'y gagnera rien, je l'aime déjà à l'idolâtrie, et je vous jure que je la ferai renoncer à sa résolution.

— Je crois que non.

— Et pourquoi ?

— Parce qu'il y a quelque chose qu'elle aime mieux que vous.

— Quoi donc ?

— Sa liberté.

— Suis-je donc un tyran ? fit le petit vicomte d'un air superbe.

7.

— Je vous étonnerais fort si je vous disais qu'elle veut rompre avec vous parce qu'elle vous aime.

— Vous voulez tous vous moquer de moi ; nous verrons!

La discussion s'échauffa à ce sujet, si bien qu'il y eut un défi donné et accepté, et que le vicomte poussa la suffisance jusqu'à dire :

— Eh bien, je m'engage à ne pas devenir l'amant réel d'une autre femme, jusqu'à ce que la baronne ait rétracté l'arrêt qui me condamne.

Le commandeur, à qui la pétulance et la jolie figure de son neveu donnaient quelques inquiétudes sur l'usage qu'il pourrait en faire, accepta le pari et lui dit d'un ton de solennité propre à engager un esprit moins chevaleresque que celui du petit vicomte :

— Je prends votre parole de gentilhomme, mon neveu, et je suis sûr que vous n'y manquerez pas.

C'est de cet étrange engagement que résultèrent les événements suivants. Si tu as bien compris le caractère du vicomte d'après son premier entretien avec la baronne, tu dois savoir qu'il était, moralement parlant, dans une singulière position : ayant voyagé en mer, pendant deux ans, parmi des officiers dont quelques-uns étaient de brillants courtisans, il avait entendu développer devant lui toutes les théories de l'amour et de la rouerie, et eût pu passer lui-même, dans une conversation s'entend, pour un des plus fins roués qui vécussent. Nous sommes tous deux trop vieux, mon maître, pour ne pas savoir qu'il y a entre l'esprit qui sait et le cœur qui sent une distinction profonde, et que tel homme qui juge, apprécie et pèse avec une excessive finesse les raisons de toutes choses est souvent celui qui, lorsqu'on le met en leur présence, en est la dupe la plus complète. Ainsi donc, malgré toutes ses théories mal apprises, le petit vicomte n'en était pas moins un enfant de dix-sept ans dont le cœur était à la merci des sentiments qu'il croyait dominer.

Ce fut dans ces dispositions aveugles qu'il se créa un plan de campagne contre la baronne. Le jour même, et selon sa promesse, il amena chez elle le chevalier de Mun. Rien n'était original comme de voir le ton de protection bénévole dont il encourageait le chevalier, et comment il disait, en souriant à Lucinde :

— Eh bien! belle enfant, ce petit cœur doit être content ; vous voyez que je suis homme de parole, et je ne suis pas sans espérer que vous me récompenserez de tout ce que j'ai fait pour vous.

Ensuite il allait à la baronne et lui parlait avec le respect galant d'un homme qui se tient pour bel et dûment exilé, mais qui ne s'en désespère pas trop. Puis, il revenait à Lucinde et lui parlait de très-près. Il lui parlait de toi, chevalier, mais c'est lui qui parlait. Que d'avocats, sans compter ceux que tu as vus hier, ne plaident la cause des autres que dans le seul intérêt de leurs succès !

Le manége du petit vicomte était assez bien calculé pour que madame de Paimpadeuc s'en aperçût, et pour que Lucinde examinât très-particulièrement ce beau petit jeune homme qui avait si bonne grâce, bien meilleure grâce que le chevalier de Mun.

Cependant celui-ci, en homme véritablement épris, avait formellement demandé la main de Lucinde qui lui avait été formellement promise, de façon que le mariage devait se faire au bout d'une quinzaine. Dans les premiers jours de cette quinzaine, la baronne avait suivi avec un dépit très-apparent, et peut-être avec un peu de chagrin véritable et caché, les attentions du vicomte pour sa fille.

Celui-ci, malgré toute l'adresse de madame de Paimpadeuc, avait parfaitement compris qu'elle était piquée au jeu, et qu'il n'en faudrait peut-être pas beaucoup plus pour la faire repentir de sa rigueur.

Un soir donc, que ses galanteries affectaient assez de témérité pour être remarquées, il s'assit près de Lucinde, tandis que le chevalier de Mun était retenu à une table de jeu. Le joli enfant et la belle Lucinde étaient en face de la baronne, qui les suivait attentivement de l'œil, et qui devait avoir dans le cœur plus de regrets féminins que d'inquiétude maternelle; car, pour la première fois peut-être, la surveillance qu'elle exerçait sur sa fille l'empêchait d'écouter les doux propos du plus beau brigadier des chevau-légers.

— Ainsi donc, belle Lucinde, disait le vicomte, tout en examinant du coin de l'œil les petits mouvements d'impatience de la baronne, ainsi donc, dans huit jours, vous serez madame de Mun.

— Hélas! oui! fit Lucinde en baissant les yeux et en rougissant, sans que le vicomte pût s'imaginer qu'il y eût le moindre regret dans cet hélas!

— Vous serez heureuse, continua-t-il, car vous l'aimez, n'est-ce-pas?

Lucinde ne répondit pas.

— Vous l'aimez, mais lui vous aimera-t-il comme vous le méritez? Comment! il pourrait être en ce moment près de vous, à ma place, il pourrait vous regarder, vous admirer, vous entendre, et il préfère remuer des dés et gagner de l'argent.

— Vous oubliez, monsieur le vicomte, dit Lucinde, que c'est maman qui l'a prié de faire la partie de monsieur votre oncle le commandeur.

— Je le sais, mademoiselle, et il a obéi; mais, sacredié! madame votre mère, que j'estime fort, mon oncle le commandeur, que j'aime beaucoup, le roi lui-même, mon maître, m'aurait ordonné d'en faire autant, que certainement je ne lui eusse pas obéi.

Cette fois encore Lucinde rougit et ne lui répondit pas. Le vicomte ajouta:

— Mais vous l'aimez, il est tout excusé; et puis ne sait-il

pas que je suis près de vous pour défendre sa cause?

Cette fois, malgré sa timidité, Lucinde regarda le vicomte, tant sa prétention d'être le défenseur du chevalier lui paraissait extraordinaire. Le vicomte, soit qu'il la comprit, soit qu'il agit d'instinct, tourna assez habilement la difficulté, et reprit d'un petit ton câlin :

— Et qui peut-on mieux choisir pour défendre sa cause, que celui qui en est aussi pénétré que nous-même? Si le chevalier vous trouve belle et charmante, je vous trouve cent fois plus charmante et cent fois plus belle; s'il est heureux de vous entendre et de vous regarder, j'y mets aussi tout mon bonheur; et enfin, s'il vous aime, qui sait si je ne vous aime pas autant que lui, plus que lui, mieux que lui!

C'était le cas de ne pas répondre; mais ce fut précisément à ce moment que Lucinde se tourna vers le vicomte avec une joie et un trouble charmants dans les yeux, et lui dit d'une voix émue :

— Est-ce vrai?

Le vicomte fut ébloui de ce regard, transporté de cette joie, bouleversé de ce trouble; les dix-sept ans de Lucinde venaient de parler à ses dix-huit ans; on eût dit d'un aveugle qui, après avoir admiré la lumière qu'un riche flambeau répand dans un salon, se trouverait en face du soleil. Certes il n'était plus aveugle, mais il n'avait pas encore vu le jour. Il en fut ainsi du cœur du vicomte. Jusqu'à ce moment il avait cru aimer la baronne; un rayon d'amour vrai venait de lui montrer qu'il s'était laissé prendre à une fausse lueur. Ce fut donc tout ému et tout tremblant qu'il répondit à Lucinde :

— Si c'est vrai! je donnerais ma vie pour vous le prouver; pour vous le prouver, je tuerais ce grand chevalier. Oh! je voudrais pouvoir vous dire ce que je sens, comme je l'éprouve; et, si vous consentiez à m'écouter, ajouta-t-il en baissant graduellement la voix, dans ce même jardin, à cette même porte où M. de Mun a obtenu la faveur de vous voir, faveur qu'il n'a jamais appréciée, je vous dirais......

A ce moment, Lucinde tremblait, pâlissait, rougissait; madame de Paimpadeuc exaspérée s'était levée par un mouvement violent, mais le commandeur l'avait arrêtée en lui souriant d'un air d'intelligence. Ce mouvement avait appelé l'attention du vicomte, qui se leva et salua Lucinde en lui disant à voix basse :

— On nous observe; si vous consentez, en sortant de ce salon laissez tomber votre mouchoir.

Aussitôt il s'éloigna et alla féliciter le chevalier de Mun, qui comptait sordidement quelques cinquante louis qu'il avait gagnés au commandeur. Celui-ci avait compris la colère de la baronne, et ne voulut pas permettre que son neveu obtînt le triomphe que cette colère semblait promettre. Il expliqua en peu de mots à madame de Paimpadeuc comment le vicomte avait donné sa parole de gentilhomme de ne jamais accepter les faveurs d'une autre femme avant d'avoir reconquis celles de la baronne, et à ce récit il ajouta :

— Il vous aime comme un écervelé, et vous en ferez tout ce qu'il vous plaira. Ce sera à vous de juger du moment où vous devrez lui faire grâce, car sans cela il serait homme à tenir, dans l'avenir du moins, son serment de chevalier de Malte.

La baronne devint pensive, et son premier mot, accompagné d'un doux regard jeté sur le vicomte, fut cette seule exclamation :

— Pauvre garçon !

Puis elle reprit en riant franchement :

— C'est qu'il s'y prend à merveille, le petit scélérat! C'est que véritablement j'étais furieuse, jalouse, exaspérée; c'est qu'il m'a plus tourmentée que je ne saurais vous dire.

— J'aime à vous entendre parler ainsi de lui, répondit le commandeur; ainsi vous le trouvez!...

La baronne n'eut qu'un mot ; mais le regard, l'accent avec lequel elle le prononça lui prêtèrent un sens complet :

— Charmant ! dit-elle.

— Vrai ? fit le commandeur en souriant.

— Si charmant que j'ai failli en devenir ridicule. Ah ! commandeur, nous sommes des fous ; il n'y a qu'à cet age-là qu'on aime et qu'on a le droit d'aimer.

La position devint piquante ; le vicomte qui, un moment avant, faisait étalage de ses soins pour Lucinde, prit des airs langoureux vis-à-vis de la baronne, car il ne s'agissait plus de l'exciter, mais de la tromper. Madame de Paimpadeuc, rassurée sur les intentions du vicomte, et ne voyant plus dans les soins qu'il avait prodigués à Lucinde qu'une preuve d'amour, rayonnait d'une joie coquette : elle essayait de lui parler du ton le plus dur, comme si elle éprouvait encore réellement la colère qui l'avait si violemment agitée un instant avant ; mais, quoi qu'elle en eût, un regard bienveillant, un sourire tendre démentaient la dureté de ses paroles, et comme le vicomte était beaucoup trop préoccupé pour y prendre garde, et ne changeait pas ses airs désespérés, peu s'en fallut que la baronne ne lui accordât tout de suite la grâce que le commandeur avait demandée pour lui.

Tu dois te souvenir, chevalier, que ce soir même, lorsque, tout fier de ton triomphe sur le commandeur, tu t'approchas de Lucinde, tu la trouvas émue, tremblante et agitée ; tu dois te souvenir quelle querelle elle te fit en te disant que tu ne l'aimais pas, que tu l'abandonnais, et comment elle quitta le salon, les yeux pleins de larmes, sans cependant oublier de laisser tomber son mouchoir, que tu ramassas avec transport et que tu cachas dans ton sein !...

Cependant la baronne, fort rassurée sur les intentions du vicomte, ne l'était pas autant sur les sentiments de sa fille. Elle avait commis une grave imprudence, c'était de te laisser le champ libre ; c'était d'enlever à ton amour le charme du fruit défendu. Depuis que Lucinde pouvait y mordre à belles dents, la baronne avait cru s'apercevoir que sa fille n'y trouvait plus la même saveur, et, dans de pareilles dispositions, madame de Paimpadeuc dut craindre que les cajoleries du vicomte eussent flatté le cœur qui t'appartenait, plus que cela n'était permis avant le mariage. Elle eut donc, le soir même de ce jour, un entretien avec sa fille, et, selon la façon de parler de ce temps-là, elle la tâta à l'endroit du vicomte. C'était une heure trop tard; le mouchoir était tombé, et la petite traita le vicomte de petit fat qui lui était insupportable, et le chevalier d'homme cruel qui faisait son désespoir. C'est une vengeance du ciel qui fait que nous sommes toujours pris aux ruses avec lesquelles nous prenons les autres : la baronne avait cent fois caché ses amoureuses préférences sous de grands airs de dédain, et cependant la baronne crut au grand dédain de sa fille : elle se retira donc chez elle, où elle s'endormit avec la plus grande joie d'amour et de coquetterie qu'elle eût éprouvée depuis longtemps, tandis que sa fille descendait furtivement à un rendez-vous, auquel, cette fois, elle n'avait pas jugé à propos d'appeler la chambrière, qui était dans les intérêts de M. de Mun.

Ils étaient jeunes, beaux et charmants tous deux; lui, roué d'esprit, grâce à l'instruction qu'il avait puisée dans la société de son bord; elle, coquette, et fort avancée, grâce à l'exemple de sa mère; et cependant, vois ce que c'est que l'amour, et comme il se plaît aux plus étranges transformations : il éclaire, d'ordinaire, l'ignorance de ceux qui ne savent pas; mais, en cette circonstance, il éteignit la mauvaise science dans le cœur du vicomte et de Lucinde. Elle fut, près de lui, timide, tremblante, simple; il fut plus timide, plus tremblant, plus naïf. Le petit impertinent, qui avait si lestement joué avec l'amour madré de la baronne, s'était mis à deux genoux devant Lucinde, et ne lui parlait que du bonheur de la contempler. Ils restèrent bien deux heures entières ensemble, sans qu'ils se fussent dit beaucoup plus que ceci :

— Vous m'aimez... je voudrais le croire; mais vous serez volage....

— Jamais! j'y engage ma vie.

— Jurez-le-moi.

— Je vous en fais serment. Mais vous, Lucinde, m'aimez-vous?

— Pourquoi donc suis-je ici?

— Dam! vous y êtes déjà venue pour le chevalier...

Il n'y avait pas moyen de nier. Lucinde se mit à pleurer, et finit par trouver ceci :

— Ah! j'étais une enfant, je ne savais ce que je faisais.

— Et maintenant?

— Maintenant, je sais que je me trompais.

— Ainsi, vous m'aimez?

— Je préférerais la mort à votre infidélité...

— M'en croyez-vous capable?

Lucinde hésita; mais elle avait sa petite vengeance à exercer, et, malgré son embarras à aborder un pareil sujet, elle lui dit :

— Suis-je la première à laquelle vous ayez fait un serment d'amour, cruel?

Le vicomte parodia la réponse de Lucinde.

— Je ne savais ce que je disais, je ne vous avais pas encore vue. Je n'étais qu'un enfant

Il le croyait, et c'est cependant à ce moment qu'il était véritablement enfant. Lucinde, par une précaution aussi filiale que féminine, et sans cependant nommer personne, demanda au chevalier le serment de ne plus rendre aucun hommage à celle qui la première avait eu son cœur.

Il était grand jour quand le vicomte rentra chez lui, car le bonheur du cœur est un tourment qui chasse le sommeil aussi bien que le désespoir, et le vicomte avait été courir les bois pour crier à l'air :... Lucinde! Lucinde! Lucinde! Quand il aborda son oncle celui-ci avait l'air d'assez farouche humeur. En effet, la vanterie de son neveu l'avait remis en goût de la baronne, et il s'était imaginé d'essayer ce que le vicomte avait tenté si résolument. La baronne lui avait ri au nez. Le commandeur s'était piqué au jeu, et ne sachant où son neveu avait passé la nuit, il le reçut en lui disant :

— C'est affaire à vous, monsieur mon neveu; la baronne n'a pas tenu longtemps contre l'habileté de vos manœuvres.

— La baronne! s'écria le vicomte, d'un air à renverser le plus impertinent séducteur de Versailles; qui pense à la baronne? C'est bon pour un jour, comme tout le monde; mais ce n'est pas une femme comme il en faut une pour fixer à jamais ma tendresse...

Le commandeur ouvrit de grands yeux, et reprit :

— Vous êtes donc déjà amoureux ailleurs?

— Éperdument amoureux.

Le commandeur se douta de l'événement, et, riant en lui de ce qu'il prévoyait, mais prenant un air très-sérieux, il repartit :

— Je vous en félicite, vicomte, et c'est le cas de triompher au plus vite de la résistance de madame de Paimpadeuc, pour pouvoir faire honneur à vos nouvelles amours.

Le vicomte, déconcerté, se gratta l'oreille, et dit, en affectant un ton désintéressé :

— Comment l'entendez-vous?

— Mais comme vous l'avez entendu vous-même en jurant de n'être à aucun autre amour avant d'avoir reconquis vos droits perdus.

— C'est un propos en l'air.

— Un propos en l'air! s'écria le commandeur d'un air furieux; vous traitez de propos en l'air une entreprise où vous avez engagé votre parole de gentilhomme; tête-bleu! monsieur mon neveu... Je suis un oncle indulgent, et je vous en ai donné la preuve; mais en ce qui concerne une parole donnée, si vous y manquiez jamais....

— Ce n'est pas mon désir; mais ce n'est qu'à vous que je l'ai donnée, et vous êtes le maître de m'en dégager.

— Je le voudrais, fit le commandeur, mais j'ai été si charmé de votre assurance et de vos succès que j'en ai déjà parlé à quelques-uns de vos amis et des miens; ils sont tous dans l'admiration de votre confiance; mais s'ils apprenaient que vous y renoncez au premier obstacle, ne vous y trompez point, vous tomberiez dans leur mépris et dans celui de tous les honnêtes gens.

— Mais enfin, si je ne réussissais pas.

— Cela vous rendra plus modeste à l'avenir.

— L'avenir... l'avenir, l'avenir; mais je n'ai plus d'avenir, si je ne réussis pas; car enfin...

Le commandeur se mit à rire, et lui répondit:

— Vous serez alors un excellent chevalier de Malte...

— Mais, mon oncle, j'ai juré à celle que j'aime de ne plus aimer la baronne.

— Serment d'amour, sans importance, fait à une femme; mais moi, j'ai votre parole de gentilhomme, vicomte; ne raillons pas sur ce chapitre; l'honneur de votre nom y est engagé, et, si vous y manquiez, vous dis-je, je sais ce qu'il me resterait à faire.

Le commandeur quitta le vicomte, qui se prit à se désoler, et, après de longues indécisions, se résolut à ne point trahir Lucinde et à ne point trahir sa parole. « Je l'aimerai dans mon âme, se dit-il, je l'aimerai sans espoir de l'obtenir, je l'aimerai sans désir... »

Mais, ne voilà-t-il pas que ce fut précisément en disant ce mot qu'il se mit à rêver aux grâces charmantes de Lucinde, et, comme il avait passé une nuit sans sommeil, il s'endormit au milieu des pensées les plus agitées. Il vit la baronne, il vit Lucinde; Lucinde était la baronne, et quelquefois la baronne devenait Lucinde; il croyait saisir l'une, et trouvait l'autre. Il lui semblait qu'il manquait à son serment envers son oncle, où bien à son serment envers Lucinde. Enfin, il eut un sommeil si agité, si fatigant, que lorsqu'il se leva, à la fin du jour, pour aller, comme de coutume, passer la soirée chez madame de Paimpadeuc, il était pâle, défait, languissant de visage, et véritablement désolé dans son cœur.

Tout allait bien à ce délicieux enfant, la tristesse comme la gaîté, la timidité comme l'impertinence. Quand la baronne le vit, retiré dans un coin, jetant des regards inquiets et douloureux, tantôt sur elle, tantôt sur sa fille, elle se dit qu'il n'avait pas le courage de continuer la comédie qu'il avait si hardiment jouée la veille; et, par un sentiment de compassion qu'elle n'avait jamais eu pour personne, elle se rapprocha de lui, et chercha à le consoler par un de ces doux sourires attrayants, qui semblaient lui dire : Allons, enfant, est-ce qu'on a envie de vous rendre aussi malheureux que cela? L'état du vicomte avait beaucoup de ce tumulte où le cœur distingue difficilement les sentiments qui l'agitent, lorsqu'ils parlent ensemble. Il y avait confusément dans la tête du vicomte, que les bonnes grâces de la baronne étaient, pour lui, une conquête à faire; mais cette conquête blessait la parole donnée à un autre amour. Attendrir la baronne était nécessaire, mais indigne. Et puis, quoiqu'il aimât Lucinde, le vicomte ne pouvait oublier ce doux regard, cette charmante facilité de madame de Paimpadeuc, cet amour d'une heure, si heureux de son plaisir, si fier de la joie d'un autre, et qui s'était si franchement livré à lui; aussi, lorsque la baronne s'assit à son côté, lui prit la main, et lui dit en la serrant doucement :

— Eh bien! vicomte, est-ce que vous voulez être malade?

Il retrouva dans son cœur la délicieuse et pétulante femme pour laquelle il eût fait mille folies, et lui répondit avec un véritable entraînement :

— Il ne tient qu'à vous de me guérir...

A cette parole, le chevalier de Mun tomba tout de son long par terre. C'est que Lucinde, qui observait avec désespoir la pâleur douloureuse de son jeune amant, outrée de la figure radieuse avec laquelle il avait accueilli la baronne, avait, dans un brusque mouvement de colère, poussé du pied la chaise sur laquelle M. de Mun allait s'asseoir près d'elle. Le chevalier parut si ridicule à tout le monde que la baronne, furieuse à son tour, murmura entre ses dents :

— L'imbécile... voilà de quoi faire manquer son mariage.

Le vicomte oublia tout à coup le rôle de protecteur qu'il avait joué une semaine avant, et lui dit :

— Est-ce que vous pouvez penser encore à donner cette charmante enfant à ce grand maladroit?

La baronne jeta un coup d'œil stupéfait sur le vicomte. Il regardait Lucinde ; ses yeux lui demandaient grâce, ses lèvres lui murmuraient mille excuses et mille serments. La baronne n'osa deviner, et lui dit d'une voix inquiète, tandis qu'il se trémoussait sur son fauteuil :

— Mais... il me semble que c'est vous qui m'y avez engagée...

Le vicomte se leva, comme pris d'un vertige, en s'écriant :

— Est-ce que je savais ce que je faisais?

La baronne fut forcée de deviner!! Et son soupçon devint une certitude, lorsqu'elle vit l'accueil charmant que Lucinde, avertie par l'air de colère de sa mère, faisait au chevalier, pour rompre les chiens. Quant au vicomte, il avait couru vers le commandeur, comme frappé d'une inspiration subite, et, le prenant à part, il lui avait dit :

— Mon oncle, j'ai juré que je ne deviendrais jamais l'amant d'une autre femme avant d'avoir reconquis les faveurs de la baronne; mais si je puis devenir le mari de cette femme, c'est bien différent, et je ne manque pas à mon serment. Je vous prie donc de demander pour moi à madame de Paimpadeuc la main de sa fille...

L'air, l'allure du vicomte, avaient quelque chose d'égaré, qui fit peur à M. de Moralli, et, malgré l'envie de rire qui le prit, il dit doucement à son neveu :

— La commission est délicate : s'il est vrai que la baronne vous aime, ce serait lui porter un rude coup.

— Mais, s'écria le vicomte, Lucinde m'aime aussi, et elle est capable d'en mourir...

La gravité du commandeur ne tint pas cette fois contre la confiance du vicomte, et il lui répondit, en lui montrant Lucinde qui coquettait avec le chevalier :

— Elle m'y paraît pas décidée :

Le vicomte pâlit de colère à cet aspect, jura d'un juron plus gros que lui, et ajouta :

— Il faut que je tue ce grand veau !

— Ce n'est pas lui qu'il faut punir, dit le commandeur, c'est Lucinde, et, le meilleur moyen, c'est de retourner près de la baronne.

— Vous avez raison, s'écria le vicomte, et Lucinde verra que l'on ne se joue pas de moi impunément.

Il était trop tard, et le pauvre petit vicomte n'eut pas cette joie. La baronne avait deviné tout à fait ; elle ne voulut pas se prêter à servir cette riposte amoureuse ; mais, au lieu de le repousser avec dédain, comme elle eût fait de tout autre homme, elle l'accueillit tristement, et lorsqu'il se replaça près d'elle, elle lui dit, d'un air sérieux et presque sévère :

— Vous n'agissez pas en galant homme, monsieur le vicomte.

— Moi ! s'écria-t-il.

— Si je ne vous avais pas dit franchement les raisons qui me faisaient désirer de ne pas donner de suites à une rencontre bien fortuite, j'aurais compris que vous vous fussiez vanté de me punir de ce que vous appelez un caprice ; mais, après ce que je vous avais dit, votre conduite envers moi est une malhonnête action.

— Ah! s'écria le vicomte, mon oncle m'a trahi.

— Il m'a avertie en ami de vos projets, et, puisque vous appelez cela trahison, obligez-moi de dire comment vous nommez votre façon d'agir envers M. de Mun, dont vous sembliez protéger le mariage, et dont vous voulez séduire la future?

Le vicomte, pris dans ses filets, se mordit les lèvres, voulut faire l'homme, se mit à jouer avec son jabot de dentelle, mais le cœur serré de la trahison de Lucinde, du grave dédain de la baronne, humilié d'avoir agi en enfant, il finit par laisser échapper deux grosses larmes de ses yeux. La baronne le vit; mais cette fois elle n'en eut pas de pitié, et elle se leva en lui disant:

— Vous pleurez, vicomte... Voulez-vous que je vous envoie la bonne de ma fille, pour vous consoler?...

Le trait sécha les larmes du vicomte, et il se leva lestement à son tour, et dit d'une voix claire et flûtée, et avec un salut fort leste :

— J'aimerais mieux votre nourrice, baronne...

La baronne s'arrêta, toute rouge de colère, et le vicomte lui dit alors :

— Tenez, baronne, n'abusez pas de moi; vous m'avez rendu fou, car c'est vous qui êtes cause de tout : pourquoi me repousser? J'aime votre fille, mais c'est vous que j'aime en elle; faite qu'elle soit belle comme Minerve ou Vénus; faites qu'elle soit autrement belle que vous; faites qu'elle n'ait ni votre sourire, ni vos yeux, ni votre grâce achevée, et je ne l'aimerai plus; mais pouvez-vous m'en vouloir d'adorer l'image de la déesse que je ne peux plus encenser?

La baronne sourit et repartit :

— Vous êtes véritablement fou, vicomte. Mais il serait par trop plaisant de vous accorder un pardon, grâce auquel vous vous croiriez libre de devenir l'amant de ma fille.

— Ce serait pourtant bien charitable à vous, lui dit le vicomte d'un petit air suppliant.

— Mais on n'est pas plus impertinent que cela ! s'écria la baronne assez haut pour que tout le monde l'entendît.

— Qu'est-ce que c'est ? fit le commandeur, en s'approchant avec quelques autres personnes.

La baronne cherchait encore une réponse, que le vicomte dit avec une rare intrépidité :

— C'est madame de Paimpadeuc qui se fâche, parce que je lui demande la main de sa fille...

A cette foudroyante répartie, tu sais quel cri de joie poussa Lucinde, et comment elle te laissa, ébahi, furieux, à ta place, tandis que la baronne reculait devant tant d'audace et que le vicomte continuait impertubablement :

— Ce n'est pas ainsi que de pareilles demandes se font d'ordinaire ; mais je vous fais juges, Messieurs, de ce qui m'a poussé à agir ainsi.

La baronne redouta qu'il n'allât jusqu'à raconter ce qui s'était passé, car elle jugea qu'il devait avoir pour ainsi dire perdu l'esprit, et elle l'arrêta en lui disant :

— Vous oubliez, vicomte, que vous êtes chevalier de Malte...

Le commandeur, qui depuis quelques minutes avait réfléchi à la dot de Lucinde, répondit aussitôt :

— On peut le relever de son serment.

La baronne lui lança un coup d'œil terrible, auquel le commandeur répondit en ricanant et en lui disant :

— A moins que vous ne préfériez le relever de sa parole.

C'est à ce moment que tu perdis tout à fait ta cause en faisant une grave menace à la baronne, et en disant qu'il serait honteux qu'une mère consentît à un pareil mariage..... après que.....

Ce mot te fut arrêté à la gorge par la plus rude bourrade

qu'un petit avorton pût adresser à un géant, et le chétif vicomte s'écria :

— Je vous tiens pour le dernier des faquins, si vous dites un mot de plus. J'aime Lucinde, Lucinde m'aime ; et si cela vous convient, je puis vous empêcher de mourir de désespoir ; mais sachez que si jamais vous prononcez le nom de Madame la baronne de Paimpadeuc autrement qu'avec le plus profond respect, je vous en ferai repentir, quoique cela puisse ne pas vous convenir.

Le lendemain, tu lui donnas un coup d'épée au bras, qu'il te rendit dans les côtes, et huit jours après, il épousait Lucinde encore tout pâle et le bras en écharpe. Pendant la cérémonie, la baronne était triste, et le commandeur lui dit tout bas :

— Eh bien ! qu'avez-vous donc, baronne ?

— J'ai,.... que cet enfant valait mieux que vous tous.

L'ombre s'arrêta, puis elle dit :

Tu vois comment se trouve remplacé un amant, même quand il a eu l'avantage d'être aimé comme fruit défendu : que cela te serve pour chasser le Trobanowski du cœur de la petite duchesse de Ménarès.

Ce récit fit rêver notre marquis. Il se rappela ce temps friand de sa jeunesse, où la galanterie était une belle dame spirituelle, facile, portant la jupe courte, quoiqu'elle eût un tabouret à Versailles, et demandant à la jeunesse tout ce que Dieu lui a donné d'ardeur pour en faire du plaisir, de la joie et de l'amour. Eh ! oui, de l'amour, du véritable amour même, qui occupait la tête, le cœur, la nuit, le jour, mais qui, au lieu de se traîner mélancolique, la figure pâle et le regard perdu, comme celui d'aujourd'hui, marchait d'une fière allure, le chapeau sous le bras, l'épée à la hanche et le nez au vent.

Ce bon souvenir donna au chevalier un ardent désir de tâter de ses anciennes habitudes. Il se rappela comment, lorsqu'il n'était pas à Versailles, il allait autrefois, avant souper, à la Comédie Française. Il arrivait, ma foi, en carrosse, écrasant la canaille qui faisait queue pour rester quatre heures debout sur ses jambes dans un sale parterre. En ce temps-là, il se jetait hors de la voiture, et bousculait lestement tout ce qui encombrait sa marche, même le portier. Et puis, par la sambleu! quand il allait dans les coulisses, quel accueil! « C'est le beau chevalier de Mun en personne, » se disait-on.

— Hé! ne suis-je pas le beau marquis de Mun! se dit notre héros; il faut que j'aille voir par là, en attendant que je me fasse présenter à la cour. D'ailleurs, il faut se mettre au courant des auteurs à la mode et des comédiennes dont on peut parler, et qu'on peut se donner. Oui, il faudra que pour débuter je choisisse par là quelque chose de couru. Cela pose tout de suite un jeune homme.

— Cela le ruine quelquefois, dit l'ombre.

— Oublies-tu que je me marie?

— Ce n'est pas encore fait.

— Ça se fera, dit le marquis en tournant sur le talon.

X

Les vieilles Tuileries et les nouvelles. — Les vieux cabarets et les nouveaux restaurants. — Le Théâtre-Français. — Ses abords. — Commerce autorisé par le préfet de police. — Ses habitués. — Ses critiques.

Arthur, ravi de ses belles résolutions, sortit de chez lui. En attendant le dîner, il pensa à aller aux Tuileries. Depuis de longues années, les guenilles du chevalier de Mun lui avaient interdit ce beau jardin. Car les Tuileries sont fermées au pauvre. Je me garderai bien de dire que c'est une tyrannie ; mais, en vérité, c'est une bêtise ; cela donne le droit aux républicains de dire qu'il y a encore en France une aristocratie à qui le soleil et l'ombre appartiennent de préférence. Ils font à ce sujet des phrases où ils proclament que le roi a peur de voir la misère du peuple, et, ma foi, ils ont l'air d'avoir raison, et leur donner l'air d'avoir raison est assurément une bêtise.

Mais ce n'était point de cela que s'occupait M. le marquis de Mun. Il rêvait aux belles Tuileries de 1780, avec les femmes du parlement et de la finance à paniers pimpants et luxurieux, suivies de six galants et d'un petit Maure ; aux belles Tuileries de 1798, avec ses courtisanes princières aux seins à moitié nus et aux pieds ornés de bagues. Il y courut. C'était un dimanche, comme nous l'avons dit, et tout le monde sait ce qu'est un dimanche dans la capitale, un jour d'autant plus désert qu'il est plus beau. Le marquis erra une heure sans rencontrer autre chose que des figures rousses sous des chapeaux roses, de ces figures que personne n'emmène nulle part où l'on paie une chaise plus de deux sous ; de grandes filles tirant sur le jaune, et de grosses mères arrivées au rubicond le plus effrayant.

— Ma foi ! se dit-il assez dépité, allons dîner au cabaret ; j'y trouverai bien quelques gentilshommes qui feront grand gala.

Il entra dans une longue salle du Palais-Royal, où il y avait deux cents tables et huit cents personnes. Ici l'un demandait un bœuf aux choux, là un autre ne buvait pas un doigt de vin sans examiner s'il ne dépassait pas la demi-bouteille qu'il s'était accordée dans ce jour de splendide débauche. Une société de jeunes gens boursicota pendant dix minutes pour régler un compte de 19 francs 80 centimes, soit 20 francs y compris 4 sous pour le garçon, de façon à ce qu'aucun d'eux ne payât pas un centime de plus que l'autre ; ils étaient six, et la division donnait 3, 33 par tête. Arthur écouta, regarda et se dit » Oh! qu'est-ce ceci, et que vais-je rencontrer au Théâtre-Français? »

Il y avait précisément ce soir-là une solennité au Théâtre-Français : un grand artiste se retirait après trente ans d'honorables travaux, et tous les théâtres de Paris avaient voulu, comme de coutume, contribuer à donner à sa représentation de retraite tout l'éclat possible. Lorsque Arthur arriva aux abords de la salle, il eut la maladresse de se présenter au bureau, ce qui lui valut immédiatement d'être signalé du coude et de l'œil à une demi-douzaine de chenapans qui jugèrent que c'était un étranger, un provincial, ou un imbécile. Comme cela devait être, il n'y avait plus de places au bureau, et aussitôt Arthur entendit crier confidentiellement à son oreille : Stalle de galerie, stalle de face; il n'en reste plus qu'une!

— Combien? demanda Arthur.

— Soixante francs.

— Soixante francs, une place! allons donc!

Arthur n'eut pas plus tôt lâché ce mot de refus, qu'un monsieur beaucoup mieux mis que lui repartit :

— Je la prends, et la paya de trois beaux louis d'or.

L'acquéreur disparut, et un autre de ceux qui font ce fructueux commerce dit à celui qui venait de vendre :

— Il m'en reste une, à moi, mais je ne la donnerai pas à moins de cent francs.

— Je vous en donne soixante, dit Arthur.

— Allons donc! fit le marchand, je vous les achète à quatre-vingts, si vous en avez à me vendre; et il s'éloigna d'Arthur sans daigner le regarder.

Cependant les équipages se succédaient; les femmes les plus élégantes passaient rapidement sous les yeux du marquis. Il était sous l'empire de ce désir qui vous entraîne à la suite de toute affluence curieuse et empressée. Cependant l'idée de payer une place cent francs lui répugnait comme une folie, lorsque tout à coup il lui revint à l'esprit qu'il n'était plus le vieux chevalier de Mun, habitué à la pénurie d'argent, et il s'écria en lui-même : « Allons donc ! je suis un jeune homme, et j'agis comme un vieux cuistre. » Il chercha de l'œil son vendeur, et alla lui dire :

— Je vous donne cent francs de votre stalle.

—Je n'en ai plus du tout, monsieur, et, à l'heure qu'il est, vous n'en trouverez ni pour or ni pour argent.

Comme Arthur laissait échapper un vif mouvement de dépit, une voiture à livrée jaune, à panneaux armoriés et à cocarde rouge, s'arrêta, et deux femmes en descendirent, suivies d'un brillant cavallier. La première était madame de Pimpani; la seconde, la duchesse de Ménarès; quant au cavalier, Arthur le reconnut pour le comte de Camballero. En traversant la petite haie de sergents de ville, de gendarmes et de curieux qui s'établit d'ordinaire ces jours-là dans toute la largeur du péristyle du Théâtre-Français, madame de Pimpani jeta un vif regard autour d'elle, et ayant aperçu Arthur, elle lui envoya un petit sourire d'approbation, comme pour lui dire : « C'est fort bien fait à vous d'être ici. » Mais presque au même instant, ce regard sembla s'arrêter sur un personnage placé derrière Arthur, et, à la place du sourire, il y eut une expression de colère, et de mécontentement. Arthur se retourna pour voir le visage qui excitait cette colère, et se trouva en face du monsieur beaucoup mieux mis que lui qui avait acheté la stalle soixante francs. Il semblait que ce monsieur attendît l'arrivée de madame de Pimpani pour entrer au théâtre, car, dès que ces dames furent passées, il coudoya assez brusquement M. de Mun et se précipita à leur suite. Une sorte d'illumination avertit Arthur que ce monsieur devait être pour quelque chose dans les intérêts de sa vie, et il fut pris d'un dépit excessif de s'être laissé enlever le moyen d'entrer au Théâtre-Français. Tout ceci s'était passé en un clin d'œil, et Arthur se retourna pour voir s'il n'apercevrait pas quelqu'un de ces honnêtes négociants qui revendaient des places. Il les vit groupés autour de lui, mais aucun n'eut l'air de faire attention à son désappointement.

— N'avez-vous aucune place? dit il.

Au lieu de lui répondre, le mot : « As-tu des places? As-tu des places? » fut passé de bouche en bouche, et on lui répondit par un non unanime.

— Cependant il me semble qu'Auguste en avait encore une tout à l'heure, dit un de ces messieurs.

— Mais où est-il, Auguste?

Il fallut chercher Auguste, qui arriva de très-mauvaise humeur, et qui déclara qu'on l'avait dérangé au moment où il allait vendre sa stalle deux cents francs à un prince russe.

— Deux cents francs! s'écria Arthur.

— Ah ça, est-ce que c'est pour me marchander que vous m'avez fait venir ici? dit le marchand, en toisant le marquis; c'est deux cents francs, à prendre ou à laisser. D'ailleurs, ça m'est bien égal; dans un quart d'heure elles vaudront cent écus, et si je les laisse pour ce prix-là, c'est que j'ai besoin de m'en aller, parce que ma femme est en couches.

— Qu'est-ce que ce drôle? fit Arthur; sais-tu bien à qui tu parles, faquin?

Le marchand se recula un peu, examina Arthur, serra les poings et avisa l'œil qu'il voulait pocher; mais il s'arrêta, attendu qu'un de ces messieurs lui dit :

— Prends garde, c'est peut-être un inspecteur.

A ce nom menaçant, l'athlète porta la main à son chapeau.

— Tu parles à un gentilhomme, dit Arthur, croyant assurer ainsi le commencement de respect qu'on lui montrait.

— Ah tiens! dit l'autre en remettant son chapeau, moi qui le croyais de la police, et qui m'échinais à le saluer. Allons, allons, gentilhomme de quatre sous, qui vient liarder sur des pauvres malheureux, je vais te dire mon nom pour t'apprendre à ne plus m'appeler faquin... Laisse donc que je le lui écrive sur le muffle.

Un sergent de ville tourna la tête, et toutes les têtes à chapeaux gras, à chevelures huileuses, se baissèrent et disparent. En effet, le sergent de ville est le gentilhomme de la canaille; lui seul, sans être soldat, porte l'épée, il faut lui demander protection. Cependant un de ces messieurs resta près d'Arthur, et lui dit tout bas :

— Allons, décidez-vous.

Arthur, qui venait de voir par expérience comment le cours des stalles montait, tira dix louis de sa poche et paya sa stalle de galerie. Comme il entrait, il se sentit tirer par la basque de son habit, et Fouriou lui dit tout bas :

— Ça vaut vingt francs comme un liard; mais quand on est de province, il faut bien payer sa bien-venue.

Comme ils arrivaient ainsi au contrôle, Arthur présenta son coupon, et Léopold passa devant lui en disant négligemment :

— N° 24, loge de la duchesse de Ménarès.

Arthur, en le rattrapant au pied de l'escalier qui mène aux premières loges, lui dit d'un air ébahi :

— Comment! vous allez dans la loge de la duchesse?

— Oh! cette idée! fit le gamin. Me voilà dedans, c'est tout ce que je voulais; et je serai bien maladroit si, avec une pièce de quarante sous, je ne me fais pas donner un tabouret dans un couloir par la première ouvreuse venue. C'est bon aux malins comme vous de payer deux cents francs une mauvaise place.

Sur ce, le gamin monta les escaliers quatre à quatre, et laissa le marquis très-bien persuadé qu'il eût été joué par une ignoble comédie de vendeurs de billets.

— D'ailleurs, se disait-il, quand cela serait, ce n'est pas à de pareilles niaiseries que je veux appliquer l'expérience que j'ai des hommes et des choses. Arthur arriva enfin à sa place, qui était une stalle de galerie du second rang. La salle était resplendissante de femmes magnifiquement parées, et, aux mille petits saluts qui s'échangeaient d'un coin à l'autre du théâtre, et qui prouvaient que presque tous ces spectateurs se connaissaient entre eux, Arthur jugea que ce devait être une réunion de ce que Paris renferme de plus riche et de plus élégant. Comme il allait s'occuper à découvrir madame de Pimpani et le monsieur dont l'aspect l'avait mis de si mauvaise humeur, on baissa la grille de la loge devant laquelle il était assis, et tout aussitôt il vit entrer deux femmes. L'une de dix-huit ans à peu près, et d'un visage charmant; l'autre, plus âgée, quoique encore jeune, et passablement laide. Elles étaient accompagnées d'un jeune homme d'une élégance outrée, et auquel la femme laide dit d'un ton criard :

— Vous êtes toujours le même, Gustave, vous nous faites arriver avant que ce ne soit commencé; je ne connais rien de bête comme ça.

Puis, sans attendre la réponse de M. Gustave, elle prit place et se mit à lorgner dans toute la salle, nommant tous ceux qu'elle reconnaissait, et leur envoyant des petits signes du bout des doigts. Ce fut durant cette inspection qu'elle s'écria :

— Tiens! Gustave, voilà votre tante là-bas avec la petite duchesse.

Comme elle disait cela, madame de Pimpani tourna les yeux du côté de la loge, et voulant sans doute encourager Arthur à venir la visiter, elle lui renouvela son gracieux salut, auquel le marquis répondit avec empressement. La femme laide s'en aperçut, et se penchant au fond de la loge, elle dit à Gustave :

— Dites donc, La Barlière, est-ce que c'est un nouveau à votre tante, ça? Il me paraît bien constitué, et elle l'a habillé de neuf.

— Voyons, Magnard, répondit M. Gustave, laissez ma tante tranquille; que diable, ma chère, les pompiers ne sont pas faits pour vous toute seule.

— Ah! Dieu! êtes-vous brut! dit la femme laide. Je ne comprends pas, Jenny, comment tu peux aimer cet homme-là.

— Tu es bonne enfant, toi, reprit de l'air le plus bête possible la jolie fille, tu lui dis toujours des bêtises sur sa tante, et tu veux qu'il te réponde des douceurs.

Mais déjà la femme laide n'écoutait plus; elle parcourait les loges de son regard laid et effronté; elle se mit à crier tout à coup :

— Tiens! voilà le gros Benoît avec Lilie.

— D'où que tu viens donc? répliqua la jolie femme; il y a plus de huit jours que ça se sait à l'Opéra.

Pendant qu'Arthur écoutait ce dialogue, la porte s'ouvrit de nouveau; un homme jeune encore, mais aussi débraillé que Gustave était élégant et soigné, entra dans la loge, sans qu'aucune des deux femmes fît la moindre attention à lui. Le nouveau-venu passa sa tête entre elles deux, examina la salle, et dit :

— Il y a de l'argent.

Puis en se retirant, il se tourna du côté de la laide et ajouta :

— Plus que ça de guipures, Magnard; il paraît que ton ministre sert ses dîners sur tes épaules.

La femme laide comprit sans doute ce singulier langage, car elle repartit, sans montrer le plus petit étonnement :

— Est-ce que vous n'avez pas bien mangé?

— Ah! ma chère, fit le nouveau-venu en se jetant au fond de la loge, un dîner ignoble; c'était bien un vrai dîner de ministre.

— Qui aviez-vous donc? dit La Barlière.

— Nous avions le président du conseil, Lostange, le député, qui a fait un discours ministériel sur un mauvais buisson d'écrevisses, cette vieille bête de Vissi, qui s'imagine qu'on va le faire pair de France parce qu'il s'est posé pour le ministère dans la question des fonds secrets, et puis le gros Touton ; il n'y a que lui qui ait été amusant : il nous a raconté les histoires de la petite duchesse avec le comte Trobanowski.

Puis, sans que personne eût l'air de faire attention à ce qu'il disait, ce nouveau-venu se tourna vers la jolie femme et lui dit :

— Tiens, Nichon, je ne t'ai pas encore dit bonjour, je crois ; eh bien ! qu'est-ce que tu as donc ? tu me fais la grimace.

— Elle a quelque raison, dit Gustave : voilà trois lundis de suite que vous promettez de parler de son début, et vous n'en avez pas dit un mot.

— Aussi, pourquoi vas-tu te fourrer à la Porte-Sainte-Antoine ? Qui diable veux-tu qui aille te chercher dans ce taudis ? Il n'y a que Gustave capable de cela. Nous te ferons débuter ici, mon petit Nichon ; voilà une vieille gauche qui se retire enfin ; tu as de l'esprit, de l'œil, de la dent, nous te ferons un succès, et alors tu lâcheras Gustave pour épouser un comte italien ou un prince russe.

Ni Gustave ni Jenny n'eurent l'air de se récrier contre cette prédiction. Dans cet étrange entretien, les paroles tombaient sans que personne les relevât jamais, soit qu'elles eussent un sens incontestable pour tout le monde, soit qu'elles n'eussent pas du tout de sens.

Le spectacle commença. Tout le temps que dura le premier acte, Arthur ne put entendre que la biographie des gens qui se trouvaient dans la salle. Toutefois il ne put pas beaucoup en profiter. Il y avait entre ceux qu'il écoutait un langage de convention rempli d'ellipses que probablement la connaissance que chacun avait des histoires du jour lui rendait faciles à remplir. Déjà le marquis prêtait une oreille moins attentive à tous ces commentaires, lorsqu'une nouvelle exclamation de la femme qu'on appelait Magnard, sans que jamais ce nom fût précédé du titre de madame ou mademoiselle, vint réveiller son attention.

— Tiens, tiens, tiens, dit-elle avec quelque chose de ce ton que Léopold Fouriou avait si désagréablement fait résonner aux oreilles du marquis; tiens, c'est donc un conte qu'on nous a fait, voilà là-bas le Polonais de votre petite duchesse.

— Où est-il donc? s'écria vivement Gustave de La Barlière en se penchant sur le bord de la loge.

— Est-ce que vous allez lui chercher querelle au nom de votre honorable famille, pour cause de rapt de la pupille de madame votre tante?

— Non pas, fit Gustave; mais je voudrais lui demander des nouvelles des deux cents louis qu'il me doit.

— En ce cas, reprit le second monsieur, fais-lui épouser la duchesse, ou tu peux dire adieu à tes deux cents louis. Il y a quinze jours que je lui ai gagné deux cents francs à la bouillotte, et, au lieu de me payer, il s'est probablement acheté un chapeau pour ne plus me saluer.

— Où donc ton frère a-t-il pris ce vampire-là? dit la Magnard; regarde donc comme il se pose en face de la duchesse; elle est amusante, ta tante : elle se trémousse pour empêcher la petite de lui faire des signes. Quelle rage a-t-elle donc de ne pas la donner à ce Polonais, puisqu'elle l'aime?

Arthur finit par découvrir celui dont on parlait, et reconnut que c'était le jeune homme qui avait acheté la stalle dont lui-même n'avait pas d'abord voulu.

La première pièce finie, le marquis se hâta de quitter sa place pour aller dans la loge de madame de Pimpani. Il avait bien pensé que M. de Camballero et la duchesse pourraient le reconnaître, mais il s'était fait à ce sujet une version pour expliquer la conduite de la veille. Mais la duchesse, qui était très-myope, ne le regagda pas d'assez près pour se le rappeler, et M. de Camballero, sans doute averti par madame de Pimpani, ne voulut pas le reconnaître. La présentation fut faite le plus solennellement du monde, et madame de Pimpani avait engagé Arthur à rester avec elle, lorsque la loge s'ouvrit de nouveau, et l'intrépide Fouriou montra le bout de son nez, et dit de la voix la plus timide et la plus flûtée :

— Pardon, madame, j'aurais un mot à dire à mon cousin, monsieur le marquis de Mun.

Arthur, indigné et troublé de tant d'audace, allait quitter la loge, et, dans un premier mouvement de colère, il eût peut-être administré une correction brutale à l'impertinent petit drôle qui s'imposait si impudemment à lui; mais, dès qu'elle l'aperçut, madame de Pimpani s'écria d'un ton caressant :

— Comment! ce charmant enfant est votre cousin, monsieur le marquis?

— De bien loin, fit Léopold en baissant les yeux et en tournant son chapeau dans ses doigts; mon bisaïeul n'était que le cousin-germain du grand-père d'Arthur; je ne suis que le chevalier de Mun.

— Entrez donc, monsieur, dit madame de Pimpani en le caressant de son plus doux regard.

Puis, se tournant vers le marquis, elle lui dit :

— C'est vous, sans doute, qui l'avez amené à Paris?

— Oui, madame, dit Léopold, qui, ayant sans doute arrangé une histoire à sa façon pour expliquer sa parenté, coupait la parole à Arthur de peur qu'il ne détruisit son roman par quelque sotte réponse.

— Eh bien! monsieur le marquis, dit madame de Pimpani, vous ne pouvez pas laisser cet enfant tout seul dans un hôtel garni; il faudra nous l'amener demain à dîner.

Et cette fois encore, sans attendre la réponse d'Arthur, elle se tourna vers Léopold et lui dit :

— Vous viendrez, n'est-ce pas ; vous viendrez, monsieur ?

Et ce : Monsieur, avait un accent charmant de tendresse et de protection qui sembla toucher Léopold, qui répondit modestement et en baissant les yeux :

— J'aurai cet honneur, madame.

Il se retira en faisant signe à Arthur de le suivre ; à peine étaient-ils dans le couloir, qu'au moment où le marquis allait commencer à morigéner le gamin, celui-ci lui dit rapidement :

— Dites-donc, j'ai besoin de votre place, je vas la prendre.

Et, après cette déclaration saugrenue, Fouriou le laissa libre de rentrer dans la loge de madame de Pimpani.

Le marquis n'était pas depuis cinq minutes dans la loge, qu'il comprit l'imprudence de sa démarche : on lui parlait des affaires d'Espagne, qu'il connaissait moins bien que le premier venu, car, dans les dernières années de sa première existence, il ne s'était guère occupé d'étudier cette guerre de va-et-vient que s'étaient faite la régence et don Carlos. Ce déchirement des provinces navarroises et basques en parties et en portions de petites parties, ces marches et contre-marches sur un terrain de quelques lieues, ces illustres généraux de vingt-cinq brigands, ces grandes victoires de six hommes tués, tout cela pouvait et devait être classé dans la tête d'un homme qui en avait fait son étude spéciale ; mais M. de Mun ne connaissait pas même ces événements comme le dernier des abonnés d'un cabinet de lecture ; il allait donc être exposé à passer pour un imbécile ou à être soupçonné d'avoir usurpé un nom qui ne lui appartenait pas, lorsque, heureusement pour lui, le gros homme qu'il avait laissé dans la loge de M. de La Barlière entra et vint à son aide. La marquise de Pimpani le salua du plus affectueux sourire, la jeune duchesse adoucit pour lui l'expression chagrine de son visage, et le comte de Camballero se leva avec empressement pour lui offrir sa place. Le marquis fut d'autant plus étonné de cet accueil, qu'il entendit madame de Pimpani saluer cet homme en lui disant seulement :

— Bonjour, monsieur Ribaud.

Ribaud était un nom qui ne pouvait mériter un pareil empressement qu'à la condition d'être celui d'un ministre ou d'un banquier, et, d'après ce qu'Arthur avait entendu, M. Ribaud n'était ni l'un ni l'autre. Arthur, en contact avec les idées et les faits contemporains, était un peu dans la situation d'Épiménide; il n'avait pas dormi comme lui, et il avait vécu à côté de tous ces événements et de toutes ces idées, mais tellement séparé d'eux par sa vieillesse et par l'inaction de son intelligence, qu'il ne comprenait rien à ce qui se passait autour de lui, et qu'en voulant juger les choses avec les idées vieilles qui lui étaient restées dans la tête, il y avait cent à parier contre un qu'il serait toujours à cent lieues de la vérité.

De l'étonnement qu'il avait ressenti en voyant l'accueil fait à M. Ribaud, le marquis passa à un autre en voyant que ce M. Ribaud le méritait, au moins par ses bonnes façons et son esprit, sinon par son titre. Le même gros homme qu'il avait entendu tout à l'heure rire lourdement, et parodier, pour ainsi dire, dans son langage, le style de la Grève, était devenu, en face de gens haut placés, un homme parlant à merveille, et parlant des intérêts les plus graves de la société en homme qui les connaît.

Madame de Pimpani avait dès l'abord présenté Arthur à M. Ribaud, en lui expliquant qui il était; mais elle n'avait fait que nommer Ribaud à M. Arthur, comme si ce nom de Ribaud portait avec lui une histoire et une renommée que tout le mode devait connaître.

La présence de ce monsieur avait donné un moment de répit au marquis; mais il prévoyait que dès qu'il serait parti, a conversation reprendrait sur les événements d'Espagne, et qu'il lui serait bien difficile de ne pas dire quelque balourdise qui pût le compromettre. Il ne pouvait cependant prendre, pour quitter la loge, le prétexte de retourner à sa place, puisque Léopold s'en était emparé. Dans cette position plus qu'équivoque, il se résolut de s'accrocher audit M. Ribaud de façon ou d'autre, pour se sauver de ce danger imminent. Soit que la marquise se fût aperçue de la nullité de son protégé, et qu'elle ne voulût pas l'exposer à se montrer sous un jour trop défavorable aux yeux de la duchesse, soit toute autre raison, elle dit quelques mots à voix basse audit M. Ribaud, si bien que celui-ci, en quittant la loge, s'empara du bras d'Arthur en lui disant :

— Eh bien! monsieur le marquis, nous vous attendions depuis longtemps; on vous a annoncé à nous avec toutes sortes d'éloges. Il faut que je vous présente à Gustave et à quelques-uns de nos amis.

En disant cela, ils se dirigèrent du côté de la loge de M. de La Barlière; mais à chaque pas ils étaient arrêtés par une foule d'amis avec lesquels Ribaud échangeait des paroles auxquelles le marquis n'eût rien compris sans les commentaires complaisants que voulait bien y ajouter sa nouvelle connaissance.

— Eh! bonjour, toi, dit-il d'abord à un grand jeune homme barbu; il faut que je t'embrasse pour l'article que tu as fait avant-hier sur le livre de N.... Voilà ce que j'appelle de la critique; vois-tu, il y a plus d'idées dans cet article-là que dans tout le livre.

— Tu trouves? répondit modestement le jeune homme.

— Oui, vraiment; c'est admirable!

Le jeune homme serra affectueusement la main de M. Ribaud, et le marquis lui demanda quel était cet illustre critique.

— C'est un pauvre garçon sans idées, sans style, sans rien; ça meurt de faim, ça écrit pour vivre... on devrait bien supprimer les hommes de lettres de cette espèce.

Un peu plus loin, un homme avec un ruban rouge à sa boutonnière et un air de grand seigneur, arrêta M. Ribaud, qui le salua encore plus lestement que le jeune homme qu'il venait de quitter.

— Eh bien! monsieur Ribaud, lui dit ce grave personnage, vous parlerez de la représentation de ce soir, n'est-ce pas? J'espère que vous ne nous oublierez pas.

— Est-ce que vous dansez ce soir, monsieur le duc?

— Certainement; on a intercalé un divertissement dans le quatrième acte du *Mariage de Figaro*, et c'est ce pauvre ange qui danse.

— Eh bien, eh bien! dit Ribaud, nous verrons.

Cela dit, il tourna le dos à M. le duc; et répondit à Arthur, qui s'étonnait de la question : Est-ce que vous dansez ce soir?

— C'est un vieux brave homme à qui je demande s'il danse, parce qu'il dit : Nous dansons, quand son ange, comme il l'appelle, vient faire son métier sur les planches. Ils sont comme ça une demi-douzaine qui s'incarnent dans leurs maîtresses et qui ne parlent plus d'elles qu'en disant nous. Du reste, celui-là n'est pas le plus bête de la bande, et voilà là-bas un gros homme qui fait presque tous les soirs un des traits les plus amusants de ce métier-là.

Il a une maîtresse dans un théâtre du boulevard, où les femmes ont les mains rouges, attendu qu'on ne sait pas ce que c'est que d'y faire du feu; cette maîtresse descend toujours de sa loge, enveloppée de trois ou quatre tartans, qu'elle lui jette sur les bras au moment d'entrer en scène; mais, comme à la sortie les tartans se seraient gelés sur les bras du galant, il ploie le plus mince et le met au fond de son chapeau, qu'il place sur sa tête; il pose le second sur un tabouret et s'assied dessus; il glisse le troisième entre son gilet et sa chemise, et, lorsque la petite rentre dans la coulisse, il la recouvre soigneusement de toutes ces loques auxquelles il a servi de poêle. Ce n'est pas cependant un homme de rien : il a offert dix mille francs à l'administration pour lui permettre d'introduire une chaufferette sur la scène; mais le corps des sapeurs-pompiers ne l'a pas permis, et le brave homme continue intrépidement son métier de calorifère.

— Pourquoi donc ne fait-il pas entrer cette fille dans un meilleur théâtre ?

— C'est que cette fille n'a ni talent, ni jeunesse, ni beauté, et que, partout ailleurs qu'au bouge où elle est maintenant, on ne lui permettrait pas de jouer les premiers rôles de toutes les pièces, pièces que là-bas on fait pour elle; et dont le premier mérite est de lui permettre de changer quatorze fois de robe dans la même soirée.

— Cet homme est donc un imbécile? dit Arthur.

— Pas du tout : il est amoureux.

Tout en remontant la longue galerie qui borde la rue Richelieu, Ribaud échangeait des saluts avec presque tous ceux qui passaient, et Arthur admirait quelle immense variété de formes il y a dans l'art de tirer son chapeau. Le rebord touché à peine des deux doigts, sans que la tête fasse la moindre inclination, constituait le salut rancunier, et était presque toujours suivi de ces paroles : « Voilà une canaille qui me passera par les mains. »

— Que vous a-t-il donc fait? lui dit Arthur.

— C'est un gueux dont j'ai dit tout le bien possible, et qui s'imagine à cause de cela qu'il a du talent.

Le chapeau légèrement soulevé de la tête, tandis qu'il tenait les yeux baissés, était, de la part de Ribaud, le salut de merci. Celui-ci n'était accompagné d'aucune phrase, mais voulait dire : « Vous m'avez blessé, je ne vous l'ai pas encore rendu; voulez-vous faire la paix? »

Quand le chapeau était tiré jusqu'en bas, avec une inclination de corps et de tête empressée, cela devait s'adresser nécessairement à un diplomate étranger ou à un grand homme passé à l'état d'enfance. En effet, le diplomate procure des croix étrangères, et, grâce au grand homme passé à l'état d'enfance, on a l'occasion de louer quelqu'un sans que cela lui fasse plaisir, et de manière à ce que cela fasse beaucoup de peine à d'autres : cela vaut bien la peine de saluer jusqu'à terre.

Toutefois le marquis ignorait encore à quelle classe pouvait appartenir le personnage qu'il tenait sous le bras, et ne savait qu'en imaginer, quoiqu'il eût affaire à un homme beaucoup plus occupé de lui que de personne, et qui n'avait guère d'autre conversation que de dire ce qu'il avait fait et ce qu'il se proposait de faire. Un heureux hasard vint au secours d'Arthur. Au moment où il désespérait de reconnaître l'état de son interlocuteur, il s'approcha d'eux un monsieur maigre, à visage tranchant, l'œil douteux, quelque chose de féroce et de buse dans l'expression.

— Ah bien ! Ribaud, dit-il d'un ton grognon, vous êtes aimable ; voilà quinze jours que j'attends votre second article, et vous n'y pensez pas.

— Ah ! c'est vous, mon bon petit ? s'écria Ribaud ; vous me demandez quoi ?

— Le second article que vous me devez... Une autre fois, mon cher ami, je ne vous paierai que quand vous apporterez la copie.

— Ah! farceur, dit Ribaud ; il n'y a que lui pour avoir des idées comme ça. Voyons, soyez gentil, et on vous fera votre article demain.

— J'ai un marché signé, et, ma foi, si vous ne l'exécutez pas...

— Bah ! fit Ribaud en riant.

— C'est comme ça. Je vous en préviens : je vous assigne.

Là-dessus, le passant s'éloigna.

— Quel est ce monsieur? dit le marquis.

— Ça, dit Ribaud, ça s'appelle Pangloss ; ça, c'est le directeur d'un certain journal où je travaille. Voyez-vous ce gaillard-là, mon cher marquis, c'est arrivé à Paris les chausses trouées et les pieds sales dans des bottes percées ; ça s'est faufilé à je ne sais quel titre de garçon correcteur, de coupeur de bandes de je ne sais quoi dans une entreprise littéraire ; ça a fini par trouver un prince, un général de l'Empire, quelqu'un enfin qui avait à raconter ses prouesses, ou à rabaisser celles des autres. On a recommandé ce bélître au général ou au prince comme un assez bon fricoteur littéraire. Il a fait alors le métier de coudre des vieilles phrases à la vanité ou à la colère de son patron. Le livre, tout plein de personnalités, a fait scandale ; alors le cuistre a fait une masse de tous les gros sous qu'il a ramassés, et avec cela, avare, rapace, calculateur, il a acheté à celui-ci son esprit, à celui-là sa science, à cet autre sa poésie ; il en a fait un recueil ; et il en est devenu le directeur, le souverain, le maître. Cet homme est le seigneur féodal d'une des meilleures troupes de ceux qui ont pour arme une plume, ces lances aguerries qui se battent à outrance pour une cause qui n'est presque jamais la leur. Or il en est arrivé que ce faquin étant devenu une force, le pouvoir a compté avec lui, le pouvoir l'a décoré d'un ruban rouge, le pouvoir lui ouvrira le Conseil d'État, le pouvoir le poussera à une députation, s'il prend jamais fantaisie à cette abominable intrigaillerie de vouloir s'appeler honorable. Et cependant cherchez avec la loupe, mettez toute la police en campagne, faites passer toute la vie de cet homme dans l'appareil le plus délicat, et si loupe, police, alambic, découvrent dans cette existence une preuve de talent quelconque, une ligne valant dix sous, une action brave et généreuse, une vue éclairée et utile, un fait qui fasse dire : C'est bien ! je veux être pendu haut et court.

— Et cependant vous êtes enrôlé sous cette bannière, dit le marquis : vous écrivez pour cet homme.

— Eh ! mon Dieu ! j'écris pour lui comme j'écrirais pour

vous : j'écris pour tout le monde; j'ai ce droit, car je ne suis point un homme politique. Je fais de la critique, et la critique n'a plus d'opinion, pas même d'opinion littéraire. Voilà notre avantage à nous, d'être les amis de tous ceux qui paient et les ennemis de tous ceux qui font. C'est la royauté la plus absolue du siècle, et...

— Soupes-tu ce soir? dit à Ribaud un monsieur de trente-cinq ans et d'une grande beauté, en passant près de lui.

— Est-ce qu'on soupe?

— Oui, après la représentation. Je viens du théâtre; nous avons arrangé cela.

— Je ne sais pas, dit Ribaud. Qui est-ce qui en sera?...

— Ah! c'est Lucienne qui s'est chargée d'avoir ces dames.

Le dandy s'éloigna, et Ribaud dit au marquis :

— Allons au théâtre, nous verrons la liste. Si c'est amusant, vous viendrez.

Ribaud et le marquis entrèrent au théâtre.

Enfin, se dit le marquis, me voilà au centre d'une de ces réunions où l'esprit du siècle vient se refléter, parmi des gens qui, s'ils ne sont pas le monde, en sont la copie la plus exacte. Je vais voir ces femmes dont l'éclatante et spirituelle galanterie enchaîne autour d'elles les hommes distingués qui fuient dans l'aimable liberté de leurs salons l'ennui et l'étiquette de la cour et des réunions aristocratiques. Le marquis aspira profondément cet air pommadé qui est l'atmosphère des théâtres, et il lui sembla que les parfums de l'amour libertin, effronté, brusque, léger, le pénétraient de toutes parts. Comme il était dans cette joyeuse et heureuse disposition, il rencontra dans le couloir une personne ornée de deux yeux noirs qui s'épanouirent quand elle aperçut Ribaud et le beau marquis, de manière à leur lancer toutes les flammes de son regard; un sourire heureux qui écarta deux lèvres de corail pour montrer des dents de perles, semblait attester cette ardente coquetterie qui cherche à émouvoir tout un homme.

— Bonjour, cher Ribaud, fit-elle de la voix la plus câline. Monsieur..... dit-elle en se tournant vers le marquis pour le saluer, et en le dévisageant d'un air troublé.

— Eh bien! Laurence, comment ça va?

— Triste, mon ami, triste. Adélaïde, vous savez, ma plus jeune, a la coqueluche. Je me sauve... Je vais me déshabiller et rentrer chez moi pour lui donner ses remèdes; la pauvre enfant n'en veut que de ma main.

Elle salua avec un sourire lascif, un regard humide, et s'éloigna.

— Hum! fit le marquis; j'espérais que nous aurions cette dame à souper.

— Elle? dit Ribaud, madame Cambreton, la plus honnête femme de Paris, qui est fidèle au mari le plus bête et le plus nul de France!

— Est-ce possible!

— Que voulez-vous? il lui a donné un nom.

— Il me semblait que c'était le métier de ces dames de s'en faire un.

— Ah! mon cher, ça demande trop de talent. Ces dames se sont imaginé de remplacer ça par l'honnêteté; on les cite comme mères de famille, et on les loue à l'Académie française, où, vous le savez, on ne fait plus de littérature, mais de la vertu.

— Mais il me semble, dit le marquis, que ce regard et ce sourire...

— C'est une grimace à laquelle elle s'est tellement livrée à la scène, qu'elle ne peut plus l'effacer de son visage. Voilà tout.

9.

XI

Aperçu d'un foyer de théâtre.

Après cette première rencontre, ils pénétrèrent dans le foyer des comédiens; comme nous l'avons dit, c'était un jour de représentation à bénéfice, et le théâtre était encombré d'acteurs de tous les étages et de toutes façons. Lorsque le marquis entra dans cette réunion confuse, Ribaud fut presque à l'instant accaparé par une petite actrice, parfaitement exiguë de taille, de visage et de voix, et qui l'entraîna en lui disant :

— Dites donc, mon petit, j'ai reçu ce matin une lettre de Constantinople; je crois que notre ambassade tire à sa fin.

Arthur entendit encore quelques paroles, et s'aperçut que le gros Ribaud et la frétillante comédienne étaient complétement absorbés dans un entretien de politique orientale; le marquis se trouva donc seul au milieu du brouhaha où l'on parlait, où l'on chantait, où l'on récitait, où l'on pirouettait, sans que chacun prît garde à ce que faisaient les autres. Le marquis de Mun serait demeuré longtemps comme un idiot au milieu de cette tumultueuse assemblée, s'il n'avait été tout à coup frappé de ravissement en apercevant une femme d'une éblouissante beauté qui rajustait quelques rubans à sa coiffure, et qui venait de jeter à une jeune fille qui la suivait le manteau court dont elle s'était enveloppée pour descendre de sa loge. Il sembla au marquis de Mun qu'il reconnaissait cette actrice si belle, et il reconnut positivement la femme de chambre, plus belle encore que sa maîtresse.

Celle-ci, en l'apercevant, jeta un cri de surprise, qui assura le marquis qu'il ne se trompait point. En effet, cette jeune fille n'était autre que Méta, la sœur de ce Jean Bazilius avec lequel Arthur avait été enfermé durant quelques heures. A ce cri, la belle actrice se mit à considérer le personnage qui l'avait provoqué, puis son regard se reporta sur sa femme de chambre, puis retourna sur le beau marquis; et tout cela se conclut par un petit mouvement de tête qui voulait dire : « Ma femme de chambre a des connaissances dont je me contenterais bien. » Aussitôt elle sortit du foyer, en faisant signe à Méta de la suivre; mais celle-ci ne put s'empêcher, en se retirant, de laisser tomber sur le marquis un long regard où il y avait un profond regret de le retrouver si brillant dans un pareil endroit, tandis que lui-même se disait qu'il n'eût jamais cru que cette blanche enfant, qui lui était apparue dans sa sombre prison, pût être au service d'une comédienne.

Cependant ce cri et cette petite scène muette avaient attiré l'attention de quelques personnes, et l'on se demandait tout bas quel était ce magnifique jeune homme que personne ne connaissait. En un moment, le marquis fut l'objet d'une foule de mots qui bourdonnèrent à ses oreilles, sans qu'il pût les comprendre. Un monsieur, superbement habillé en Maure, le regarda passer, et poussant le coude à une jeune Napolitaine de vingt-six ans, forte en appas, mais qui les portait en ingénue, comme si sa pudeur ignorante eût été embarrassée de leur volumineuse provocation, il lui dit :

— Vois donc, Mimi, plus que ça de physique.

La jeune personne à qui on avait ainsi parlé regarda Arthur, qui s'aperçut qu'elle était fort jolie, et tout aussitôt la forte fille baissa les yeux et répondit :

— Taisez-vous donc, monsieur Brodion, ne désignez donc pas comme ça ma beauté à l'attention des étrangers.

Le Maure, épouvanté de voir traduire ainsi sa grosse plaisanterie, battit en retraite, en grommelant quelques injures contre l'actrice, et Arthur demeura pour ainsi dire seul avec elle au milieu de groupes qui ne s'occupaient pas d'eux.

— A qui ai-je l'honneur de parler ? dit l'intelligente jeune première.

— Je m'appelle le marquis de Mun, répondit Arthur.

A ce mot de marquis, la robuste ingénue ouvrit des yeux voraces comme un enfant à qui l'on montre des confitures ; elle cherchait sans doute une réponse à glu, de ces réponses dans lesquelles on empêtre un beau jeune homme de vingt ans, lorsque arriva tout à coup un gros gaillard, fredonnant, chantant, se tapant sur le ventre, et qui dit à la jolie Napolitaine :

— Bonjour, madame Coscambeau.

— Ne m'appelez donc pas comme ça, répondit la jeune première d'un ton aigre ; c'est pour ça que je déteste jouer mon rôle de ce soir, parce qu'on m'appelle madame Coscambeau.

— Laissez donc, laissez donc, reprit le gros gaillard ; si vous trouviez un mari, vous le prendriez, quand il s'appellerait M. Coscanquoi.

Arthur, pour ne pas avoir l'air tout à fait d'un imbécile, crut devoir dire d'un air gracieux :

— Mademoiselle a tort de craindre un nom ridicule ; quand on est jolie comme elle, on ferait aimer même un nom commun.

La jeune personne releva la tête avec des yeux encore plus voraces que la première fois, et répéta d'un air effaré :

— Un momme *comme Mun*..... Y a-t-il calembour, Monsieur le marquis ?

Le marquis qui ne comprit pas du tout, répondit :

— Pas le moindre, Mademoiselle.

— En ce cas, répondit la jeune personne en baissant

les yeux et en faisant la révérence, votre proposition m'honore, Monsieur ; j'en parlerai à ma famille.

Arthur cherchait encore ce que cela pouvait vouloir dire, lorsque deux ou trois éclats de rire furieux partirent à ses oreilles, le forcèrent à se retourner, et il vit derrière lui Ribaud, la petite actrice qui l'avait accaparé, et celle qui lui avait paru être la maîtresse de Méta.

— Madame, dit Ribaud en présentant Arthur à la petite comédienne ; Madame, j'ai l'honneur de vous présenter M. le marquis de Mun, qui n'épouse pas, précisément à cause de son nom.

— Monsieur, dit l'extrait d'actrice, je reçois tous les samedis ; M. le comte de Blancé arrive ces jours-ci de son ambassade, et je suis sûre qu'il sera charmé de faire votre connaissance.

Elle salua le marquis de Mun, et se retira comme une princesse qui vient d'accorder l'entrée de ses salons à un gentilhomme de province. A peine fut-elle partie que Ribaud, se tournant vers la belle maîtresse de Méta, lui dit, en lui présentant Arthur :

— Tiens, Lucienne, voilà notre convive de ce soir.

— Je le connais ton convive, repartit Lucienne, en toisant le marquis, et j'ai affaire de lui parler ; venez donc un petit moment avant une heure du matin, et je vous dirai de quoi il s'agit.

— On obéira à madame la marquise, repartit Ribaud en saluant d'un air railleur, et Lucienne se perdit à son tour dans la troupe tumultueuse des comédiens.

— Je suis ravi de vous avoir retrouvé, dit Arthur à Ribaud, car j'avoue que je me perds dans tout ce monde auquel je ne comprends plus grand'chose.

— C'est-à-dire auquel vous ne comprenez pas encore grand'chose, dit Ribaud.

— Vous avez raison, reprit Arthur ; mais j'avais gardé du

théâtre ce que je pourrais appeler un souvenir ; d'après ce que mon père m'avait raconté, je m'aperçois que tout est bien changé. Et pour commencer, dites-moi quelle est cette petite fille qui m'a dit cette énorme bêtise à propos de mon nom ?

— Ça, c'est la belle Gangaret, vierge dramatique, destinée à l'état d'épouse, qui est restée pendant près de quatre ans la ligne tendue pour pêcher un mari, sans pouvoir en trouver un, même parmi les garçons de théâtre, et qui, lasse d'attendre, a vendu ses premières faveurs par devant notaire, et par contrat duement enregistré. Il y a eu signature, dîner, bal, témoins, etc... Ç'a été un mariage complet, moins le maire et le curé. Mais l'acheteur s'étant cru volé, c'est-à-dire que, n'ayant pas reconnu valable l'apport virginal dénoncé à son amour, il a voulu chicaner sur l'apport pécuniaire qu'il avait bêtement reconnu pour assurer les droits de la vierge ; alors il y a eu procès, elle l'a gagné, et aujourd'hui elle est fille, veuve, et recherche encore un mari, car c'est un mari qu'il lui faut.

— Pourquoi ?

— Allez lui voir jouer la comédie, et vous le verrez ; cette femme est née pour torcher des enfants et laver des couches, comme Napoléon pour commander des armées.

— C'est donc une rage de mariage ? fit le marquis.

— Une rage effrénée, une rage telle que je suis à me demander si ce n'est pas une maladie endémique. Voyez à la hauteur du genou de ce père noble cette poupée qui est une femme de cinquante ans, et qui n'a pas même l'apparence d'un enfant. Jamais esprit plus fin et plus sordide ne tira meilleur parti de si petites gentillesses ; les plus beaux généraux de l'Empire ont porté ce joyau à la poignée de leur sabre ; d'où elle a détaché assez de dragonnes d'or pour s'en faire une fortune. Eh bien, un jour, jamais on n'a pu savoir pourquoi, il lui prit fantaisie d'un mari, rien que d'un mari, vous m'entendez bien : pas de nom illustre, pas de fortune ne devaient s'ensuivre, comme vous allez voir. Elle avise le seul homme à peu près qui l'eût aimée sans succès,… un bon pauvre diable, n'ayant plus de la jeunesse que les dettes dont elle est si féconde. Elle achète une douzaine de lettres de change du malheureux, lettres de change grandies dans la procédure jusqu'à l'état de saisie personnelle; puis, un beau matin, elle fait venir le souscripteur, et lui dit :

— Tu sais que tu m'épouses ?
— Moi !
— Toi, ou dans huit jours tu pourris en prison.
— Diable !
— Choisis !
— Mon choix est fait, j'épouse; seulement, je voudrais bien savoir à quoi cela peut vous servir ?
— A rien de neuf, pas même à savoir si un mari est plus amoureux qu'un amant, car le soir même de nos noces, tu logeras chez toi et moi chez moi.

Et ce qui fut dit fut fait, et le diable lui-même ne sut peut-être pas pourquoi cette femme a voulu avoir un mari.

— Et cette autre petite qui m'a prié si gracieusement d'aller lui rendre visite ?

— Une grisette, sortie de rien; fine, tenace, spirituelle, froide, qui ne s'est jamais donnée pour rien, quoiqu'elle ne se soit jamais vendue pour de l'argent. A l'âge où elle valait toutes les folies qu'on pouvait faire pour elle, elle fut la proie de quelques odieux grigous, régisseurs ou directeurs de théâtres, et aujourd'hui, à l'âge où elle devrait commencer à être de celles dont les débutants de seize ans font leurs amours, elle a à ses ordres un des plus beaux noms, un des plus beaux jeunes gens, un des plus puissants de notre aristocratie; c'est en outre un homme d'esprit qui a été pendant quelque temps le sous-chef d'un parti d'opposition, et comme il n'en était pas moins l'esclave de cette imperceptible femme qui vient de nous quitter, j'ai vu des puissances politiques venir traiter avec elle pour avoir son appui dans les questions les plus importantes.

— Mais tout cela ne ressemble à rien de rien, dit Arthur en riant, et j'espère que cette Lucienne avec qui nous soupons ce soir est une comédienne de la vieille souche, et que ce nom de marquise que vous lui avez donné lui vient de ce qu'elle appartient à un homme dont elle prend le titre.

— Non point, non point, lui dit Ribaud ; c'est une marquise de son chef et de son droit, qui veut bien accepter les hommages de ce bélâtre que vous avez vu, et qui n'est rien moins qu'un agent de change qui se ruine pour elle ; mais elle est marquise de nom, de sang, de race, et n'épouserait pas celui qu'elle gruge, de peur de se mésallier, dût-il se ruiner d'une fortune dix fois plus grande que la sienne.

— Et le roi permet ces choses-là ! s'écria le marquis d'un ton indigné.

Cette exclamation de 1760 fit retourner la tête à Ribaud, qui regarda Arthur, et lui dit en riant :

— Il y a des vaudevillistes et des faiseurs de nouvelles, deux espèces de bêtes que j'exècre, comme ces chenilles voraces qui vivent de roses, et flétrissent toutes celles qu'elles ne mangent pas : ces gens-là s'imaginent de mettre encore à la scène ou en roman, des vieillards, et des jeunes gens pour qui le passé semble ne pas avoir existé, et qui arrivent au milieu de notre société avec des idées à manchettes et à jabots tachés de tabac d'Espagne, comme avant 89 ; eh bien, ces gens-là ne sont pas si stupides que je me l'imaginais. Quelle idée avez-vous donc non-seulement du théâtre, mais encore de la société actuelle, pour vous étonner, à propos de cette petite fille, de ce que le roi ne l'empêche pas de prostituer sa noblesse ?

Arthur réfléchit assez longtemps, et se laissant précisément emporter à ses réflexions au moment même où il cherchait à se bien pénétrer de la nécessité d'oublier son passé, il dit à mi-voix, comme s'il se parlait à lui-même :

— En effet, tout cela est bien changé depuis soixante ans; ce n'est pas l'époque de la Guimard, de Sophie Arnould, où les grands seigneurs faisaient mener une existence de princesses véritables à ces princesses de clinquant et de théâtre.

— Pardieu non, s'écria Ribaud, ce n'est plus la même chose, et regardez là-bas ces trois femmes posées comme les trois grâces, se souriant et se parlant tout bas : elles portent toutes les trois des noms aussi blasonnés que le vôtre, Monsieur le marquis, des noms qui leur appartiennent par légitime mariage, et qui leur coûteront assez cher pour que toutes les trois, belles, jeunes, spirituelles, reines par le talent, aillent un jour mourir sur la paille d'un hôpital, à moins que quelque vieux camarade de théâtre qui aurait mis à la caisse d'épargne ne les prenne pour portières de son hôtel.

— Comment cela se fait-il? dit le marquis fort surpris.

— Le procédé est assez connu, je suppose, pour qu'aucune ne s'y laisse tromper désormais. Une de ces brillantes étoiles du théâtre se lève tout à coup; tant qu'elle n'est qu'à l'état d'espérance, c'est-à-dire tant qu'elle est fraîche, naïve, facile à tout et à tous, elle vit heureuse, entourée de gens qui l'aiment pour elle et pour son talent, et qui lui font la route fleurie et sablée. Si vous saviez, marquis, ce que c'est que l'amour d'un artiste pour un artiste : c'est quelque chose où il y a, à côté de l'amour de l'homme pour la femme, l'amour du frère pour la sœur, l'amour de l'exilé pour la proscrite, du prisonnier pour la captive ; c'est un saint amour que j'ai éprouvé une fois en ma vie, avant d'être critique, quand j'espérais pouvoir être moins que cela, un méchant auteur de mauvais drames; en ce temps-là, j'ai aimé... Depuis lors... je fais un dur métier. Or cette femme artiste dont je vous parle est la femme la mieux aimée du monde tant qu'elle n'est rien ; mais, une fois arrivée, un jour vient où elle n'a plus ni sourire, ni coquetterie, ni franche trahison, ni oubli furtif, ni rien de ce qui fait ce joyeux amour d'une belle fille qui croit à Dieu et à sainte Madeleine. Le changement est terrible ; d'où vient-il ? De ce que, la belle fille gagnant, depuis un an ou deux, soixante ou cent mille livres par an, il s'est placé sur son chemin quelque beau fils, plumé de toute ressource, excepté de son nom, et qui, au lieu de lui proposer d'avoir pitié de lui, et de le consoler pendant quelques heures, a l'impertinence de lui dire qu'il la fera plus qu'elle n'est ; plus qu'aimée et libre, le fat ! comme s'il y avait quelque chose au-delà. Hélas ! il le lui persuade parce qu'il la fera comtesse ou marquise, vu que lui-même est comte ou marquis, et qu'il veut bien l'épouser. La malheureuse le croit ; elle achète un titre pour ne pas le porter, et un mari pour l'usage des autres ; car, sans elle, le comte ou marquis était enfermé à Sainte-Pélagie, et il ne pouvait plus continuer sa vie d'aigrefin blasonné. En effet, dès qu'il est le mari, c'est-à-dire le chef de la communauté, il administre ou plutôt il s'administre les soixante ou cent mille francs d'appointements de sa femme, et avec cela il joue, il boit, il paie tout ce qui peut s'acheter à Paris. La marquise ou la comtesse pleure cependant ; elle pleure en faisant ses ronds de jambes ou en chantant ses plus joyeuses cavatines..., et comme femme qui pleure et qui est encore jeune émeut facilement la pitié des cœurs sensibles, elle trouve, pour la consoler, plus d'amis qu'il ne lui en eût fallu pour ne pas devenir malheureuse à ce point. C'est alors que le mari se montre dans toute la splendeur de sa spéculation : il crie, il tempête, il s'indigne pour son noble nom si outrageusement insulté ; et fait à sa femme un, deux, cinq, dix procès en adultère ; il en trouve un de bon dans le nombre, et, en vertu de la loi, il se fait adjuger les appointements de sa femme comme pension alimentaire, et roule carrosse aux frais de son indigne épouse, tandis que celle-ci s'use jusqu'à la vieillesse pour nourrir dans tout son lustre la noble indolence de son noble époux.

— Mais c'est affreux! s'écria le marquis.

— Et véritablement, dit Ribaud en riant, ce serait bien plus le cas de dire : Comment le roi permet-il à sa noblesse de se dégrader à ce point?

— Oui, oui, dit Arthur, je sais bien que maintenant vous n'avez plus ni roi ni noblesse.

— De par Dieu si, dit Ribaud, nous avons un roi et nous avons une noblesse, pour ne pas dire deux noblesses; mais ce que nous n'avons plus c'est une monarchie, une aristocratie et une cour.

— Comment cela? dit Arthur, à qui la conversation de Ribaud donnait des renseignements qu'il eût vainement cherchés ailleurs.

— Oh! ce sera fort long à vous expliquer ; c'est un système social tout entier à vous développer, et qui se base principalement sur la négation de ce qui est : à mon sens, nous avons trop ou trop peu de rois, trop ou trop peu de cour, trop ou trop peu d'aristocratie, trop ou trop peu de liberté, trop ou trop peu de grandes propriétés, trop ou trop peu de petites propriétés; nous n'inclinons à rien; ni à une organisation puissante par la tête, ni à un système fermement assis par la base; enfin, mon cher, la société me fait l'effet de danser sur la corde, le système représentatif lui servant de balancier, s'inclinant tantôt à droite, tantôt à gauche, selon que l'équilibre lui manque d'un côté ou de l'autre; mais un beau jour viendra, et ce beau jour n'est pas éloigné, où le vertige prendra à notre société saltimbanque, et où elle finira par tomber d'un côté ou d'autre à la merci d'un ouvrier qui en fera sa servante, ou d'un caporal qui en fera sa cantinière. Sur ce, allons rejoindre La Barlière et ses femmes, puis nous irons, comme il est dit, boire et vivre chez Lucienne.

— Pardon, dit Arthur en arrêtant Ribaud, mais je vous serais fort obligé de me montrer les grands comédiens de l'époque; je ne voudrais pas quitter ce foyer sans en avoir vu au moins un.

— Un grand comédien? fit Ribaud; vous êtes bien exigeant, monsieur le marquis : voyons un peu.

Ce disant, il jette les yeux tout autour de lui, comme s'il eût voulu trier toute cette foule bigarrée du bout du regard pour y trouver une aiguille; puis il murmura :

— Un grand comédien, diable! je n'en vois pas.

— Vous plaisantez! on dit qu'il y a ici l'élite de tous les théâtres. Celui-là, tenez, qui se pose devant une glace.

— Ah! fit Ribaud,... ça. Si jamais vous redevenez margrave de quelque forêt hongroise, comme vos aïeux, je vous le recommande comme le meilleur chasseur de France. C'est pour cela que lorsqu'il récite un rôle, je n'ai jamais pu entendre autre chose que..... tayaut! tayaut! Néron entre : Tayaut! tayaut!... Bajazet sort : Tayaut! tayaut!... Oreste a des visions : Tayaut! tayaut! tayaut! tayaut!... Cela lui épargne les frais de mémoire.

— Mais celui-ci?

— Hi! hi! J'ai vu de lui un petit bout de peinture assez bien débité.

— Mais cet autre, qui a au moins le mérite d'avoir une taille de roi?

— Celui-là c'est un professeur.

— De déclamation?

— Non, il enseigne aux petites filles à montrer leurs dents quand elles sont blanches; c'est ainsi qu'il joue la comédie depuis trente ans, et c'est ainsi qu'il l'enseigne.

— En voici un qui a une véritable taille de financier; il me rappelle tout à fait Desessarts, et sa figure épanouie annonce la gaîté la plus communicative.

— Pardieu, fit Ribaud, vous avez raison; c'est l'homme qui a le privilége de faire rire tout Paris.

— Ah diable! reprit le marquis, c'est un grand talent que celui-là; ce droit n'appartient qu'à l'esprit, à la bonhomie et à la finesse, et cet homme a l'air de les porter en lui.

— Vous avez raison, dit Ribaud, il les porte dans son ventre; ses succès sont le fruit de ses entrailles.

— Vous plaisantez, fit Arthur.

— Non pardieu, mon cher, reprit le critique. Le public est arrivé à ce point de bêtise qu'il rit de celui-ci parce qu'il est gras, et de celui-là parce qu'il est maigre; nous avons des auteurs qui font reposer tout l'esprit d'une pièce sur l'abdomen de ce gros homme, et le public est ravi; c'est un crétinisme universel.

Et ces deux là-bas qui causent si activement? Je voudrais les entendre parler de leur art.

— Ils s'occupent d'affaires. Le plus vieux est un avoué déguisé en comédien qui requiert, somme et assigne comme un charme; l'autre est un écrivain orateur qui rédige des protestations contre le ministre qui leur donne de quoi manger, car vous saurez que la seule tradition qui soit restée à la Comédie Française c'est de ne pas faire le sou et d'être insolente. Du reste, c'est un nez qui parle à un nez... Seulement, l'un est un nez en faux bourdon et l'autre un nez soprano. Ces deux gaillards-là m'ont fait adorer ces mots de Virgile : *Sic ore locuta est.* C'est si rare en France un comédien qui parle de la bouche!

— Cependant, dit Arthur, il est impossible qu'il ne se trouve pas ici quelque grand comédien.

— De par tous les diables, dit Ribaud, voici votre affaire, c'est-à-dire le plus grand comédien et la plus grande comédienne de l'époque. Voyez-vous cette grande fille osseuse, jaune et mal bâtie ; elle est sortie un jour de l'école d'un des deux nez dont je vous parlais tout à l'heure ; elle est la preuve la plus excellente d'un principe que le ministre de l'instruction publique devrait adopter, c'est qu'on n'enseigne jamais bien que ce qu'on ne pratique pas : témoin la vertu des héritières de filles entretenues ; témoin l'assiduité des étudiants aux cours du collége de France que les professeurs ne font jamais ; témoin la passion de tous les écoliers pour Victor Hugo, que tout agrégé de l'Université traite de barbare ; témoin cette grande fille enfin, sortie puissante, naturelle, fière, et parlant nettement notre belle langue, de l'école du grimacier le plus affecté, le plus chantant et le plus maussade. Regardez bien celui avec qui elle cause : ils étudient en ce moment une des plus jolies comédies de notre époque ; en voici le sujet : Un des plus beaux bas-bleus de la France, un bas bleu de soie, un bas-bleu qui a du talent, beaucoup de talent, ma foi, a fait une tragédie qu'il a lue à la Comédie Française, qui l'a refusée parce qu'elle refuse tout ce qui vaut un peu plus que rien ; or, ce bas-bleu a un ami, propriétaire, rédacteur d'un journal qui fait peur au conseil des ministres ; furieux de la déconvenue fort peu méritée du bas-bleu, il va trouver le ministre de l'intérieur, et lui dit une chose d'une audace à faire trembler jusque dans leurs bases toutes les habitudes bureaucratiques, c'est-à-dire toutes les sottises enracinées de l'administration ; il lui dit qu'il est stupide que l'administration donne deux cent cinquante mille francs par an aux plus mauvais comédiens de Paris pour jouer les plus mauvaises pièces qui se fassent, et ajoute qu'il exige que la pièce de son ami intime le bas-bleu soit immédiatement reçue et jouée. Le ministre, protecteur-né de la littérature et des beaux-arts, refuse son intervention, attendu que le jugement et l'esprit des sociétaires du Théâtre-Français sont beaucoup plus inviolables que la charte (fin du premier acte). Le bas-bleu et son ami intime sont battus. (Deuxième acte) : L'ami intime, rentré dans son bureau de journal, médite sa vengeance; il cherche longtemps, et se lève tout à coup en s'écriant : Je la tiens! Aussitôt, et dès le lendemain, un article habilement fait annonce à la France que les amis du ministère sont divisés sur le choix du président à donner à la chambre des députés; les uns, dit-il, les immuables, restent fidèles à celui de l'année dernière; les autres, ceux qui désirent voir un grand nom à une grande place, sont décidés à nommer M. N.....

A ce nom, toute la France s'émeut, car c'est un nom populaire, honorable, puissant; le conseil des ministres tremble sur ses fauteuils; l'on s'ingénie de tous côtés à chercher quel démon a pu imaginer cette candidature terrible qui porte la scission dans la phalange ministérielle; la France répond avec une admirable duperie que c'est la raison qui a dicté ce choix, tandis que le ministre de l'intérieur vient dire d'un air penaud, autour de la table ronde où se décident les intérêts du monde, que c'est le refus de la Comédie Française qui vient de porter un terrible coup à l'existence ministérielle (fin du second acte). Le ministère est battu.

Ribaud s'arrêta, et le marquis lui dit :

— Et le troisième acte?

— Ma foi, je crois qu'ils le font à eux deux dans ce moment-ci : ils arrangent une lecture publique de ladite pièce faite par la grande actrice à laquelle le principal rôle est destiné, et dont le magnifique talent de dire doit rendre encore plus puissants les beaux vers du beau bas-bleu. Cette lecture, faite devant tous les pairs de France lettrés, tous les députés lettrés, tous les hommes de lettres lettrés, c'est-à-dire en petit comité, cette lecture doit exciter une indignation générale contre le ministre. On y signera des engagements pour pousser le président illustre imaginé par l'ami intime; cela fera un assez bon troisième acte, et, quant au quatrième, il se jouera incessamment à la Chambre des députés, entre deux urnes; et le cinquième pourrait bien être la chute du ministère, arrivée parce que la Comédie Française a refusé une tragédie en cinq actes.

— La pièce me paraît assez invraisemblable, dit le marquis.

— Précisément parce qu'elle est vraie, dit Ribaud.

— Mais le grand comédien? fit Arthur.

— Ma foi, si vous ne trouvez pas que celui qui la joue est de première force, je n'ai plus rien à vous offrir; à moins que vous n'acceptiez comme un grand comédien cet homme au nez retroussé, si fièrement et si nonchalamment appuyé sur sa grosse caisse : c'est le prototype de l'impossible; c'est la caricature exacte de ce qui n'est pas; c'est tout ce qui n'est rien. Personne n'a été, n'est et ne sera comme cet homme; personne n'a parlé et marché, ne parle et ne marche, ne parlera et ne marchera comme lui; c'est un idéal de grotesque qui ne s'appuie sur quoi que ce soit; mais ce n'en est pas moins le roi de la farce, et dans ce costume où vous le voyez, dans le rôle qu'il va jouer ce soir, c'est un admirable résumé de la société à la façon de Callot; impudence, gourmandise, paresse, friponnerie, insouciance, misère, oripeaux, raillerie, obscénités, fanfares, mensonges; c'est le monde littéraire, moral, politique, dans sa plus naïve et abjecte expression.

— Enfin, dit Arthur, voilà un grand comédien.

— Bah! fit le critique, il est tout cela sans s'en douter; il l'est parce qu'il me plaît de dire qu'il l'est; si demain il me plaît de dire qu'il ne l'est pas, il ne le sera plus. Tenez, mon cher marquis, entre nous soit dit, il n'y a plus qu'une chose de grande et de respectable en France, c'est la critique, et entre nous la critique, c'est moi.

Cela dit, ils sortirent tous deux du foyer.

Ce qui surprenait singulièrement Arthur dans ce qu'il apprenait comme dans ce qu'il entendait, dans les faits comme dans les paroles, c'était ce singulier tohubohu où se mêlaient et se heurtaient à la fois les choses les plus éloignées et les plus disparates; depuis deux jours qu'il revivait, il avait pour ainsi dire touché aux extrémités les plus opposées de la machine sociale, à la justice, à la canaille, à la finance, à l'intrigue politique, à des ducs et à des laquais, à des grandesses et à des filles entretenues, à la littérature et au théâtre, et il voyait dans tout cela un étrange enchevêtrement de toutes ces choses, tenant les unes aux autres par des liens obscurs, mais qu'on ne se donnait pas la peine de cacher : rien n'était classé dans une sphère quelconque; personne n'avait droit à rien, et tout le monde avait droit à tout. Arthur avait beau se dire cependant qu'il avait assisté au développement de cette forme sociale, mais il sentait qu'elle s'était opérée à côté de lui sans l'absorber. Certes, s'il lui eût fallu revivre dans la société du siècle précédent, il y eût été très à son aise. Mais dans la société de 183., lui vieillard de la veille, il s'y sentait plus désorienté qu'un sauvage de l'Orénoque, car celui-ci n'a qu'à apprendre ce qu'il ne sait pas, et le marquis avait à oublier ce qu'il savait. Le résultat de ses réflexions fut donc que toute sa science n'était bonne à rien, et que le premier soin qu'il devait prendre, c'était d'oublier tout ce qu'il se rappelait. Comme il se disait cela, en passant dans un couloir, il rencontra Lucienne que suivait la belle Méta, et l'actrice dit à Arthur :

— Vous n'oublierez pas, n'est-ce pas?

Cette voix le frappa comme une apparition ; il y avait dans son accent quelque chose de l'intonation aigre de Bazilius, et presque aussitôt l'ombre murmura à l'oreille du marquis : « Tu n'oublieras pas. »

Ils rentrèrent alors dans la loge de La Barlière, qui se montra très-empressé pour Arthur. Cependant, il parut fort contrarié lorsqu'il apprit que le marquis venait souper chez Lucienne. Arthur s'imagina que Gustave était jaloux; cela parut d'autant plus étonnant à Arthur, que mademoiselle Nichon ne faisait pas la moindre attention à lui, tandis que la grosse fille qu'on appelait Magnard le dévorait des yeux, et lui faisait des avances qui agitaient singulièrement sa jeune beauté et révoltaient sa vieille expérience. C'était la première contradiction du désir inexpérimenté et de l'expérience dédaigneuse. Tandis que le marquis cherchait à s'expliquer la cause de l'humeur de La Barlière, il aperçut Fouriou qui occupait sa place, et qui se tournait de temps en temps de son côté en faisant des signes à Magnard : ils semblaient se connaître; que s'étaient-ils dit à propos de lui? car ce ne pouvait être qu'à l'intention de parler d'Arthur que Fouriou avait si lestement escamoté sa place. Le voilà donc dans un nouvel embarras de ce côté, fort indécis de ce qu'il devait faire, quand tout à coup Gustave saisit un moment où l'attention de tout le monde était fixée sur le théâtre, et lui dit :

— Ne venez pas à ce souper.

— Pourquoi?

— Défiez-vous de Magnard ; un mot imprudent peut nous perdre tous, et elle est femme à tout deviner.

Arthur cherchait encore à quoi La Barlière pouvait faire allusion, quand Ribaud se pencha à son oreille et lui dit :

— Je suis obligé d'aller au journal. N'oubliez pas la recommandation de Lucienne ; c'est une fille précieuse et qui peut nous servir.

Ribaud sortit, et Arthur demeurait fort indécis, lorsque, en se retournant, il aperçut derrière le carreau de la loge une barbe et un chapeau pointu qui le considéraient d'un air de fort mauvaise humeur, et qui le désignaient à une autre figure qu'Arthur reconnut pour le comte Trobanowski.

Il y avait dans la figure de ce dernier monsieur un air de

dédain et de provocation qui déplut si particulièrement au marquis, qu'il allait se lever pour lui en demander raison, lorsque son ombre lui dit tout bas : « N'as tu pas assez à faire sans t'exposer encore à un duel? Ce n'était pas la peine de renaître pour te faire tuer le lendemain. »

Grâce à ce raisonnement, Arthur détourna la tête et évita de rencontrer le regard provoquant du comte Trobanowski; mais celui-ci avait, à ce qu'il semble, un parti pris, car il demeura de faction à la porte de la loge, si bien qu'Arthur, le croyant parti depuis longtemps, et ayant ouvert la porte pour attraper au passage Fouriou qui venait de sortir en lui faisant un signe, se heurta assez violemment au comte Trobanowski, qui lui dit durement qu'il était un maladroit.

L'ombre eut beau tirer l'oreille à Arthur : on le regardait, on l'écoutait; il repartit qu'il serait bien aise de montrer à ce monsieur qu'il n'était pas maladroit à tous les jeux.

A ces mots, M. Trobanowski lui donna sa carte.

— Qu'est-ce que c'est que ça? fit le marquis.

— Mon nom et mon adresse... J'attends les vôtres.

— Je me dispense de porter ces petits morceaux de carton, dit Arthur qui s'aperçut qu'il lui manquait une des choses importantes des habitudes actuelles...; mais, si vous êtes désireux de me trouver, je demeure rue Saint-Nicolas-d'Antin, n° ....

— Rue Saint-Nicolas-d'Antin, n° ..., dit le comte en regardant Arthur; c'est là que je l'avais laissée. J'y serai demain à sept heures.

Arthur se rappela alors sa rencontre avec la duchesse de Ménarès, et il allait répondre quand une voix d'une autre nature lui dit à l'oreille :

— Rue Saint-Nicolas-d'Antin, au premier, n° 5.

— Sans doute, dit le marquis en se retournant et en apercevant le plus beau chasseur de la domesticité moderne, qui repartit :

— En ce cas, nous avons quelque chose à démêler ensemble, foi de Charles Loupon.

C'était l'individu dont il avait pris la place la veille. Le marquis regarda un moment autour de lui comme s'il rêvait; mais il sortit aussitôt de ses préoccupations, éveillé par la voix criarde de Fouriou, qui lui dit :

— Venez, venez;... j'ai à vous parler.

Arthur, abasourdi de tout ce qu'il entendait et de ce conflit inouï de circonstances, suivit le gamin qui lui dit :

— Si vous allez à ce souper sans moi, vous êtes perdu.

— Comment! tu prétends...

— Puisque je suis du dîner de demain, je puis bien être du souper de ce soir.

— Viens donc, dit Arthur tout décontenancé, et se disant dans une sorte d'angoisse : « Je rêve sans doute, je rêve, et je vais m'éveiller tout à l'heure dans ma misérable mansarde du passage Radzivill, vieux, usé, cassé, ruiné, mais délivré de l'horrible tourbillon des petits événements qui m'étourdissent. » Il en était déjà à douter de la réalité de ce qui lui arrivait, tant cette réalité lui semblait au-dessus de ses forces.

Cependant Fouriou l'entraîna comme un homme à moitié ivre.

Le bélâtre qui avait parlé le premier de souper se trouva à point nommé sur le passage d'Arthur, et l'arrêtant tout aussitôt, il lui dit :

— Ne manquez pas à notre réunion, monsieur, il s'agit d'un intérêt immense.

Gustave avait suivi Arthur, et lui dit aussitôt :

— Ne venez pas à ce souper, c'est un piège qu'on vous tend.

— Hélas! hélas! hélas! s'écria le marquis désespéré, que faire?

L'ombre se tut; mais Fouriou répondit :

— Il faut me suivre ; nous avons plus d'une heure avant souper, et dans une heure on peut décider de la vie de vingt mille hommes quand on est général, et de la vie d'un innocent quand on s'appelle Jean Bonhomme.

Le marquis suivit machinalement Fouriou, qui l'emmena au café de Foy, le fit monter dans un de ces entresols du Palais-Royal où l'air vital est aussi aplati que possible. Le gamin demanda des glaces, non plus de ce ton de la veille, insolent et criard, mais comme quelqu'un qui fait déjà une chose qui est dans ses habitudes. Le marquis considéra Fouriou plus attentivement qu'il ne l'avait fait jusque là ; il fut frappé de l'étrange changement qui s'était opéré, non-seulement dans les façons, mais encore dans le visage de Léopold. Cette effronterie basse et intelligente qui le caractérisait la veille encore avait perdu beaucoup de sa grossièreté, et semblait s'être modifiée en une audace toujours résolue, mais déjà plus réfléchie. Les traits du visage même avaient pour ainsi dire vieilli comme l'expression, et déjà l'enfant semblait être arrivé en quelques heures à cet état de jeune homme qu'il désirait si ardemment. En vérité, en voyant la légère moustache qui commençait à ombrager sa lèvre supérieure, on eût pu s'écrier, comme les annonces des journaux parisiens : Miracle ! prodige de la chimie ; ô pommade du lion !

— Ah ça, dit Fouriou après avoir examiné le marquis comme s'il eût voulu le peser dans son regard, à quoi avez-vous voulu arriver ? Voyons, parle un peu, que je sache ce qu'on peut faire de toi.

— Hein ? drôle, fit la sottise du marquis, qui se réveilla à ce ton d'autorité protectrice.

— Dieu me damne ! s'écria Fouriou d'un ton colère, tu n'es qu'un sot, rien de plus, rien de moins ; tu t'es engagé dans une aventure sans en comprendre la portée, et tu ne vois pas même, maintenant que tu es entré dans l'affaire, où elle peut te conduire.

Le ton ferme, net et péremptoire de Fouriou décida Arthur à essayer de se mettre au niveau de son interlocuteur, et il répliqua :

— Elle me mènera où je veux qu'elle me mène, à épouser la duchesse de Ménarès et à devenir ce que j'ai juré que je deviendrais.

— Marquis, mon ami, dit Fouriou en l'interrompant, ne fais pas le fier ; tu es en passe de voler cinq cent mille francs, parce que je t'ai remis une lettre de crédit d'un père qui t'est inconnu ; tu es en passe d'épouser une grandesse d'Espagne, parce que je t'ai dit que ce prétendu père t'écrivait ; jusqu'à présent tu n'as vu que ce que les autres t'ont montré, et, dans le peu que tu as fait, tu as déjà créé des obstacles à ton succès ; mais enfin ce qui est passé est passé. Cependant voici que de nouvelles chances se présentent ; les as-tu comprises ?

Le marquis, à cette interpellation, demeura assez stupéfait, et regarda son ombre qui était occupée à manger goulument une glace à la vanille, et il lui demanda mentalement si, plus avisée que lui, elle avait découvert ces chances dont lui parlait Fouriou.

— C'est clair, fit l'ombre ; jeune et beau comme tu l'es, tu as fait la plus grande sensation parmi toutes ces femmes de bas étage, comme tu fis autrefois quand tu parus à la ville et à la cour, et tu vas trouver ce soir les séductions les plus agaçantes pour s'emparer d'un homme destiné à devenir à la mode ; et peut-être, parmi toutes celles qui se disputeront ton choix, trouveras-tu quelque protectrice qui te fera bien venir des puissants du jour.

A mesure que sa vieille expérience disait au marquis ce qu'elle pensait de sa position présente par rapport à sa position passée, Arthur répétait ses paroles à Fouriou, qui le regardait comme s'il avait entendu parler un fou de Charenton. Enfin le gamin reprit après un moment de silence :

— Je ne sais qui vous êtes, mais vous avez pris une tâche au-dessus de vos forces: vous avez escroqué dix mille francs à La Barlière, c'est plus que vous ne valez; emportez cela, disparaissez, et qu'on n'entende plus parler de vous, si vous ne voulez pas retourner faire connaissance avec mon ami Jean Bonhomme.

Arthur fit un mouvement de gentilhomme offensé, qui fit trépigner le jeune gamin sur sa chaise.

— De pardieu! monsieur le marquis, dit-il en prenant un ton de comédie en habit à la française, il me semble, quand vous parlez, que je suis à la représentation d'une pièce qu'on appelle *Turcaret*, et que vous jouez le rôle de M. le chevalier; est-ce que vous avez cent cinquante ans, mon cher, de parler comme vous faites?

A cette question, le marquis se sentit devenir froid, et se regarda dans la glace comme pour voir s'il avait encore sa jeune figure; Fouriou s'aperçut du mouvement, et reprit brusquement :

— Et de par tous les diables! c'est bien vous, si bien vous, qu'il faut vous prendre comme vous êtes : le hasard vous a donné une position à exploiter, comme il aurait pu vous faire prince, tout bête que vous êtes; on vous a vu; vous êtes connu, et il faut continuer.

— En vérité, dit le marquis, vous devenez d'une impertinence que je corrigerai, mon petit monsieur.

A ce nom de petit monsieur, Léopold Fouriou sourit avec satisfaction, et dit d'un voix étrange :

— Ah! vous comprenez déjà que je ne suis plus le gamin du ruisseau; eh bien, comprenez-moi jusqu'au bout. Voici pourquoi on veut que vous alliez à ce souper, et voici pourquoi on ne veut pas que vous y alliez. Vous êtes un colosse, monsieur le marquis de Mun, sur qui toute la France a dans ce moment-ci les yeux fixés; vous portez dans votre poche les destinées de deux pays, et c'est pour cela que vous allez souper avec des rats, des lions et des loups-cerviers. Vous me regardez d'un air étonné ; c'est que vous ne savez pas même la langue du pays où vous allez vivre ; j'appelle rats les femmes, lions les jeunes gens, loups-cerviers les gens de bourse qui seront ce soir à souper.

— Mais enfin, dit M. de Mun, qu'ai-je à faire avec tous ces gens-là ?

— Demandez-moi donc ce qu'ils ont à faire de vous plutôt. Magnard n'est-elle pas la maîtresse du ministre N... qui l'entretient, toute vieille et laide qu'elle est, non pas parce qu'elle est la fille la plus amusante de Paris, comme on le dit, mais parce qu'aucune femme n'a jamais si bien arraché à un homme tous ses secrets au milieu du rire et de l'orgie ; et vous avez assez d'esprit, ce me semble, pour calculer ce que vous rapporteriez à Magnard si elle pouvait aller raconter à son ministre tous les secrets des carlistes de France et d'Espagne, que l'on croit déposés dans votre sein, mais que j'ai prudemment mis sous clef.

— Bah ! fit le marquis d'un air étonné.

— Savez-vous ce que vous pourriez rapporter à Lucienne, maîtresse d'un agent de change qui a besoin d'émettre un emprunt espagnol et christinos, si elle vous soutirait une des lettres du parti carliste que vous devriez avoir dans votre porte-feuille, mais que j'ai dans le mien, et qui annonce la ruine complète du parti ?

— Bah !! fit le marquis.

— Vous savez, s'écria Fouriou, à quoi vous êtes bon à M. de La Barlière le père, pourvu que Dieu vous prête vie, et vous fasse réussir près de la petite duchesse ; mais si vous croyez que vous ne gênez M. Félix de La Barlière et le comte de Trobanowski qu'à titre de prétendu, vous vous trompez grossièrement, car votre mariage avec la petite duchesse détruirait un des plus vastes complots qui aient été encore formés pour associer les partis révolutionnaires de la France, de la Pologne et de l'Espagne.

— Tu rêves, mon garçon, tu rêves, s'écria le marquis.

— C'est vous qui n'êtes pas éveillé, car vous ne comprenez rien à rien.

— Mais à supposer que je croie vrai tout ce que tu me dis, que faut-il que je fasse?

— Venir à ce souper pour vous taire et pour apprendre.

— Moi apprendre? dit Arthur en ricanant, j'en sais plus de la vie humaine que personne n'en saura jamais.

— Et où l'avez vous appris? dit Fouriou en regardant le marquis avec dédain.

— Dans le passé, dit Arthur.

— Mais nous sommes dans le présent, dit Fouriou; les gens qui se conduisent en regardant dans le passé me font l'effet d'imbéciles qui voudraient avancer vite dans leur route en marchant à reculons et en cherchant le chemin qu'ils ont à faire dans celui qu'ils viennent de parcourir. Mais voici déjà une heure du matin, le souper doit être bientôt servi; c'est le temps d'arriver; il y aura déjà assez de monde pour ne pas être chambré d'avance, et cependant nous ne viendrons pas assez tard pour être remarqués.

— Partons, dit Arthur.

— Un dernier mot. Voulez-vous vous placer tout d'un coup aussi haut que pourrait le faire un homme de génie? écoutez sans rien dire, et, au bout d'une heure, tout le monde aura peur de vous; l'homme qui écoute est cent fois plus puissant que le plus beau parleur. Mettez-moi en face de M. Berryer et de M. Odilon Barrot : si je veux discuter avec eux, ils me battront; mais si j'ai la patience de les écouter tant qu'ils auront de langue, et en les regardant attentivement dans le blanc des yeux, ils ne tarderont pas à dire des bêtises. Pour les plus forts, ça peut durer une heure ; les autres pataugeront au bout de vingt minutes. Je ne connais qu'une sorte d'hommes au-dessus de cette épreuve : ce sont les sots qui commencent par parler de leur mérite, et qui continuent toujours, comme M...

(Nous prions le lecteur d'écrire le nom à la main. Il y a cent à parier contre un qu'il écrira le nom d'un de ses meilleurs amis.)

XII

L'illustre souper.

Comme Fouriou l'avait prévu, ils arrivèrent au moment où les deux tiers des convives étaient déjà réunis dans le salon de Lucienne. Parmi les personnes qui s'y trouvaient et que le marquis connaissait déjà, il y avait en fait de femmes, Magnard, la petite fille appelée Nichon, Lucienne ; parmi les hommes, Ribaud, La Barlière, Primarion le bêlâtre, agent de change, qui appartenait à Lucienne ; tous les autres étaient parfaitement inconnus à Arthur, et nous ne les ferons nous-mêmes connaître à nos lecteurs qu'à mesure qu'ils prendront place dans le festin. Lucienne reçut Arthur avec une attention particulière, et le présenta à son Primarion comme on présente une cuisse de volaille à un chien de chasse. Primarion voulut mettre immédiatement la dent sur la proie, mais Magnard arriva comme un bouledogue qui veut une part du morceau, et les deux voracités se tinrent un moment en respect. Cependant les convives se complétèrent peu à peu, et l'on vint avertir que le souper était servi ; mais Lucienne déclara d'un ton désolé que l'assemblée était incomplète, et que l'on attendait Jean Bonhomme.

— Qui? dit Arthur; Jean Bonhomme, le juge.

— Il ne viendra pas, cria Magnard; il fait une conspiration avec mon ministre pour faire passer les fonds secrets; ce soir on criera toute la nuit : A bas Louis-Philippe! et la chambre, justement alarmée...

— A la porte la politique! cria-t-on de tous côtés.

— Mais où est donc l'abbé Verdurette? dit Ribaud.

— L'abbé! où est l'abbé? cria-t-on de tous côtés.

— Sacredié! dit une voix creuse et cassée sortant d'un petit boudoir, laissez-moi donc finir mon mandement; commencez sans moi; je vous rattraperai.

On passa dans la salle à manger, où était servi le souper le plus splendide du monde, et chacun prit place. On avait fait les honneurs à Arthur; il était à la droite de Lucienne; Ribaud à sa gauche; en face, M. Primarion avec Magnard et la belle Nichon. La conversation eut d'abord ce vague indécis qui caractérise le commencement de tout festin bien accueilli par les convives. Il fut question de la représentation du soir, et Arthur remarqua qu'on ne parla pas une seule fois des acteurs mâles qui y avaient figuré, mais des actrices seulement, et, à leur propos, les femmes ne s'occupaient que de leur toilette, et les hommes que de leur beauté. Quant au talent qu'elles avaient pu montrer, il n'en était nullement question. Arthur se crut autorisé à penser qu'il avait affaire à des gens dont les idées n'allaient pas au-delà de la plus superficielle observation, lorsque tout à coup entre dans la salle à manger un homme long, sec, jaune, cheveux noirs et plats, ressemblant assez exactement au portrait de saint Louis de Gonzague, qu'on n'a fait sans doute le patron des écoliers que par l'immense faculté qu'il avait de jeûner huit jours durant. Une acclamation générale l'accueillit, et des interpellations lui arrivèrent de tous les coins de la table.

— Dis donc, Verdurette, lui cria Magnard, que viens-tu de faire? dis-moi ton mandement pour nous égayer un peu.

— Eh! Verdurette, fit Ribaud, dis donc à l'éditeur de ton cours de morale religieuse de ne pas faire dessiner et graver des saintes qui ressemblent à Fanny Elssler; c'est immoral, mon cher.

— Ah ça, Verdurette, dit de son côté Primarion, est-ce que vous croyez que je me suis abonné à votre journal d'éducation chrétienne pour que vous enseigniez à mes enfants des principes de désordre!

— Lui! Verdurette! dit-on de tous côtés, ce n'est pas possible; c'est la morale en personne dans ses écrits.

— Jolie morale, fit l'agent de change, qui consiste à dire aux enfants de donner leur argent aux pauvres; enseigne-eur à le mettre à la caisse d'épargne, animal, ou bien je me désabonne.

— Bravo! Primarion, s'écria-t-on de tous côtés, tu es le roi des agioteurs, et tu es digne d'être le roi des économistes.

— Bah! s'écria Ribaud, Primarion plaisante; il ne doit pas craindre pour sa progéniture les mauvaises leçons de Verdurette; ses enfants sont de race arabe plus sûrement que les chevaux du duc d'Orléans, car, dernièrement, pendant que j'étais dans son cabinet, sa petite fille, âgée de huit ans, est entrée d'un air mystérieux, et lui a dit d'un ton ravi d'elle-même :

« Papa, maman vient de me donner trois louis pour m'acheter des joujoux, je viens te les apporter. — Pourquoi faire, ma Louise? lui a dit tendrement Primarion. — C'est que je voudrais jouer à la Bourse, lui a dit la charmante enfant. » A ces mots, Primarion a pleuré de joie, a béni sa fille et a pris les trois louis. Tu peux continuer, Verdurette, tes saintes prédications; ce n'est pas dans la finance que tu feras des prosélytes.

— A bas la finance! s'écria-t-on de tous côtés.

— Qu'est-ce qui crie à bas la finance? dit Gustave La Barlière en se levant et en tenant dans ses mains un verre rempli jusqu'aux bords, qui est-ce qui ose proclamer la rébellion contre la reine du siècle?

— La reine de la sottise, veux-tu dire, répliqua Ribaud.

— Votre reine à tous, repartit Gustave en élevant la voix, votre juge à tous, votre idole à tous.

— Je propose trois grognements contre l'usurier, dit un petit jeune homme d'une élégance si étriquée qu'elle ne pouvait venir que des courses de New-Marcket.

— Nous sommes vos rois, reprit La Barlière en vidant son verre, et je vais vous le prouver.

— Laissez aller, s'écria Ribaud; la finance est grise; elle va faire des aveux.

— Soit, cria Gustave; et le premier de tous ces aveux c'est que toi, Ribaud, et toi, Verdurette, vous êtes les plus soumis de nos esclaves.

— Au fait, dit Nichon avec son bel air bête, vous ne travaillez pas pour autre chose que pour de l'argent.

— Nichon, mon amour, lui dit Ribaud, ne te mêle pas des bêtises de Gustave; elles sont encore trop spirituelles pour toi. Va donc, ministre du veau d'or, et prouve-moi que tu es le roi du monde.

— Si tu avais regardé la société ailleurs que dans les coulisses de théâtre, lui cria La Barlière, je n'aurais pas besoin de te le prouver; dis-moi, quand la société veut faire un député, c'est-à dire celui qui fait les lois, demande-t-elle à l'électeur s'il a une idée, et à l'élu s'il a une opinion raisonnée sur quoi que ce soit? non: elle leur demande s'ils ont une contribution, c'est-à-dire de l'argent; quand elle veut faire un juré, c'est-à-dire celui qui absout ou condamne tous les crimes, depuis l'adultère jusqu'au livre où il est traité des plus grandes questions de philosophie, lui demande-t-elle s'il est un homme de bonnes mœurs ou s'il sait lire; elle lui demande s'il est électeur, c'est-à-dire s'il a de l'argent. Lorsque votre société fait ses juges civils à douze cents francs par an, moins que je ne paye le garçon qui balaye les bureaux de mon père, elle s'oblige à les choisir parmi ceux qui n'ont pas besoin de leur place pour vivre, c'est-à-dire parmi ceux qui ont de l'argent. Qu'est-ce que la société demande aux notaires, aux avoués, pour garantir leur bonne conduite? ce n'est pas de la vertu, c'est un cautionnement. De l'argent, de l'argent! voilà le cri de la société nouvelle; c'est le Montjoie Saint-Denis! de notre génération, et notre oriflamme est un coupon de rente trois pour cent, devant lequel vous êtes tous agenouillés, et au nom duquel je vous bénis.

Sur ce on but avec fracas, les hommes commencèrent à se renverser sur leurs chaises; les femmes se laissèrent aller sur l'épaule de leurs voisins, tous riant et clapotant.

A peine La Barlière eut-il fini que Primarion se leva, et, lui tendant son verre, lui cria :

— Je te promets ma voix aux prochaines élections.

— Décidément, s'écria Ribaud, la finance est grise : Primarion a oublié de faire son prix avant de vendre.

— Comment, dit Magnard d'une voix éclatante et criarde, tu n'as que cela à répondre à ce livre de caisse appelé La Barlière?

— Il me semble, dit Ribaud qui buvait lentement et à petits coups, que tu dois être de celles qui reconnaisent cette royauté.

— A peu près comme Verdurette reconnaît la vérité de la religion, en calculant ce que ça peut lui rapporter.

— Veux-tu me laisser manger tranquille? dit Verdurette d'une voix caverneuse.

— Allons, Magnard, dit Ribaud, tu vois bien que Verdurette n'en est encore qu'à son troisième perdreau et à sa seconde bouteille; il dort encore.

— Comme vous dormez tous, dit Magnard, sans vous apercevoir, pauvres hommes que vous êtes, que vous descendez chaque jour de vos droits pour devenir nos très-humbles esclaves.

Arthur, qui jusque là n'avait fait que boire sans prononcer une parole, crut devoir jeter son mot dans cette conversation qui lui paraissait si étrange.

— Ç'a été toujours, dit-il d'un ton de galanterie poudrée, ç'a toujours été le premier droit des hommes d'être les esclaves des dames.

Il s'éleva un murmure confus de consternation à cette parole extravagante, et Verdurette dit d'une voix rauque :

— Je demande que le mot soit peint au pastel, et exposé au prochain salon, dans un cadre Pompadour.

Sans doute Lucienne avait des instructions qui ne lui permettaient pas de laisser molester le beau marquis de Mun, car elle l'arracha à l'ouragan de quolibets qui allaient fondre sur lui, en disant à Magnard :

— Est-ce que tu vas nous laisser battre, nous-autres femmes, par tous ces ténors suraigus, qui ne chantent même pas à la chapelle Sixtine?

— Voilà une injure qui te regarde, Primarion, dit La Barlière.

— Bah! dit Ribaud, si elle ne te regarde pas, c'est que tu es un grand fat ou un grand sot; car jamais notre bonne amie Lucienne ne parle qu'en connaissance de cause.

— Si tu dis un mot de plus, dit Lucienne tout bas à Ribaud, je raconte tes promenades au bois de Verrières avec madame Primarion.

— Eh bien, Magnard, dit Ribaud obéissant, puisque tu ne reconnais pas la royauté de la finance, quelle est celle que tu proclames?

— La nôtre, dit Magnard en se levant, la royauté de la femme libre.

— Qu'est-ce que c'est que ça? fit Arthur en regardant tout le monde d'un air effaré.

— Ce que c'est, monsieur le marquis, dit Magnard, c'est la royauté de la révolte : révolte de la femme, qui considère le mariage comme un joug insupportable ; révolte de la femme, qui considère comme un privilége tyrannique le monopole que les hommes se sont attribué dans toutes les affaires de la vie ; révolte de la femme, qui trouve ignoble que vous soyez tous ici des hommes, mariés ou non, vous vautrant dans l'orgie pour rester demain honorables et vertueux, tandis que les femmes qui feraient ce que vous faites passent pour des êtres flétris et sans mœurs ; révolte de la femme, qui a trouvé même parmi vous des imbéciles pour la soutenir ; si bien que le saint-simonisme, venu à son aide, proclamant l'égalité des sexes, l'illégitimité du mariage, l'infamie de la famille, l'abolition de l'hérédité, a amené après lui le communisme, où il n'y a plus rien, que chacun pour soi, sous prétexte de chacun pour tous, c'est-à-dire le renversement complet de tout ce qui est, ce qui fera arriver les faibles à la place des forts, et la femme à la place de l'homme, en ce sens qu'elle sera d'autant plus honorée qu'elle aura eu plus d'amants.

— Tu patauges, Magnard, cria Verdurette d'un ton de cloche lent et majestueux ; nous ne sommes pas en marche d'avénements, mais de restauration ; la femme libre est passée de mode, et c'est la religion qui reprend le sceptre.

— Dans la société la plus sceptique du monde, dit Ribaud.

— Tu veux dire la plus hypocrite, dit Verdurette. L'hypocrisie, voilà votre reine à tous, et la tienne à toi, Ribaud, comme celle de tout le monde. Quand tu cries à l'immoralité de la littérature moderne, tu sais bien que tu ne fais pas de la critique, mais de l'hypocrisie; et pourquoi? pour des femmes qui vont à la messe avec un billet doux dans la poche, et dans l'esprit un roman graveleux qu'elles lisent, mais qu'elles cachent. Regardez plutôt, mes petits anges, regardez ce libraire qui se ruine à publier des livres d'histoire ou de science; la peur de faire faillite le prend, il va trouver le premier archevêque venu, et lui demande sa bénédiction pour un *A B C D* religieux, attendu que, si ce n'est pas ce qui se lit, c'est ce qui s'achète; et cet homme refait sa fortune, grâce à l'hypocrisie, qui est un commencement de religion, comme elle est un hommage à la vertu.

— Bois encore une bouteille, Verdurette, dit Ribaud; tu n'es pas encore dégagé des idées catholiques dont tu t'es fait la trompette à mille francs par mois. La reine du monde, ce n'est pas la religion, c'est la presse; la presse, qui fait et défait les gloires; qui fait et défait les fortunes, les ministères, les dynasties; qui change à son gré toute bonne action en trahison, et toute trahison en dévouement; la presse politique, qui a le droit d'appeler des héros ceux que la veille elle appelait des assassins.

— La presse, cria La Barlière; qui ne parlera, qui ne peut parler que grâce à nous, car, sans cautionnement, c'est-à-dire sans argent, point de journal. J'avais oublié cet argument en faveur de la finance, qui, je vous le répète, est la reine du monde.

— Jusqu'à ce qu'il plaise à la presse de trouver que vous faites un métier de voleurs, de le dire, de le proclamer, et de vous renverser comme elle a renversé la dynastie de saint Louis.

— Vous êtes tous des fous, cria une petite voix aigre et perçante que le marquis reconnut pour la voix de Léopold Fouriou, qui, debout sur sa chaise, avait dans l'expression de son visage la malignité cruelle d'un démon; le roi de notre époque, c'est le gamin.

Un immense acclamation, suivie d'un long applaudissement, accueillit cette transcendante proposition.

— Oui, oui, continua Fouriou, c'est le gamin ; car vous êtes un peuple gamin. Connaissez-vous, par hasard, le prêtre sévère et honnête qui remplit saintement sa noble mission ? Non ; pas un de vous ne pourrait me le nommer ; mais qu'il existe un abbé freluquet, louant des chanteurs à l'Opéra, des ouailles à la rue Saint-Georges, empruntant des chandeliers aux menus-plaisirs, un abbé qui trotte en tilbury, qui joue au billard, qui fume, passe les nuits à la bouillote, et donne aux belles dames du faubourg Saint-Honoré l'absolution des péchés qu'il leur a fait faire, un vrai gamin d'abbé enfin ; et sa renommée sera dans toutes les chroniques, et vous le ridiculiserez tant, vous le prônerez tant, que le gouvernement sera forcé d'en faire un évêque pour amortir cette puissance de gamin que vous exaltez tous sans vous en douter. Vous aimez si bien le gamin, vous dis-je, que vous n'en voulez tant à ceux qui sont de la monarchie que parce qu'ils ne sont pas assez gamins ; que s'ils avaient rossé le gué, battu le pavé de Paris durant des promenades nocturnes et avinées, enlevé quelque fille de théâtre ou quelque duchesse, de manière à vous jeter un scandale, à vous défrayer de plaisanteries pendant huit jours, vous trouveriez que ce sont des princes parfaits et dignes du caractère français.

Tout le monde écoutait Fouraiou en se demandant quel était ce petit être dont personne ne savait le nom ni l'état.

— Oui, oui, continua-t-il d'une voix qui devenait de plus en plus aigre et perçante, vous aimez le gamin en tout : s'il y a une popularité politique en France, elle n'appartient pas à l'homme grave et sévère qui a marché invariablement dans une voie quelconque ; elle appartient au premier danseur de corde venu, qui n'a ni conscience ni opinion, dont tout le talent consiste à parler beaucoup sans rien dire, bavard creux, criard, infatué de la plus petite personne qui ait jamais paradé derrière une tribune ; elle appartient à cet être qui n'est d'aucune religion, qui proscrira demain ce qu'il flattait hier, qui cassera son encensoir sur le nez de Robespierre, élèvera des autels à Napoléon et fera fusiller au besoin républicains et bonapartistes ; qui se moquera de ceux qui lui ont fait du bien, tendra la main à ceux qui lui ont fait du mal ; sauteur infatigable qui réjouit la masse attentive à ses cabrioles ; illustre gamin politique que vous porterez un jour en triomphe comme vous allez me porter en triomphe toute à l'heure, moi gamin, moi votre roi, moi votre idole.

— Il a raison, il a raison, s'écria Ribaud en riant aux éclats ; le petit bonhomme nous a tous enfoncés ; à sa santé, et va comme il est dit : que Verdurette le porte sur ses épaules en signe de triomphe.

— J'en suis, j'en suis, dirent trois ou quatre voix, et tout aussitôt on enleva la chaise de Fouriou, et on lui fit faire processionnellement le tour de la table pendant que Verdurette, un flambeau à la main, chantait d'une voix sépulcrale : *Domine, salvum fac puerum gaminaticum.*

— Superbe ! s'écria Ribaud ; l'Église a un latin qui célébrerait Satan, si jamais on le couronnait.

Cependant Fouriou s'approchait de Lucienne, qui se leva et qui lui dit, tandis qu'il se penchait vers elle :

— Ne sortez pas sans m'avoir parlé.

Le marquis devina ce que signifiait cette recommandation, et il allait menacer Fouriou de sa colère, quand celui-ci, lui présentant son verre, lui dit :

— A votre santé, marquis de Mun, rendez-moi raison.

On remplit le verre d'Arthur, qui se trouva d'une capacité à laquelle il ne fit pas attention.

— Buvez, buvez, lui cria-t-on de tous côtés.

Le marquis but, et alors Fouriou s'écria :

— Bravo, marquis, vous n'avez dit qu'une bêtise, et maintenant vous voilà ivre comme un portier : la patrie est sauvée.

Arthur, en effet, se sentit chanceler; il entendit seulement ces paroles de Lucienne, qui dit à deux grands laquais :

— Emportez cet imbécile dans mon boudoir, et dites à Méta de lui donner du thé.

XIII

Contraste. — Honnête Fille. — Honnête Maison. — Honnêtes Gens. — Fouriou revient. — Commencement d'infamie.

A peine Arthur avait-il été jeté sur le large sopha d'un boudoir dont la fenêtre était ouverte, qu'il lui sembla que l'air plus frais et plus pur dégageait sa poitrine de la suffocation qui l'oppressait, et délivrait sa tête de cette espèce de tourbillon de paroles, de cris, d'idées, qui l'avait étourdi. Presque aussitôt, il entendit près de lui ce frôlement d'une robe de femme, doux comme ces brises fugitives du soir, qui glissent à votre oreille et y jettent furtivement des murmures d'amour. Le marquis se retourna, et vit à la porte du boudoir une jeune fille qui regardait avec crainte autour d'elle. Que cette fille était belle ! Ce n'était point une de ces poupées fuselées, sortant d'un globe de jupons, et ressemblant fort exactement à un buste de squelette habillé, planté sur une cloche à melon, car c'est ainsi que les gravures de modes ont façonné les femmes à la mode. Les pauvres malheureuses ont pris au sérieux ces grotesques élégances, et se torturent plus que ne le supporterait un fakir, afin de ressembler à quelque chose qui ne ressemble à rien. Non, cette fille était belle comme la nature entend la beauté : dans sa large poitrine, il y avait place pour le cœur et pour l'amour ; dans son flanc arrondi, il y avait place pour la maternité ; une profusion de cheveux noirs et luisants de leur finesse et non de bandoline, de lustrine ou d'oléagine, encadraient un visage frais, simple, grave, bienveillant; sa main posée sur des lèvres vermeilles n'avait pas cette blancheur inerte qui n'appartient qu'à une vie épuisée ; la lueur rose d'un sang jeune perçait son épiderme transparente, comme le reflet d'un soleil ardent s'adoucit à travers une légère mousseline; son pied fortement appuyé sur le sol ne devait pas son élégance à une maigreur comprimée au lacet: il avait cette forme allongée et pleine que la statuaire antique a si bien comprise ; et puis dans la manière dont cette jeune fille regardait autour d'elle, soit que son buste tournât sur ses hanches, soit que sa tête seulement tournât sur ses épaules, il y avait une souplesse, une liberté de mouvements, une grâce hardie, que le corset bardé d'acier de nos belles dames leur défend.

Arthur reconnut Méta.

Elle ne lui dit rien ; mais, lorsqu'elle fut assurée que personne ne pouvait la voir, elle le regarda et lui fit un signe. C'était un regard de cristal, si clair et si diaphane, qu'il semblait qu'on vît au travers l'âme candide de cette belle fille ; ce signe était un appel, un appel furtif, caché, qui voulait dire : Venez! mais qui demandait sans promettre, et auquel Arthur obéit sans croire aller à un plaisir. Il se leva, et Méta marcha devant lui ; ils passèrent devant la porte de la salle à manger, derrière laquelle l'orgie commençait à hurler des couplets obscènes et à briser des verres ; c'est le progrès appliqué à ce que nos pères appelaient trinquer en chantant.

Le marquis entendit, au milieu du tumulte de ces cris et de ces rires, son nom balloté de quolibets en quolibets, comme celui d'un niais, et il lui prit fantaisie de briser cette porte, et d'aller demander raison de ces injures ; mais la jeune fille l'arrêta au moment où il allait tourner le bouton, et la fraîcheur de cette main posée sur la main brûlante de fièvre du marquis lui fut si douce qu'il se laissa entraîner. Ils quittèrent ainsi l'hôtel de Lucienne, et se trouvèrent bientôt dans la rue.

Le jour venait, beau, calme, bleu au sommet du ciel, et teint de pourpre à l'horizon. Arthur crut s'éveiller ; tout ce qui s'était passé lui sembla une de ces folles créations de la vie de sommeil, bizarres, déraisonnables, impossibles, insaisissables, qui fatiguent l'âme, l'esprit et le corps, sans qu'ils aient véritablement senti et vécu. Méta marchait rapidement devant lui, et Arthur la suivait, comme si une chaîne d'aimant l'eût attaché à cette jeune fille. La cusiosité, le désir, l'obéissance même, a besoin de volonté pour agir, et Arthur marchait sans rien éprouver qu'un irrésistible et doux entraînement qui l'emportait dans la sphère de cet astre charmant. Méta ne disait rien, et Arthur ne lui parlait pas. Ce n'est pas qu'il eût peur d'adresser la parole à cette jeune fille; mais il ne vivait plus de lui-même, et il semblait qu'il attendît que cette jeune fille lui donnât la parole comme elle lui imprimait la marche.

Ils parcoururent plusieurs rues encore désertes, et arrivèrent ainsi jusqu'à la rue de Latour-d'Auvergne, où Méta entra dans une petite maison posée au coin d'un jardin dépendant d'un hôtel plus éloigné. Méta monta un étroit escalier de bois ; puis, arrivée au second étage de cette petite maison, elle ouvrit une porte, et entra en disant : — Le voilà.

A ce mot, un jeune homme se retourna, et Arthur reconnut Jean Bazilius, celui qui avait été durant quelques heures son compagnon de captivité. Le marquis regarda la chambre où il se trouvait : elle était spacieuse et claire. Une haute fenêtre s'ouvrait jusqu'à un pied du sol ; à cette hauteur, la large pierre d'appui sortait en saillie sur la rue, et soutenait un balcon contourné en feuillage de fer, sur lequel avait été rejetée une jalousie qui protégeait contre les premiers rayons du soleil une demi-douzaine de pots de fleurs, soigneusement arrangés sur la pierre. Au-dessus, et à un des côtés de la fenêtre, était pendue une cage tout enveloppée de verdure fraîche, et dans laquelle deux petits chardonnerets faisaient entendre leur gazouillement ; des meubles de noyer, luisants de propreté, des rideaux de percale brillants de blancheur, quelques cadres de bois de sapin avec des lithographies de la Vierge, de Saint-Jean et de Napoléon, ornaient les murs couverts d'un papier gris-perle à bouquets roses. C'était la modeste chambre d'un ouvrier, mais la chambre propre, saine, joyeuse de l'ouvrier honnête et laborieux ; il y avait dans la clarté qui inondait cette chambre, dans l'air qui y pénétrait par fraîches bouffées, dans le simple arrangement de tout ce qui s'y trouvait, un calme, une amabilité qui flattaient le regard, et presque un candide bonheur qui touchait le cœur.

— Enfin, vous voilà, dit Jean à Arthur en lui tendant la main ; nous avons bien craint de ne point vous retrouver, et c'eût été pour nous un grand chagrin, car vous nous avez été bien recommandé.

Depuis qu'il était entré dans cette chambre, un sentiment inquiet et douloureux s'était emparé d'Arthur ; la première sensation l'avait pour ainsi dire rempli tout entier d'une joie simple et paisible. De même que l'air du matin avait chassé les douleurs de sa poitrine et les pesanteurs de son cerveau, de même l'atmosphère de cette chambre avait, au premier moment, dissipé toutes les frénétiques idées auxquelles il était en proie quelques heures avant. Mais à peine eut-il entendu la voix de Jean, que ce bien-être auquel il se laissait aller fut troublé par la voix sèche et impérieuse de son ombre, qui murmura tout bas à son oreille : « Prends garde, voici l'intrigue en veste et en robe de toile ; que peux-tu avoir affaire, toi, marquis de Mun, à de pareilles gens ? »

Cet avis fut désagréable à Arthur, sans cependant l'irriter, et il dit à Jean Bazilius:

— Comment se fait-il, monsieur, que j'aie pu vous être recommandé, et par qui et de qui avez-vous reçu cette recommandation?

— Ma sœur va vous le dire, monsieur, répondit Jean, car l'heure est venue où il faut que je me rende à mon atelier; mais, comme c'est ici près, je reviendrai déjeuner avec vous, et j'espère vous apporter de bonnes nouvelles.

« Tu vois, dit l'ombre à l'oreille d'Arthur, ils n'ont pas même l'habileté la plus vulgaire; le frère s'éloigne pour te laisser toute liberté avec sa sœur. »

Ce nouvel avis fit tressaillir Arthur. Tout continuait à être calme et serein autour de lui; le visage de Jean avait cette honnêteté religieuse d'un cœur qui met son espérance en Dieu et en la vertu, tandis que la belle et fière figure de Méta ne trahissait aucune émotion. L'avertissement de l'ombre en face de ce naïf spectacle était comme un cri discordant au milieu d'une irréprochable harmonie. Arthur eût voulu ne pas l'entendre; mais presque aussitôt la peur d'être trompé lui fit pardonner à son ombre d'avoir altéré la quiétude sans doute trompeuse à laquelle il se laissait aller. Jean sortit. Méta s'était assise à côté de la croisée, et travaillait à un léger ouvrage de broderie. De temps en temps, elle se penchait vers ses roses entr'ouvertes pour en aspirer le parfum; d'autres fois, elle agaçait du bout de son doigt rose les chardonnerets de la cage, qui, sans doute accoutumés à cette attention, redoublaient leurs joyeux petits piaillements pour remercier leur belle maîtresse. Arthur était en face de Méta, et la contemplait dans un silence absolu. C'était une horrible position que celle de cet homme. A l'aspect de cette jeune fille, il sentait son cœur s'agiter faiblement en lui avec un doux murmure comme s'agite en bégayant l'enfant qui s'éveille dans son berceau. Il regardait encore Méta, et comme s'il émanait d'elle le seul air dont il pût vivre, sa poitrine se soulevait sous de profondes aspirations qui l'inondaient d'une émotion ineffable. C'était à la fois une douleur et un ravissement prêts à éclater en larmes et en transports de joie ; c'était de l'amour enfin ; mais, au moment où il était prêt à s'y livrer, la voix aigre de l'ombre lui criait à l'oreille : « Niaiserie de ta part, ruse de l'autre ; et Arthur refoulait tout aussitôt les jeunes élans de son cœur sous la glace de son expérience.

— Eh bien, dit-il enfin, me direz-vous, Mademoiselle, ce que j'ai demandé vainement à monsieur votre frère ?

Méta regarda Arthur qui avait prononcé ce peu de paroles d'un ton froid et cérémonieux, et lui répondit doucement :

— Voici de quoi il s'agit, Monsieur. Hier, quand nous sommes sortis de la prison où vous étiez enfermé, nous sommes rentrés avec mon frère dans notre maison, et, en cherchant attentivement dans notre demeure à découvrir quelque indice de la disparition de notre bisaïeul, nous avons trouvé une lettre qui nous disait de ne point nous inquiéter de lui, et qu'un jour il reviendrait près de nous. Cette lettre nous avertissait que cette chambre et le petit appartement dont elle dépend étaient prêts à nous recevoir. Un emploi était désigné à mon frère dans une manufacture située à quelques pas d'ici, et cette lettre se terminait enfin par ces mots : « Dans la chambre qui est contiguë à la nôtre, vous trouve-
» rez un jeune homme appelé M. de Mun, dépourvu de tout,
» n'ayant ni parents, ni amis, ni famille ; que Jean se rende
» près de lui, et qu'il le traite comme son frère, quoique ce
» nom de Mun soit un fatal souvenir dans notre famille ;
» qu'il y ait place pour lui dans votre maison et à votre ta-
» ble ; donnez-lui sa part de votre travail, et il aura sa part
» de cette heureuse fortune qui attend l'homme laborieux et
» honnête. »

« Sottise, sottise ! » murmura l'ombre à l'oreille d'Arthur.

Pour la première fois, celui-ci se révolta sincèrement contre cette voix, et voulut s'écrier : C'est la vérité. L'ombre reprit avec sa voix railleuse : « Regarde, pauvre fou : qu'est tout cela ? misère, privations, travail, tandis qu'ailleurs c'est richesse, abondance et oisiveté. »

— Sans doute, murmura Arthur en lui-même, mais aussi c'est vertu.

L'ombre se mit à ricaner, et Arthur sentit dans son cœur une douleur cruelle, comme si la pince d'un chirurgien en avait saisi les fibres les plus sensibles.

En effet, murmura-t-il, tout ceci doit être une comédie, et encore vaut-il mieux le vice qui marche les seins nus et la ceinture dénouée, comme celui que je viens de voir, que le vice qui se revêt de la blanche robe de la vertu.

Et maintenant figurez-vous cet homme en proie à la divine fascination de la beauté sur le cœur et de la jeunesse sur la jeunesse ; toujours prêt à s'élancer vers cette radieuse image qui était devant lui pour y croire et l'adorer, et retenu au premier bond de son élan par une chaîne de fer qui l'arrête en le blessant ; voilà comme il était pendant que Méta continuait à parler en l'inondant de son regard calme et limpide.

— Vous savez, monsieur, comment il est arrivé que nous ne vous avons pas trouvé là où l'avait dit notre père ; il paraît qu'une colère qui avait sans doute une raison puissante vous a fait briser avec fracas les meubles de la chambre du vieux M. de Mun, qui, à ce que nous dit notre bisaïeul, est parti avec lui. Vous vous rappelez comment ce bruit étrange a été expliqué, quel événement il a amené, et je vous ai déjà dit que nous ignorions encore la volonté de notre bisaïeul quand nous vous avons vu la première fois.

En effet, pensa Arthur, j'ai mal commencé, car j'ai témoigné mon bonheur de me sentir renaître par une violence sotte et insensée.

« Ce qu'il y a de sot et d'insensé, c'est ta réflexion, lui dit son ombre, car si tu t'étais tenu tranquille dans ta mansarde, tu ne serais pas le marquis de Mun, tu n'aurais pas une fortune faite, et tu ne serais pas en passe d'épouser une des plus riches héritières de l'époque. »

C'est pardieu vrai, pensa le marquis, et je suis un niais de m'arrêter à écouter de pareilles sornettes, quand même cette demoiselle Méta serait la vertu en personne.

A ce mot vertu, l'ombre ricana encore plus aigrement, et dit ce seul mot : « Essaie. » Arthur regarda Méta, mais il lui sembla qu'il y avait entre elle et lui quelque chose d'infranchissable, et il ne put que lui dire, sans s'apercevoir qu'il répétait les mots que lui suggérait le méchant esprit qui vivait en lui :

— Mais comment se fait-il que vous m'ayez trouvé où j'étais cette nuit, et comment moi-même vous ai-je trouvée chez une femme comme mademoiselle Lucienne ?

Méta rougit.

« Ta fabuleuse vertu se déconcerte, » dit l'ombre pendant que Méta répondait doucement :

— J'ai connu Lucienne pauvre fille comme moi, et je ne juge point ce qu'elle a fait ; mais hier nous passions dans la rue au moment où vous entriez au spectacle, j'ai fait demander Lucienne au théâtre pour la prier de faire entrer mon frère dans la salle afin qu'il pût vous retrouver, car nous étions trop pauvres pour pouvoir acheter une place ; Lucienne m'a fait monter près d'elle pour savoir ce que j'avais à lui demander ; elle m'a retenue pour me montrer, disait-elle, le spectacle attrayant de cette vie où elle a voulu cent fois m'entraîner, et qui me paraît hideuse ; c'est alors que je vous ai aperçu dans le foyer du théâtre, et que j'ai appris presque aussitôt que vous deviez souper chez Lucienne : j'en ai averti mon frère, et c'est lui qui m'a ordonné de vous suivre dans cette maison pour vous en arracher.

— Va, ma sœur, m'a-t-il dit, la parole de notre père est sainte, tu le sais, et sa dernière recommandation doit avoir un but plus élevé que celui que nous y croyons voir ; va sans crainte au milieu de ce monde de vices et de désordre, car c'est au premier pas que nous devons arrêter celui qui nous est recommandé, et qui semble déjà avoir un pied dans sa perte. Voilà pourquoi, monsieur, vous m'avez trouvée dans cette maison ; voilà pourquoi je vous ai amené dans celle-ci.

A ce moment la figure de Méta sembla s'envelopper dans une auréole lumineuse ; elle parut à Arthur comme un ange descendu près de lui, et devant lequel il allait se mettre à genoux, quand son ombre lui dit encore : « Imbécile, c'est un rayon de soleil qui s'est glissé entre deux lames de jalousie un peu plus écartées que les autres. » C'est vrai. « Et, quant à cette touchante histoire qu'on te raconte, n'oublie pas que cette belle fille et son frère étaient présents au moment où le gamin Fouriou te remettait le portefeuille qui te créait marquis, et te constituait vingt-cinq mille livres de rentes. » C'était vrai, et chacune de ces observations fut une cruelle douleur pour Arthur, car il regardait toujours Méta, et c'était au moment où, pénétré de cette lumière, de cette chaleur, de cette vie douce et fraîche qui émanait de cette jeune fille, il se sentait heureux, qu'un coup d'ongle venait déchirer sa délicieuse émotion. C'était l'homme brûlant de fatigue qui trouve une fontaine pure et froide, et qui s'y désaltère avec ardeur, et à qui une voix crie tout à coup que la source est empoisonnée. Il s'arrête, puis, dévoré de soif, séduit par la transparence de cette onde légère, il y trempe encore ses lèvres, s'en abreuve avec délice jusqu'à ce que la voix reprenne : Il y a du poison sous ce cristal. Oh ! comme Arthur aurait voulu pouvoir croire à ce que lui disait Méta ! oh ! comme alors il se serait mis à genoux devant elle ! oh ! comme il lui aurait demandé de répandre sur lui sa parole, ainsi que l'eau d'une ablution céleste qui eût lavé toutes les souillures que la première journée de sa nouvelle vie avait déjà jetées sur lui! comme il eût reçu la foi, l'espérance et le courage de cette voix si ferme et si touchante! comme il eût aimé cette femme! comme il lui eût promis la vie et comme il la lui eût donnée! comme il eût été heureux enfin s'il avait pu oublier! mais il ne le pouvait pas, et le cœur d'Arthur, ainsi placé entre cette chaste image de la vertu et cette ombre funeste du monde, se tordait dans le doute, cet enfer bien plus cruel que celui de Satan, car il ne permet pas de croire au ciel.

Cependant le charme était si puissant, le regard si pur, l'expression si vraie, qu'Arthur était prêt à y céder, et que l'ombre répéta le mot qu'elle avait déjà jeté dans l'oreille d'Arthur : « Essaie. »

— En vérité, dit-il alors à Méta, je ne sais comment vous remercier de vos bonnes intentions à mon égard, mais je voudrais les devoir à un autre sentiment qu'à celui de l'obéissance que vous avez pour les recommandations de votre aïeul.

— Et quel sentiment pouvez-vous me demander, à moi qui ne vous connais pas? dit paisiblement Méta.

— Je ne puis vous le nommer, dit Arthur, mais je l'ai éprouvé. Lorsque vous êtes venue dans la prison, et que je vous ai vue, j'ai senti que je serais heureux s'il m'arrivait jamais d'être assez riche et assez puissant pour pouvoir vous épargner un malheur ou une souffrance.

— Je comprends cela, dit Méta, car j'ai éprouvé, moi, une vive tristesse en vous voyant enchaîné comme un malfaiteur, vous si jeune; et lorsque j'ai reconnu que celui que nous recommandait notre père comme un orphelin sans famille et sans amis était celui que j'avais déjà vu souffrir, je fus encore plus triste, et cependant j'aimai mieux que ce fût vous qu'un autre, et je fus heureuse d'un ordre qui s'accordait avec le désir de vous venir en aide que j'avais éprouvé de moi-même.

Il se passa entre Arthur et son ombre quelque chose comme l'action d'un de ces Frontins de comédie qui viennent de donner un mauvais conseil à leur maître, et qui lui poussent le coude en lui disant : « Hein! voyez comme ça prend. » Le pauvre marquis s'était déjà fâché contre sa compagne parce qu'elle l'avait laissé dans l'embarras, et voilà que maintenant il était prêt à se fâcher contre elle parce qu'elle le faisait trop bien réussir : lutte cruelle entre le besoin de croire, qui était un des instincts de la jeunesse de son cœur, et l'impossibilité d'avoir foi en rien de bon, qui était la nécessité d'un esprit démoralisé dans l'exercice des mauvaises passions. Celui-ci l'emporta encore, et Arthur continua :

— Je vous remercie de ce sentiment, mais ce n'est que de la pitié, et déjà cette pitié, je ne la mérite plus.

Méta rougit et répondit d'un ton grave :

— Un jour d'erreur ne suffit pas pour faire taire l'intérêt qu'on prend à un ami, et cet intérêt, dussiez-vous l'appeler encore de la pitié, je l'éprouve peut-être encore plus vivement, car notre père m'a appris à regarder toute faute comme un malheur.

— Serais-je donc déjà coupable à vos yeux? dit Arthur légèrement troublé.

— Puis-je le savoir certainement? dit Méta.

— Cependant vous semblez le supposer.

— Les dernières paroles de notre père, repartit Méta, ne disent-elles pas que vous étiez sans fortune, sans parents et sans amis; et vous avez une fortune, des amis et des parents : tout cela vous appartient-il justement?

La voix de Méta rendit Arthur si confus qu'il n'entendit pas pendant quelques moments son ombre qui lui criait dans l'oreille et lui disait : « Et si tu renonces à tout cela, par quoi cette belle fille le remplacera-t-elle? » A ce moment,

Jean reparut, et, abordant Arthur d'un ton joyeux, il lui dit :
— Votre affaire est faite : mon maître, à qui j'ai présenté le dernier billet de mon bisaïeul, vous donne une place dans son atelier; vous gagnerez peu d'abord, c'est tout simple, car si toute peine mérite salaire, tout salaire mérite un travail que vous ne savez pas encore; mais, dans un mois, vous gagnerez un peu plus; un mois après, un peu plus encore; dans six mois, vous serez un excellent ouvrier, et, avec du travail, de la persévérance et de l'économie, nous arriverons; car, quoi qu'on en dise, voyez-vous, mon frère, le succès appartient bien plus souvent à l'honnêteté qu'à l'intrigue, et le bonheur n'est qu'à l'honnêteté.

Depuis quelques instants, l'ombre perdait ses peines à se faire entendre par Arthur; mais, aux mots de travail et d'ouvrier, le gentilhomme et le fainéant se soulevèrent d'un bond, et l'expérience acquise par le marquis lui dit à l'oreille : « Ces gens-là ont raison, Monseigneur, mais ils ont raison pour eux; les gens à pied arrivent quelquefois comme les gens en poste, mais à condition qu'ils mettront des années entières à faire la route que les autres feront en quelques jours. Et puis, ne comprends-tu pas que ce sont les héritiers de ce vieux Bazilius, qui t'a voué une haine si profonde? Qui t'a dit que ce ne soit pas sa vengeance qu'il continue en voulant t'empêcher de poursuivre la voie où le hasard t'a peut-être jeté encore plus que ta volonté? As-tu jamais trouvé que personne en ce monde ait agi autrement que pour son intérêt? ces gens-là doivent donc en avoir un tout-puissant à t'attacher à eux. »

Jean et Méta considéraient Arthur qui gardait le silence; ils attendaient sa réponse avec une vive anxiété, et le regard de la jeune fille paraissait si suppliant que, par un entraînement dont il ne pouvait se rendre compte, Arthur fut sur le point de renoncer à tout, et de dire : « Je reste, » lorsque la porte s'ouvrit tout à coup, et l'on vit entrer Fouriou, qui s'écria :

— J'étais bien sûr qu'il était ici.

— Qu'y a-t-il? dit Arthur à cette voix qui lui déchirait l'oreille, mais qui avait sur lui un empire irrésistible.

— Il y a, dit Fouriou, que madame de Pimpani a envoyé déjà deux fois à la maison pour savoir si vous étiez rentré; car il paraît qu'elle vous attend ce matin même pour vous conduire chez la duchesse de Ménarès. Il y a que le comte Trobanowski est déjà venu, et qu'il reviendra demain matin, à pareille heure.

A ces mots, Arthur se leva en répétant, comme un homme qui s'éveille d'un rêve : La duchesse de Ménarès et le comte de Trobanowski! et tout aussitôt des images d'illustre alliance, de fortune princière, et en même temps des bruits étranges, comme les mots de lâche qui avait fui, passèrent devant ses yeux et résonnèrent à son oreille, et il s'apprêta à sortir en disant à Jean et à Méta :

— Oh! vous m'avez peut-être perdu.

— Ne partez pas, ne partez pas, s'écria Méta avec un accent désolé, et sans paraître confuse du désespoir qu'elle éprouvait.

Arthur s'arrêta un moment, mais cette indécision ne fut pas longue, et il sortit en disant seulement :

— Je reviendrai.

Il était déjà dehors lorsque Jean secoua lentement la tête, tandis que Méta disait :

— Tu l'entends : il reviendra.

— Si je lui en laisse le temps, dit Fouriou en s'en allant.

Il rejoignit le marquis, qui, chemin faisant, apprit de Fouriou que celui-ci avait quitté la modeste chambre de la rue Saint-Nicolas pour louer un riche appartement meublé, rue de la Chaussée-d'Antin, où l'attendait un valet de chambre que Fouriou s'était procuré. Le marquis voulut se révolter de l'impertinence avec laquelle le gamin disposait de son argent et de sa fortune.

— Oubliez-vous donc ce que vous êtes et ce que je suis? oubliez-vous le rôle que vous avez accepté et qu'il faut bien que je vous laisse? si vous ne savez pas le jouer de vous-même, acceptez donc qu'on vous le souffle comme il faut; soyez dans une heure chez madame de Pimpani, et n'oubliez pas que nous dînons aujourd'hui ensemble chez M. de La Barlière, et que je saurai si vous avez tenu votre parole.

« Mais ce misérable enfant est donc mon maître? murmura en lui-même Arthur. — J'en ai peur, lui repartit son ombre à l'oreille. — C'est ce que je ne veux pas plus longtemps. — C'est ce qu'il te faut supporter encore, car il peut te perdre. — Pourquoi donc m'as-tu laissé sortir de chez ces pauvres gens qui voulaient me sauver? En es-tu sûr? et serait-ce la première fois que tu aurais vu l'intrigue affecter les dehors de la vertu? Oublies-tu qu'il y a un vice qui s'appelle l'hypocrisie? Mais à quoi le reconnaît-on enfin, ombre exécrable? dit mentalement Arthur. — A ses actions, dit l'ombre. » — Ceci est par trop stupide, pensa le marquis; non, l'expérience, cette sagesse des hommes et des peuples, qu'ils invoquent à tout propos, ne peut être si absolument ignorante et absurde; c'est quelque mauvais esprit que l'infâme Bazilius a attaché à mon existence, et si je suis forcé de l'entendre encore, du moins ne l'écouterai-je plus.

Le marquis rentra chez lui, s'habilla de son mieux, et se rendit immédiatement chez madame de Pimpani. Il trouva dans l'antichambre le magnifique chasseur de la veille, qui lui fit des yeux si menaçants qu'Arthur ne put s'imaginer que ce beau butor pût lui en vouloir de l'avoir remplacé la veille auprès de la vieille négresse qui avait été le demander rue Saint-Nicolas-d'Antin, d'après le dire de la marquise; et il soupçonna que c'était une ruse de madame de Pimpani pour lui cacher la bonne fortune qu'il avait si adroitement extorquée au superbe chasseur. Loupon le fit entrer dans un salon où se trouvait Gustave de La Barlière, qui salua Arthur d'un air de félicitation goguenarde, et qui lui dit :

— Mille millions de compliments, monsieur le marquis ; pendant que nous étions à nous égosiller à dire les plus sottes folies du monde en assez mauvaise compagnie, vous enleviez la plus jolie fille de France, à ce qu'on nous a dit.

— Moi! fit Arthur d'un air confus.

— Eh, mon Dieu ne vous en défendez pas! A cause de ce qui va se passer ce matin, j'ai raconté l'histoire à ma tante ; elle en est ravie, et je ne serais pas surpris qu'elle en fît part à la petite duchesse, avec toutes sortes de regrets et de lamentations sur votre inconduite. C'est à rendre toutes les pupilles folles de vous ; car toutes femmes sont femmes, et celles de cette nuit qui, je dois vous le dire, vous avaient en maigre estime, ont tellement dit d'horreurs de vous en apprenant votre escapade, qu'à l'heure qu'il est je parierais qu'elles ont toutes envie de vous avoir.

« Il a raison, pensa en lui-même l'ombre du marquis, et je serais un grand sot de détruire cette bonne opinion d'une bonne fortune qui, si elle n'est pas vraie, le deviendra. »

— Un mot cependant, dit La Barlière en baissant la voix : ne vous est-il pas arrivé une espèce d'aventure l'avant-dernière nuit, dans votre hôtel de la rue Saint-Nicolas-d'Antin ?

Arthur lui raconta le fait, et l'espèce d'explication que lui avait donnée madame de Pimpani. Gustave ne put s'empêcher de rire.

— J'ai donc été mystifié si cruellement qu'on le dit ?

— A la couleur près, dit Gustave, je le crois.

En ce moment entra madame de Pimpani, et Arthur retrouva encore une fois devant ses yeux le profil de gaze et de jupons qui l'avait si bien trompé.

La manière dont madame de Pimpani considéra Arthur,

le sourire de satisfaction et de malice joyeuse qui suivit cet examen, avertirent le marquis qu'on le trouvait suffisamment beau, et qu'on se félicitait de lui. Était-ce pour l'avenir, était-ce pour le passé ? Cette question demeurait dans la nuit de la chambre n° 5 de la rue Saint-Nicolas-d'Antin. On monta en voiture, et en quelques minutes la voiture de madame de Pimpani eut conduit la vieille femme et le jeune homme rue du Faubourg-Saint-Honoré. C'était une fort belle demeure en ce sens que la maison était splendide, les appartements bien dorés et richement ornés, les ameublements d'étoffes superbes ; mais l'air qu'on y respirait avait une funeste odeur de crasse et de tabac, aiguisée d'une pointe d'ail, qui envenimait le nez. L'œil n'était pas moins désagréablement choqué que l'odorat : de riches lustres laissaient pendre de longs bouts rompus de leurs chapelets de cristal. Sur une admirable pendule d'une délicieuse sculpture en albâtre se carrait un globe ébréché, laissant ouverture à des essaims de mouches qui avaient badigeonné les visages d'Angélique et Médor de ces petites taches noires qui ont un nom qui n'appartient qu'à elles. Là, un fauteuil montrait son étoffe de soie brochée, à travers les déchirures d'une housse portant empreint le rond d'une tasse à café déposée là par un domestique pressé. Les tapis suaient l'huile par toutes les roses et toutes les pivoines de leurs riches dessins. On crachait partout dans ces salons, et particulièrement sur un feu de cuivre doré, qui gardait cuites et recuites toutes les empreintes qu'on lui envoyait. Le jour intérieur était sale, et à travers la mousseline sale et les carreaux sales, l'air extérieur lui-même prenait une teinte sale.

Cette magnificence crasseuse et puante rappela tout-à-coup à Arthur la délicieuse pauvreté de la chambre de Méta, et il jeta autour de lui un regard surpris et dédaigneux. Madame de Pimpani le devina, et lui dit :

— Il y aura beaucoup de réformes à faire.

On avait été prévenir M. le comte de Camballero de la visite de madame de Pimpani ; il arriva dans une robe de chambre de velours noir, dont les reflets blancs dénotaient le coton dont elle était tissue. Une cordelière d'or, dont les reflets rouges décelaient le cuivre dont elle était filée, serrait la taille cambrée du comte. Des pantoufles de véritable velours, brodées de boutons de roses et de pensées, œuvres de madame de Pimpani, et touchante allusion à leurs sentiments, chaussaient le pied d'un pantalon de cachemire rouge, débris de quelque châle conquis par la vigueur du mollet qu'il enveloppait. Une pipe assez haute pour poser par terre lorsqu'il la fumait debout, était à sa main ornée de bagues colossalement amoureuses. Du reste, il était finement rasé, et prodigieusement frisé et pommadé. Il entra en s'excusant de ce qu'il venait d'être pris au saut du lit, et madame de Pimpani le contempla avec une douce admiration tandis qu'il entremêlait chacune de ses paroles d'une légère bouffée de tabac dont il inondait ses moustaches, tantôt par la bouche, tantôt par le nez.

— La duchesse est prévenue de votre visite ; je vais lui faire demander si elle est visible, attendu que l'on m'a dit qu'elle est avec son confesseur.

A ces mots, M. de Camballero sonna, et une jeune Andalouse à l'œil vif et pétillant, aux allures accentuées, entra et examina madame de Pimpani avec une impertinence remarquable. La vieille marquise regarda le comte, qui s'enveloppa d'un immense nuage de fumée pour cacher sans doute la rougeur qui lui vint au front ; mais l'émotion de sa voix lorsqu'il dit :

— Nansa, sachez si votre maîtresse est visible, perça malgré lui.

Tandis que madame de Pimpani, l'œil en feu, attendait que le nuage fût dissipé pour examiner le coupable, la camérière sortit, et la marquise dit d'une voix sèche :

— Quelle est cette fille, monsieur le comte?

— Une fantaisie de dòna Josepha. Elle a voulu avoir près d'elle une femme de chambre espagnole.

— On en trouve de plus convenables par leur âge à Paris pour le service d'une jeune personne.

— Dona Josepha l'a voulue comme ça.

— Eh! mais vous auriez pu ne pas la vouloir, dit madame de Pimpani d'un ton de commandement à faire trembler un débiteur.

Cependant le comte resta immobile en caressant sa pipe de ses lèvres, et répondit par phrases entrecoupées, comme s'il attendait une interruption :

— Que voulez-vous, ma chère marquise... c'est en satisfaisant aux petits caprices de la duchesse... que nous arriverons... à... la faire changer de résolution. Mais si nous la contrarions sur tout... je crains bien que vos projets... que vos arrangements au sujet de... monsieur le marquis de Mun n'échouent complétement.

Arthur ne crut pas pouvoir permettre qu'on le mît en scène sans en paraître surpris, bien qu'il sût à quoi le comte faisait allusion.

— De quels arrangements et de quels projets s'agit-il, monsieur? et en quoi...

— Pardon, dit madame de Pimpani en contraignant mal la colère que lui inspirait sans doute l'insubordination du comte, voulez-vous me permettre de dire en particulier un mot à M. de Camballero?

Le marquis de Mun s'inclina en signe d'assentiment comme un homme bien appris, et, pour ne pas gêner l'entretien des deux intéressés, il se mit à regarder dans la cour de l'hôtel, de l'air le plus attentionné, tout en prêtant l'oreille afin de saisir quelques mots qui pussent l'éclairer; mais la marquise et le comte, retirés à l'angle le plus reculé du salon, causaient vivement, mais si bas qu'il n'en arrivait pas une parole jusqu'à Arthur. Cependant, au moment le plus animé de leur conversation, le marquis écarta plus vivement le rideau de mousseline dont il comptait les taches, faute d'une occupation plus amusante, regarda avec une ardente curiosité dans la cour, et laissa échapper une exclamation presque aussitôt comprimée. Il y avait en effet de quoi être surpris et de quoi se récrier : il venait de voir un jeune homme traverser la cour pour sortir de l'hôtel, et ce jeune homme était M. de Trobanowski en personne.

Le comte, soit pour échapper à la conversation de la marquise, soit que l'exclamation d'Arthur l'eût véritablement alarmé, se leva tout à coup en disant :

— Qu'est-ce que c'est, monsieur le marquis ?

— Rien, monsieur le comte, fit celui-ci d'un air dédaigneux.

Et tout aussitôt entra la chambrière andalouse, qui dit d'une voix impudemment claire, et en grasseyant d'une façon provocante :

— Madame la duchesse de Ménarès est prête à recevoir madame Pimpani et le monsieur qui l'accompagne.

La « madame Pimpani » tout court et « le monsieur qui l'accompagne » firent monter un véritable rouge au visage de la marquise ; elle toisa le Camballero d'un regard à l'écorcher vif, et dit à la chambrière, d'un ton impératif :

— Votre nom, mademoiselle ?

— Nuña, dit la chambrière d'un ton décidé.

— Il paraît que vous avez appris toute autre chose qu'à prononcer l'espagnol à cette Andalouse de la rue de l'Égout, fit la marquise en jetant un nouveau coup d'œil sur le comte.

Elle passa alors impétueusement devant Arthur, en lui faisant signe de la suivre, et celui-ci, qui sortit plus lentement, put entendre la chambrière dire de cet accent inouï que la voix de Fouriou avait si crûment appris à son oreille :

— Qu'est-ce qu'elle chante donc votre vieille carcasse de

marquise?.. elle est jolie? je vous en fais mon compliment, Roderigo.

Puis la voix du comte se fit entendre. Puis plus rien qu'un murmure et des rires étouffés.

XIV

Découverte. — Présentation. — Commission.

Arthur avait le cœur gros de la découverte qu'il avait faite à travers le carreau sale du salon; cette découverte ne le faisait pas précisément renoncer à ses projets, car les trésors et le titre de la duchesse de Ménarès n'avaient pu être altérés par la visite du beau Polonais; mais il voulait montrer qu'il n'allait point en aveugle à la conquête de cette Palestine, et qu'il était homme à faire des conditions. Il arrêta solennellement madame de Pimpani, en lui disant:

— Pardon, madame, un mot.

— Qu'y a-t-il? dit la marquise en s'arrêtant.

— Je crains, madame, que la visite que nous allons faire ne soit parfaitement inutile.

— D'où vient cette crainte, monsieur le marquis?

— Êtes-vous sûre, madame, du confesseur que vient de consulter mademoiselle de Ménarès?

La marquise réfléchit un moment, et répondit avec une sorte de rage:

— De quoi peut-on être sûr en ce monde? les hommes ont si peu d'honneur et si peu de délicatesse dans leurs goûts!

Arthur fit preuve d'intelligence en comprenant à quoi se rapportaient les paroles de la marquise, et, dans un accès d'esprit, il repartit du ton le plus faquin, voulant encore prouver à madame de Pimpani qu'il n'était pas un homme à se laisser duper par de vaines apparences :

— M. de Camballero porte un grand nom, il faut le reconnaître, mais, en vérité, sa personne dément jusqu'à un certain point sa naissance. Sa beauté a quelque chose de commun, si bien qu'en entrant chez vous ce matin, madame la marquise, j'ai vu un grand chasseur qui a tout à fait ses allures, et qu'on nomme, je crois, Charles Loupon.

Madame de Pimpani parut terrifiée ; son œil égaré semblait demander à Arthur si c'était la plus insolente épigramme du monde ; mais le marquis était si ravi de lui-même, si enchanté de l'esprit qu'il venait de montrer, qu'un sourire gracieux et avenant errait sur ses lèvres, et que son regard caressait, pour ainsi dire, la vieille figure bouleversée de madame de Pimpani. Ce que c'est que la vanité ! Arthur, en contemplant pour ainsi dire sa supériorité dans l'effet prodigieux qu'il venait de produire, avait pris un visage si charmant, si charmé, que la marquise errait d'une supposition haute comme les tours de Notre-Dame à une crainte profonde comme les catacombes. Y eut-il de la part de madame de Pimpani conviction ou adresse, génie ou audace ? mais elle s'arrêta à la supposition, et baissant les yeux, laissant palpiter son cœur, elle tendit la main à Arthur, et lui dit d'une voix perdue d'émotion et de tendresse :

— Arthur, m'avez-vous donc devinée ?

— M'en voulez-vous ? dit le marquis, qui prit ce trouble pour une honte bien naturelle, et pour la résignation d'une vieille coquette qui s'avouait à sa merci : mais il tomba du haut de ces tours de Notre-Dame qu'il venait d'élever dans l'esprit de la marquise lorsque celle-ci reprit avec une sorte d'abandon en délirant sous la peau :

— Et pour moi, Arthur, vous voulez renoncer à ce mariage qui vous promettait la plus haute fortune ?

Madame !... s'écria Arthur, à qui aucune autre protestation ne put venir à la bouche, tout abîmé, tout surpris de ce seau de glace fondante qui lui tombait sur le chef.

— Ah ! taisez-vous, enfant, lui dit la marquise, pas un mot de plus ! Je vous expliquerai tout ; vous avez raison, ami, il faut renoncer à ce mariage ; nous sommes trahis et nous nous vengerons.

Arthur se secouait comme un caniche mouillé à qui l'eau découle dans les yeux et bourdonne dans les oreilles, et qui ne voit plus et n'entend plus, et sans aucun doute il allait enfin trouver une dénégation précise des sentiments qu'on lui supposait lorsqu'une porte s'ouvrit, et la petite duchesse elle-même parut en disant :

— Eh bien, ma chère marquise, ne voulez-vous point entrer ? je vous attends.

Arthur et madame de Pimpani, pris à l'improviste, furent obligés de céder à cette gracieuse invitation.

Les premiers moments de l'entrée, de la présentation, de la prise des siéges, de la déclaration des noms, donnèrent à Arthur le temps de se remettre, et il se résolut à rétablir sa position par une protestation indirecte, mais si claire, que madame de Pimpani ne pût s'y méprendre. En conséquence, dès que la conversation permit à Arthur de parler à la duchesse, il dit :

— Permettez-moi, Madame (et ce nom de madame fut dit avec une déférence qui s'attribuait au rang et non à l'état de la personne), de me féliciter de ce que madame de Pimpani a bien voulu me donner l'occasion de mettre à vos pieds l'hommage de mon respect.

— C'est un sentiment dont je vous remercie, monsieur, dit froidement la duchesse ; dans ma position, reprit-elle en regardant madame de Pimpani, on ne peut en souhaiter d'autres.

— Pourquoi cela, ma belle ? dit la marquise d'un ton colère ; et il fallait que la vieille marquise fût très-heureuse pour ne pas rendre en centuple aigreur, l'aigre regard que lui avait jeté la señora Josepha.

— C'est qu'on peut croire les autres intéressés, madame, dit la duchesse en regardant le marquis.

Cela n'avait rien de bien attrayant ; mais Arthur était tellement dominé par le désir de faire comprendre son erreur à madame de Pimpani, qu'il repartit de son plus bel air galant :

— Il est certain, madame, que quiconque aura l'honneur de vous connaître mettra le plus précieux intérêt de sa vie à vous plaire.

Malheureusement pour lui la marquise n'entendit pas, car M. de Camballero venait d'entrer dans le salon, et, avec lui, la rage entra dans le cœur de madame de Pimpani. Elle se leva, et dit aussitôt à Josepha avec ses grâces les plus enfantines :

— Veuillez me permettre, ma chère belle, d'aller écrire un petit mot : c'est pour une affaire très-pressée, et qui a besoin d'une solution prompte.

Elle divisa en deux parts inégales et dissemblables le regard qu'elle adressa à ces messieurs en sortant : ce fut tout miel et caresse pour Arthur, qui baissa la tête d'un air défait ; ce fut tout haine et menace pour le comte, qui se rengorgea avec la satisfaction la plus insolente.

Cependant Arthur ne s'était pas aperçu que, pendant la majestueuse sortie de madame de Pimpani, Josepha s'était armée d'un binocle, et l'avait lorgné avec une attention et une surprise extrêmes ; puis elle avait considéré le comte avec un étonnement qui semblait dire de la façon la plus claire : Mais, en vérité, je ne me doutais pas que ce pût être là M. de Mun. M. de Cambellero comprit-il ce regard ? ou bien voulut-il donner suite à la déclaration de guerre qui, sans doute, venait d'être proclamée entre lui et madame de Pimpani ? car il dit tout aussitôt à Arthur :

— Vous ne croiriez jamais, monsieur, à quel point je suis distrait et oublieux ; voilà trois fois depuis hier que je me promets de vous faire mille excuses pour ce qui s'est passé hier entre nous ; et voilà trois fois qu'entraîné par la conversation, je n'accomplis pas ce devoir.

Arthur, humilié au dernier point, fut sur le point de demander de quoi il s'agissait ; mais la duchesse, qui en un instant se trouvait prendre à M. de Mun un intérêt extraordinaire, s'en enquit avant lui, et le comte répondit de l'air le plus insolent :

— Mais c'est chez monsieur que j'ai eu l'honneur de vous rencontrer hier.

La duchesse se leva si rouge de visage que ses cheveux en parurent blonds.

— Chez monsieur le marquis de Mun ?

— Chez moi, en effet, dit Arthur furieux, qui, ne pouvant deviner dans quel but M. de Camballero cherchait à les humilier en face l'un de l'autre, voulut venir en aide à la pupille qu'il avait si mal protégée la veille, et ajouta : C'est moi qui ne pouvais m'imaginer qu'une personne du rang et de la position de madame la duchesse en fût réduite à chercher dans une si pauvre maison un asile contre certaines tyrannies.

— Bah ! fit le comte en l'interrompant d'un ton moqueur ; j'aurais pensé que si ma conduite a été tyrannique, ce n'était pas à vous de vous plaindre.

Arthur se souvint alors que la poursuite du comte n'avait eu d'autre but que d'empêcher le départ de doña Josepha avec M. de Trobanowski, et que c'était à son profit que ce rapt par consentement avait été prévenu. Il se mordit les lèvres et reprit :

— C'était votre droit de tuteur, monsieur le comte ; je l'ai respecté, et je veux ignorer les motifs qui ont amené cette rencontre.

— Votre visite ici, monsieur, dit le comte, me prouve que vous les ignorez.

— Et la señora peut être certaine, dit Arthur, décidé à la conquête de l'héritière, que je les ignorerai toujours.

— Je vous remercie, monsieur, dit la duchesse d'un air plus gracieux.

— Il importe peu que monsieur les ignore ou les sache, dit le comte, d'après ce qui a été décidé cette nuit.

— Monsieur, dit doña Josepha d'un ton de reine, je vous prie de taire ce qui n'est à l'honneur de personne.

Elle allait quitter l'appartement, quand madame de Pimpani reparut, et l'arrêtant doucement, lui dit :

— J'ai à vous parler en secret, ma toute belle, et j'espère que monsieur le comte voudra bien me le permettre?

— Madame... fit celui-ci d'un air à dire non.

— Pendant ce temps, je demanderai à monsieur de Mun de vouloir bien me rendre un service très-important. Voici une lettre que je viens d'écrire à M. Saint-Fiacre, rue Mauconseil, n° 101, et je serais bien aise que monsieur le marquis voulût bien la remettre lui-même, et à l'instant, dans les mains de la personne à qui elle est adressée.

— Madame!... s'écria encore le comte qui pâlit à ce nom de Saint-Fiacre, j'aime à croire...

— Vous aimez!... lui dit madame de Pimpani en l'interrompant comme on ferait d'un subalterne, vous aimez de fort vilaines choses.

Arthur se trouvait pressé en ce moment entre madame de Pimpani, dont les espérances l'épouvantaient, M. de Camballero, qui lui paraissait d'une outrecuidance par trop castillane, et la duchesse de Ménarès, qui lui apparaissait dans un cadre de millions blasonnés, mais ayant à ses côtés un confesseur à moustaches. Dans cette cruelle position, le marquis crut n'avoir rien de mieux à faire que de se retirer pour pouvoir prendre une détermination à tête reposée, et il accepta la commission que lui donnait madame de Pimpani.

— A cinq heures aujourd'hui, lui dit gracieusement le cruel squelette en lui mettant sa lettre dans les mains de façon à lui serrer amoureusement le bout des doigts.

Arthur tressaillit et salua sans répondre, mais il crut remarquer en se relevant que la duchesse lui jetait un regard de regret ; quant à M. de Camballero, notre héros le toisa de façon à lui dire : Quand cela vous plaira, vous trouverez à qui parler. Puis il sortit.

XV

Petite Consultation.

Lorsque le marquis fut sorti de l'hôtel, il chercha à se rendre compte de ce qui venait de se passer sous ses yeux : il lui apparut d'abord, clair comme le jour, que M. de Camballero s'était permis une infraction à ses engagements amoureux vis-à-vis de madame de Pimpani, et il ne douta point que la lettre dont il était porteur ne fût destinée à amener le châtiment de l'infidèle. Ce qui ne s'expliquait pas avec la même netteté, c'était la bonne grâce de la petite duchesse à son égard, surtout après avoir vu M. de Trobanowski sortir de chez elle. Cependant la consultation qu'il avait eue la veille même avec son ombre lui fut rappelée par celle-ci, et il se demanda s'il ne serait pas possible que, par une combinaison quelconque, M. de Camballero eût trouvé bon de passer dans le camp polonais et de donner son consentement à une union qui paraissait avoir été vivement entamée entre les deux amoureux. En vertu de cette comparaison de sa position présente avec son histoire passée, le beau marquis de Mun se demanda encore s'il n'arrivait pas à M. de Trobanowski ce qui lui était arrivé à lui-même ; si, du moment qu'il n'était plus un amant défendu, il ne devenait pas un amant dédaigné, et si, par conséquent, lui-même ne pourrait pas jouer vis-à-vis du comte de Trobanowski le rôle que le vicomte de Moralli avait pris autrefois dans son intrigue avec mademoiselle de Paimpadeuc. Ravi de cette supposition, Arthur trouva même qu'il y avait une espèce de similitude entre la rencontre fortuite qui avait eu lieu entre lui et madame de Pimpani, et celle qui s'était passée jadis entre la jolie petite baronne et le joli petit vicomte. « Je ferai comme il a fait, se dit Arthur : je saisirai au vol une occasion de forcer le consentement de la vieille, et j'aurai une femme riche, puissante et de la plus intacte vertu ; car enfin tous mes rendez-vous nocturnes avec Lucinde n'avaient abouti à rien, et je ne vois pas pourquoi ceux de M. de Trobanowski et de dona Josepha auraient eu un résultat plus attentatoire à mes prétentions. » Tout plein de cette idée, charmé d'avoir trouvé une occasion où le récit de son ombre pouvait lui servir à quelque chose, Arthur prit un air de conquérant comme s'il venait de remporter une grande victoire ; il marchait dans la rue le nez au vent, et se dandinant, comme il se rappelait avoir vu se dandiner le joli petit vicomte, lorsqu'au fond d'un cabriolet qui venait rapidement à lui, il aperçut quelqu'un qui lui faisait signe. La voiture s'arrêta, et il en descendit M. de la La Barlière le père qui, sans autre préambule, lui dit en l'entraînant dans l'enfoncement d'une porte cochère :

— Vous venez de chez la duchesse, n'est-ce pas ?

— Pardon, monsieur, fit Arthur du bout des lèvres ; M. de la Barlière, je crois ?

— Oui, monsieur, lui répondit sèchement et vivement le banquier, mais veuillez me répondre. Sortez-vous de chez mademoiselle de Ménarès ?

— J'en sors, répondit avec circonspection Arthur, à qui cette façon d'interrogation ne convenait point du tout.

— Et que s'est-il passé ?

— Rien que je sache.

— Mais ma sœur ? fit le banquier qui bouillait d'impatience.

— Je l'ai laissée avec madame la duchesse.

— Et, reprit M. de La Barlière en regardant attentivement Arthur afin de reconnaître s'il était discret ou bête, et madame de Pimpani ne vous a rien dit ?

La suffisance d'Arthur commença à s'alarmer de l'air inquiet du banquier, et il voulut bien lui répondre :

— Elle m'a chargé d'une lettre qui me paraît fort pressante pour un M. Saint-Fiacre.

— Ah! fit le banquier d'un air presque joyeux, c'est bien, allez porter cette lettre sur-le-champ; puis il ajouta en souriant d'un air d'intelligence à Arthur : Ma sœur n'est pas une femme qu'on puisse prendre sans vert; je vais la rejoindre à l'instant même, et comme il est nécessaire que cette lettre arrive rapidement, et que vous pouvez avoir quelques courses à faire, prenez mon cabriolet; ma sœur me ramènera.

Le banquier fit un signe, et le cabriolet s'approcha.

— Vous allez conduire monsieur partout où il voudra, dit-il au domestique, puis il continua sa route vers l'hôtel de la duchesse.

Le marquis, occupé à saluer M. de La Barlière, monta dans la voiture sans trop faire attention à celui qui l'occupait, et ce ne fut que lorsqu'il fut assis qu'il s'aperçut qu'il était conduit par le terrible Charles Loupon. Cette vue le troubla singulièrement; c'était l'homme dont il avait si malencontreusement pris la place dans la rue saint-Nicolas-d'Antin; bien plus, c'était le courrier secret des intrigues carlistes dont M. de La Barlière était le banquier, et dont lui-même, marquis de Mun, était un des principaux agents. Arthur appela à lui toute son ombre pour ne pas faire quelque faute capitale, et dit en se renfonçant dans le coin du cabriolet comme un homme profondément occupé d'affaires :

— Rue Mauconseil, n° 101.

Charles Loupon le regarda du coin de l'œil d'un air ironique, prit la route du boulevard et se mit à dire en regardant les oreilles de son cheval :

— Enfin, monsieur le marquis, vous voilà à Paris.

Ce premier mot fut un grand soulagement pour Arthur, et lui prouva que Charles Loupon ne connaissait pas personnellement l'individu dont il tenait la place, et, par cela seul qu'il échappait à ce danger imminent, notre héros se crut complétement sauvé ; mais les paroles suivantes de Charles Loupon calmèrent vite cette joie, et lui donnèrent de nouvelles anxiétés.

— Nous allons enfin pouvoir régler ensemble notre petit compte, monsieur le marquis, et vous ne m'échapperez pas ici comme vous avez fait dans les Pyrénées et en Espagne.

Arthur reconnut encore qu'il ne s'agissait point du compte de la rue Saint-Nicolas, mais d'un autre dont il n'avait pas la moindre idée.

— De quel compte s'agit-il, mon cher ? fit le marquis d'un air doucereux.

— Pardieu ! fit Charles Loupon assez brutalement, vous êtes gentil de me le demander après avoir manqué me faire fusiller comme voleur, attendu que dans l'armée de don Carlos le Code pénal était parfaitement peu en usage, et qu'une balle coûte moins cher qu'une prison.

Arthur eût donné tout ce qu'on pouvait lui réclamer pour être hors de cette voiture, mais il n'y avait pas moyen de s'échapper, et il crut faire un acte de haute prudence en disant à Loupon :

— Eh bien, mon cher, venez chez moi demain matin ; nous causerons de tout cela.

— C'est parfaitement inutile, monsieur le marquis, dit Charles ; nous allons chez un homme qui entend les affaires à merveille ; j'ai vos papiers sur moi et ça sera réglé en deux temps et un mouvement ; sans cela l'affaire sera bientôt expédiée, maintenant que je sais où vous pêcher.

— Qu'est-ce que signifient ce ton et ces menaces ? dit le marquis qui ne s'imaginait pas qu'un homme comme il avait dû être quand il n'était pas lui, eût pu se compromettre à ce point vis-à-vis d'un laquais.

— Comment, ce que ça signifie ? dit Charles Loupon d'un ton encore plus insolent ; mais je vais vous l'apprendre dans dix minutes, et vous vous souviendrez alors de ce que ça signifie.

Le ton très-explicite de cet homme annonçait un droit qui ne pouvait être révoqué en doute, et la sagacité naturelle d'Arthur, jointe à son immense expérience, lui prouvèrent qu'il devait se démarquiser un peu de façons et de manières.

— Que diable ! dit-il d'un air dégagé, je suis habitué à payer ce que je dois, et quand nous aurons fait notre compte, vous n'attendrez pas longtemps.

— A la bonne heure, fit Charles Loupon.

Il doit s'agir de quelques milliers d'écus, pensa le marquis, promis par moi ou par mon père à ce misérable ; j'en serai quitte en lui donnant un bon sur M. de La Barlière, son maître, et ce ne sera pas acheter ma sécurité trop cher de ce côté. Mais Charles Loupon avait sans doute plus de droits que ne se l'imaginait le marquis, car il lui dit :

— Pardieu ! je serais bien curieux de savoir où vous êtes allé dans ce moment-là, après avoir quitté Barcelone ?

— Je suis rentré en France, repartit le marquis.

— En France ! mais je vous ai suivi à cheval de poste en poste jusqu'à Madrid, et ce n'est guère le chemin...

— C'est celui que mes affaires m'obligeaient de prendre.

— Mais par où diable avez-vous donc passé, alors ?

Le marquis appela à lui toutes ses connaissances géographiques, et repartit :

— J'ai passé par Burgos.

Charles Loupon regarda Arthur comme s'il rêvait, et celui-ci, convaincu qu'il avait dit quelque lourde bêtise, lui dit d'un ton impératif :

— Faites donc attention, ce n'est pas là le chemin de la rue Mauconseil.

— C'est vrai, dit Charles Loupon, et il me semble que vous connaissez bien Paris, si vous ne connaissez guère l'Espagne.

Tout cela étourdissait Arthur de plus en plus ; il commençait à s'apercevoir qu'il s'était embarqué dans une intrigue dont il ne savait pas le premier mot : il se demandait presque s'il ne ferait pas mieux d'y renoncer ; mais le duché de Ménarès et les millions qui lui servaient d'auréole étaient là devant ses yeux, et le fascinaient comme la pourpre fascine les taureaux, qui se précipitent pour l'atteindre à travers les épieux et les obstacles, sans mesurer le danger. A ce moment, ils arrivèrent à la porte de M. Saint-Fiacre, et le marquis espéra pouvoir se débarrasser de Charles Loupon, en lui disant :

— Je n'ai plus besoin de vous.

— Mais, moi, c'est tout le contraire, dit Charles Loupon, et vous ne m'attendrez pas longtemps.

Aussitôt il appela un commissionnaire du coin, lui confia la garde du cheval et du cabriolet, et monta derrière les talons d'Arthur, qui se décida enfin à savoir tout de suite ce dont il s'agissait. Arrivés tous deux au premier étage de cette maison, Charles Loupon tourna le bouton d'une porte sur laquelle un écriteau en cuivre portait le nom de M. Saint-Fiacre, et, le chapeau à la main, il le fit passer devant lui avec tout le respect dû à son rang, et en lui disant :

— Faites vos affaires, monsieur le marquis ; M. de La

Barlière m'a mis à vos ordres, et je puis vous attendre tant qu'il vous plaira.

Arthur, confondu de tant d'audace, et épouvanté surtout de ce qui pouvait l'autoriser, entra dans le cabinet de l'homme d'affaires comme un accusé dans la prison. Il était tellement troublé qu'il n'eût pu apprendre à une espèce de petit commis pourquoi il venait, si Charles Loupon n'eût dit à cette façon de clerc :

— Allez dire à M. Saint-Fiacre, que M. le marquis de Mun désire lui parler.

La petite pièce dans laquelle le marquis attendit un moment le retour du messager expédié à M. Saint-Fiacre avait un aspect d'encre tout à fait sinistre. Des casiers noirs, des cartons couverts de papier maroquiné noir, des tables noires; je ne sais quoi de noir répandu dans l'atmosphère; un carreau jadis peint en rouge et granité de noir par des millions de taches d'encre ; tout cela donnait à cette petite pièce l'aspect d'une chapelle tendue pour un enterrement. Cet aspect serra le cœur d'Arthur comme un pressentiment ; était-ce donc dans cette enceinte qu'allait s'exécuter le *De profundis* de toutes ses belles espérances ? Maître Charles Loupon, en somptueuse livrée, debout à côté de la porte, ressemblait assez au suisse dont la canne frappé avec la même indifférence pour frayer le passage au prêtre, soit qu'il aille au baptême, soit qu'il s'apprête à célébrer un mariage ou à prier sur un cercueil.

Un froid particulier saisit le marquis. C'est un froid que ceux qui ne l'ont jamais éprouvé ne peuvent concevoir : il prend au cœur, et se glisse rapidement du centre aux extrémités ; une humidité glacée humecte la paume de la main, tandis que le front reste sec, mais comprimé comme dans un cerceau de glace. L'effet de ce froid n'est pas d'engourdir les facultés agissantes du corps et de l'esprit, bien au contraire, il leur donne une activité, un tourbillonnement qui les confond, les irrite, les exaspère; c'est une sorte de fièvre à la glace, qu'on peut justement appeler fièvre d'huissier.

Cependant le petit commis reparut, et pria M. de Mun d'entrer dans le cabinet du patron. Ce cabinet était un contraste délicieux avec l'antichambre encrée qui le précédait. Un vaste bureau d'acajou, des bibliothèques élégantes où se montrait le dos de magnifiques reliures, des chaises en fer creux peintes en bambou, et probablement destinées, par leur vigoureuse construction, à résister aux ébranlements nerveux que ceux qui s'en servaient pouvaient ressentir, une pendule représentant Angélique et Médor, une jolie table à ouvrage en laque, ornaient le cabinet. Au moment où il entrait, une femme d'une beauté admirable, mais de proportions extrêmement développées, passait dans un petit salon, en disant à un homme d'assez triste apparence qu'elle faisait marcher devant elle :

— Allons un moment de ce côté, nous reviendrons quand monsieur aura fini.

Une idée sublime, rapide, hardie, passa dans la tête du marquis.

— Je ne veux déranger personne ; demeurez, madame. Il s'agit d'une lettre que je dois remettre à M. Saint-Fiacre de la part de madame la marquise de Pimpani.

La belle femme s'arrêta à la parole, à l'aspect du beau jeune homme, et lui répondit par un sourire d'une forte amabilité et par ces mots dits d'une voix très-masculine :

— Je vous suis très-obligée, monsieur.

Puis, s'adressant à l'individu qui avait déjà passé dans la seconde pièce, elle lui dit :

— Voyons, dépêchez-vous de me montrer tout ça ; il faut que je sorte, et je n'ai pas le temps de baguenauder.

Pendant que l'individu ainsi interpellé rentrait, le marquis s'avança vers M. Saint-Fiacre, dont il n'avait aperçu que la tête, caché qu'il était derrière son bureau. Le marquis s'étonna de ce que ce monsieur ne se levait pas pour le recevoir; mais, lorsqu'il fut tout à fait près de lui, il s'aperçut qu'il était debout. M. Saint-Fiacre était un véritable nain; il paraissait âgé d'une quarantaine d'années et n'avait conservé autour de sa tête chauve qu'une couronne de cheveux d'un châtain-clair, tellement soyeuse et mal peignée, qu'elle ressemblait à une fourrure de chat sauvage. Un nez comme un clou à crochet, des yeux gris et ardents, une bouche pâle et pincée, lui donnaient une véritable expression de férocité. Il avait suivi des yeux M. de Mun pendant qu'il parlait à sa femme (car la somptueuse personne dont nous venons de parler était sa femme). Une grimace cruelle avait contracté sa face lorsque madame Saint-Fiacre avait consenti à demeurer dans le cabinet, et quand Arthur s'était approché de lui, il avait dardé ses regards dans les yeux du marquis pour y découvrir si le beau jeune homme s'était aperçu de la beauté de la grande femme : mais Arthur avait bien autre chose à penser ; en priant madame Saint-Fiacre de demeurer, il avait espéré que Charles Loupon, voyant le patron du cabinet occupé en famille, n'insisterait pas pour le règlement de ses comptes ; que ce serait peut-être affaire remise, et que de là au jour où il faudrait en reparler, le hasard, ou Léopold Fouriou, ce dieu malfaisant auquel Arthur était poussé à sacrifier malgré lui, viendrait lui donner des renseignements qui lui apprendraient de quoi il s'agissait entre lui et le terrible domestique.

Probablement, M. Saint-Fiacre ne reconnut dans le visage d'Arthur aucun indice de curiosité galante, car il prit la lettre de madame de Pimpani de l'air le plus gracieux du monde. Il offrit un siége à Arthur, en le plaçant cependant de manière à ce qu'il tournait le dos à madame Saint-Fiacre et à son interlocuteur, et de façon à la voir bien en face de lui; cela fait, M. Saint-Fiacre s'assit sur un fauteuil qui le grandit considérablement, et du haut duquel il pouvait surveiller les opérations de sa femme.

Ce fut pendant qu'il lisait la lettre que commença le petit dialogue suivant entre la belle dame et le monsieur inconnu. Celui-ci avait défait un ballot assez volumineux et en avait extrait une certaine quantité d'étoffes.

— Voyez, disait-il, madame, d'une voix nasillarde et légèrement accentuée d'allemand, voilà une étoffe de Vienne en pur cachemire que je puis vous offrir pour une robe de bal; j'ai vendu les pareilles à Sa Majesté la reine et à madame de Rothschild.

A cette voix, le marquis de Mun avait tressailli comme un musicien dont l'oreille est déchirée par un son discordant; cette voix était connue d'Arthur sans qu'il pût se rappeler où il l'avait entendue. Pendant qu'il cherchait à se le rappeler, madame Saint-Fiacre avait répondu avec un gros rire :

— Vous me faites l'effet d'un fameux farceur avec votre reine et madame de Rothschild; votre robe est une vieille guenille que vous m'avez déjà offerte dix fois, et dont je n'ai pas voulu; voyons, avez-vous autre chose?

— Allons, ma petite madame Saint-Fiacré, répondit la voix désagréable, je vais vous montrer quelque chose de magnifique; après ça, si vous n'êtes pas contente, je ne puis rien vous offrir de mieux, et nous ne ferons pas d'affaires ensemble.

Arthur entendit défaire un autre paquet, puis une exclamation de surprise satisfaite :

— Tiens, au fait, c'est gentil, dit madame Saint-Fiacre.

— Comment, si c'est gentil? fit le marchand d'un air rogue; c'est la pareille à celle que la reine Victoria portait le jour de la signature de son contrat avec le prince Albert.

— Allons donc, dit madame Saint-Fiacre, comment voulez-vous me faire accroire cela?

— C'est mon secret; mais, voyez-vous, cette robe-là je ne pourrais pas vous la donner à moins de cinq cents francs si je ne l'avais pas eue de première main.

— Au fait, dit madame Saint-Fiacre en caressant la robe du regard, c'est gentil; mais êtes-vous bien sûr que c'est la pareille à celle de la reine d'Angleterre?

Le marchand baissa la voix, et reprit comme en confidence :

— Je puis bien vous dire ça à vous, parce que vous êtes une femme secrète; eh bien, cette robe a été volée dans le palais de Buckingham par le petit ramoneur qui y a été arrêté deux fois, et qui était un des émissaires des contrebandiers anglais avec lesquels je suis en relation.

Le son de cette voix était trop désagréable à Arthur pour qu'il fit grande attention au sens des paroles du marchand à la toilette; cependant M. Saint-Fiacre avait achevé la lettre de la marquise, et avait dit à Arthur de Mun :

— Pardon, monsieur, il faut que je consulte quelques papiers, et je dirai à madame de Pimpani ce que nous pouvons faire immédiatement contre M. de Camballero.

Cette formule causa un nouvel effroi à Arthur; il ne douta plus qu'il ne fût chez un huissier ou chez un garde du commerce, et il perdit pendant un moment la faculté de voir et d'entendre, de façon qu'il ne s'aperçut pas du petit complot qui se trama derrière lui, et qu'il ne vit madame Saint-Fiacre qu'au moment où elle lui adressait la parole, malgré les supplications du marchand.

— Pardon, monsieur, lui dit la belle dame, vous qui êtes du grand monde, vous devez vous y connaître, et je voudrais bien savoir si les duchesses et les marquises portent des robes à peu près comme ça?

En parlant ainsi, elle lui mit sous le nez une étoffe de soie imprimée avec des oiseaux incroyables, et Arthur, quoique s'y connaissant fort peu, était prêt à lui déclarer que cette robe était affreuse, lorsqu'il tourna les yeux sur le marchand, reconnut M. Landurde, et, par contre, pour avoir vu dans son magasin de guenilles la robe que le marchand disait avoir orné la reine d'Angleterre. Arthur faillit tomber à la renverse tandis que madame Saint-Fiacre le considérait avec un intérêt très-marqué ; cependant il reprit quelque empire sur lui, et se hâta de répondre que la robe était délicieuse, et qu'il en avait vu de semblables dans les réunions brillantes des meilleurs salons.

A cette apologie de ce malheureux chiffon, M. Landurde se mit à considérer Arthur comme quelque chose d'extraordinaire ; il parut même tellement surpris qu'un homme de cette sorte pût trouver de bon goût une étoffe pareille, qu'il se rapprocha vivement de M. Saint-Fiacre, occupé à déterrer des papiers dans un casier, et lui demanda :

— Quel est ce monsieur ?

— Un provincial, répondit tout bas M. Saint-Fiacre ; allons, finissez votre marché avec ma femme, car nous avons à causer.

Ce petit aparté avait laissé Arthur et madame Saint-Fiacre seuls un petit moment, et celle-ci en avait profité pour dire d'un air sentimental et ému au beau jeune homme :

— Puisqu'elle vous plaît, monsieur, j'achèterai cette robe.

La suprême vanité du marquis domina un moment ses terreurs, et il répondit rapidement et à voix basse :

— Et où pourrai-je vous voir quand vous en serez parée ?

— A Saint-Méry, dimanche matin, à la messe.

M. Landurde s'était rapproché, et madame Saint-Fiacre se retira dans un coin avec le marchand pour faire son prix. De son côté, M. Saint-Fiacre revint avec une liasse de dossiers, et, les ayant rapidement compulsés, il dit tout haut au marquis :

— Nous avons contre M. de Camballero pour trente-deux mille francs de prise de corps, immédiatement exécutoires, et vous pouvez dire à madame de Pimpani que demain, avant midi, M. de Camballero sera à Sainte-Pélagie, à moins qu'elle ne m'envoie des ordres contraires d'ici à ce soir.

— Comment, bon chéri, dit à son mari madame Saint-Fiacre d'une voix doucement plaintive, vous allez donc être encore demain toute la journée dehors?

— C'est probable, répondit le garde du commerce, car, il n'y avait plus à en douter, c'était un garde du commerce; c'est probable : ce n'est pas le tout, en effet, d'arrêter les débiteurs; il n'y en a pas un qui ne prétende avoir dans tous les coins de Paris des amis qui pourront payer pour lui, et nous sommes obligés de les promener en voiture toute la journée.

— Ah! je vais bien m'ennuyer toute seule, dit madame Saint-Fiacre, dont le nom avait un si singulier rapport avec les fonctions de son époux.

XV

Nouvelles surprises. — Une femme qui s'ennuie. — Intervention nouvelle de Fouriou. — Encore un fripon. — Deux fripons. — Trois fripons.

Arthur reconnut dans cette exclamation douloureuse un appel à sa sensibilité; mais il n'osa pas y répondre d'une façon directe, tant il redoutait le regard de M. Saint-Fiacre, pointé sur lui comme le canon d'un pistolet. Probablement la belle femme ne crut pas avoir été comprise parce qu'on ne lui avait pas répondu, car elle reprit :

— Dis-moi, au moins, bon chéri, à quelle heure tu rentreras.

— Mais à l'heure que je pourrai, dit M. Saint-Fiacre avec impatience.

— Si c'est comme ça, reprit madame Saint-Fiacre d'un ton larmoyant, j'irai demain toute la journée à l'église pour prier Dieu, et tâcher de me désennuyer.

Le garde du commerce se fia à l'immobilité du visage d'Arthur, et ne crut pas que cet appel eût été compris; d'ailleurs sa chaste épouse avait parlé de l'église, et ne sachant pas que celle de Saint-Méry avait été désignée d'avance, le soupçonneux mari fit sortir sa femme, en la consolant par la promesse d'un prompt retour. Elle avait à peine quitté le cabinet que la figure de Charles Loupon, qui était sans doute aux aguets, se montra dans la porte entre-bâillée, pendant qu'il disait :

— Si vous avez fini, monsieur Saint-Fiacre, j'aurais un mot d'affaires avec M. le marquis de Mun à vous expliquer entre nous.

A ce nom de marquis de Mun, M. Landurde ouvrit de grands yeux, car ce nom lui était connu sous un autre titre, et il lui rappela exactement le garçon en guenilles qui était venu lui vendre des reconnaissances du Mont-de-Piété, et qu'il ne pouvait reconnaître dans l'élégant costume sous lequel il se présentait à lui. Jamais homme n'avait été dans une plus terrible position qu'Arthur : M. Saint-Fiacre avait répondu à Charles Loupon :

— Entre, mon garçon, je suis tout à l'heure à toi.

De façon que le pauvre marquis se trouvait en face d'un homme auquel il s'était présenté sous un autre nom que celui qu'il portait maintenant, et d'un homme vis-à-vis duquel il avait pris, sous ce dernier nom, des engagements qu'il ne connaissait pas. Quelques moments avant, le marquis avait regretté Léopold Fouriou et son éminente adresse; à ce moment, il se rappela Méta, et sa blanche demeure, et sa paisible mansarde, et sa calme pauvreté, et il eût tout donné pour être près d'elle, marquisat et fortune, grand nom et espérances, excepté cependant sa jeunesse, qu'il eût voulu garder pour aimer cette belle enfant : tardif retour qui ne pouvait le sauver, et qui ne fit qu'ajouter un remords à son embarras. Cependant M. Saint-Fiacre s'était approché de M. Landurde, et, sans prendre garde aux personnes qui étaient dans le cabinet, il lui dit :

— Quel est le prix convenu avec ma femme?

— Cent cinquante francs.

— Bien, dit M. Saint-Fiacre ; alors c'est trente francs la robe.

— Trente francs, dit affirmativement M. Landurde.

Arthur comprit comme quoi M. Saint-Fiacre habillait à bon marché sa femme comme une reine. Une robe de trente francs, eût-elle été délicieuse, eût paru abominable à la superbe Céleste ; mais du moment que cela coûtait cent cinquante francs, elle eût porté la plus odieuse souquenille, eût-elle dû y attacher avec une épingle le mémoire acquitté.

— Maintenant, reprit M. Saint-Fiacre, m'avez-vous apporté ce que je vous ai demandé pour le petit?

— J'ai votre affaire, dit M. Landurde en jetant un regard mystérieux sur Arthur, et je suis sûr que monsieur, qui est connaisseur, vous dira que c'est du beau et du bon.

Cela dit, l'honorable négociant tira d'un foulard de coton (on fait des foulards de coton) un habit noir qu'il étala avec une complaisance excessive, habit tout neuf, habit qui n'avait rien de remarquable que des boutons de soie bombés, ce qui attestait son origine provinciale, et ce qui le fit reconnaître immédiatement par le jeune marquis pour un des habits du malheureux dont, avant sa résurrection à la jeunesse, il avait mis la dépouille en gage. Le lecteur se doit rappeler comment ils avaient dû revenir aux mains de Landurde ; mais il ne saurait s'imaginer quel effet cet habit produisit sur le marquis, surtout quand M. Saint-Fiacre, ayant appelé son jeune clerc, lui ordonna d'essayer cet habit. Le petit drôle était de la taille du vrai marquis disparu, et quand il fut revêtu du fatal habit, Arthur, par une sorte d'hallucination, crut voir le défunt lui-même ; un tremblement nerveux le saisit ; il devint pâle comme s'il allait mourir, et il fut obligé de s'asseoir. La chaise de fer résista à sa chute ; mais Charles Loupon s'aperçut de la pamoison, et s'écria :

— Mais qu'avez-vous donc, monsieur le marquis ? on dirait que vous vous trouvez mal.

— C'est vrai, je ne suis pas bien.

— Ah dame, fit Charles Loupon pendant que M. Saint-Fiacre allait dans sa salle à manger chercher la bouteille de vinaigre, on peut être dur à la fatigue pour courir la nuit par monts et par vaux ; mais il faut être bronzé pour passer la nuit à des soupers et à autre chose.

M. Saint-Fiacre reparut le vinaigre à la main, et suivi de madame Saint-Fiacre, que la plus tendre curiosité agitait ; mais déjà le marquis était revenu à lui, et profitant de sa faiblesse avec une véritable présence d'esprit, il dit à Charles Loupon :

— En vérité, je me sens incapable de parler d'affaires. Expliquez cela vous-même à M. Saint-Fiacre. Ce que vous ferez sera bien fait.

— Comme il vous plaira, monsieur le marquis, reprit Charles Loupon. D'ailleurs, il ne s'agit pas de grand'chose : c'est vingt mille francs que vous avez pris à Barcelone sur mon compte, chez Pedro Rodriguez, notre banquier ; faites-moi une acceptation en blanc, à quinze jours, parce qu'encore vous faut-il le temps de vous retourner ; et je vous rends le reçu que vous avez laissé au banquier, et qu'il m'a remis comme pièce comptable.

— Soit, dit Arthur pressé de quitter cette maison où il lui semblait qu'à tout instant il allait sortir des recors et des gendarmes des murs pour s'emparer de lui ; soit : que monsieur Saint-Fiacre prépare une lettre de change, et je suis prêt à l'accepter.

— Diable! diable! fit M. Saint-Fiacre, c'est une affaire que vingt mille francs, c'est dur à payer d'un seul coup; si vous divisiez cela en plusieurs paiements?

— Non, non, dit Charles Loupon, la somme a été prise en bloc, je ne veux pas la rattraper par bribes.

— C'est que je n'ai que des timbres de deux mille francs, dit le garde du commerce, et nous pourrions échelonner cela de cinq jours en cinq jours.

— Non, dit Loupon, je vais aller chercher un timbre de vingt mille.

— Vous avez tort, lui dit M. Saint-Fiacre d'un air d'intelligence.

Loupon ne comprenait pas; mais Landurde comprenait sans doute, car il ajouta d'un air mielleux :

— Cela vaut bien mieux, et c'est plus commode à passer dans le commerce.

Cela voulait dire; si le jeune homme ne paie pas, ce qui est probable, il y aura dix protêts, dix assignations, dix jugements, dix prises de corps, et une masse de frais que le poursuivant paiera si ce n'est le poursuivi. Charles Loupon était en ce moment aussi bien pillé que le marquis; cependant, pressé d'avoir son règlement, il consentit à diviser ainsi sa créance; mais un nouveau coup de foudre attendait notre héros. En effet, lorsque M. Saint-Fiacre étala devant lui le paquet de papier timbré en lui disant :

— Ecrivez là : Accepté pour la somme de deux mille francs, payable le... » signez et mettez votre adresse, Arthur éprouva une nouvelle pâmoison interne. Il fallait signer, et comment signer? Il avait bien donné la veille un reçu au banquier, mais celui-ci ne possédait pas, à ce qu'il paraît, d'autographe de l'ancien petit marquis, tandis que Loupon en cherchait une dans la poche d'un portefeuille où se trouvaient des lettres d'une écriture fantastique, écrites sur papier d'un rose lie de vin : c'était sa correspondance amoureuse.

D'un autre côté, M. Landurde, poussé par une curiosité dont le motif était patent pour Arthur, se tenait de l'autre côté du bureau, pour voir si la signature du marquis serait semblable à celle qu'il avait déjà apposée sur les reconnaissances du Mont-de-Piété. C'en était fait d'Arthur, et il cherchait à s'évanouir tout à fait pour échapper à la terrible position qu'il s'était faite, lorsque la Providence vint à son aide d'une façon inespérée, et Léopold Fouriou entra avec fracas en s'écriant :

— Je vous trouve enfin, monsieur le marquis; venez, j'en ai long à vous apprendre.

— C'est vous, chevalier, dit le marquis avec une véritable effusion, en allant vers le gamin.

C'était l'heure des étonnements, et M. Landurde s'écria d'un air stupéfait :

— Ça, un chevalier ! Fouriou !

— Moi-même, monsieur Landurde, dit le gamin en le toisant de l'air le plus impertinent. Vous traitiez ma grand'mère de vieille folle quand elle vous parlait de ma noble naissance; mais à l'arrivée de mon noble cousin, j'ai pu reprendre mon nom.

— Son nom ! et quel est ton nom ? dit M. Landurde stupéfait.

— Léopold de Mun, monsieur Michelon.

A ce nom de Michelon, ce fut le tour de M. Landurde de pâlir, tandis que M. Saint-Fiacre s'écriait :

— Hein ! de quel nom avez-vous appelé M. Landurde ?

— De son nom, dit effrontément le gamin.

— Vous avez dit Michelon, ce me semble ?

M. Landurde allait s'évanouir à son tour, mais Fouriou regarda M. Saint-Fiacre par dessus l'épaule en lui disant :

— Les oreilles vous cornent, mon cher monsieur, j'ai dit

Landurde. Du reste, voici un nouveau billet de madame de Pimpani qui donne contre-ordre relativement à M. Camballero.

M. Saint-Fiacre prit le billet de madame de Pimpani; il le lut, pendant que Charles Loupon disait :

— Que cela ne vous empêche pas de signer mes lettres de change.

Le marquis serra la main au gamin, fort occupé à lorgner madame Saint-Fiacre, et Léopold dit tout aussitôt :

— Signer quoi?

— Mes lettres de change pour sûr, fit Loupon de sa plus grosse voix.

— Oui, répondit le marquis, pour les vingt mille francs que j'ai pris à Barcelone.

— Eh bien, dit le gamin, et les trente mille francs qu'il prétend avoir donnés à don Irribido, deux minutes avant que ce général fût frappé d'un boulet, de façon à ce que lui, Charles Loupon, n'a pu en rapporter de reçu du général, a-t-il envie que vous les lui redemandiez? car, comme vous le savez, nous avons le reçu que lui, Charles Loupon, laissa à votre père qui lui remit cet argent.

— Damnée bête de vieillard! s'écria le chasseur en frappant du pied.

— C'est un échange que nous pourrons faire tout à l'heure, dit Léopold, car puisque le cabriolet de M. de La Barlière est en bas, il va nous reconduire chez nous.

M. Saint-Fiacre, probablement fort vexé de voir échapper à la fois l'arrestation de M. de Camballero et les espérances de procédure que lui promettaient les acceptations de M. de Mun, s'en prit à sa femme, dont la présence lui parut probablement fort saugrenue, et il lui dit d'un ton bourru :

— Que faites-vous ici?

— Je cherche mon livre de messe dans votre bibliothèque, lui dit madame Saint-Fiacre.

— Comptez-vous donc aller à la messe à cinq heures du soir? lui dit son mari; je vous prie de nous laisser causer d'affaires.

— Cinq heures! s'écria tout à coup Fouriou, et nous dînons à six chez M. de La Barlière; c'est à peine si nous aurons le temps de nous habiller. Partons.

Déjà M. Landurde avait fait son paquet et avait prudemment gagné la porte; mais lorsqu'Arthur et Léopold traversèrent l'antichambre, ils virent le petit commis qui lui jetait son habit en pleurant et en disant:

— Je n'en veux pas de votre vieux habit. Papa a envoyé soixante-dix francs pour m'en faire faire un neuf, et voilà que ce vieux ladre de patron m'en achète un vieux tout fait.

— Qu'est-ce que c'est? cria la voix tonnante de M. Saint-Fiacre.

Le petit bonhomme renfonça sa fureur, reprit l'habit, et se rencoigna derrière sa table noire.

— Comment vous nomme-t-on? dit Fouriou au malheureux.

— Nestor Riquet.

— Bien! et où demeure monsieur votre père?

— A Joigny, Grande-Rue.

— Très-bien! dit Fouriou. — Je vous salue, monsieur Saint-Fiacre, ajouta-t-il de l'air le plus impertinent. — Mon bon ami, si vous n'êtes pas content de votre position, dit-il en s'adressant de nouveau au petit bonhomme, venez me voir rue de la Chaussée-d'Antin, n°..., je vous en trouverai une meilleure, où vous aurez des habits neufs.

M. Saint-Fiacre se mordit les lèvres et se retourna; il vit que sa femme était sur ses talons; elle n'avait entendu de tout cela que deux choses: c'est que Léopold et Arthur logeaient ensemble, et que Léopold logeait rue de la Chaussée-d'Antin, n°...

— Pardieu, s'écria M. Saint-Fiacre, rentrez chez vous, Madame !

— Madame Saint-Fiacre s'éloigna, et se mit à fredonner d'une voix terrible le refrain :

> Vous qui protégez les amours,
> Venez, venez à mon secours.

Arthur se tint pour averti, et rien ne se passa de nouveau si ce n'est que Léopold fit monter Charles Loupon derrière le cabriolet, et le conduisit lui-même avec cette dextérité aisée qui n'appartient qu'à certains privilégiés qui font très-bien ce qu'ils n'ont jamais fait.

XVI

Combinaisons politiques.

Maintenant, il est nécessaire d'expliquer au lecteur comment Fouriou avait été amené si à propos au secours du marquis, qui ne tira de cela d'autre conclusion que celle-ci : Beaucoup d'impudence et de hauteur, et l'on pare à tous les dangers. Pauvre garçon, qui oubliait l'intelligence et l'esprit ! Quant à Méta et à sa modeste pureté, elle était à mille lieues de la pensée du marquis : il était sauvé, c'était assez ; seulement, il eût voulu avoir quelques jours de repos et de méditation pour examiner sa position ; mais les événements l'emportaient malgré lui, et, après être sorti sain et sauf de sa rencontre chez M. Saint-Fiacre, il était forcé de retourner chez M. de La Barlière, où il allait peut-être trouver des gens qui le connaîtraient ou qui du moins l'interrogeraient sur ses campagnes en Espagne. Ce dîner qu'il avait si légèrement accepté la veille le tourmentait; mais, tout en comptant su la présence de Fouriou pour le secourir, il ne pouvait se décider à lui demander directement sa protection ; il lui répugnait, à lui gentilhomme, de s'adresser à l'enfant du peuple; à lui, magnifique colosse, de recourir à cet être chétif; à lui, doué d'une expérience séculaire, de s'éclairer de cette intelligence qui commençait à naître. Mais revenons, comme nous l'avons dit, aux circonstances qui avaient amené Fouriou à son secours :

On se rappelle que Léopold avait quitté le marquis en sortant de chez Méta, et en lui donnant rendez-vous pour le dîner; mais il ne lui avait point dit où il allait; c'était chez Magnard qui lui avait donné un rendez-vous.

Léopold arriva chez elle au moment où la grosse fille, qui venait de se lever, se mettait à déjeuner. De tous les vices de Magnard, le plus implacable était la gourmandise. Elle mangeait plus qu'aucune femme, et aurait pu trouver peu de rivaux, même parmi les plus goinfres des hommes qui ont une réputation de mangeurs. On fit entrer Léopold dans la salle à manger, où il se trouva en présence d'un homme de cinquante-cinq à soixante ans, de l'extérieur à la fois le plus distingué et le plus élégant. Il n'avait plus que de rares cheveux gris, mais ils étaient ramenés sur le front avec un soin exquis. Sa figure était grave, et d'une distinction tout à fait aristocratique. Habillé avec un soin extrême, chaussé et ganté comme un jeune homme, il n'avait pas ce type ridicule d'un vieillard qui ne veut pas avoir son âge; mais il était le modèle achevé d'un homme qui défend ses derniers avantages de tout son pouvoir. Il avait encore les dents belles; ses yeux étaient vifs et armés d'un regard un tant soit peu inquisiteur : du reste, jamais plus grand contraste n'exista entre la tenue réservée et précieuse de cet homme et la tournure commune et débraillée de Magnard; cependant cet homme n'était autre que le comte de N..., le ministre, qui passait pour être l'amant en chef de la célèbre Magnard.

Lorsque Fouriou entra, le comte l'examina vivement; et comme le gamin avait mieux que la tournure d'un fils de famille, à l'époque où la plupart des fils de famille se font gloire d'avoir la tournure de palefreniers, le comte répondit par une légère inclination au salut de Léopold.

— Est-ce que c'est cet enfant qui vous a compté toute cette affaire?

— Oui, monsieur le comte, dit Magnard.

— Eh bien, on lui donnera ce qui lui a été promis.

— Il ne m'a rien été promis, dit modestement Fouriou, car je n'ai rien spécifié.

— C'est vrai, dit Magnard, je lui ai promis qu'on lui donnerait ce qu'il demanderait.

— Eh bien, que veux-tu, mon garçon?

Fouriou parut offensé, et le comte lui dit d'un air plus bienveillant :

— Eh bien, que voulez-vous, mon enfant, sinon pour vous, qui ne me paraissez pas d'âge à pouvoir désirer grand'chose, du moins pour quelqu'un de votre famille?

— Je suis moins jeune que je ne le parais, dit sèchement Fouriou, et en tout cas on ne devrait pas calculer les services à l'âge ni à la taille. Napoléon commandait les armées de la république à vingt-cinq ans, et j'en ai vingt.

— Toi? lui dit Magnard; avant-hier tu avais l'air d'un gamin.

— Je suis resté enfant tant que cela m'a servi, dit Fouriou péremptoirement; l'exiguïté de ma taille me l'a permis; mais du moment que j'ai besoin d'être un homme, je le suis, et je vous prouverai que je le suis.

Magnard et le comte regardèrent mieux Fouriou, et crurent remarquer que ce visage, si jeune en apparence, était déjà complétement arrêté; la taille était parfaitement formée, quoique très-petite, et la voix, aussi bien que l'accent, dénotaient aussi que celui qui venait de parler ne le faisait pas comme un enfant.

— Tant mieux, dit le comte, si vous êtes aussi âgé que vous le dites. Voyons, monsieur, que désirez-vous?

L'entretien avait commencé par le tutoiement du maître; puis il avait pris un accent paternel, et on avait appelé Fouriou, mon enfant; voici qu'enfin c'était monsieur : Fouriou sentit le chemin qu'il avait fait.

— Je veux être attaché d'ambassade, dit-il en regardant le ministre en face; et comme ma famille m'a laissé sans fortune, je pense qu'une somme de cent mille francs ne serait pas trop forte pour mes premiers frais d'installation.

Le ministre se mit à rire, malgré sa gravité, et Magnard éclata à se rouler. Fouriou fronça le sourcil.

— Ce petit bonhomme est fou, dit le comte en se levant. Voyons, Magnard, faites-lui entendre raison.

— Monseigneur, dit Fouriou d'un air résolu, c'est deux cent mille francs que je demanderai, pour vous prouver que je ne suis pas fou.

— Mais, mon pauvre enfant, vous imaginez-vous avoir fait quelque chose de bien important pour nous avoir donné quelques renseignements assez obscurs?

— Et après tout fort inutiles, dit Magnard.

— Et en vertu desquels voici ce que vous avez fait, monsieur le ministre, reprit l'être fantastique que nous avons représenté sous la forme de Fouriou. Vous avez fait venir ce matin chez vous le comte de Trobanowski, et vous lui avez dit :

« — Nous sommes informés que vous avez conservé des relations avec la Pologne, que vous en avez établi en Espagne, et que vous êtes initié aux sociétés révolutionnaires qui rêvent le renversement de la monarchie. Votre alliance avec mademoiselle de Ménarès, en vous mettant dans les mains une fortune immense et des capitaux considérables, vous donne l'espoir d'apporter à votre association un pouvoir et des moyens d'action qui ont toujours manqué aux hommes qui veulent tenter des révolutions. La résistance de M. de Camballero à votre mariage vous est un obstacle que vous avez essayé de vaincre en enlevant mademoiselle de Ménarès. Le rapt n'a pas réussi, et vous n'avez plus guère d'espoir. »

Le ministre écoutait le gamin avec un singulier étonnement : Fouriou s'arrêta.

— Continuez, monsieur, lui dit sérieusement le comte de N..., tandis que Magnard, la bouche pleine, grommelait entre deux bouchées de filet de bœuf :

— Ah ! quel petit gredin !

— Vous avez ajouté, reprit Fouriou : « Vous devez savoir, monsieur, d'où vient la résistance de M. de Camballero ; il a des engagements pécuniaires avec M. de La Barlière ou une personne de sa famille, engagements tels qu'il recevra les comptes de M. de La Barlière tels quels, et qu'il lui faut pour mademoiselle de Ménarès un mari qui reçoive de même ses propres comptes de tutelle. »

— C'est juste, dit le ministre, mais en quoi tout cela a-t-il pour le pouvoir un intérêt tel que nous devions le payer du prix que vous y mettez?

— Le voici, monsieur le comte. Les projets républicains de M. Trobanowski vous gênent nécessairement, mais les projets carlistes de M. de Mun vous épouvantent encore plus ; or vous êtes en position de détruire les uns et les autres. M. de Trobanowski n'est qu'un réfugié que vous avez le droit de faire conduire de brigade en brigade jusqu'à la frontière; donc il est à vos ordres et ceux que vous avez à lui donner sont fort simples : « — Nous allons, avez-vous dû dire, garantir M. de Camballero des poursuites de madame de Pimpani; moyennant cet arrangement, il consentira à votre mariage avec sa pupille; une fois délivré de la crainte qui le tient, M. de Camballero exigera des comptes très-exacts de M. de La Barlière, et nous enlevons à ce banquier les moyens de servir la cause carliste par le mariage de mademoiselle de Ménarès avec M. de Mun. Vous allez, vous, monsieur de Trobanowski, prendre immédiatement et par écrit des engagements tels vis-à-vis du gouvernement qu'à la moindre tentative d'indépendance, nous pourrons vous perdre dans l'opinion. » Ceci a dû être fait dans votre cabinet avant que M. de Trobanowski en soit sorti, car il en est sorti libre, et sans cela il serait déjà en route pour la frontière. D'un seul coup de dé, rien qu'avec une menace, vous faites arrêter à la fois deux plans également menaçants ; si cela ne vaut pas deux cent mille francs et une position, cela ne vaut pas un sou.

— Vous avez vu M. de Trobanowski? dit le ministre.

— Non, monseigneur, mais je l'ai vu sortir du ministère et aller chez M. de Camballero, ce matin.

— Mais enfin, monsieur, dans quel intérêt avez-vous révélé tous ces faits à mademoiselle Magnard?

— Dans le mien, ce me semble, dit Fouriou.

— Eh bien, mon cher monsieur, dans le vôtre, je vous conseille de garder secret tout ce que vous supposez, on fera pour vous quelque chose. Votre désir d'être utile vous sera compté comme un titre, et je tâcherai de vous placer comme surnuméraire dans mes bureaux.

Fouriou ne parut pas le moins du monde déconcerté de ce que venait de lui dire le ministre, et répondit en se levant et en saluant :

— J'attendrai, monsieur le ministre, la commission que vous jugerez convenable de m'envoyer demain matin.

— Oh! s'était-il écrié en sortant, les imbéciles ! ils ne comprennent ni les hommes, ni les choses ; ils me forcent à être contre eux : guerre donc ! guerre ! A tout prendre, il vaut encore mieux les imbéciles naïfs comme le marquis que les sots rusés comme ce ministre.

Il avait immédiatement couru chez le banquier La Barlière, près duquel il s'était fait introduire par Gustave, et lui avait raconté la combinaison Trobanowski. A l'alarme que le banquier en éprouva, Fouriou comprit quel était le danger dont il venait de le sauver, et sans perdre une minute, il avait couru chez le comte de Trobanowski, pendant que M. de La Barlière allait rejoindre sa sœur chez mademoiselle de Ménarès.

Le nom de chevalier de Mun, sous lequel il se fit annoncer, lui fit ouvrir immédiatement la porte du comte, qui pensa que celui-ci venait pour arranger sa rencontre avec le marquis de Mun. Il fut très-étonné de l'exiguïté du personnage, et lui dit d'un ton parfaitement dédaigneux :

— Qui êtes-vous, Monsieur?

— Je vous ai dit mon nom, monsieur le comte, et il vous est assez connu, je pense. Maintenant, j'ai à vous entretenir de choses d'une gravité telle que je vous prie de me prêter une attention profonde. Veuillez vous armer de patience, non pas en ce sens que je serai long, mais en ce sens que ce que je vais vous dire va probablement vous irriter au dernier point.

— Monsieur le marquis de Mun refuse-t-il de me rendre raison?

— Monsieur le marquis ne vous rendra pas raison, parce que vous ne l'exigerez pas.

— Monsieur!...

— Il n'entre pas dans les plans de M. le comte de N... de risquer le succès de votre mariage avec mademoiselle de Ménarès dans un duel. Du reste, monsieur le marquis m'a laissé le maître d'arranger cette affaire d'une manière convenable pour vous et pour lui. MM. de La Barlière fils, nos amis communs, signeront toutes déclarations à ce sujet.

— Vous venez donc de la part de M. de N...?

— Je ne suis pas autorisé à vous dire qui m'envoie, mais vous n'ignorez pas, monsieur, que rien ne se fait en France que sous l'inspiration d'une autorité supérieure à celle des ministres même. Cette autorité sait tout et dirige tout. Elle sait ce qu'ignore le ministre : c'est que vous faites passer pour votre sœur et pour comtesse une femme qui n'a aucun droit à ce titre.

— Monsieur !

— Je ne vous en dis pas davantage. Cette autorité vous enjoint par ma voix de ne rien précipiter dans cette affaire, et pour savoir jusqu'où vous pouvez aller, il faut que je sache jusqu'où vous avez été.

— Mais, monsieur... murmura le comte, qui tombait des astres.

— Vous avez vu M. de Camballero?

— Je l'ai vu.

— Le consentement est obtenu?

— Oui, monsieur.

— Cela suffit pour le moment. Demain je vous dirai ce que vous avez à faire.

Mais vous êtes le parent du marquis de Mun; comment se fait-il que dans une telle occurrence ce soit mon parti et non le sien que vous serviez?

— En vérité, monsieur, je ne sers ni l'un ni l'autre; j'obéis aux ordres qu'on me donne; je vous les transmets. Seulement, n'oubliez pas que le pouvoir a dans les mains des armes telles que votre position et votre honneur sont à sa merci.

Fouriou laissa le comte abasourdi de ce qu'il venait d'entendre, et avec cette activité qui en faisait une sorte de démon pour lequel le temps comptait double et les distances ne comptaient pas, il se rendit chez la duchesse de Ménarès : sa scène avec M. de Camballero ne fut qu'une conséquence de sa scène avec M. de Trobanowski ; mais l'explication qu'il eut un moment après avec madame de Pimpani est nécessaire à l'intelligence complète de notre récit. La marquise était encore chez la petite duchesse avec son frère M. de La Barlière qui venait de lui apprendre la fatale nouvelle.

— Eh bien? lui avait dit le banquier en le voyant entrer.

— M. de Trobanowski ne remuera pas d'ici à vingt-quatre heures, et c'est beaucoup pour parer au coup qui vous menace.

— Vous avez raison, dit madame de Pimpani, car demain, au point du jour, M. de Camballero sera arrêté; une demande en justice sera faite pour lui retirer la tutelle, et, dans cette position, il ne pourra plus donner son consentement à ce mariage.

— Ni à celui-ci ni à un autre, madame, dit Léopold, et il faut qu'il puisse donner ce consentement; d'ailleurs, je lui ai promis qu'il serait libre.

— Mais, monsieur, dit madame de Pimpani.

— Mais, madame, si M. de Camballero est destitué de sa tutelle, savez-vous qui sera nommé à sa place? L'autorité des magistrats, éveillée par une esclandre pareille, ne peut-elle intervenir dans cette affaire? Il s'agit d'une mineure, et, bien qu'elle soit étrangère, la loi veillera sur elle; et pensez-vous que le nouveau tuteur accepte votre libération comme pourrait le faire encore M. de Camballero?

Le frère et la sœur se regardèrent, et Fouriou reprit sans se déconcerter :

— Il faut que le mariage de mademoiselle de Ménarés se fasse par vous et sous votre inspiration; M. de Camballero est le seul homme qui puisse vous servir comme vous l'entendrez : il est donc nécessaire non-seulement de le ménager, mais surtout de lui laisser la possibilité de vous obéir. Il dînera aujourd'hui chez vous avec mademoiselle de Ménarés. Je viens d'arranger tout cela.

14

— Mais enfin quel est votre plan ?

— Cela dépendra, Madame, de ce qui se passera ce soir. J'aurai l'honneur, j'espère, d'être l'un de vos convives; et ce sera à mon cousin, M. de Mun, à décider mademoiselle de Ménarès à cette union : j'aime à croire que cela ne lui sera pas difficile.

— Peut-être, dit madame de Pimpani, n'y mettra-t-il pas toute la bonne volonté que vous imaginez.

Fouriou regarda à son tour madame la marquise d'un air fort surpris. Mais il y a, dans la femme qui s'attribue intérieurement la froideur qu'un homme doit rencontrer vis-à-vis d'une autre femme, un rengorgement si furieux qu'il est difficile de ne pas le rencontrer; Fouriou s'inclina en souriant :

— L'amour, dit-il, n'est pas toujours nécessaire en pareille affaire, madame; d'ailleurs les maris comme le marquis de Mun ne manqueront pas.

— Mais par quel moyen avez-vous donc arrêté M. de Trobanowski ?

— C'est par le même moyen qui m'a appris le secret de cette intrigue, et je pense vous avoir prouvé que j'étais informé; car déjà M. de Trobanowski était venu ici, et, si je ne m'étais hâté, dans deux jours il était impossible de prévenir le coup qu'une main habile avait dirigé contre vous.

— Mais qui donc a pu apprendre au ministre l'arrivée de M. de Mun, nos projets ?

— Un homme que je puis faire taire ou parler à mon gré, madame, un homme qui a tous vos secrets, tous, et auquel il faudra sa part en ceci, une large part, je vous en préviens. Mais ce n'est pas de cela qu'il s'agit maintenant. Veuillez me donner l'ordre nécessaire pour arrêter les poursuites dirigées contre M. de Camballero, et ce soir nous déciderons ce qu'il y a à faire.

Madame de Pimpani obéit, et Fouriou courut chez M. Saint-

Fiacre, où, comme nous l'avons vu, il tira le marquis de la position plus que critique où il se trouvait.

Ainsi l'habile Fouriou avait élevé un édifice qu'il venait d'ébranler ; il avait donné un moment la victoire à Trobanowski et venait de la lui arracher, ou du moins de la laisser incertaine. Comme on le voit, il n'y avait dans cette nature ni remords ni principe ; il y avait ce qui caractérise notre époque, l'ambition effrénée de l'argent et du pouvoir, la soif des plaisirs de toute sorte : c'était la même âme que celle de notre héros, M. Arthur de Mun ; seulement la tête était différente. Chez celui qui se croyait fort de son expérience, la présomption, la sottise et l'impertinence égaraient la passion. Chez l'enfant, l'intelligence, la souplesse, l'oubli feint de soi-même quand il en était besoin, la rapidité de conception et de résolution, lui faisaient tout voir, tout comprendre, tout deviner. Voilà donc en présence une vieillesse savante qui pouvait, car elle était jeune, et une jeunesse qui ne savait pas ; et le chemin qu'elles avaient fait toutes deux était assurément bien différent. C'est que... Mais il n'est pas temps de tirer de cette histoire la conclusion qui ne doit ressortir que des faits.

XVI

Un autre monde.

Continuons donc, et avant d'introduire notre héros dans un monde qu'il eût dû connaître, disons quel fut son entretien avec Fouriou.

— Ainsi, lui dit le gamin, vous alliez vous livrer pieds et poings liés à ce misérable Loupon.

— Que m'importent quelques mille francs de plus ou de moins, quand j'ai en perspective une fortune comme celle de mademoiselle de Ménarès?

— Bah! lui dit Fouriou; mais cette fortune, il y a un certain comte de Trobanowski que vous oubliez et qui a fort avancé les affaires pendant que vous faisiez du sentiment d'étudiant en droit chez mademoiselle Néta.

— Je sais, dit le marquis, que la duchesse a une espèce de goût pour lui, goût qui ne lui vient probablement que de la défense qu'on lui fait de l'aimer.

— Ah! reprit Fouriou, et comme maintenant M. de Camballero est tout disposé à donner son consentement au Polonais, vous restez tranquille dans la persuasion où vous êtes que cet amour s'envolera dès qu'il ne sera plus défendu.

— Eh mais, dit le marquis que rien ne pouvait corriger de la fatuité de dire les lieux-communs qui sont l'esprit des sots, je crois connaître assez les femmes pour pouvoir l'espérer, et je suis persuadé, à la manière dont la duchesse m'a reçu, qu'elle savait déjà que M. de Camballero était de son parti.

— Je vous en fais mon compliment, lui dit Fouriou du ton le plus sincère; les femmes sont si bizarres! mais il se pourrait bien que si vous vous montriez trop empressé, elle fît la fière.

— N'ayez pas peur, je la tiendrai en bride.

— Je m'en rapporte parfaitement à vous, reprit Léopold, quoique à votre place je ne fusse pas si pressé que vous de finir ce mariage.

— Et pourquoi cela?

— Ah! dit Fouriou, il court de mauvais bruits sur la position de La Barlière, et il serait bien dur d'avoir sur les bras une femme fort peu séduisante de sa personne, et de ne trouver pour dot que des créances véreuses.

— Vous croyez? s'écria le marquis.

— Vous avez un moyen bien simple de le savoir : réglez vos comptes personnels avec M. de La Barlière. Cinq cent mille francs ne sont rien pour La Barlière s'il est en bonne position ; mais s'il hésite d'une minute, c'est que cela le gêne ; la plus petite objection au remboursement immédiat sera un avis dont vous profiterez comme vous l'entendrez.

Ceci frappa vivement le marquis. Il parut réfléchir pour la première fois de sa vie avant de parler, et s'écria tout à coup :

— Ce sont les papiers que tu m'as volés, qui t'informent si bien de tout ; il faut me les rendre.

Fouriou regarda Arthur avec un mépris souverain, et lui répondit :

— Il est possible que je fasse ce que vous me demandez, mais je le ferai quand cela me conviendra.

— Oublies-tu que je puis dire qui tu es?

— C'est un avantage que vous avez sur moi, car je ne sais pas encore qui vous êtes ; mais je sais très-bien qui vous n'êtes pas. D'ailleurs, nous sommes liés maintenant l'un à l'autre. C'est un lourd fardeau que de vous traîner après soi ; mais il faut bien accepter les charges que Dieu nous envoie.

Arthur se mit à rire pour cacher la honte qu'il éprouvait à s'entendre traiter de la sorte et à ne pouvoir s'en venger.

— Je suis un imbécile, je l'avoue, dit-il d'un air suffisant ; mais jusqu'à présent je ne crois pas m'en être mal tiré. Cependant le dîner où nous allons peut être embarrassant pour vous, illustre et spirituel chevalier. Si je dis quelque sottise sur les affaires d'Espagne, et que je sois découvert, que deviendriez-vous ?

— Vous avouez donc enfin, lui dit le gamin, que vous êtes un fripon ; voilà le premier mot de bon sens que vous dites.

— Assez ! s'écria Arthur.

— Ne rétractez pas l'aveu, dit vivement Fouriou, et tâchez de m'apprendre qui vous êtes pour que nous puissions

14.

agir de concert; sans cela, comme vous le dites, vous ferez quelque niaiserie. D'où venez-vous ? qui êtes-vous ? où avez-vous vécu ?

Le marquis demeura fort embarrassé, et repartit :

— Cela, je ne puis le dire. Seulement je puis vous attester que le nom de Muri est le mien.

— Alors vous êtes quelque bâtard du vieux chevalier.

— Je ne puis rien vous répondre à cela.

— Eh bien! dit Fouriou, je le saurai.

— Ah! pour cela, dit le marquis, si vous le devinez jamais, je vous permets de me demander ce que vous voudrez.

— Ce que je voudrai ? dit le gamin.

— Ce que vous voudrez.

— Eh bien, dit le gamin, n'oubliez pas la gageure.

— Et quel est votre enjeu, si vous ne le découvrez pas ?

— Les papiers qui vous font marquis.

— Et quel délai exigez-vous ?

— Quinze jours.

— Quinze jours soit.

— Bon! se dit le marquis; ce dîner-là passé, je me fais malade durant quinze jours pour éviter toute déconvenue, et une fois maître de la position, une fois instruit de tout ce que j'ignore, à moi la fortune, le succès, la puissance, les plaisirs. Je n'ai plus rien à craindre.

Ce fut sur cette belle détermination qu'il partit avec Fouriou pour aller dîner chez La Barlière.

Léopold et le marquis arrivèrent à sept heures du soir chez le banquier, où ils retrouvèrent quelques-uns des convives de la nuit précédente : Primarion et l'illustre Ribaud. Selon la promesse du gamin, M. de Camballero et mademoiselle de Ménares étaient venus à ce dîner où devaient se décider de si graves intérêts. Outre les personnes que nous avons déjà nommées, il y avait dans ce salon trois ou quatre femmes, que madame de Pimpani avait pu choisir plus vieilles qu'elle et surtout plus désagréablement laides. Ainsi l'une d'elles, madame de Fairfandois, était une petite femme de quatre pieds tout au plus, si monstrueusement grasse, si furieusement rouge, si abominablement informe, que la maigreur de madame de Pimpani, alors même qu'elle n'eût pas été si habilement rembourrée, eût passé pour de l'élégance à côté de ce globe charnu. Madame de Fairfandois était, en outre de son obésité, entachée de milles petites grâces agaçantes et d'une petite-voix flûtée, qu'elle modulait le plus languissamment du monde. Elle avait épousé M. le baron de Fairfandois en personne, et certes il y avait de quoi s'en vanter, lorsque l'on reconnaissait l'importance que M. le baron de Fairfandois attachait à sadite personne. Jamais, selon sa parole, il ne l'avait commise dans aucune action de la vie humaine. — J'ai envoyé mon valet de chambre savoir de ses nouvelles; j'ai fait dire au ministre par mon secrétaire; j'ai chargé mon intendant de répondre; je dirai à mon notaire de s'entendre avec vous; si vous voulez en parler à mon avoué, je verrai ce qu'on pourra vous faire proposer, etc. Jamais M. de Fairfandois ne semblait avoir fait rien de sa personne, et c'est pour cela que je disais que madame de Fairfandois avait lieu de se vanter d'avoir l'honneur d'être sa femme, si tant il est qu'il eût jamais daigné être son mari.

Indépendamment de ce premier repoussoir (en peinture on appelle repoussoir des tons violemment chargés, qui servent à faire ressortir par le contraste des tons moins grossiers et moins lourds); indépendamment, dis-je, de ce premier repoussoir, madame de Pimpani en avait découvert un second qui montrait une habileté merveilleuse. Celui-là n'était pas vieux comme les autres; celui-là était madame de Reuné, femme de lettres à tous crins. Certes, elle n'avait pas plus de quarante ans, et l'ardeur de la pensée n'avait point fait blanchir ses cheveux et ne les avait pas éclaircis. La fatigue des veilles poétiques n'avait point creusé ses yeux et ridé ses joues; elle n'avait laissé aucune dent incisive dans les morsures que ses colères littéraires avaient infligées à certains critiques. A tout prendre, elle avait encore un visage potable, une taille admissible, des pieds et des mains d'une assez bonne forme; mais son visage était coiffé d'un si horrible turban, si horriblement jauni et si horriblement sale; cette taille était si négligemment abandonnée aux pressions inégales d'une robe complaisante; la robe elle-même était si graisseuse, le soulier si baroque, le gant si crasseux, que la parfaite propreté de madame de Pimpani, le minutieux arrangement de toute sa personne, en tiraient un lustre remarquable.

Mademoiselle de Ménarès n'était pas cependant la seule jeune fille du salon; à côté d'elle était assise une belle enfant de seize ans, modestement vêtue, modestement assise, fraîche comme un ciel du matin, et que le hasard avait sans doute dotée d'un nom qui eût pu passer pour un sobriquet. On l'appelait Aurore. En effet, on eût dit que tout naissait en elle, le cœur, la beauté et l'intelligence. Elle causait avec dona Josépha de Ménarès, et lorsque M. le marquis de Mun vint saluer la duchesse espagnole, la fraîche Aurore leva sur lui un regard si lumineux qu'il en fut presque ébloui.

Déjà Fouriou, ou plutôt le chevalier de Mun, était devenu l'objet de la curiosité et de l'admiration de la partie féminine et semi-séculaire de l'assemblée : il était si petit, si gentil, que si on eût laissé faire madame de Fairfandois, elle eût assis le charmant enfant sur ses genoux pour lui faire mille jolies petites questions. Cependant le marquis commençait à se demander si on ne l'avait pas fait comparaître devant quelque conseil de famille, et, malgré l'importance que pouvait avoir pour lui cette soirée, il songeait au moyen de s'esquiver aussitôt après le dîner, lorsque la porte du salon s'ouvrit avec un certain fracas, et le domestique annonça, avec un éclat inaccoutumé : Madame de Primarion.

Madame de Primarion entra d'un pas résolu ; et madame de Pimpani la reçut comme si elle n'était pas belle et jeune, c'est-à-dire avec franchise et bonne grâce ; M. de La Barlière vint la saluer profondément. Tandis que madame de Primarion s'asseyait et se mettait un lorgnon dans l'œil, elle serra la main au banquier, sans le regarder, en lui disant d'une voix décidée :

— Bôjour, cher, bôjour.

Elle promena son lorgnon sur toute l'assemblée, l'arrêta à trois ou quatre personnes de sa connaissance, hommes ou femmes, en leur faisant de petits signes de tête en guise de salut. L'examen fut plus long pour M. Arthur de Mun dont madame de Primarion parcourut la beauté d'un œil connaisseur, tandis qu'elle se penchait vers madame de Pimpani pour lui dire à voix basse :

— Qu'est-ce que c'est que ça?

— C'est M. le marquis de Mun, répondit la marquise d'un air où la vanité de la femme aimée se mêlait à la vanité de la femme titrée ; comment le trouvez-vous ?

— Ma foi, répondit madame de Primarion, ça ferait le plus beau chasseur du monde.

— Comment l'entendez-vous ? reprit madame de Pimpani d'un ton aigre.

— Sans malice, ma chère, répondit madame de Primarion ; cet homme est superbe, voilà tout ; il est né doublement heureux, car s'il n'était pas marquis et riche, il n'y a pas une maison un peu bien équipée où on ne lui donnât cent louis d'appointements pour l'avoir à son service. Et quel est cet autre petit qui lui vient à la hanche ?

— C'est son cousin, M. le chevalier de Mun.

— Oh ! quel délicieux groom ça ferait ! Sur un anglais de chasse, il serait délicieux à voir. Qu'est-ce que ça fait, ces deux messieurs ?

Madame de Pimpani fut tout à fait remise de l'appréciation de la beauté du marquis par l'appréciation de l'exiguité du chevalier; elle reconnut avec plaisir que la belle madame de Primarion n'avait que des pensées d'écurie vis-à-vis de ces messieurs, et que s'ils eussent été trois au lieu de deux, elle eût trouvé au troisième une tournure de cocher ou de piqueur. Elle répondit donc à la question de madame de Primarion :

— Mais ça vit, ces messieurs.

— Ah ! fit madame de Primarion, qui ne répondit pas autrement, et qui fit un petit signe à Félix de La Barlière, que son frère venait de présenter au marquis et qui causait avec lui.

Le jeune homme s'approcha de la belle dame, qui lui dit d'un ton de voix fort masculin :

— Dites donc, Félix, est-ce que vous ne connaissez pas le rédacteur en chef d'un petit journal qu'on appelle, je crois, *le Cerbère?*

— Parfaitement, lui répondit Félix.

— Eh bien, dties-lui de ma part, d'abord qu'il est un âne, qu'il devrait s'abstenir de parler de chevaux et de confondre un anglais pur sang avec une vieille rosse normande. Qu'il dise de mes allures personnelles tout ce qu'il voudra, mais qu'il se permette d'écrire que Phœbé, vous savez, celle qui a couru aux dernières courses, a été battue d'une demi-longueur, tandis qu'elle n'a manqué le poteau que d'une demi-tête; qu'il se permette d'avancer que Benjoin a été obligé de la fouetter et de la lancer à fond de train pour lui donner un peu d'ardeur; qu'il se serve encore de la presse pour faire de la calomnie, et il peut être assuré que la première fois que je le rencontrerai, je lui coupe la figure à coups de cravache.

— Je ne manquerai pas de faire votre commission, lui répondit très-sérieusement Félix de La Barlière, et j'aime à croire qu'à l'avenir il se montrera plus juste et plus galant.... pour Phœbé.

L'accent dont cette phrase avait été prononcée, la manière dont M. Félix en avait suspendu les derniers mots, annonçaient sa prétention à faire de l'esprit ; mais madame de Primarion n'avait point écouté, et déjà Gustave s'était approché sur un de ces signes familiers et impératifs avec lesquels elle avait l'habitude de transmettre ses volontés d'un bout du salon à un autre.

— Vous êtes bien gentil, Gustave, lui dit-elle ; je vous avais prié de m'envoyer l'adresse de votre vernis pour les sabots de mes chevaux, et vous m'oubliez absolument.

— Point du tout, dit Gustave. Je croyais vous voir hier aux Français, et je voulais vous la remettre moi-même : la voici.

— Est-ce que c'était bien, hier ?

— Pas mal.

— Avec qui étiez-vous ?

— Comme à l'ordinaire.

— A propos, voulez-vous une place dans le quadrille de Baucher ? il cherche une petite femme gentille.

— Non, merci, Ribaud m'a promis de la faire entrer à la Renaissance.

— Où est-ce ça, la Renaissance ?

— Dans l'ancienne salle Ventadour.

— Ça pourrait faire un beau manége.

La conversation équestre de madame de Primarion fut interrompue à ce moment par l'arrivée fulgurante d'une autre belle dame. On l'annonça sous le nom de madame de Prussien. C'était une femme de trente-six ans, d'une fraîcheur de rose de Provins, ni grasse ni maigre, ni laide ni belle, mais d'une longueur colossale. Elle profitait de l'immensité de sa taille, comme un architecte d'un vaste terrain, pour y dessiner une foule de petits accidents propres à y déposer des diamants. Autour d'un long cou, elle portait un carcan fermé par une boule de diamants; sa robe de velours était montante, et le corsage en pointe descendait hors de toute mesure, de façon à obtenir une longueur de plusieurs pieds. Cette longueur permettait à madame de Prussien de développer une double chaîne de diamants, arrêtée tous les trois pouces par d'énormes broches en diamants. La longueur fabuleuse de ses bras lui plaisait assurément, parce qu'elle lui permettait de mettre, les uns au-dessus des autres, trois ou quatre bracelets éblouissants de diamants. Ses boucles d'oreilles en grappe lui traînaient sur les épaules malgré la longueur démesurée de son cou; des peignes de diamants retenaient, écartés sur son front, de longs cheveux à l'anglaise, et le chignon grec qu'elle portait avait une chaîne de diamants à chaque tresse dont il était composé. Elle était suivie par un gros homme court, pataud, commun, tout vêtu de noir, fort diamanté aussi, mais dont l'air rusé et le malicieux sourire annonçaient que, s'il se sentait ridicule, il se croyait au-dessus du ridicule. Arthur avait déjà questionné Ribaud sur les femmes avec lesquelles il allait dîner. Il avait appris que madame de Fairfandois était une baronne de la Restauration. De Fairfandois était, pour sa part, un ancien commis des finances, qui avait eu l'esprit de se faire royaliste en 1814, et de prendre la place de son chef de division. Aux cent-jours il avait suivi le roi à Gand, et avait été à son retour investi d'une commission de liquidation. Il paraît qu'il avait liquidé si dru, si serré, si vite, qu'en 1818 il passait déjà pour posséder, sur la tête de sa femme, trois ou quatre millions en rentes sur l'État. Depuis ce temps, il avait été intéressé dans la liquidation de l'indemnité aux émigrés, de l'indemnité aux colons de Saint-Domingue; aussi n'y avait-il rien de plus liquide et de moins clair que les sept ou huit millions qu'il possédait sur la tête de son fils en 1830, époque à laquelle il se fit nommer conseiller à la cour des comptes, dont il était un des magistrats les plus rigides, ne laissant passer aucune erreur, et capable de reconnaître une faute à la manière dont était faite la queue d'un 9. Il s'en vantait, et il avait donné en ce genre des preuves d'une sagacité que l'habitude des mauvais comptes avait pu seule rendre si experte. Arthur n'était guère curieux qu'à l'article des femmes, et avait été surtout très-agacé par les allures de madame de Primarion; mais il ne put obtenir de Ribaud d'autre réponse que celle-ci :

— C'est madame de Primarion.

— Je l'ai entendu nommer ; mais qu'est-elle ?

— C'est la femme de Primarion, avec qui vous avez soupé la nuit dernière.

— En parle-t-on? avait dit Arthur d'un air régence.

— On ne m'en parle pas, avait répondu Ribaud d'un ton sec, donc je ne saurais qu'en dire.

Le marquis crut comprendre que madame de Primarion et Ribaud étaient deux ennemis acharnés, d'autant qu'ils ne s'étaient ni salués ni regardés. Il crut donc ne pas devoir pousser cette reconnaissance plus loin, et se rabattit sur celle qui s'était fait annoncer sous le nom de madame de Prussien.

Sur ce sujet, Ribaud fut beaucoup moins discret que sur madame de Primarion, et raconta sur M. de Prussien et sa femme autant et plus que ne l'eût peut-être voulu le marquis.

En effet, il commença par l'origine même du nom de M. de Prussien. On le disait né de la première invasion faite par les ennemis de la Révolution française. Une jeune fille d'un village de la frontière avait été surprise, dit-on, par deux ou trois soldats dans une ferme isolée, où ces messieurs avaient exercé ce qui s'appelle en termes polis les droits de la guerre. Plus tard, les bons paysans, au lieu de plaindre, de protéger, de venir en aide à la pauvre fille, n'avaient rien trouvé de mieux que de l'appeler madame Prussien. Le fils qui lui était né s'était appelé le petit Prussien, et n'avait reçu d'autre éducation que les coups de poing, les injures et le mépris de ses camarades. Un beau jour donc, à l'âge de dix ans à peine, il s'était enfui de sa commune et était venu à Paris. Prussien avait été décrotteur; de décrotteur sur pavé, il s'était fait décrotteur en boutique; étant décrotteur en boutique, il avait installé à côté de lui, dans un passage renommé, une entreprise à trois sous la séance, papier compris. Quelques années après, il avait fait l'entreprise générale des choses qu'il n'avait d'abord exploitées qu'en particulier; à cette entreprise générale, il avait joint celle des boues, ce qui était déjà un peu plus propre; de l'entreprise des boues, il avait sauté à l'entreprise des pavés, de l'entreprise des pavés à celle de l'éclairage, et à l'heure présente, il venait de créer l'entreprise des trottoirs parquetés. Cet homme avait fait suer à la ville de Paris, de tous les besoins qu'elle éprouve, de toutes les améliorations qu'elle a subies, de toutes les inventions dont elle est engouée, plus de millions que M. de Fairfandois n'en avait trouvé dans la manipulation des créances sur l'Etat.

Quant à madame de Prussien, il y en a qui prétendaient l'avoir vue trôner chez un de ces chaudronniers auvergnats, pour qui il semble que Regnard ait écrit ce vers :

Dans ses heureuses mains le cuivre devient or.

On ajoutait que, par un admirable instinct, bien supérieur à toute la science médicale, le Prussien avait deviné que le chaudronnier était affecté d'une maladie qui devait nécessairement l'emporter au bout de trois ou quatre ans. Durant tout ce temps, il avait couvé des yeux la chaudronnière et ses cuivres, si bien que, le décès prévu étant arrivé, la chaudronnière s'était trouvée à point pour convoler à de secondes noces. C'était là le plus grand événement de la fortune de M. de Prussien, car sa fortune avait été sa vie; jamais, avant ni depuis son mariage, il ne s'était occupé d'autre chose : nulle autre femme que la sienne n'avait appelé un seul de ses regards ; il l'aimait plus que lui-même, mais beaucoup moins qu'une bonne spéculation : madame de Prussien était fort heureuse. Battue par un premier mari, l'indifférence du second lui semblait le comble de la félicité. D'ailleurs n'avait-elle pas autant de diamants qu'une duchesse qui en a beaucoup ? n'avait-elle pas une voiture ? et si son mari l'obligeait à s'ennuyer une fois par semaine aux Italiens, ne lui permettait-il pas tout le reste de la semaine de louer des loges à l'Ambigu-Comique et aux Folies-Dramatiques ? Leur position de parvenus n'embarrassait aucun des deux époux : madame de Prussien se croyait la femme du meilleur goût et du meilleur ton possible, et M. de Prussien, quoique averti par son bon sens qu'il manquait de la plupart des qualités qui font un homme du monde, se disait, quand il ne le disait pas tout haut, que c'était chose fort inutile, quand on avait de l'argent, puisque, grâce à cet argent, on vous dispensait d'avoir ces qualités. Les empressements de Primarion pour M. de Prussien faisaient foi de la vérité de cet axiome. M. de Fairfandois seul, fort de sa fortune incontestée, quant au chiffre, traitait M. de Prussien avec un dédain aristocratique, et de son côté, M. de Prussien, fort d'une richesse qui n'avait rien à démêler avec les corruptions gouvernementales, traitait M. de Fairfandois avec une froideur qui ressemblait beaucoup au mépris qu'on a pour un fripon. Cette illustre société se trouvant enfin au grand complet, on annonça que le dîner était servi. La disposition des places avait été faite avec une préméditation qui n'amena peut-être pas les résultats qu'on attendait de cet arrangement, mais qu'Arthur trouva tout au moins extraordinaire. Ainsi, M. de La Barlière fit asseoir à sa droite mademoiselle de Ménarès, et Fouriou auprès d'elle, tandis que madame de Pimpani gardait à sa gauche M. le marquis de Mun, flanqué de madame de Fairfandois. Arthur ne put méconnaître le sentiment qui avait dicté cette disposition à la marquise; d'ailleurs, elle l'en avertit suffisamment par une douce pression de genou, ce qui coupa court au bon appétit que notre héros se sentait un moment avant de se mettre à table. Cependant il se consola un peu en voyant le gamin causer activement avec mademoiselle de Ménarès, et il ne douta pas un moment qu'il ne s'occupât, avec son habileté ordinaire, à rendre la jeune duchesse favorable à ses prétentions. La société était composée de carlistes au premier chef, tous gens fort instruits des moindres intérêts de la cause, de façon qu'au bout de quelques instants, la conversation se mit sur un terrain qui eût dû être parfaitement familier à M. le Marquis de Mun. Le malheureux ne trouva qu'un moyen pour échapper aux interpellations qui lui arrivaient de tous les coins de la table, ce fut de s'occuper de ses deux voisines avec un empressement qui parût l'absorber tout entier. Il s'adressa d'abord à madame de Fairfandois, dans l'espoir que celle-ci n'attacherait aucun sens déterminé à cet empressement, mais il n'eut pas plus tôt lâché trois ou quatre phrases semi-galantes, que la baronne, aussi charnelle que charnue, se mit à lui faire de petits yeux langoureux, et à lui parler d'un ton quasi-mourant. L'œil courroucé de madame de Pimpani apprit à Arthur avec quelle bonne foi on accueillait ses attentions; et comprenant l'immense danger qu'il y avait à irriter madame de Pimpani, il se retourna vers elle pour échapper à la question d'Espagne qui ne cessait de bourdonner à ses oreilles. Le malheureux s'engouffra dans l'abîme qu'il voulait éviter : il y marcha en désespéré, la tête baissée, les yeux fermés. Madame de Pimpani en rayonna de tous ses attraits; mais madame de Fairfandois avait été trop vivement alléchée par les premières attaques d'Arthur pour ne pas tâcher de disputer la victoire. L'infortuné marquis se trouva donc entre deux feux, ou, si vous l'aimez mieux, entre Charybde et Scylla.

Madame de Pimpani accepta le combat avec une assurance dédaigneuse; et jamais, au grand jamais, ville prise, surprise, reprise et perdue par deux armées ennemies, ne fut plus saccagée que ce pauvre Arthur ; jamais jeune homme ne fut si complétement abandonné au pillage de deux vieilles femmes. Enfin, au dessert, madame de Pimpani, qui n'avait à vrai dire maintenu la bataille que pour mieux montrer la défaite de son ennemie, madame de Pimpani planta son drapeau sur le malheureux Arthur, et traîna le captif à son bras jusqu'au salon, où il alla tomber éperdu, brisé, anéanti, sur un canapé où il chercha un moment à se remettre. Les fils La Barlière et Primarion riaient à gorge déployée, tandis que Ribaud faisait dans un coin un bout de feuilleton sur cette affaire. Mais Arthur trouva un auxiliaire dans une personne sur laquelle il n'aurait certes pas compté. Madame de Primarion avait remarqué, avec un certain dépit, que M. Ribaud avait accordé à mademoiselle Aurore une attention qu'il n'eût certes pas prêtée à l'œuvre de son meilleur ami. Elle se dit en elle-même : « Si ce marquis de province est absolument bête, il n'en est pas moins absolument beau. Je veux apprendre à ce fat de Ribaud qu'il a trop de ventre pour son peu d'esprit, et qu'il ne devrait pas se montrer si empressé à se moquer des autres. » En vertu de ce raisonnement, et pendant que les quarantenaires de la société, hommes et femmes, se choyaient de café sous la direction de madame de Pimpani, madame Primarion s'approcha du groupe joyeux, et s'emparant de Gustave, lui dit avec sa rude franchise :

— Je veux parler à ce marquis.

— Que diable en voulez-vous faire ? lui dit Gustave.

— J'ai envie de le désinfecter de madame de Fairfandois et de...

— Chut..., chut..., lui dit Gustave; nous sommes en famille de patriarches, et les tantes sont comprises dans le respect filial que nous devons aux grands parents.

Je vous aime, reprit madame de Primarion, parce que vous avez la bonne grâce de vos vices ; mais je ne pardonne pas à Ribaud ses airs modestes et langoureux pour mademoiselle Aurore.

— Il y perdra ses avances.

— Ce n'est pas ça qui m'inquiète, c'est qu'il les ait faites.

Grâce à ces trois ou quatre paroles, ils arrivèrent près du canapé où se trouvait Arthur, si absorbé, si étourdi, qu'il ne s'aperçut pas que madame de Primarion le touchait sous prétexte de regarder un tableau au-dessous duquel il était assis.

— Qu'est-ce que c'est que ça ? dit madame de Primarion.

— Cela passe pour un Vander Meulen, dit Gustave.

— C'est possible, reprit madame de Primarion ; les chevaux sont au moins Flamands.

Arthur se leva à ce moment en s'excusant, et madame de Primarion le remercia par un sourire qui montra les plus belles dents du monde.

— Montez-vous à cheval, monsieur le marquis ? lui dit-elle aussitôt.

Arthur se rappela avoir été un des cavaliers les mieux assis du manège de Versailles, et s'empressa de répondre :

— Oui, madame.

— Eh bien, Gustave, pourquoi ne nous amenez-vous pas demain M. de Mun à Antony ? il suivrait la course au clocher avec nous.

— Mais je le ferai avec grand plaisir, si cela peut lui être agréable, dit Gustave.

— Ce serait aussi un grand plaisir pour moi, dit le marquis ; mais je n'ai point de chevaux.

— Qu'à cela ne tienne, dit madame de Primarion ; Gustave vous en prêterait un, et, dans tous les cas, je vous donnerais un des miens. Précisément j'ai un cheval alezan dont je suis ennuyée, une bête superbe, mais que j'ai depuis un an. J'ai eu fantaisie de m'en défaire il y a quinze jours, et j'en avais trouvé un excellent prix ; mais j'en avais besoin pour suivre une chasse au courre, et je l'ai gardé. Aujourd'hui, il est tout à fait à votre service ; il m'a coûté deux cents louis.

— En ce cas, dit M. de Mun, c'est deux cents louis que je vous dois, madame.

— C'est convenu, dit madame de Primarion ; à demain, monsieur le marquis.

Arthur salua, et Gustave dit à madame de Primarion :

— Votre cheval ne vaut pas quinze cents francs, ma chère.

Madame de Primarion regarda Gustave d'un air indicible, et lui dit en riant :

— Mon Dieu, que vous êtes inepte quelquefois !

Gustave la regarda à son tour, et chercha à comprendre le sens de l'accusation, mais il ne put y parvenir, et repartit :

— J'avoue..., j'avoue...

— Rassurez-vous, patriarche, lui dit madame de Primarion, votre marquis ne sera pas volé.

— Je paie le cheval quatre cents louis à ce compte, dit Gustave qui avait compris à ce qu'il paraît.

— Ah ! mon pauvre Gustave, reprit madame de Primarion, on voit bien que vous avez l'habitude de marchander des filles.

Madame de Pimpani s'approcha.

— Que disiez-vous à M. de Mun ? ma chère.

— Je lui vendais un cheval, dit l'amazone en passant. Est-ce que le petit salon n'est pas éclairé ?

— Il doit l'être. Ces messieurs y sont déjà.

— Merci, ma chère. Gustave, demandez donc des cigares à mon mari ; les vôtres sont détestables.

— Si nous faisions fumer le marquis, dit Primarion en s'approchant.

— J'ai horreur de la pipe ! s'écria vivement la marquise de Pimpani.

— Bah, bah! dit madame de Primarion, il faut aguerrir ce jouvenceau; amenez-le, Primarion.

Le banquier, qui avait entendu la proposition, fit un signe à sa sœur, qui consentit à ce qu'on débauchât M. le marquis de Mun. Celui-ci, entraîné dans le petit salon, fut stupéfait en remarquant que madame de Fairfandois y était déjà installée avec Ribaud et Félix de La Barlière, fumant avec un abandon oriental des petits cigares, aussi parfaitement puants que tout tabac peut l'être. Madame de Primarion elle-même était déjà allumée, et offrit du feu à notre héros, c'est-à-dire qu'elle s'approcha de lui, le cigare à la bouche, tandis qu'Artur allumait de même le sien. Cette espèce de baiser de cigare à cigare, ce feu qui s'allume bout à bout par l'aspiration des lèvres, fit frissonner notre marquis. D'ailleurs, ce qu'il voyait était si nouveau pour lui: des femmes du monde fumant, c'est-à-dire commettant la saleté que les grandes dames de sa jeunesse eussent expressément défendue à leurs palefreniers, si un drôle de cette espèce eût même osé se le permettre dans les cours de leur hôtel; cela lui paraissait si étrange, si impossible, qu'à travers le nuage de fumée qui l'étourdissait un tant soit peu, et qui lui voilait les objets dont il était entouré, il s'imagina un moment être en proie à un rêve confus et vaporeux. Madame Primarion cependant lui lançait à la fois les regards les plus ardents et les bouffées de tabac les plus provocantes. Qu'il rêvât ou qu'il fût éveillé, la vanité lui dit qu'il avait l'air d'un sot, et, malgré l'horrible mal de cœur qu'il éprouvait, il se mit à fumer avec fureur en parlant chevaux d'un style assez savant, quoiqu'un peu arriéré, pour que madame de Primarion redoublât d'attention et de fumée, et lui rappelât à plusieurs reprises sa promesse d'assister le lendemain à la course d'Antony. Arthur le jura d'une façon à faire écouter tous ceux qui étaient présents, et soit le trouble que lui causaient les attitudes fières et accusées de madame de Primarion, soit l'émotion du cigare qu'il absorbait comme si le feu qu'y avait mis la belle amazone passait dans ses veines, il ne s'aperçut pas de l'étonnement qu'il causait et ne devina pas pourquoi madame de Fairfandois quitta le salon aussi furtivement que possible. Aussi ne comprit-il pas bien le motif de l'avis qui lui fut glissé dans l'oreille tout à coup.

C'était Fouriou qui venait d'arriver, et qui examina rapidement la position respective des personnages. Probablement il y comprit un danger, soit pour lui, soit pour le marquis, car il vint brusquement se mêler à l'entretien d'Arthur avec madame de Primarion, et demanda à son tour du feu à la belle fumeuse. Celle-ci lui tourna le dos en lui répondant d'un ton cavalier :

— Pardon, monsieur, mais je ne pourrais me baisser jusqu'à vous.

On eût dit que le gamin commandait même aux choses qui semblaient lui être désagréables, car il se retourna vivement vers Arthur en lui disant :

— Il était temps que je vinsse vous débarrasser de cette femme.

— Plaît-il ? fit le marquis, de qui parles-tu ?

— Retournez-vous et regardez, dit tout bas Fouriou.

Arthur obéit, et aperçut à l'entrée du salon madame de Pimpani et mademoiselle de Ménarès qui regardaient curieusement ce qui s'y passait sans paraître cependant oser pénétrer tout à fait dans cette atmosphère puante. Pendan qu'Arthur, dont la vue devenait plus incertaine à chaque instant et dont l'estomac, barbouillé par l'influence inaccoutumée du cigare, lui faisait monter au cerveau des vertiges qu'il prenait pour des émotions, Fouriou lui dit tout bas :

— Mademoiselle de Ménarès, ce me semble, y met de la complaisance ; elle veut, pour ainsi dire, vous offrir l'occasion de réparer la négligence que vous avez montrée à son égard ; car enfin ce dîner a été donné surtout en vue de vous rapprocher, et vous n'avez pas daigné lui adresser la parole.

Arthur comprit confusément la sagesse de cet avis, et s'avança le plus également qu'il put auprès de mademoiselle de Ménarès. Fouriou le suivait d'un œil si curieux et si méchant à la fois, que quelqu'un qui l'eût remarqué eût deviné aisément qu'il y avait un piége dans l'avis qu'il venait de donner au marquis. Cependant celui-ci avait salué dona Josepha, et commençait la phrase suivante :

— J'ose prier madame la duchesse de m'excuser si... (un hoquet interrompit la phrase) si jusqu'à ce moment... (un haut le cœur plus violent arrêta encore le marquis) je n'ai pas...

Un cri d'horreur et de dégoût se fit entendre à l'instant ; mademoiselle de Ménarès se recula épouvantée avec madame de Pimpani, et alla se cacher avec elle dans son appartement, tandis que La Barlière entraînait M. de Mun, et que madame de Primarion disait d'un air bienveillant :

— Les premières fois, le cigare fait toujours cet effet-là.

XVII

Toujours les mêmes sottises. — Ou, si l'on veut, nouvelles sottises.

La vie allait vite pour le marquis : chaque journée lui amenait une leçon, une déception ou une chute.

On eut beau raconter l'aventure de ce grand seigneur qui passait pour un des hommes les mieux appris de la cour, et à qui pareille chose était arrivée à une table de wisth, où était assise une fille de France; M. de Mun n'en passa pas moins pour une espèce de manant hideux, surtout quand

Ribaud ajouta charitablement que la veille on avait été obligé de le jeter ivre-mort sur un canapé ; et d'ailleurs madame de Fairfandois tira de ceci une conclusion qui parut assez raisonnable à Fouriou, c'est qu'une dauphine de France peut pardonner à un courtisan ce qu'une jeune fille ne pardonne jamais à un prétendu.

Ainsi, quoi qu'il eût d'aveuglement, il fallait bien qu'il reconnût que jusqu'à ce moment rien ne lui avait réussi que par le secours d'un autre, et qu'il avait gâté tout ce qu'il avait touché. Mais ce retour sur lui-même n'avait point eu pour résultat de lui faire s'attribuer personnellement les sottises qu'il commettait : les circonstances étaient toujours et à propos de tout, les seules coupables. Une des choses les plus remarquables de l'organisation humaine, c'est que l'individu qui manque le plus absolument d'idées, de calcul, de prévision, de raison pour se conduire, trouve de toutes ces qualités en abondance pour s'excuser. Il a une réponse prête pour toutes les accusations, et s'il ne lui arrive pas toujours de persuader ces esprits impitoyables qui n'admettent comme valeur probante que les résultats, il n'en gagne pas moins quelques-uns, et il se gagne surtout lui-même. Quelques heures avant son accident, le marquis avait pris une résolution pleine de sagesse, c'était d'affecter une maladie, de se cloîtrer durant quinze jours, et d'obtenir, par le gain de sa gageure contre Fouriou, les terribles papiers qui faisaient la force de celui-ci, et qui devaient lui donner tous les avantages qu'avait le gamin. Le marquis oubliait que peut-être ces papiers n'avaient de valeur qu'autant que celui qui les possédait savait les lire; et c'est une chose si rare en ce monde que de savoir lire. Savoir lire, c'est-à-dire pénétrer dans le sens de chaque phrase, saisir l'intention de chaque mot, découvrir la vérité dans le mensonge écrit, rapprocher les contradictions, nouer ensemble les événements, deviner l'inconnu par le connu, combler par la logique les intervalles qu'une correspondance, quelle qu'elle soit, laisse toujours vides et obscurs; c'est un art, c'est une science, disons mieux, c'est un génie qui manquait complétement au marquis.

Cependant, s'il était probable que ces papiers n auraient jamais pour lui la complète signification qu'ils avaient eue pour Léopold Fouriou, s'il était certain que le marquis était incapable d'en extraire tout ce que le gamin y avait découvert, ils devaient toutefois lui être d'une utilité relative, et le parti vraiment sage eût été de s'en tenir à sa première résolution.

C'était là la question que le marquis agitait avec lui-même le lendemain matin de sa mésaventure. Mais quelle fuite honteuse c'eût été après l'horrible accident de la veille! Gustave La Barlière, pour le consoler, lui avait raconté le fait du grand seigneur à qui pareille chose était arrivée, et avait ajouté qu'on avait trouvé d'une supériorité admirable qu'il eût reparu le lendemain à la cour, comme si rien ne s'était passé, sans en faire d'excuse à personne. Pour imiter un si illustre exemple, il fallait donc suspendre au moins d'un jour la résolution qu'il avait prise : il fallait se montrer, et se montrer publiquement. Il n'y avait pour cela rien de mieux que de se rendre à la course, où l'attendait madame de Primarion, et à laquelle Gustave lui avait annoncé qu'assisteraient les plus intrépides lionnes de Paris. Ce mot de lionnes étourdit visiblement le marquis, et Gustave ne put s'empêcher de lui en témoigner sa surprise. Si ce n'eût été la façon de parler d'Arthur, qui annonçait un homme d'une éducation assez distinguée, ses connaissances en beaucoup de matières, connaissances très-arriérées, mais qui dénotaient une étude sérieuse ou une habitude consommée des choses passées, Gustave aurait cru à certains moments qu'il avait affaire à un homme qui voulait jouer un rôle sans en avoir la moindre notion; mais il y avait dans l'ignorance du marquis des lueurs de savoir-vivre qui éclipsaient à certains moments toutes les prétentions de Gustave : une discussion s'étant ouverte sur les anciennes chasses à courre, Gustave fut battu avec une telle supériorité qu'il fallut bien qu'il reconnût dans le marquis une science très-particulière des choses inutiles de la vie, ce qui, à toutes les époques, est la marque distinctive de l'homme bien né. La Barlière en conclut qu'Arthur avait été élevé par un père qui avait dû être un courtisan achevé de l'ancien régime, et qui avait appris à son fils à être ce qu'il avait été, oubliant que le temps avait marché. Cette idée une fois admise, il pensa à considérer le marquis sous ce point de vue, et à s'amuser de ses étonnements, en le mettant en présence des objets qui devaient lui être tout à fait inconnus.

La course ne devait commencer qu'à une heure de l'après-midi, sans compter les retards imprévus, qu'il faut toujours prévoir, et qu'on peut certainement calculer à une heure au moins. Il n'était que dix heures du matin, et Gustave proposa à Arthur d'aller faire une promenade.

— A midi, nous monterons en voiture, lui dit-il, nous trouverons nos chevaux tout frais à Antoni, où j'ai envoyé les miens et le vôtre.

— Ah! dit Arthur, qui se rappela seulement alors son marché de la veille.

— Et, après la course, nous allons tous dîner à la campagne, chez Primarion ; il m'a chargé de vous inviter, et je crois que nous y trouverons quelqu'un que vous ne serez pas fâché de voir.

— Qui cela ?

— Mais mademoiselle de Ménarès; je crois avoir entendu dire qu'elle y allait avec ma tante.

Le marquis dissimula l'embarras qu'il éprouvait à l'idée de se retrouver en face de mademoiselle de Ménarès, après le singulier souvenir qu'il lui avait laissé la veille. Arthur désirait, avant de sortir de chez lui pour faire la promenade proposée par Gustave, et aller ensuite à la course, Arthur, dis-je, désirait vivement revoir Fouriou. D'après les renseignements que lui avait donnés son valet de chambre (présent dudit Fouriou), celui-ci était rentré fort tard, et ressorti de très-bonne heure. Où il avait été le matin même, notre héros s'en occupait fort peu ; mais ce qu'il avait fait dans la soirée de la veille l'intriguait vivement. Le petit chevalier, car déjà Arthur lui concédait ce titre sans trop de répugnance, le petit chevalier avait dû recauser avec mademoiselle de Ménarès, et le marquis désirait savoir comment il avait expliqué et atténué l'horrible tort qu'il avait eu envers la robe de la grandesse espagnole.

Cependant, comme Gustave le pressait vivement de le suivre, le marquis lui dit avec cette éternelle impertinence que rien ne pouvait tenir en bride :

— Je suis fort inquiet de mon petit cousin qui m'est échappé malgré ma défense formelle de sortir sans moi, et je crains qu'il n'ait été faire quelque sottise à laquelle il me sera fort difficile peut-être de remédier.

— Entre nous, repartit Gustave, je crois votre petit cousin fort sûr de tout ce qu'il fait, et s'il arrivait par hasard que cela ressemblât à une sottise, il se pourrait bien qu'au fond ce fût une spéculation.

Gustave fut frappé sans doute en ce moment de la différence qui existait entre le chevalier et le marquis, et tandis que celui-ci reconnaissait en lui-même la vérité de l'observation qui venait de lui être faite, La Barlière reprit :

— Est-ce que vous avez été élevés ensemble ?

— Avec qui ? fit Arthur.

— Mais avec le petit chevalier.

— Avec ça ! dit le marquis, toujours empêtré de l'idée du gamin en souquenille, et dont l'orgueil aristocratique se révoltait sans cesse contre son association forcée avec ce petit misérable ; avec ça ? non certainement.

— Cela se voit aisément, repartit La Barlière d'un ton ironique qui eût dû prouver à Arthur la différence qu'on faisait entre lui et le gamin. En effet, il vit une différence, mais il la jugea en sa faveur.

De par le ciel, je vous le jure, lecteur, c'est une terrible chose que d'avoir à peindre un sot ; il faut dire et redire jusqu'à la satiété l'admirable faculté qu'il possède de traduire toutes choses à son avantage ; il n'est si minime circonstance de sa vie, si petit repli de son cœur, si obscur recoin de son être, où la vanité ne pénètre, et qu'elle ne remplisse exactement ; comme le métal en fusion jeté dans un moule, il s'infiltre jusque dans ses sinuosités les plus ténues, jusque dans ses cavités les plus étroites. Aussi, lorsque la statue est bien coulée, tout est bronze, le petit doigt comme le corps, les poils de la moustache comme les cheveux, et si le héros qu'on représente avait une verrue sur le nez, la verrue est de bronze. Il en est de même pour le sot : quand la nature l'a bien coulé en sottise, il est sottise partout, jusqu'à la plus fine pointe de ses cheveux, jusqu'à l'extrémité de ses ongles, jusqu'à la verrue, s'il en a une.

Après ce cri de douleur sur la difficulté de la tâche que je me suis imposée, je reviens à mon récit, et nous allons suivre maintenant le marquis et Gustave de La Barlière, descendant bras dessus bras dessous le boulevard des Capucines pour aller jusqu'à la Madeleine, où ce jour-là se tenait le marché aux fleurs. Le marquis, se sentant fort des révélations que lui avait faites Fouriou au sujet des envois fréquents que le frère de Gustave faisait à la fausse comtesse de Trobanowski, et voulant lui faire entendre que si on l'aidait au mariage, il avait aussi les moyens de réussir, dit finement :

— Est-ce que vous êtes comme votre frère Félix ? est-ce

que vous faites votre cour avec des charretées de roses et de tulipes?

— Tiens! lui dit Gustave d'un air surpris et contrarié, d'où savez-vous cela?

— Mais, reprit Arthur, tout fier d'avoir enfin un petit avantage sur quelqu'un, je le sais de bonne source, et peut-être en sais-je plus que vous ne vous imaginez.

Gustave parut sérieusement mécontent, et, fronçant le sourcil, il répondit très-froidement :

— Il faut que je vous dise, monsieur le marquis, entre nous qui avons la réputation de nous moquer de tout, il y a cependant une mesure que nous ne dépassons jamais; nous livrons à la plaisanterie de nos amis, tant que cela leur convient, les liaisons comme celle de Primarion et de Lucienne, comme les miennes, si vous voulez, avec Nichou; mais lorsqu'il s'agit d'une passion grave, profonde, et à laquelle un homme a attaché son bonheur et son avenir, nous la respectons, et nous évitons d'en parler légèrement. Félix ne serait pas mon frère que je vous dirais cela comme je vous le dis maintenant.

Le ton et la leçon déplurent au marquis, qui répliqua assez aigrement :

— Je n'avais aucune envie de manquer au respect qu'on peut devoir à la passion de monsieur votre frère, puisqu'elle est si sérieuse que vous dites ; seulement, d'après certains renseignements qui me sont tout à fait personnels, j'aurais pu croire que c'était une fantaisie ou plutôt une erreur dont il était permis de s'amuser.

Gustave parut encore plus contrarié de la persistance du marquis, et répliqua plus sèchement encore :

— A mon sens, le cœur ne commet pas d'erreurs, et quand un homme aime une femme, il y a une chose sur laquelle il ne se trompe certainement pas, c'est son amour, qu'elle le mérite ou non aux yeux de certaines gens.

— Vous admettez cependant, reprit le marquis, sans s'apercevoir, ou plutôt sans tenir compte de la mauvaise humeur de son interlocuteur, vous admettez cependant que, s'il ne peut pas y avoir d'erreur sur le sentiment qu'on éprouve, il peut y en avoir sur la valeur de la personne qui l'inspire.

— C'est l'affaire de celui qui aime de juger cette valeur.

— Mais ne peut-il pas être dupe de...

— De lui-même, reprit sèchement La Barlière, c'est encore son affaire.

— Vous ne supposez donc pas, reprit avec une ténacité stupide le marquis, qu'une intrigue habilement ourdie...

— Monsieur de Mun, dit vivement Gustave en interrompant encore Arthur, je ne sais ni ne veux savoir à quoi tendent vos insinuations; il ne me convient à aucun titre de me mêler des affaires de mon frère, ce n'est qu'à cette condition que je puis exiger de lui qu'il ne se mêle point des miennes, et comme je suppose qu'elles vous sont fort indifférentes, je vous conseille de faire comme moi.

Notre marquis n'était pas de force à comprendre la partie cachée de ce raisonnement; nous-mêmes nous ne pourrions guère l'expliquer à nos lecteurs en ce moment, et nous attendrons que l'intelligence de Fouriou en ait percé le secret pour la leur apprendre. Nous resterons avec Arthur, et nous serons forcés de dire que malgré l'avis très-direct qui venait de lui être donné, il n'en persista pas moins, et repartit d'un ton rogue :

— C'est parce que ses affaires me regardent peut-être plus personnellement que vous ne le croyez que je m'en occupe.

— Ma foi, à votre aise, dit La Barlière en bâillant et d'un air tout à fait dégagé; mais quant à moi, je ne voudrais pas perdre une minute à m'informer si madame une telle est ce qu'elle paraît être ou ne l'est pas, attendu que je suis fort convaincu que celui qui a le premier intérêt à le savoir le sait parfaitement, et que, s'il continue cependant ses assiduités, c'est que cela lui convient. Sur ce, expliquez-vous-en avec Félix si vous y avez un intérêt direct, car il me semble l'apercevoir à l'autre extrémité du marché, faisant sa récolte ordinaire.

Comme il disait cela, ils virent une petite charrette, traînée par un enfant, et accompagnée par Félix, passer le long du trottoir, et tandis que le jeune La Barlière abordait son frère et le marquis, celui-ci laissa échapper un cri de surprise. Dans l'enfant qui traînait la charrette il venait de reconnaître Fouriou en personne. Léopold tira la langue, le poudra (c'est-à-dire lui adressa ce geste indicible du gamin parisien, qui envoie la bravade et la moquerie au nez des passants comme les perruquiers d'autrefois envoyaient la poudre sur les vénérables perruques de nos aïeux), puis il passa fièrement, tandis que les deux jeunes La Barlière s'informaient à Arthur de la cause de son exclamation.

— Quel est l'enfant, dit M. de Mun, qui emporte ces fleurs?

— Ah! je comprends votre étonnement, reprit Félix : n'est-ce pas qu'il a une ressemblance prodigieuse avec votre petit cousin le chevalier? cela m'avait d'abord frappé hier soir légèrement; mais cela m'a paru véritablement extraordinaire ce matin.

— C'est singulier, dit Gustave d'un air assez distrait, et en considérant une femme qui marchandait quelques fleurs, et dont on ne pouvait apercevoir le visage.

— C'est véritablement si extraordinaire, reprit Félix, que je veux vous en faire juges, et je vais l'appeler.

— C'est inutile, dit le marquis avec un trouble dont il ne fut pas le maître, mais qui échappa aux deux La Barlière, attendu que Gustave disait à Félix en ce moment même :

— Regarde donc de ce côté : voilà parbleu la plus belle fille que j'aie vue de ma vie!

Arthur n'avait pu s'empêcher, malgré tous ses efforts pour

paraître indifférent, de suivre de l'œil la petite voiture traînée par Fouriou, et c'était avec un grand soulagement de cœur qu'il venait de la voir disparaître à l'angle d'une maison, lorsqu'il entendit Gustave dire encore à son frère :

— C'est étonnant avec quelle attention cette femme nous considère; est-ce que tu la connais?

— Point du tout, dit Félix.

— C'est donc à vous qu'elle en veut, marquis? reprit Gustave.

Et Arthur, ayant porté les yeux du côté qu'on lui désignait, aperçut Méta, qui semblait l'appeler de son doux regard, et lui dire comme un ange protecteur : « Venez; le salut est avec moi.

Ce ne fut point la Méta qu'il avait suivie hors de la maison de Lucienne, et accompagnée chez elle; ce ne fut point celle qui avait un moment ému son cœur, et qui l'avait fait hésiter entre le travail honorable et l'oisiveté vicieuse, entre la pauvreté sans reproches et l'opulence pleine de craintes: Arthur ne reconnut tout d'abord que la pauvre fille qui l'avait vu prisonnier et déguenillé, et qui, d'un mot, pouvait faire douter de ce qu'il était en disant d'où il était parti, et il répondit aussitôt :

— Non, je ne connais pas cette femme.

— Eh bien, pardieu, je la connaîtrai, dit Gustave; c'est qu'en vérité c'est ce que j'ai vu de plus merveilleusement beau au monde, et il y a de quoi faire une révolution dans toute la ménagerie du Jockey-Club si j'arrivais un jour à une course avec une fille de cette tournure-là.

Ces paroles infligèrent immédiatement à Arthur le remords de sa lâcheté, et ne pouvant, grâce à son mensonge, défendre celle qu'il avait reniée, il essaya de détourner Gustave de ses projets en lui disant :

— Mon Dieu, laissez donc cette pauvre fille tranquille, et pensez aux fleurs que vous voulez envoyer à votre Nichon pour la consoler de ce que vous ne l'emmenez pas à la course.

— Vous êtes sublime, mon cher, dit Gustave en riant ; on dirait que vous avez envie de la garder pour vous ; mais, ma foi, c'est votre faute si je conteste vos droits, car c'est à vous qu'elle semblait en vouloir au premier moment. Suivons-la un petit peu ; nous verrons bien à ses allures s'il y a quelque chose à faire.

Le marquis hésita entre la crainte de paraître partager les insolentes entreprises de Gustave, s'il demeurait avec lui, et la crainte d'y abandonner complétement Méta, s'il se séparait de La Barlière.

Une velléité de protection pour cette belle fille saisit à la gorge le piètre marquis, et cette lueur de bon sentiment se trouvant corroborée de la peur où il était que Méta ne consentît à suivre La Barlière, et qu'elle ne pût lui apprendre leur première rencontre, il se résolut à s'attacher aux pas de Gustave, et à prévenir cet entretien par tous les moyens possibles ; mais Gustave, qui savait qu'on ne fait jamais bien de pareilles affaires que quand on est tout seul, chercha de son côté à se débarrasser du marquis, et, pour cela, il ne trouva rien de mieux que de lui dire :

— A propos, monsieur de Mun, puisque vous voilà avec mon frère, vous pouvez causer avec lui de l'affaire dont vous vouliez me parler et qui vous regarde tous les deux.

Le marquis fit une grimace d'impatience, mais il avait affaire à un de ces jeunes républicains qui s'attribuent le droit de censurer toutes choses, qui dévouent à l'indignation presque tous les actes de la vie privée de quiconque leur paraît manquer de régularité et même de prudence, et qui cependant se révoltent avec exaspération contre la première parole tenue sur leur compte. Ces héros de l'égalité ont surtout cela d'admirable qu'ils se croient obligés, pour maintenir la dignité des droits de l'homme, d'être d'une rare insolence vis-à-vis de tout individu à qui sa naissance ou sa fortune donne une apparence de supériorité. En conséquence, dès que Gustave eut annoncé à Félix que monsieur de Mun s'était permis de parler de lui, il prit un air superbe et, se drapant d'une surprise offensée, il dit à Arthur ces mots de Jean-Jacques Rousseau, l'un des saints de la religion de ces messieurs :

— Qu'y a-t-il de commun entre vous et moi, monsieur?

— Fort peu de chose, monsieur, reprit le marquis, dont tout l'orgueil se réveilla aux façons de M. Félix, et qui ne jugeant pas cependant à propos d'aborder le fond de la question, eut une inspiration qu'il crut fort heureuse pour éviter d'entrer dans des détails par trop pénibles. Il y a fort peu de chose, reprit-il, il y a M. le comte de Trobanowski, votre ami, qui m'a honoré d'une visite en votre absence, et dont je n'ai pas retrouvé la carte (le gamin s'en était emparé) ; il avait fait dire chez moi que j'aurais l'honneur de le revoir ce matin ; il m'a dispensé de cet honneur que je suis fort jaloux de recevoir, et je comptais me permettre de vous prier de vouloir bien lui dire que, s'il voulait avoir l'excessive obligeance de me donner un jour et une heure certains, je me mettrais à sa disposition avec le plus vif empressement.

M. de Mun était un sot, nous l'avons assez dit pour qu'on ne puisse pas en douter, mais il n'en était pas moins de race aristocratique, il n'en avait pas moins le sentiment incontestable de la valeur de son nom, et ce sentiment, si absurde qu'il puisse être, mais par cela seul qu'il est naturel, a cent manières de se produire que toute la prétention roturière ne saurait égaler. La grossièreté impertinente de Félix de La Barlière fut écrasée par l'impertinence polie de M. de Mun, et le jeune républicain reprit avec un peu moins de confiance et plus de suffisance à la fois :

— Mais il me semblait qu'hier votre petit cousin m'avait dit avoir arrangé cette affaire.

— Pardon, monsieur, reprit Arthur, je croyais que vous saviez qu'il y a des affaires qu'on n'arrange bien que soi-même. M. le chevalier de Mun, mon cousin, a pu se tromper sur le sens de quelques paroles que j'aurai laissé échapper pour le rassurer, mais ce n'est point là l'intermédiaire que j'aurais choisi si j'en avais désiré un. Au reste, monsieur, je ne me serais pas permis de vous occuper un seul moment de tout cela, si on ne m'avait dit, chez moi, que vous accompagniez M. de Trobanowski, lorsqu'il m'a fait l'honneur de s'y présenter.

Félix La Barlière sentit encore une fois l'ascendant de cette parole où le dédain perçait sous l'accent le plus obséquieux, et, voulant à tout prix sauver l'honneur du drapeau, il reprit :

— Si vous êtes si pressé de savoir ce que peut vous vouloir M. de Trobanowski, je pense que nous le trouverons maintenant chez lui.

— Mille pardons, monsieur, mais j'ai disposé du reste de ma journée. D'ailleurs, je n'ai rien à demander à M. de Trobanowski, je ne puis que l'attendre, et c'est ce que je ferai quand il aura bien voulu me faire savoir le jour où il sera libre ; veuillez le lui faire savoir.

Arthur salua Félix sans attendre sa réponse et chercha Gustave du regard ; il ne le vit point d'abord, mais il aperçut Méta qui venait vivement de son côté et qui, l'ayant aperçu, sembla vouloir se diriger vers lui.

Le marquis était dans une mauvaise disposition pour les La Barlière, qu'il trouvait d'une rare outrecuidance, et ne doutant pas que l'air alarmé de Méta ne vînt de ce que Gustave l'avait poursuivie, il marcha droit à la jeune fille et lui dit :

— Venez, Méta, ne craignez rien.

Gustave arrivait précisément à cet instant.

— Méta, répéta-t-il, Méta, la belle Méta, celle que vous avez si lestement enlevée de chez Lucienne. Oh ! mon cher, que ne me disiez vous cela tout de suite, j'aurais respecté la promenade sentimentale de mademoiselle. Je ne vais sur les brisées de personne.

— Il n'y a à aller sur les brisées de qui que ce soit ; mademoiselle Méta appartient à une famille honorable et...

— Et vous la retrouvez chez Lucienne, et vous partez avec elle en pleine nuit, et c'est chez elle qu'on vous retrouve : c'est à merveille, dit Gustave en couvrant sa raillerie d'un air de félicitation pour M. de Mun.

Méta regardait notre héros de l'air d'une personne qui ne comprend pas ce que l'on dit devant elle.

— Cessons toute plaisanterie à ce sujet, dit Arthur, mademoiselle mérite tous vos respects.

— Maintenant que je la connais, dit Gustave, j'aurai pour elle tous les sentiments qu'il vous plaira, et je lui dirai même que, si elle a eu le malheur d'être en butte à mon obsession, c'est que vous m'avez dit d'abord ne pas la connaître.

Le visage de Méta prit un air de dignité et de sévérité qui frappa Gustave d'un tel respect, qu'il ôta son chapeau tandis qu'Arthur se mordait les lèvres de rage.

— Si monsieur, répéta-t-elle alors, prétend ne pas me connaître, il a grand tort de s'interposer dans une rencontre où je n'ai besoin de l'appui de personne. J'espère que ces messieurs me permettront l'un et l'autre d'acheter les fleurs que je suis venue chercher sans que ni l'un ni l'autre m'exposent à une nouvelle injure.

Méta se retira, et Gustave s'écria aussitôt :

— Vous avez eu tort, mon cher ; pourquoi, diable, cette discrétion ? Êtes-vous donc si gentilhomme de province de ne pas oser avouer une femme parce qu'elle est couturière ou quelque chose comme ça ? Elle est assez belle pour excuser tous les caprices du monde et, au besoin, une passion. Ce qu'il y a de fâcheux dans votre silence, c'est que vous avez compromis ma position.

— Comment votre position? dit Arthur.

— Et certainement. Ce qui vient de se passer doit vous être fort indifférent, car vous n'en voulez plus, c'est probable, puisque vous avez paru désirer l'éviter; mais moi qui étais avec vous, j'ai eu l'air d'un malotru, et ces filles-là ont quelquefois des susceptibilités étranges, quoiqu'elles ne viennent guère ici à pareille heure que pour y chercher des aventures.

La supposition de Gustave révolta Arthur; mais presque aussitôt il se demanda si cette supposition n'était pas conforme à celle qu'il avait eue déjà au sujet de Méta. Qu'était-elle venue faire précisément à ce marché, et si elle y avait rencontré Fouriou, que s'étaient-ils dit? Mille hypothèses plus extravagantes les unes que les autres traversaient l'esprit d'Arthur; il crut deviner dans la double rencontre qu'il avait faite de Fouriou et de Méta un rendez-vous et une complicité, et remettant toujours au lendemain à éclaircir l'espèce de mystère qui l'enveloppait, et à s'arracher un moment au tourbillon qui l'emportait, il dit à Gustave :

— Je vous serais fort obligé de ne pas vous occuper de cette jeune fille.

— Bah! fit Gustave.

— J'en appelle à vos propres principes, qui sont de ne s'immiscer dans les sentiments de personne.

— Soit, dit Gustave : du moment qu'il s'agit d'une passion sérieuse, je me retire; et à propos de cela, que vous a dit Félix?

— J'ai suivi vos conseils, je lui ai parlé de tout autre chose.

— A la bonne heure, dit Gustave d'un air joyeux, vous vous formez.

Ce mot, qui eût été assez dur vis-à-vis de tout autre, parut plaisant à Arthur qui se mit à rire. Lui se former, lui l'homme qui avait tant vécu, qui savait tant, qui avait vu tant de choses! « Oh! se dit-il en lui-même, sotte vanité de la jeunesse! cet homme qui commence à peine la vie me dit que je me forme. Pauvre fou! »

Cette réflexion rendit le marquis tellement content de lui-même, qu'il répondit en riant de tout son cœur :

— Eh oui, je me formerai, je ne suis pas si niais qu'on peut se l'imaginer, et, avec un peu d'expérience, je deviendrai tout à fait digne de votre approbation.

L'excessive gaîté du marquis à propos d'un mot qui aurait pu tout au plus le formaliser, sembla si extraordinaire à Gustave qu'il le regarda en se disant mentalement :

« A quelle espèce d'être ai-je affaire? Il y a de la folie dans cette tête; il y manque assurément une pièce. »

Il ne savait pas, il ne pouvait pas savoir que le désordre ne venait pas de ce qui manquait, mais de ce qui surabondait.

Le marquis le comprit, et, tout fier de l'effet qu'il faisait, il se mit à rire de plus belle. En ce moment Méta repassa devant eux; elle portait sur son bras et appuyé sur son sein, un rosier dont les fleurs se mêlaient aux boucles de ses cheveux, que le vent y avait mêlés avec ce bonheur qu'aucune adresse ne saurait égaler. Gustave l'aperçut le premier, et la salua; Arthur ne l'aperçut qu'après, et put remarquer dans le regard qu'elle lui jeta un étonnement douloureux : c'était le chagrin de surprendre à malfaire quelqu'un contre lequel on n'aurait pas voulu avoir de griefs. Ce regard fut si éloquent qu'il arrêta soudainement le rire d'Arthur, qui devint muet. Gustave se tut; mais il étudia curieusement le visage du marquis, et le trouble qu'il y remarqua lui parut si grand qu'il ne douta pas qu'il n'y eût entre Méta et M. de Mun des relations d'une véritable gravité. Le marquis, surpris dans cette extase, en fut aussi irrité que honteux, et s'écria dans un mouvement d'humeur contre sa sottise :

— Cette femme m'est insupportable!

Le misérable! il avait laissé insulter et maintenant il injuriait cette femme dont la beauté rayonnait de vertu et de pureté! Pauvre marquis! à qui cet ange avait jeté un regard comme un ami vous tend la main, et qui l'avait repoussé en s'écriant :

— Cette femme m'est insupportable!

Gustave entendit, mais il ne releva pas cette exclamation, qui ne fit que le confirmer dans la pensée que le marquis était un tant soit peu timbré. Sans autres raisons que de donner à son opinion un fondement quelconque, il reprit tout à coup :

— Nous allons aller déjeuner au café de Paris, où ma voiture viendra nous prendre, et où j'espère terminer une affaire qui m'ennuie.

— Volontiers, dit Arthur.

— Je vous demanderai, dit Gustave, la permission de m'informer en passant sur le boulevard, de la santé d'un de mes amis qui a fait une horrible chute ces jours derniers. Est-ce qu'en courant sans cesse dans vos montagnes, dit Gustave, vous n'avez jamais été blessé?

— Si pardieu, dit M. de Mun, qui ne s'apercevait pas qu'il appliquait à sa vie nouvelle un de ses anciens souvenirs, pardieu si, j'ai reçu jadis un coup de sabre sur la tête, dans un combat contre...

Il s'arrêta en s'apercevant qu'il allait parler des grenadiers de Frédéric II, et que cela manquerait singulièrement de probabilité, et il substitua assez adroitement à ceux-ci des guerillas christinos. En toute autre occasion, Gustave aurait sans doute remarqué la réticence, mais la réponse du marquis flattait l'opinion qu'il avait conçue, il l'accepta pour bonne, et se dit que ce devait être là la cause des singulières observations du marquis. Ceci n'eut pas d'abord d'autre valeur dans l'esprit de Gustave que de le pousser à observer M. de Mun plus attentivement. Toutefois, avant d'aller plus loin, il est bon de faire observer à nos lecteurs que cette pensée de Gustave devait avoir sur lui l'influence qu'a sur un homme toute opinion préconçue, c'est-à-dire qu'elle lui fit rapporter à une disposition à la folie, ou du moins à une sorte d'absence de mémoire, tout ce qui lui paraît extraordinaire et inconséquent. Certes, si ce n'eût été cette préoccupation, il eût interprété autrement qu'il ne le fit l'embarras du marquis pendant le déjeuner.

En arrivant au café, de La Barlière fut accueilli par une bienvenue que dans son ancienne vie notre héros eût prise pour une épigramme contre de La Barlière, mais que celui-ci accepta avec une satisfaction qui lui prouva que les défauts qui faisaient le charme de la jeunesse d'autrefois n'étaient plus de mode aujourd'hui. Est-ce mieux ? est-ce plus mal ? et qu'importe ! La société parcourt la route de tous les vices dans sa marche séculaire, comme l'homme la parcourt dans ses plus courtes années.

Elle est d'abord ignorante, brutale, rieuse comme l'enfant ; puis elle devient élégante, folle, parée, pavanée, toute en dentelles et en galanterie, comme le jeune homme, puis discrète, recourant à la force de l'esprit, à la puissance de la valeur morale, comme l'homme dont la tête est encore complète quand la beauté de son physique commence à se défleurir de cette première grâce si sincère que Dieu a donnée aux fleurs de mai et aux visages de vingt-cinq ans. Enfin elle devient calculatrice, avare, altérée d'or comme l'âge mûr, et c'est là que nous en sommes : la société a quarante-cinq ans. Tout être né en la présente année a quarante-cinq ans ; et comment ne les aurait-il pas ?

Ne sera-t-il pas élevé pour voir mettre au-dessus de tout savoir, de toute probité, de toute intelligence, l'écu ? Où sont les beaux salons où l'on régnait par l'esprit, les ruelles où l'on était aimé pour les belles folies de l'amour, les libérales institutions où toute opération qui ne rapporte pas un intérêt légal n'est pas traitée d'utopie? Quel chagrin une famille éprouve-t-elle de la mauvaise conduite de son enfant? ce n'est pas de ce qu'il s'amoindrit le cœur, c'est de ce qu'il y perd son argent. Quel homme se désole de la trahison d'un ami, si celui-ci ne lui emporte que son amitié? Quelles malédictions nos furieux à la mode jettent-ils à la tête de leurs infidèles, qui ne soient appuyées sur des mémoires acquittés? Et vous voulez qu'au milieu de tout cela il y ait place pour la jeunesse? Non, il n'y en a pas. Il y a place pour les besoins sensuels, pour l'exercice de cette vitalité jeune qui veut du bruit et du mouvement, et c'est pour cela que vous trouvez partout ces bals frénétiques où se rue le vice, dans le tapage et l'ivresse, cette fureur d'aller, de venir, de courir, de chasser, de voyager, d'user enfin la vapeur du jeune âge. Mais pour la vraie jeunesse du cœur, il n'y en a plus. L'homme n'est plus qu'une locomotive qui va dans le rail social de la spéculation, là où le chemin de fer ne mène pas. Il ne saurait aller ni dans les bois retirés, ni dans l'amour, ni sur les hautes collines, ni jusqu'aux sommités des hautes pensées. C'est une affaire finie. Heureux nos neveux, ils ont la chance de retomber en enfance, c'est-à-dire qu'ils ont l'espoir de naître vieux, et d'avoir par conséquent quelques-unes de ces illusions que Dieu a gardées à la vieillesse pour la consoler; car alors on croit encore quelquefois à l'amour et souvent à l'avenir.

O dieu de la spéculation, dieu au ventre d'or, dont l'excrément est si immonde qu'il a vicié toute l'atmosphère, flétri toutes les fleurs, tué toutes passions généreuses, qui as inventé le cosmopolitisme pour te débarrasser de la nationalité, qui prétends à la société universelle de peur d'avoir des ennemis qui attaquent tes frontières et t'obligent à les défendre; dieu qui présides à la création des banques et des caisses d'épargnes, des assurances mutuelles contre la conscription, où l'on spécule sur le prix du sang à vendre; où l'on prend une commission par homme à abattre. Idole splendide et laide, poursuis ton triomphe et règne sans partage!!!

Jamais divinité n'eut autant de prêtres et d'adorateurs que toi, et jamais esclaves d'un maître absolu ne furent plus insolents que ne le sont les tiens. Tu as des temples et tu as des sacrifices. La bourse trône sur la plus belle place de Paris. Le banquier t'immole tout le petit commerce; l'agent de change te nourrit des entrailles de tous les capitalistes; le chemin de fer t'amène le dernier sou de l'économe rentier; tu bois du sang et de l'or. Tu dévores la pensée, tu manges l'intelligence, tu suces la passion, tu dessèches les sens, tu dévastes les forêts, tu rases les collines, tu absorbes l'univers. O vampire! sois respecté et honoré, c'est ton temps, ton ère, mettons-nous à genoux!!!

XVIII

Café de Paris. — Un industriel à la mode. — Un banquier d'aujourd'hui.

Mais c'est assez philosopher, revenons à notre promenade à travers ce monde qui est, qui doit être vieux, parce que rien ne rajeunit, les sociétés pas plus que les individus, et voyons l'entrée de Gustave et d'Arthur au café de Paris, le fameux Café.

— Ah! s'écria-t-on de tous côtés; voici La Barlière, celui-là n'y est pour rien, c'est sûr.

— De quoi s'agit-il?

— D'un mauvaise affaire. Ça ne peut pas vous regarder.

— J'aime à le croire, dit Gustave d'un air content de lui-même.

— Cependant vous aviez l'air fort liés. Vous êtes amis, je crois?

— De quoi s'agit-il, enfin?

— Du vicomte Léon de Blavichy.

— Certes, c'est un de mes amis, dit Gustave d'un air sérieux.

— Est-ce que vous avez fait des affaires avec lui?

— Vous êtes stupide, mon cher, reprit Gustave en jetant son chapeau à un garçon et en s'asseyant à une table; est-ce que je fais des affaires avec mes amis?

— Quand je vous le disais. Son frère peut partir pour la Belgique si ça lui convient. Gustave ne sera pas pour un écu dans la déconfiture.

— Bah! dit La Barlière, est-ce que le vicomte s'est expatrié?

— Hier soir, et exécuté ce matin.

— Comment, exécuté? s'écria Arthur, à qui ce mot représenta tout de suite une guillotine et tout ce qui s'ensuit.

— Pardon, messieurs, reprit Gustave, je vous présente M. le marquis de Mun, un de mes clients; il ignore encore que le mot exécution veut dire la mise en faillite d'un individu.

Deux ou trois regards échangés entre les commensaux du café de Paris répondirent à cette présentation par un commentaire qui voulait dire :

« S'il reste longtemps dans les pattes de La Barlière, il pourra apprendre par lui-même ce que c'est qu'une exécution. »

Cependant La Barlière reprit :

— On a été bien vite, ce me semble. Si on lui avait donné du temps, la famille du vicomte aurait pu faire quelque chose pour lui.

— Il est miraculeux avec la famille du vicomte ! Vous ne savez donc rien, mon cher ? Est-ce que vous arrivez du cap Horn ?

— Je ne suis pas allé à la bourse depuis deux jours.

— C'est d'hier matin. Vous savez bien que Blavichy jouait la hausse.

— Je le sais.

— Il avait à payer aujourd'hui une différence de deux cent mille.

— Je le sais si bien, que je lui ai escompté, il y a huit jours, cinquante mille francs.

— Vous, et vous êtes tranquille comme ça ?

— Pourquoi non ? dit Gustave.

— Mais la signature est fausse.

— Laquelle ?

— La sienne.

— Qu'est-ce que ça me fait ? j'en ai trois autres.

— Mais on dit qu'il a fait de fausses traites avec fausses acceptations.

— C'est grave, dit Gustave sans s'alarmer. Savez-vous si on demandera l'extradition ?

— Oh ! féroce animal, infâme Abraham, minotaure financier. Je parie qu'il n'a escompté ce papier que sur consignations de valeurs doubles... triples... quadruples.

— Gustave se mit à rire, et, sans répondre, il reprit :

— Je savais bien qu'il allait vite, mais je ne le croyais pas si bas. Quant au fait de faux... c'est un imbécile.

— Vous trouvez ! eh bien, voilà ce qui est arrivé ; vous n'avez pas gardé les traites ?

— Que vouliez-vous que je fisse de papier à deux mois ?

— Eh bien, mon cher, il a su à quelles maisons vous les

aviez passées... fort de ce fait, il est allé en présenter de toutes semblables, en disant que vous l'aviez ignoblement écorché.

— Canaille! dit Gustave.

— Et il en a glissé ainsi pour deux cent mille francs à C... D... L... M...

— Imbéciles! dit La Barlière; mais j'en reviens à mon dire : raison de plus pour lui donner du temps; la famille aurait reculé devant un procès criminel.

— C'est qu'il n'y a pas de famille, entendez-vous, léopard?

— Bah! fit Gustave, toujours mangeant, riant sans paraître le moins du monde affecté du titre de léopard qu'on lui donnait, ceci est drôle; était-il bâtard?

— Légitime comme un fils de portier. Mais légitime de M. et madame Sauvenan, huissiers à Villefranche. Le drôle, qu'ils avaient fait élever au collége, n'avait pas vingt ans qu'il avait volé son père, fait toutes les sottises possibles à un fils d'huissier qui a des économies placées chez un receveur général, et qu'en outre il avait déjà fait sa main sur quelques dossiers dont il avait extrait des à-comptes qui n'étaient portés nulle part.

Dans ces circonstances, le jeune Sauvenan ne trouva rien de mieux que de s'éclipser, et après avoir été musicien ambulant et marchand de gravures obscènes, il entra au service de M. de Blavichy, qui est mort aux eaux de Pulna. Le fils d'huissier, valet de chambre, a fait promptement enterrer le vrai Blavichy, après s'être muni de son passe-port et de ses fonds; il a essayé de sa vicomté à Bade et à Wiesbade, où, avec le bonheur qui est le partage de tout fripon, il a gagné où les autres perdent, et il est enfin arrivé à Paris où...

— Vous avez fait des affaires avec lui? dit Gustave en haussant les épaules.

— Et où vous l'avez appelé votre ami, reprit une des dupes financières.

— C'est un nom qui ne m'a pas coûté cher, dit Gustave avec un cynisme si révoltant, que l'un des interlocuteurs reprit en jetant un regard en dessous sur le marquis :

— Ce titre eût pu le mettre en debet.

Certes, l'insinuation était trop directe pour que le marquis ne l'eût pas remarquée s'il n'avait été dans un état de trouble effroyable. Cet homme qui avait volé un nom, des papiers, une position, semblait lui apparaître la chaîne au cou et aux pieds. Arthur mangeait le nez dans son assiette. Et lorsque son ombre, la compagne fidèle qu'il avait si peu consultée depuis deux jours, lui tira l'oreille pour lui dire :

— Eh ! sot trembleur, montre donc un peu d'assurance, ou tout au moins d'indifférence, ou ces gens-là vont te deviner au premier regard.

— C'est juste, pensa Arthur.

Mais, cette fois, notre homme éprouva pour la première fois que ce n'est pas assez de savoir ;... qu'il faut encore pouvoir, et qu'il est des choses que la jeunesse ne donne pas plus que la vieillesse, c'est-à-dire un esprit présent, un cœur et un visage bronzés, une imperturbable sérénité.

Arthur cependant voulut faire un effort pour s'arracher à cette épouvante qui le dominait, et ne sachant que dire, il s'écria d'une voix de stentor :

— Garçon, du pain !

Du pain ! du pain ! le malheureux demandait du pain ! et il demandait du pain à qui ? à un garçon !

Hé ! misérable va nu-pieds, tu ne peux donc pas oublier qu'il y a quelque temps encore, tu mourais de faim, et que, dans tes jours de splendide goguette, tu allais dîner à vingt-deux sous par tête, grâce à cette noble annonce : PAIN A DISCRÉTION ; et si cela ne suffit pas à prouver que tu es un meurtde-faim, si l'ampleur de ton individu peut permettre aux plus indulgents de traduire cette exclamation par un besoin de l'estomac, comment n'as-tu pas remarqué qu'un goinfre, si goinfre qu'il soit, peut tout manger avec excès si ce n'est du pain? Le vicomte de Blavichy ne s'y fût pas trompé. Il est vrai de dire qu'ayant été valet de chambre, il devait mieux avoir que toi l'instinct de se nourrir des meilleurs morceaux; et puis, ne sais-tu pas, faquin, que personne n'appelle plus le garçon : garçon; ce citoyen a un nom, ce nom est écrit en tête de la carte; tu ne sais donc pas lire, animal? il fallait crier : Auguste, Louis, Barnabé, tout... excepté : Garçon.

Aussi quel terrible effet ce mot : GARÇON, DU PAIN! ne produisit-il pas sur toute l'assemblée... ce fut au point que Gustave en fut embarrassé... mais il tenait, pour des raisons à lui connues, à notre marquis de Mun, et pour le venger des mépris de ses amis, il lui dit d'un air respectueux :

— Ces Blavichy sont, je crois, du Languedoc?

— Oui, dit le marquis, qui se trouva, grâce à cette question inespérée, sur un terrain qu'il n'eût pas eu l'adresse de trouver; ils passent pour anciens; il y a eu un Blavichy qui commandait les gendarmes à la bataille de Montlhéry, contre le roi de France; un autre Blavichy a été condamné pour fausse monnaie avec Charnacé, sous le règne de Louis XIV; le dernier Blavichy qui ait fait parler de lui, est mort à l'étranger pour avoir tué le frère d'une femme qui était sa maîtresse : c'est une famille fort honorable; ils portaient un casque de comte, taré de front, avec des armes burelées d'argent et d'azur.

Autant le cri de gueux : Garçon, du pain! avait été jugé du dernier malotru, autant ladite réponse fut admirée. Onze bourgeois, d'extraction plus ou moins infime, tous nés de parents qui n'étaient plus des manants, parce qu'ils avaient renversé ce blason injurieux, onze de ces bourgeois s'inclinèrent devant celui qui venait de leur montrer une science qui était une impertinence pour eux.

Après cette magnifique répartie, Arthur eût pu demander du gras-double que toute la fashion n'eût vu dans un pareil goût qu'une fantaisie chevaleresque. Eh! mon Dieu? n'avons-nous pas vu, pendant huit jours, tout Paris suspendu à cette nouvelle étrange que M. W....., le fameux W....., le W..... si gourmand, si gras, si cossu, si financier, si replet, avait demandé au Café de Paris du *bœuf aux choux*. Le foyer de l'Opéra s'en est ému, et il y a peu de conteurs d'anecdotes qui ne vous assassinent de la phrase suivante, en manière de préambule :

— Vous savez la fameuse histoire de W..... qui a demandé du bœuf au choux?

Hélas oui! cela a été une anecdote!.... O misère du siècle!

Cependant, Gustave triomphait par Arthur, tandis que celui-ci demeurait assez embarrassé de l'histoire du fils d'huissier, qui bourdonnait sans cesse à son oreille, et ne se doutant nullement du prodigieux succès qu'il venait d'obtenir. La Barlière le couvrait de son regard, comme s'il eût dit à tous :

— En voilà un de *vrai marquis* que je possède, et dont vous n'aurez pas!

Toutefois, il s'était trouvé dans l'assemblée un individu que la science du marquis avait tout à fait laissé froid. Cet individu, que personne ne remarquait, tant il était maigre, chétif, et tant il s'effaçait derrière la table où il était assis; mais il avait écouté cette conversation avec une attention extrême. On était encore sous le charme de la réponse péremptoire du marquis, lorsqu'un des déjeuneurs, celui qui avait fait l'insinuation malveillante, se leva et dit à Gustave :

— Venez vous à la course?

— Nous partons dans cinq minutes, dit La Barlière.

— Pouvez-vous me donner une place dans votre voiture?

Gustave fronça le sourcil d'un air mécontent et repartit:

— Je ne pense pas.

— C'est une opinion tout au moins étrange, c'est une de ces choses qu'on sait ou qu'on ne sait pas.

La réplique du jeune homme avait été faite d'un ton si provoquant qu'Arthur devina que c'était une querelle qu'on voulait faire naître; mais Gustave parut ne pas s'apercevoir de l'impertinence de l'accent et du regard, et repartit d'un air railleur:

— J'avoue que je ne sais pas si j'ai une place pour vous ou si je n'en ai pas, et comme *moi*, je ne m'engage à faire que ce que je puis tenir, je vous réponds comme je dois le faire.

— C'est-à-dire que vous me refusez, reprit le jeune homme; c'est une insolence que je n'accepte pas.

— J'en suis fâché pour vous, reprit La Barlière; mais, puisque c'est ainsi, permettez-moi d'adresser une question tout haut à ces messieurs: Ai-je jamais refusé une affaire?

— Jamais, répondit-on.

— Si donc je refuse celle que M. D.... m'offre si intempestivement, personne n'osera dire que ce soit crainte. D'ailleurs, je suis prêt à prouver à qui le dirait qu'il se trompe. Ceci étant posé, je vous avertis, mon cher D...., que vous pouvez vous dispenser d'injures à mon égard, et que je n'y répondrai pas. Voilà huit jours, bien comptés, que vous m'ennuyez de vos airs irrités, de vos petites plaisanteries à brûle-pourpoint; je vous ai montré que j'étais patient, j'en appelle à vos souvenirs. Êtes-vous prêt?

A cette question, le jeune homme était devenu pâle, et il répondit:

— Je suis prêt à vous souffleter.

Gustave se leva en prenant un couteau, et s'écria vivement:

— Avant de souffleter les créanciers, il faut payer, Monsieur.

Ce mot n'était pas lâché que le petit monsieur qui se tenait caché derrière la table, s'élança vers M. D..... et lui dit :

— Monsieur, je suis chargé de vous arrêter, à moins que vous ne me soldiez immédiatement dix mille francs de lettres de change, à l'ordre de M. La Barlière.

Cet homme était M. de Saint-Fiacre. Méphistophélès a eu Goëthe pour le mettre en scène; Satan a eu Milton ; qui aurais-tu, ô Saint-Fiacre! toi qui parus plus terrible au milieu de toute cette jeunesse dorée que l'archange Michel ne paraîtra au jour du dernier jugement? Tous en tressaillirent, les vitres vibrèrent, les garçons pâlirent et les sauces tournèrent dans les casseroles à la voix de monsieur de Saint-Fiacre.

— C'est une lâcheté! s'écria le jeune homme.

— C'est à quoi je vous promets de répondre, s'il vous plaît de venir me le dire quand vous aurez soldé monsieur, reprit Gustave.

Et prenant aussitôt son chapeau, il sortit en emmenant le marquis, dont toutes les idées étaient bouleversées, non pas du fait en lui-même, mais de ce qu'il était accompli avec cette froideur par un homme de vingt-sept ans, comme il eût pu l'être par l'usurier le plus consommé dans la pratique de son métier.

Nous ne resterons point à écouter les propos qu'excita cette affaire dans l'illustre café : les uns trouvant que La Barlière entendait admirablement la manière dont devait se conduire un homme d'honneur; d'autres le blâmant, non point de la conclusion, mais de ce qu'il n'avait pas suffisamment averti son antagoniste. L'un des amis de La Barlière fit cesser les blâmes par un mot qui avait une portée très-menaçante, car on n'y répondit point.

— Ce n'est pas seulement pour le petit D...., reprit-il, que Gustave a agi, mais c'est encore un avis au public qu'il a voulu donner.

Quant à Gustave, il avait allumé un cigarre, s'était étendu dans sa calèche, les deux pieds sur la banquette de devant, et il se mit à parler de tout autre chose que de ce qui venait de se passer.

Le singulier effet que le marquis avait produit sur Gustave par la science de certaines choses s'accrut durant la route qu'ils avaient à parcourir. La Barlière savait tous les noms de presque tous les propriétaires actuels des maisons de campagne ou châteaux qu'ils rencontraient sur la route, et il ne s'étonnait pas de l'ignorance d'un provincial sur un pareil sujet; mais dès qu'il voulait entrer dans l'historique de ces châteaux, et remonter aux propriétaires qui les avaient possédés jadis, il était relevé par Arthur, qui, là-dessus, en savait autant qu'un dictionnaire.

Gustave se garda bien de montrer son étonnement; il laissa s'enfoncer le marquis, et le tâta de façon à s'assurer qu'il parlait avec une parfaite connaissance de cause; mais il avait beau se torturer la tête pour expliquer cet homme, il ne pouvait y parvenir; car le marquis, fier de son succès, racontait toujours quelque anecdote curieuse à propos des familles dont il parlait, si bien que Gustave finit par s'imaginer que c'était là un des systèmes d'éducation de la noblesse provinciale, d'occuper ses enfants de la science des petites histoires de toutes les familles nobles, sans les mêler au grand progrès des idées, à l'histoire générale de la marche des siècles. En vertu de cette supposition, notre jeune banquier crut devoir conclure par cette phrase superlative :

« Ce parti auquel nous sommes rattachés sera donc toujours le même; entiché de petites vanités et de sots souvenirs! Aussi, si jamais ce parti triomphe, les hommes d'affaires auront la position belle à exploiter; car toute cette jeunesse ne sera bonne, comme par le passé, qu'à faire des gardes-du-corps et des mousquetaires, et c'est nous qui mènerons l'État et les finances. »

De son côté, Arthur prit pour de la confusion le silence de Gustave, et tous deux arrivèrent à Antony avec un profond sentiment chacun de sa supériorité.

XIX

Les environs de Paris et le Parisien. — Antony. — Nouveaux personnages.

Si les Parisiens voulaient faire attention à quelque chose, ils remarqueraient que Paris est une ville délicieusement environnée. Presque de tous côtés des bois, des collines délicieuses, des eaux fraîches, des sites agrestes. Mais, à l'exception du coin de Montmorency, fameux par ses ânes, ses cerises et l'ermitage de Jean-Jacques, le Parisien ignore presque toutes ses richesses. Il ne connaît guère Sceaux que par son bal et par l'éternel et ingénieux calembour des cochers de coucous (encore un pour Sceaux); il ignore Montfermeil et le Raincy, ne connaît guère Ermenonville, Chantilly, Morte-Fontaine, que comme il connaît le Liban et la vallée de Tempé; mais ce qu'il ne sait pas du tout, le Parisien, c'est la vallée de Bièvre.

A ce propos, et pour que nos réflexions ne fassent pas confusion dans l'esprit de nos lecteurs, il faut que nous leur expliquions un peu ce que nous entendons par le Parisien proprement dit, par le citadin de Paris, en donnant à ce mot de citadin la signification d'enfant de la cité, enfant rangé, enfant qui n'a pas fait l'enfant prodigue, qui est demeuré grassement à la maison, et qui n'a pas été quérir la moindre idée exotique dans un vagabondage externe.

Il naît à Paris, comme partout ailleurs, des hommes qui sont de partout, mais assurément, vu la population, il en naît un moins grand nombre qu'ailleurs. Cherchez parmi les grands généraux, les grands hommes politiques, les éminences artistiques, financières, littéraires ou industrielles, et vous trouverez le Parisien en très-petite quantité Sans aller si haut, je dis qu'il ne faut pas chercher le Parisien parmi les capacités agissantes et fortes qui mènent l'époque actuelle: ces capacités sont ce que j'appelle des hommes de partout; nés à Paris ou ailleurs, ils seraient ce qu'ils sont; chez eux l'individu domine le citadin. Il y a des gens nés pour être ridicules ou brutaux; il y en a qui sont nés pour être intrigants et vantards, soit que leur souche tienne au Nivernais, au Roussillon ou à la rue Vaugirard. Mais il y a une immense majorité de natures molles, faciles, commodes, que l'éducation, l'atmosphère, l'habitude surtout, façonnent d'une manière quasi-uniforme et inspirent des mêmes opinions et des mêmes idées; c'est la partie moyenne de la population.

Quant à la partie populacière de Paris, elle est encore moins indigène que la partie aristocratique. Elle est si abondamment composée de maçons limousins, de tailleurs de pierre picards, de porteurs d'eau, de charbonniers, de commissionnaires auvergnats, de marchands de salade manceaux, etc., etc., que le Parisien n'y entre que dans une quantité tout à fait homéopathique. Reste donc la bourgeoisie, le petit marchand, le commis, le rentier. Voilà le Parisien.

Celui-là est quelque chose de fin, matois, rusé, ignorant et content de lui. Non que le Parisien ait la vanité pédantesque et *hurluberlante* du Gascon; point du tout: il est content de lui parce que tout lui vient, tout lui abonde, tout le flatte sans qu'il se donne la moindre peine pour l'obtenir. Exposition de tableaux, théâtres variés, concerts splendides, améliorations matérielles, beaux trottoirs, riches monuments, il a de tout en souverain fainéant. Quand on accorde un réverbère à Toulouse, on lui donne une illumination ; quel est le bel esprit qui ne sue pas sang et eau pour lui ? Tel est son mérite enfin qu'il a gagné plus de croix d'honneur à monter la garde que toutes les armées de Napoléon à conquérir l'Europe.

Voilà pourquoi le Parisien est content de lui ; mais il l'est en grand seigneur comme habitué à sa supériorité, il ne la jette au nez de personne, il y est à l'aise ; il joue avec son mérite avec l'aisance d'un marquis jouant avec son jabot ou ses manchettes. Avec cela, le Parisien est rusé comme l'homme qui attend toujours et qui ne cherche jamais. C'est tout simplement la différence qu'il y a entre celui à qui on propose une affaire et celui qui vient la proposer ; tout le pouvoir est du côté de celui qui écoute, alors même que le mérite serait tout entier du côté de celui qui parle. C'est l'avantage du juge qui est un âne sur l'avocat qui peut être un Gerbier. Ignorant du fond de toutes choses, le Parisien sait en général les apparences de tout. Vivant dans une activité où viennent se confondre toutes les idées nouvelles, toutes les théories courantes, toutes les expériences faites, tout ce qui est ou a envie d'être, il ne s'étonne de rien, et pour qui le voit à la passade, il a aisément l'air d'un homme capable et universel. Mais ayant lui-même la conscience de sa nullité, incapable de rien juger *à priori*, il se garde bien de s'emporter sur une idée ou une chose quelconque avant qu'elle ne soit consacrée par le succès.

Aussi est-il, en général, moqueur, frondeur, et toujours prêt à repousser ou à nier ce qui lui demanderait une science qu'il n'a pas, ou un effort de réflexion qu'il n'a jamais fait ; d'ailleurs, gorgé de jouissances de toutes sortes, il se dit dans son égoïsme inintelligent :

— « Si ce dont on me parle est destiné à être, je l'aurai ; assez d'autres se donneront la peine de le mettre au jour, de l'élever, de le rendre viable, sans que je m'en mêle. »

Est-ce qu'il n'a pas attendu Pagnini vingt ans sans se donner la peine de le demander, et Paganini n'est-il pas venu? Est-ce qu'il a besoin de s'enquérir si on mettra le centre des chemins de fer à Paris? Paris n'est-il pas le centre de tout? Est-ce que la France entière ne se tue pas en imaginations de toutes sortes, en travaux de toute espèce pour lui plaire, pour le parer, l'endormir, le nourrir, le bercer, l'enivrer? Aussi ne se remue-t-il jamais pour rien, pas même pour prendre l'air, pas même pour prendre le parti de ce qui lui est propre.

Ainsi il est arrivé un jour, dans le siècle passé, où Jean-Jacques Rousseau a fait une réputation à Montmorency; alors le Parisien, satisfait de cette découverte qu'un nouveau Cook avait bien voulu faire pour lui, s'est donné la peine d'aller mettre son sceau approbateur à cette renommée. Vous savez tous jusqu'où elle est allée : la vallée de Montmorency a écrasé les lacs d'Ecosse, les glaciers de la Suisse, et les aspects splendides du Rhin. Mais à deux pas de là il ne connaît plus rien, et si par hasard il se trouve que ce qui vaut mieux soit à la barrière opposée à celle par laquelle il a l'habitude de chercher la campagne, à ces antipodes qui ont pour diamètre la largeur de Paris, le Parisien en sait moins que vous n'en savez et qu'il n'en sait lui-même sur les forêts du Nouveau-Monde qu'il a parcourues avec Cooper, ou sur la Judée qu'il a admirée avec Châteaubriand, sans la comprendre.

En présence de tels faits, il faut nous vanter de notre audace si nous osons dire que la vallée de Bièvre est un des plus délicieux pays du monde.

— La vallée de Bièvre, s'écriera un Parisien, est-ce que ça prend le nom de la Bièvre, par hasard?

— Sans doute.

— Comment! la vallée de Bièvre un délicieux pays!..... vous vous moquez de moi! mais la Bièvre, c'est cet horrible petit ruisseau, ignoble, sale, puant, noir, qui sort d'un égout un peu au-dessus du pont d'Austerlitz?

— Absolument.

— Mais ce n'est pas de l'eau, c'est de la boue, et de la boue Mouffetard; la Bièvre, ce n'est bon qu'à teindre les tapisseries des Gobelins, à qui cette eau impure donne des couleurs d'un éclat inouï; la Bièvre n'a jamais pu couler dans un pré; jamais il n'y a eu ni une fleur, ni une herbe, ni un arbre sur le bord de la Bièvre.

— Faites trois lieues seulement, et allez voir. Votre civilisation, il est vrai, vos tapisseries des Gobelins, vos tanneries, vos manufactures de toiles perses, ont fait leurs ordures dans la Bièvre lorsqu'elle vous arrive; mais un peu plus haut?

— Ah ça, mais il y a eu un fameux marquis de Bièvres, le calembourg fait homme; est-ce qu'il est pour quelque chose dans ce pays-là?

— Vraiment oui, son château est dans la vallée.

— Et vous dites que c'est champêtre, délicieux, un pays où il y a une rivière comme ça et le château d'un homme qui a vécu de calembourgs? Allons, vous raillez; et vous pouvez être sûr que le Parisien ne vous croira pas, qu'il vous tournera le dos, à moins qu'il ne prenne le parti de vous demander si c'est un calembourg que vous faites.

Heureusement, il est arrivé qu'une partie de la population de Paris, qui n'est point parisienne, que celle qui a des modes que le Parisien ne peut avoir, que la fashion, la lionnerie, le Jockey-Club, quelque chose de tout nouveau enfin, a pris tout à coup la vallée de Bièvre en amour.

Ce n'est pas, je vous prie de le croire, pour ses bois montueux, percés de routes semées de fraises et de violettes, et qui s'ouvrent tout à coup sur des paysages d'une richesse et d'une variété merveilleuse; ce n'est point pour ses prés verts, tout coupés de longs murs de peupliers, semés de bouquets d'arbres et de saules ; ce n'est point pour ses eaux limpides, et ses verdures aux teintes nuancées, et ses douces vapeurs, et ses horizons changeants : c'est tout simplement parce qu'il y a suffisamment de haies, de fossés à franchir ; et puis cette fameuse Bièvre, qui n'a pas dix pieds dans sa plus grande largeur, et qui est une barrière pour un cheval mal monté ; voilà pourquoi les princes de la mode ont pris la valée de Bièvre en affection ; c'est parce que c'est le pays le plus propice pour y faire une course au clocher : montées énergiques, descentes entraînantes, obstacles imprévus.

Mais qu'importe? la vallée de Bièvre est en jeu, on en parle, on y va. Il y aura donc un jour quelque modeste piéton qui s'en ira de ce côté pour voir passer la course ; il se postera à un des sentiers par où elle doit à peu près passer, s'y asseoira à l'ombre de quelques beaux arbres, avec une étendue immense de prés, de bois, de champs richement étendus sous ses regards; il y regardera ces ombres et ce soleil qui s'y projettent et s'y disputent d'une façon si charmante; il y verra ces blanches maisons si familièrement et si joyeusement disséminées sur ces coteaux aux flancs verts et rougeâtres, et peut-être que, la course passée, il ne rapportera de la journée que le souvenir de la vallée de Bièvre comme l'image d'un rêve délicieux dont il a été éveillé par des chevaux furieux, des cavaliers suants, des jockeys criards ; et s'il arrive que cet homme soit un Jean-Jacques Rousseau, il est possible que la vallée de Bièvre ait sa célébrité, sa mode, son règne. Mais il n'y a plus de Jean-Jacques, et les Jean-Jacques, s'il y en a, ne vont pas regarder passer les courses au clocher, et malgré tout ce que je dis, il y a cent à parier contre un que Bièvre restera dans son obscurité.

Tant mieux, mon Dieu ! pour ceux qui l'aiment.

O Seigneur, faites que ce beau coin, retiré de la science

du monde, ne voie pas fondre sur lui ce terrible hanneton qu'on appelle le Parisien.

Le Parisien mange l'herbe des prés, brûle la feuille des arbres, salit le pied des murs et charbonne leurs plâtres blancs ; le Parisien emporte avec lui le silence des bois, et laisse sur les mousses des oublis étranges; le Parisien inonde le pays où il y a des restaurateurs qui vendent d'affreuses viandes, des cabaretiers qui changent leur aigre piquette en des vins douceâtres de bois de campêche ; il crée des bals champêtres qui sentent le rance, et des manéges d'ânes pour se promener le dimanche, avec d'ignobles chansons et des rires obscènes. Ah! non... non... ne faites point une réputation à la vallée de Bièvre ; qu'elle reste ignorée, verte, innocente, virginale; qu'elle soit le partage, l'asile de quelques amis du calme repos, de la fraîche verdure, des chemins ombreux et moussus; qu'elle soit même oubliée et dédaignée par tous les courseurs du monde, si c'est possible... C'est là, ô Seigneur, le vœu de tous ceux qui la connaissent et qui l'aiment.

Cependant, le marquis et Gustave de La Barlière arrivèrent à Antony, au milieu d'un bruit, d'une poussière, de cris et de clameurs, qui semblèrent d'un goût étrange à notre ami Arthur. Mais il savait qu'il se trouvait plus avant que jamais dans ce monde qu'il avait vu à souper dans sa moitié masculine, mais dont la plus belle partie ne lui était encore connue que par madame de Primarion.

Arthur, remis de l'étonnement que lui causait ce fougueux bourdonnement de voix, de chevaux, de chiens, remarqua bientôt certaines tournures, certaines façons d'être, qu'il était trop gentilhomme pour ne pas apprécier. Dès l'abord, il reconnut à la façon dont on salua M. de La Barlière du haut de certaines calèches, qu'il n'était plus là qu'en seconde ligne. Les femmes lui rendaient son coup de chapeau, avec cette figure qui dit :

Je vous salue parce que vous me saluez ; mais je ne sais qui vous êtes.

Les cavaliers de ces calèches avaient pour lui des inclinations trop arrêtées pour qu'elles pussent s'adresser à un égal. On le tenait en bride si serré qu'il lui eût été difficile de s'égayer ; Arthur s'en aperçut, et comme il avait eu honte du gamin, puis de Méta, il eut un peu de honte de Gustave. N'était-il pas fait pour être à la plus belle place entre les plus nobles et les plus élégants ? et il se trouvait avec un marchand d'argent, quelque chose comme un traitant, un être qui ne devait être pour lui qu'un peu plus qu'un intendant, tandis que Ribaud, le gros Ribaud, était accueilli de tous côtés par des empressements furieux.

En effet, Arthur venait de le reconnaître sur un poney assez mal harnaché, au centre d'un groupe de chevaux, salué, accueilli, appelé. Des cavaliers d'une distinction irrécusable partaient des plus belles voitures, où se trouvaient les plus belles dames, pour aller porter des dépêches verbales à Ribaud. Le gros homme tournait alors son regard vers la royauté qui lui faisait des avances, et c'était beaucoup que d'obtenir de lui un salut direct, qui signifiait :

— Je vous remercie de me trouver spirituel.

— Je vous sais gré de ne pas trop m'ennuyer.

Une seule de ces ambassades eut un succès que sans doute elles ambitionnaient toutes : à peine un beau et élégant jeune homme eut-il approché du groupe où se tenait Ribaud, à peine, de l'air le plus flatteur, lui eut-il transmis quelques paroles, que Ribaud, jetant un adieu assez dédaigneux à quelques-uns et obséquieux à d'autres, suivit le beau messager.

Pour être si pressé, où allait donc Ribaud ? où ? regardez : quelle voiture admirable ! quels chevaux magnifiques ! et quelle femme ! La voyez-vous, qui se penche hors de sa calèche pour accueillir Ribaud ! quelle taille souple et élégante! quelle distinction de visage! quelle finesse de sourire! quelle caresse dans le regard! Et comme celui qui a amené Ribaud à cette séduction paraît ravi du plaisir qu'il procure à cette femme ravissante et à l'illustre Ribaud! Il n'y a pas, il ne peut donc pas y avoir, dira-t-on, de jalousie dans l'âme de celui-là, et cependant quel homme en voyant un autre reçu avec cette joie éclatante par une si éclatante beauté, ne serait envieux d'un pareil accueil?

Il y avait donc un mystère dans la position de cet homme vis-à-vis de cette femme? Mystère facile à expliquer, pensa Arthur : il doit être si sûr de ce cœur, qu'on ne peut troubler sa sécurité. Or, comme Arthur, indépendamment de sa supériorité de veneur et de généalogiste, voulait aussi établir sa supériorité comme connaissant l'humanité, il dit à Gustave en clignant les yeux à la façon d'un homme qui aperçoit quelque chose qu'il reconnaît sans le voir exactement :

— Est-ce que ce jeune homme qui est sur cet arabe n'est pas l'amant de cette dame qui parle à Ribaud?

— Lui, s'écria Gustave, il en est, je crois, plus éloigné que de devenir l'amant de la sultane favorite. C'est le comte de Bragière ; il est fou de la duchesse de Massignac ; mais elle n'en voudrait pas pour cent millions.

— Ah! fit Arthur d'un ton serré ; je me suis laissé dire.....

— Est-ce que vous connaissez la duchesse?

— Non pas personnellement.

— Elle est de vos pays cependant?

— Oui, je le sais... mais ce comte de Bragière, qu'est-ce que c'est? d'où vient qu'il a l'air si ravi de la façon dont la duchesse parle à Ribaud?

— Il est ravi parce qu'il lui a amené Ribaud, comme il serait ravi si elle daignait porter un bouquet qu'il lui aurait offert..... et tenez, voilà peut-être la première fois que Bragière a un succès. Voyez Ribaud qui descend de son poney ;

la duchesse va lui donner une place; il monte dans sa voiture. Bragière triomphe : il lui avait promis Ribaud ; elle l'a ! Bragière aurait des chances, si on pouvait en avoir avec la duchesse.

— Quel diable de langage me parlez-vous? dit Arthur; comment la faveur que madame de Massignac accorde à Ribaud peut-elle profiter à Bragière?

— Elle a non seulement pris le bouquet; elle fait mieux : elle le met à son côté.

— Ainsi le triomphe de Ribaud est un succès pour le comte?

— Le triomphe de Ribaud, s'écria Gustave en riant, d'où venez-vous donc, mon cher? ce n'est pas Ribaud qui triomphe, c'est la duchesse?... Est-ce que vous prenez Ribaud pour un homme ayant cours comme homme?... Allons donc !... c'est une curiosité, un singe amusant, rare, unique dans son espèce : il est à la mode cette année; il fait fureur ! C'est à qui s'en parera, ne fût-ce qu'une heure, et voilà la duchesse qui l'accapare, et qui ne le lâchera pas, je vous en réponds; la voilà la maîtresse de la course, et Dieu sait tout ce qu'elle va faire écrire à Ribaud. Il n'y en aura dans l'illustre *Courrier de Paris* que pour elle et les siens. Elle a quelqu'un par ici qui doit l'intéresser; c'est un homme lancé. Elle charge Ribaud, et demain il éclatera en admirations furibondes, étincelantes, écrasantes, hyperboliques, sur les rois et les reines de la course; ce sera à faire crever d'envie toutes les femmes, et particulièrement madame de Primarion, que je vois là-bas fulminant des regards furieux contre Ribaud. Ah! la chance est bonne aujourd'hui pour vous.

XX

Une amazone. — Chute et rechute et rencontre.

Arthur comprit à peu près ce jargon, en ce qu'il concernait Ribaud. Du mépris jeté sur un homme d'esprit est presque une flatterie pour un sot ; mais ce qu'il comprit à merveille, car cela touchait droit sa vanité, c'était l'allusion à la possibilité de son succès immédiat. Il ne le manifesta point, mais sur sa demande, Gustave et lui poussèrent vers madame de Primarion.

Elle reçut le marquis avec toute la grâce d'une femme enragée : fin sourire, œil languissant, doux tremblement de voix. Le marquis devait s'y laisser prendre et y fut pris.

Céleste de Primarion était en amazone dans sa calèche. Contre l'ordinaire de toutes les jolies femmes, dont ce costume écrase un peu les grâces délicates, elle était admirable ainsi : la cravate noire et le chapeau de feutre adoucissaient un peu la masculinité de sa beauté ; et la précision de son corsage dessinait un sein et des bras d'une richesse et d'une forme admirables.

— Vous arrivez bien tard, dit-elle à Arthur d'un air doucement fâché. Oh ! je vous en prie, une autre fois ne venez pas avec le beau Gustave ; il a la prétention de croire qu'il est de bonne façon de se faire attendre.

Avant qu'Arthur eût tiré de la poche de son expérience une réponse assortie à une si vive attaque, Gustave repartit d'un air assez piqué pour donner à Arthur de la vanité, s'il est permis d'ajouter à l'infini.

— Je vous ferai observer que personnellement je ne faisais attendre personne, pas même Ribaud, que je ne croyais pas rencontrer ici.

Madame de Primarion ne daigna même pas être émue de cette réponse, et s'adressant à Arthur, elle lui dit :

— Avez-vous vu le cheval que j'ai fait amener?

— Non, madame, dit Arthur; de vous je prends tout les yeux fermés.

Gustave fit une grimace significative, et dit tout aussitôt :

— Voulez-vous me permettre d'aller monter à cheval? Je suivrai un moment la course. Je vous laisse le marquis.

— Comme il vous plaira, dit madame de Primarion en se mordant les lèvres cette fois; mais n'oubliez pas que j'ai à vous parler sérieusement après dîner.

— Je ne suis pas sûr de pouvoir avoir l'honneur de me rendre à votre invitation, fit Gustave.

— Vous êtes un être insupportable, Gustave, dit madame de Primarion tout à fait en colère; montez avec moi et priez M. de Mun de nous accompagner, nous allons aller retrouver nos chevaux.

De Mun monta le premier, et pendant qu'il s'asseyait sur le devant, il entendit madame de Primarion dire tout bas à Labarlière :

— A qui diable en avez-vous de me quitter quand nous avons mille louis en jeu ?

— C'est que je ne veux pas être de l'autre, dit Gustave.

— Vous êtes fou, lui dit-elle. Je suis furieuse !

— Je le vois bien.

Le dialogue n'alla pas plus loin, et les mille louis dont il était parlé par madame de Primarion rappelèrent au marquis les deux cents louis qu'il devait pour le cheval qu'il n'avait pas encore vu. Il pensa à la meilleure manière de remettre cet argent à sa belle maquignonne, ne s'imaginant pas qu'elle était femme à le prendre parfaitement de la main à la main.

Cependant la calèche de madame de Primarion allait croiser celle de la duchesse. La fière amazone jouait avec une cravache surmontée d'un petit sifflet en or qu'elle mordillait du bout des lèvres, et qui était une de ses inventions (renouvelées de l'ancienne façon d'appeler les pages et les chambrières). Du fond de sa calèche, grâce à ce sifflet, elle ordonnait à son cocher tous les mouvements qu'il devait faire, sans quitter cette position indolente et abandonnée d'une femme qui se laisse aller où on la mène et comme on la mène.

A quelques pas de la calèche de madame de Massignac, un petit sifflement se fit entendre, et voilà que tout à coup les chevaux de madame de Primarion, qui allaient d'un pas très-aisé, s'arrêtent, résistent, gambadent, caracolent, tentent de se cabrer, font tant de fracas enfin, que tous les regards sont appelés sur la calèche en danger, et plus nécessairement encore ceux de la duchesse. Madame de Primarion, le lorgnon dans l'œil et le coude appuyé sur le bord de la voiture, comme si de rien n'était, dévisageait pendant ce temps sa rivale avec une insolence et un calme qui contrastaient avec l'effroi que montrait la duchesse.

— Ah! mon Dieu! s'écria celle-ci, ces chevaux vont s'emporter! monsieur de Bragière, essayez de les saisir à la bride. Voyez donc, monsieur Ribaud.

Ribaud avait reconnu les chevaux depuis longtemps, et il connaissait le manége du sifflet depuis bien plus longtemps encore. Il s'était donc jusque là dispensé de porter les yeux du côté de la calèche; mais il fallut bien céder à l'appel de madame de Massignac, et il se tourna en plein vers madame de Primarion, qui, tout à coup, le montra du doigt au marquis, d'un air stupéfait, et en se mettant à rire aux éclats.

Que signifiait ce rire? c'est ce que la duchesse ne savait pas, ce que ne savait pas non plus Ribaud; mais il est certain qu'il y avait là-dessous une terrible impertinence.

Quelle impertinence? L'incertitude de ce qu'elle pouvait être la rendait encore plus cruelle à supporter, et la duchesse fut assez embarrassée de Ribaud qu'on montrait au doigt; Ribaud, furieux, ne fut pas moins embarrassé d'être près de la duchesse qui était embarrassée de lui : descendre de la voiture et remonter sur son ridicule poney, c'était reculer; et madame de Massignac, qui l'avait formellement accaparé pour toute la course, ne pouvait décemment le renvoyer. Ni M. de Mun, ni Gustave n'avaient rien compris au rire homérique de madame de Primarion, si ce n'est que c'était une impertinence, et, en hommes qu'ils étaient, ils en cherchaient le sens.

— Qu'est-ce qui vous fait rire ainsi? disaient-ils tous les deux.

Pauvres sots! y avait-il besoin d'un motif, du moment que c'était impertinence? madame de Primarion voulait-elle faire autre chose, et n'avait-elle pas réussi?

Mais à peine la scène était-elle achevée d'un côté, qu'elle recommença d'un autre. La calèche de madame de Primarion n'avait pas dépassé de cent pas celle de la duchesse, qu'elle se croisa avec celle de madame de Pimpani, qui avait à son côté mademoiselle de Ménarès et sur le devant l'illustre Fouriou.

La marquise, bordée d'une jeune fille et d'un petit garçon, avait un air de mère de famille qui la rendait pâle de colère. Elle n'eut pas plus tôt aperçu madame de Primarion, qu'elle lui envoya un geste qui la priait d'arrêter.

Madame de Primarion siffla l'ordre, et dit à Gustave qui s'était posté en face d'elle :

— Pincés, mon cher Gustave.

— Empruntons-le-lui franchement, murmura celui-ci.

— La fourmi n'est pas prêteuse... J'enlève.

Cet inintelligible jargon passait devant Arthur sans qu'il en entendît la moitié et sans qu'il en comprît un mot. Les deux voitures s'arrêtèrent roue à roue, et la marquise envoya son plus agaçant sourire à Arthur, qui salua d'un air contraint.

— Où allez-vous donc par-là, chère ? dit madame de Pimpani.

— Prendre nos chevaux. Nous revenons.

Puis ellle se pencha vers la marquise, et ajouta :

— Je vous fais mon compliment ; il est plein d'esprit.

Et au petit sifflet, les chevaux repartirent sans que madame de Pimpani eût eu le temps de réclamer son bien.

Cependant le tumulte allait croissant : les juges de la course étaient en fonctions ; on pesait les cavaliers, on les bourrait de plomb pour les alourdir, on examinait les bêtes qui devaient courir ; l'heure du départ approchait. L'endroit où madame de Primarion avait fait arrêter ses chevaux était un pré devant lequel la course devait passer, si bien que beaucoup de voitures étaient venues s'y ranger, entre autres celle de la duchesse. Il y avait donc un assez bon nombre de spectateurs pour assister à la mise en selle de madame de Primarion. Cela fut exécuté avec une légèreté, une prestance et une vigueur merveilleuses. Le cheval se cabra, sauta, se calma et, maintenu d'une main habile, vint parader en faisant le beau devant la duchesse.

Gustave fit aussi son petit manége, mais sans succès : ce n'était que médiocre. Arthur eût pu avoir tous les avantages, car il monta le dernier à cheval. Les premiers mouvements furent assez vifs, quoique d'un mauvais style. Mais notre héros avait oublié qu'on oublie. Il y avait quelque cinquante ans qu'il n'avait enfourché une selle, et encore au temps où il excellait dans l'équitation, était-ce sur une large et bonne selle de velours, les jambes armées de bottes à l'écuyère, et non sur une selle rase et luisante qui semble faite exprès pour qu'on ne puisse pas se tenir à cheval. A peine fut-il en selle que le cheval s'égaye, et voilà notre marquis qui, tout surpris de ce cuir verni, va devant derrière. Il serre le genou, le cheval se cabre, il lui rend la main, le cheval rue. Le marquis furieux lui coupe la bouche; le cheval fait un bond prodigieux et envoie notre Arthur au beau milieu du pré au moment où la marquise arrivait. A cet aspect, elle pousse un cri d'épouvante et s'évanouit. Tous les yeux vont d'Arthur à la vieille pâmée, et la duchesse elle-même ne put s'empêcher de dire :

— Bah !

— Oui, fit Ribaud.

Et voilà madame de Massignac riant à son tour avec un abandon, une grâce, un bonheur inouï.

Madame de Primarion, furieuse, grommela avec fureur un :

— Sot animal ! adressé à Arthur, et partit au galop avec Gustave.

L'infortuné marquis fut relevé par Fouriou, qui avait abandonné madame de Pimpani aux soins de mademoiselle de Ménarès. Arthur, encore tout étourdi de sa chute, se laissa conduire où on le menait, et se trouva assis en face de la marquise, qui rouvrit languissamment les yeux en lui disant d'une voix mourante :

— Ah ! que vous m'avez fait peur ! Aussi, quelle imprudence ! une bête que vous ne connaissez pas, un cheval vicieux..... Vous n'êtes pas blessé ?..... Voici des sels......

Et tout cela avec une tendresse, avec une affectation......

— Voilà M. de Mun affiché comme pour une représentation à bénéfice, dit Ribaud à la duchesse.

— Quoi ! fit celle-ci, c'est là le fameux marquis de Mun ?

— Lui-même.

La duchesse le lorgna, et le trouva très-beau.

Pendant ce temps, Fouriou avait fait raccourcir les étriers du cheval rétif, et s'élançant sur la noble bête, il la soumit en un tour de main, et se rapprochant de la voiture, il passa du côté de mademoiselle de Ménarès, et après quelques paroles échangées d'un air d'intimité fraternelle, il disparut au grand trot du cheval de chasse, ferme comme un écuyer de Franconi. Dona Josepha le suivit des yeux avec une douce admiration, et se rencogna dans son coin pour le suivre d'imagination dès qu'elle l'eut perdu de vue.

Arthur était dans un état de fureur indicible. Être tombé de cheval devant tant de gens, être si bêtement tombé, et par-dessus le marché se trouver chambré par madame de Pimpani face à face, genou à genou, œil à œil! Quel supplice! quel ridicule! Et ce misérable Fouriou qui l'abandonnait, Fouriou qui montait le même cheval qui l'avait si complétement désarçonné... Malédiction! exécration!... Eh!... Ah!... De par tous les diables! ceci est le complément de toutes les vexations possibles! En face du marquis, debout derrière la voiture, le superbe Charles Loupon gardant un sérieux impudent, mais examinant avec une attention profonde l'endroit où était tombé le marquis.

Quelque chose de vague, d'incertain, d'insaisissable, passa dans l'esprit d'Arthur, et y murmura des paroles qui ne disaient pas précisément :

— J'aimerais autant être encore sur mon grabat, mais qui étaient déjà un dépit du présent, sinon encore un regret du passé.

Un mouvement général annonça que les apprêts de la course étaient finis, et que les combattants allaient se préparer à la lutte. Arthur, qui venait de payer une chute deux cents louis, bondissait d'impatience, et comme, dans ce moment, une masse de cavaliers arriva, parmi lesquels se trouvait Fouriou, le marquis s'écria, sans la moindre attention pour les œillades suppliantes de madame de Pimpani : « Il faut que je dompte ce cheval ou qu'il me tue. »

— Mais, répliqua mademoiselle de Ménarès, ce cheval m'a l'air fort docile quand il est bien monté.

Arthur trouva dona Josepha plus rousse qu'à l'ordinaire, et pour se venger d'elle, il dit à madame de Pimpani qui le priait de ne pas tenter l'aventure :

— Vous ne voudriez pas me laisser sur un ridicule.

— Eh bien donc, puisque vous le voulez absolument, vous savez que nous dînons chez Primarion...

— J'y serai.

Sur un signe de mademoiselle de Ménarès, Fouriou approcha, sauta à bas de cheval, et remit à la duchesse et à la marquise deux immenses bouquets, en disant à Arthur :

— Je te demande pardon, mon cher, de t'avoir si lestement emprunté ton cheval ; mais cette bouquetière, qui est ma foi fort belle, est à une demi-lieue, et, par le monde qu'il y a ici, j'aurais été une heure à aller et revenir.

Arthur tutoyé, Arthur tutoyé par Fouriou, se sentit pris d'un étonnement mirobolant ; mais la course allait commencer. Loupou descendit, sur un signe de sa maîtresse, tenant le cheval d'un air de mauvaise humeur. Le marquis se hâta, en se promettant de remettre plus tard le petit impertinent à sa place, et enfourcha courageusement son cheval : tous les regards se tournèrent vers lui ; mais, cette fois, Arthur, armé à la fois de toute sa vigueur et de toute sa prudence, demeura ferme sur sa bête, et s'étant doucement essayé, il lui fit faire quelques passes assez agréables, et qui charmèrent tellement madame de Pimpani qu'elle lui cria :

— Bravo ! bravo ! très-bien !

Arthur la remercia avec une reconnaissance inflammatoire, et qui donna à la marquise un rayonnement de triomphe dont le ridicule se refléta immédiatement sur l'objet de ses tendres amours. Son succès lui fut plus fatal que sa chute. Le bonheur qui inspire le rire est pire qu'une infortune grave.

Tout conspirait contre Arthur, et lui plus que personne, car ce n'était pas assez que d'avoir restauré sa réputation de cavalier vis-à-vis de madame de Pimpani, il fallait aussi vaincre devant madame de Primarion; il la chercha des yeux, et la vit fort entourée et remarquablement occupée du comte de Bragière, qu'elle avait sans doute destiné à punir Ribaud de sa désertion, en remplacement d'Arthur tombé.

Arthur pointa de ce côté; mais avant qu'il y fût arrivé, madame de Primarion, donnant le signal, se mit à galoper de manière à tenir Arthur à une distance que ses efforts ne pussent rapprocher. Etait-ce hasard ou envie de le fuir? c'est ce que je ne puis dire; mais c'est à quoi Arthur ne pensa point : était-il de nature à s'imaginer que l'on pût chercher à l'éviter?

Il se décida donc à poursuivre la belle coureuse; mais presque aussitôt un profond silence s'établit sur toute cette plaine si tumultueuse et si bruyante; elle parut frappée tout à coup de mutisme et d'immobilité, et Arthur s'arrêta. Ce moment d'attention et d'attente générales dura quelques minutes, et fut bientôt suivi d'un bruissement de voix poussant un cri long et uniforme. Les coureurs venaient de partir, puis tout aussitôt les appels, les exclamations se croisèrent, et toute la multitude se mit en mouvement, les piétons courant à travers les arbres, les cavaliers par les sentiers, les voitures par les grandes routes, tous disparaissant chacun à son tour comme par enchantement, ceux-là derrière un massif, ceux-ci au coin d'un talus; on eût dit une armée en déroute, surprise par un parti vainqueur, et qui s'échappe, se cache, fuit et disparaît sous l'impulsion folle d'une terreur panique.

Avant qu'Arthur eût pris un parti sur le chemin qu'il devait suivre, il se trouva à peu près seul sur la route avec quelques paysans qui riaient de ce rire aigre qui raille si insolemment les plaisirs des riches, qu'il peut leur faire croire que ces bonnes gens ne sont pas assez sots pour les leur envier.

— Que le diable leur casse bras et jambes! dit un de ceux-là à qui l'on avait payé quatre fois ce que son champ eût pu lui rapporter pour que six chevaux pussent y imprimer leurs pieds en passant; voilà comment on détruit le bien du pauvre monde.

Tais-toi donc, dit un autre, en voilà encore un qui est demeuré ici.

— Ce grand dadais, repartit le premier paysan, c'est celui qui s'est fourré par terre à la volée. A-t-il l'air dindon?

— Hé! bourgeois, cria-t-il, est-ce que vous ne savez pas le chemin?

Arthur ne répondit pas, il n'en avait plus le pouvoir. Sur un petit tertre de la route, il venait d'apercevoir assise une jeune fille qui, la tête basse, comptait sur son giron les petites pièces de monnaie blanches qu'elle avait reçues; cette jeune fille avait près d'elle un grand panier ou étaient demeurés quelques débris de fleurs : ce devait être la bouquetière qui réglait les bénéfices de sa journée.

Une idée lumineuse était venue à Arthur : ce petit drôle de Fouriou avait été fort bien accueilli pour avoir apporté à mademoiselle de Ménarès et à madame de Pimpani de magnifiques bouquets; personne n'avait songé à madame de Primarion; ce serait donc d'une bonne grâce achevée de la rattraper un bouquet à la main. Cette gracieuse idée faisait rêver notre héros qui se complaisait à l'admirer. Il s'approcha tout à fait de la jeune fille qui comptait toujours sa recette, séparant avec un soin et un bonheur d'enfant les belles pièces neuves des vieilles; les premières pour en faire l'épargne, les autres pour la dépense.

— Hé! la fille, lui cria Arthur du haut de ses deux cents louis, as-tu encore un bouquet à vendre?

La bouquetière ainsi interpellée releva brusquement la tête; le rouge de l'indignation était sur son visage; mais à peine eut-elle envisagé celui qui lui parlait de ce ton, qu'une expression douloureuse remplaça cette fierté blessée. Arthur de son côté ne fut pas moins surpris en reconnaissant Méta. Celle-ci, tout à l'heure si joyeuse en présence du trésor qu'elle avait amassé, se leva tristement, et fouillant dans son panier, elle lui répondit doucement :

— Je n'ai point de bouquet à vous vendre, monsieur; mais voici une fleur que je vous donne.

Cet homme dont j'écris l'histoire était un être abominable; il ne comprit rien à cette parole si douce, à cette résignation si simple, à cette fleur donnée, et il répondit avec la brutalité de la fatuité (la plus cruelle et la plus lourde à la fois) :

— Mais, ma belle enfant, je ne puis offrir à une dame une simple fleur comme celle que vous me présentez.

La fleur échappa à la belle main qui la tenait, et une grosse larme tomba des beaux yeux qui regardaient Arthur.

— Qu'est-ce que vous dites donc à cette demoiselle pour la faire pleurer? s'écria le paysan qui avait jeté une si rude malédiction sur les cavaliers qui venaient de partir.

Cet homme en ce moment faisait un des actes les plus communs et les plus admirés de la vie humaine : il couvrait le besoin d'injurier un plus haut que lui d'une apparence de protection pour un plus faible. Arthur allait répondre comme il croyait convenable à cette grossière et menaçante question; mais Méta s'empressa de répondre :

— Monsieur ne me dit rien à quoi je ne dusse m'attendre de lui; cela ne vous regarde pas.

— Ah! tiens... bah... c'est comme ça? fit le paysan en ramenant, par ces diverses exclamations, l'accent de sa voix, de la menace brutale à la raillerie insolente : il paraît que ce n'est pas une nouvelle connaissance... Ah! ah! la bouquetière, on ne veut plus de votre fleur, à ce qu'il paraît. Ça arrive toujours à celles qui en vendent tant.

— Tu es un insolent! s'écria Arthur, et je vais t'apprendre...

A ces mots le marquis, la cravache haute, fit marcher son cheval sur le paysan, mais celui-ci, se jetant vivement de côté, s'empara d'une fourche appuyée le long d'un arbre, et la présentant comme un soldat qui croise la baïonnette à son antagoniste, il lui cria :

— Si vous avancez, je vous éventre vous et votre rosse.

— Monsieur de Mun, s'écria Méta en se jetant courageusement entre les deux ennemis, cet homme n'a offensé que moi, s'il m'a même offensée ; ne vous exposez pas à un danger inutile pour une parole qui ne m'a pas même touchée.

— Cela se peut, répliqua le marquis; mais ce drôle n'en a pas moins été insolent envers moi, et c'est ce que je ne veux pas souffrir.

Il n'avait pas plustôt dit ces mots, qu'une pierre lancée par un enfant vint frapper le marquis. Dans le premier mouvement de douleur, il donna une forte secousse à la bride, et le cheval fit un écart et heurta si rudement la pauvre Méta, qu'elle fut renversée à terre. A cet aspect, une troupe de femmes demeurées jusque là spectatrices silencieuses des débats, se mirent à hurler.

— Ah! la canaille d'homme qui tue les femmes!

Elles se précipitèrent autour de Méta, les unes disant :

— Pauvre fille! voilà ce que c'est que d'écouter des farauds comme ça.

D'autres s'écriaient :

— Ces horreurs d'hommes, ça séduit la jeunesse et ça la méprise après.

— Ça la bat.

— Ça veut la tuer.

— Assassin!

— Scélérat!

— Brigand!

Ce concert de cris, parti d'abord de différentes bouches, comme dans une symphonie on entend successivement les entrées de la clarinette, du hautbois, du cor, des violons, exécutant chacun une phrase, Arthur put d'abord distinguer chacune des mesures produites par vingt voix différentes, jusqu'au moment où l'orchestre féminin se fondit tout à coup en un magnifique ensemble exécutant, en fortissimo le plus violent, cette mélodie terrible :

— Tapez dessus, vous autres.

Cette marseillaise féminine eut un succès si grand, que le marquis sentit immédiatement sur ses jambes, sur ses cuisses, sur ses épaules, des coups de gaule, des coups de fouet. Le cheval, atteint en même temps que le cavalier, se mit à faire des évolutions extravagantes, et voyant enfin un jour où passer, il s'élança au galop dans cette direction. Arthur, meurtri, brisé, étourdi, éperdu, se laissa emporter; tandis que les enfants, qui, durant le premier brouhaha, s'étaient tenus à l'écart pour ramasser des pierres sur les bords de la route, le poursuivaient à travers le bois, coupant les taillis pour l'attendre au passage lorsqu'il tournait une allée, s'ameutant après lui, hurlant, courant, se le donnant pour but comme un tronc d'arbre ou comme un chien enragé.

Enfin notre héros, fuyant toujours, parvint à trouver un sentier où on le perdit, et où son cheval, couvert d'écume, de poussière, haletant, fourbu, brisé, s'arrêta de lui-même et permit à Arthur de respirer un moment, de se regarder, de se sentir et de réfléchir.

Réfléchir, c'est-à-dire regarder sa vie, ses actions, ses paroles, sans vaine préoccupation, les juger et reconnaître la vérité, c'eût été une bonne et excellente chose. Mais Arthur se croyait bien plus fort que tous les hommes; n'avait-il pas, en effet, une conseillère qui valait mieux selon lui que le bon sens et le sens commun? n'avait-il pas son ombre, n'avait-il pas son expérience, qu'il avait complétement oubliée depuis quelques jours? Furieux de toutes ses déconvenues, irrité contre tout le monde et contre cette fatale compagne, qui ne lui servait à rien, il s'assit sur un tertre pendant que son cheval restait près de lui la tête pendante, les naseaux fumants, tremblant sur ses jambes et toussant avec effort, et il s'écria dans un mouvement de rage :

— Ombre exécrable! qu'as-tu à me dire?

L'expérience lui répondit d'une voix très-explicite :

— Que si tu laisses refroidir ton cheval, il est perdu.

— Je te parle de moi, reprit Arthur exaspéré par cette réponse.

— Si tu te laisses refroidir, tu peux gagner une fluxion de poitrine.

— Tu as raison, fit-il en se secouant. Viens donc, nous causerons en marchant.

— Soit, dit l'ombre.

Et M. de Mun ayant passé la bride de son cheval sous son bras, se mit à arpenter le bois de Verrières, lui, son ombre et son cheval, tous trois de compagnie. Cette sage précaution à l'usage de sa propre sûreté, lui ayant été inspirée par sa lumineuse expérience, il se sentit moins irrité contre elle, et lui adressa la parole d'un ton beaucoup plus doux :

Est-ce donc une destinée qui me poursuit? dit Arthur. Suis-je le jouet d'une machination surnaturelle ayant un but que je ne puis concevoir? car tout ce qui m'arrive n'est pas dans l'ordre ordinaire des événements. Tant de déconvenues ne peuvent pleuvoir sur un homme avec cette rapidité et cette abondance, à moins qu'il n'y soit dévoué par une fatalité prédominante.

— Écoute, reprit l'ombre d'une voix grave, ce qu'elle n'avait pas fait encore jusqu'à présent, et ce que le piteux état du marquis lui inspirait sans doute de faire : nous avons commencé ensemble, nous avons grandi ensemble; c'est ensemble que nous avons vieilli, et maintenant que tu es redevenu jeune, moi, vieille toujours, je n'en suis pas moins restée avec toi.

Cependant, depuis quelques jours, depuis que tu m'as traitée avec mépris, je l'ai laissé aller sans trop me récrier, comme une mère qui voit avec douleur les égarements de son fils, mais qui les supporte avec patience, bien sûre que le malheur le lui ramènera. Maintenant que te voilà comme l'enfant prodigue, je vais te parler le langage de la vérité. Tu cherches dans les autres, dans les événements, dans la fatalité, dans une sorte de persécution imaginaire, la cause de tout ce qui t'arrive. Tu es ce que sont la plupart des hommes, tu es, après une existence séculaire, ce que tu as toujours été, aveugle, parce que tu regardes autour de toi et non pas en toi.

— Que diable veux-tu que je voie en moi? dit Arthur.

— Regarde-s-y bien.

— J'y regarde.

— Qu'y vois-tu?

— Je n'y vois rien, si ce n'est que ce qui réussit aux autres ne me réussit pas.

— A qui en est la faute?

— Oh! fit Arthur avec impatience, le passé est passé, c'est pour l'avenir qu'il me faut des conseils.

— Puis-je prévoir ce qui t'arrivera?

— Non; mais tu peux me dire ce que je puis faire.

— Retourne chez Méta, dépouille le nom usurpé que tu portes et qui est la principale cause de tous tes embarras. Cache-toi jusqu'à ce que tu te sois fait une position dont personne n'ait à te demander l'origine; tu as vu bien des exemples de ce qu'on peut devenir sans avoir à rendre compte de ce qu'on a été.

La partie morale la plus sensible du marquis se révoltait toujours à cette proposition; toutefois une partie physique que le galop effréné de son cheval avait douloureusement meurtrie, les coups de bâton dont on avait affecté certaines autres parties, le faisaient pencher pour une retraite subite; mais aussitôt revenaient en foule, les 500,000 francs de chez La Barlière, la grandesse d'Espagne, les soupers de Lucienne, et madame de Primarion elle-même; et puis, disait-il à son ombre :

— Vois Fouriou, n'est-il pas en dehors de sa sphère plus que moi, qui, après tout, suis né gentilhomme, et ne me refais que ce que j'ai été. Tout lui réussit, tout lui va.

— C'est qu'il a le grand art d'être, non ce qu'il faut pour lui, mais ce qu'il faut pour les autres.

— Eh bien, j'essaierai, dit Arthur.

Cher et honoré lecteur, si vous trouvez que l'ombre de notre héros ne lui donne que de bien piètres conseils, nous vous prierons de remarquer que ce n'est que l'ombre de lui-même qui lui parle. Ombre ou expérience, comme vous le voudrez, ne sont jamais que le résultat de celui à qui elles appartiennent. L'ombre d'un magot ne peut avoir les formes de Calliope; l'expérience d'un sot, eût-elle mille ans, ne sera jamais que l'expérience d'un sot.

C'est pour cela que nous avons supprimé les petits bouts de dialogues qui avaient eu lieu depuis quelques jours entre elle et le marquis. Quant à celui-ci, tout insignifiant qu'il peut être, nous l'avons rappelé parce qu'il mena Arthur dans une des parties les plus reculées du bois de Verrières, sans qu'il s'en aperçût. Il venait de le conclure par un mot déjà plus sage et plus prudent : J'essaierai ! lorsqu'au détour d'une allée, il se trouva face à face avec une femme qu'il ne reconnut pas tout d'abord, mais dont la grâce achevée le frappa subitement. Elle parut fort surprise et presque émue de la rencontre, comme si elle avait pu croire qu'on l'avait suivie et espionnée. Mais l'allure de M. de Mun, l'état de sa personne, lui montrèrent sur-le-champ que le cavalier honteux cachait sa déconvenue dans les profondeurs des bois, et n'y venait surprendre les secrets de personne. Arthur salua et passait, lorsque la plus douce voix du monde dit d'un ton interrogatif :

— Monsieur le marquis de Mun?

Arthur s'arrêta, et ayant mieux considéré la belle dame, il répondit avec un plus profond salut :

— Madame la duchesse de Massignac.

A son nom, la dame parut contrariée et fit un mouvement pour s'éloigner sans répondre; mais elle s'arrêta encore, et dit au marquis :

— Vous n'êtes pas blessé, monsieur, j'espère?

— Non, madame; mais je voudrais l'être, si je pouvais ainsi mériter un moment votre intérêt.

La duchesse comprenait sans doute ce qu'un pareil entretien avec un inconnu pouvait avoir d'inconvenant, car elle éprouvait un visible embarras. Elle tendait de tout son corps à quitter la place, mais en même temps une invincible curiosité la retenait là où elle était. Cette dernière phrase du marquis la fit sourire comme s'il avait dit une chose charmante, et elle ne put résister à la tentation de continuer l'entretien.

— Vous connaissez ces bois? je suppose, dit-elle à Arthur.

— Pas le moins du monde, madame.

— Ainsi, vous êtes tout à fait égaré?

Arthur regarda autour de lui, et répondit :

— Tout à fait, si on peut s'égarer à quelques lieues de Paris et dans des bois de si peu d'étendue.

— Ils sont assez grands, monsieur, reprit madame de Massignac, pour que l'on y puisse errer longtemps, reprit-elle avec un fin sourire et une agaçante raillerie, pour laisser passer l'heure d'un rendez-vous donné.

— Je n'ai d'autre rendez-vous, dit Arthur, qu'une invitation à dîner dans ce pays chez madame de Primarion.

La duchesse répondit par une de ces inclinations balancées

qui signifient : « Ah! diable! vous dînez chez cette dame! Peste! quel gaillard vous faites! Dîner chez madame... madame Primarion! voilà qui vaut qu'on s'en vante. » Puis, cette petite pantomime achevée, madame de Massignac reprit avec un regard qui alla jusqu'au cœur d'Arthur, et un sourire qui ne manquait pas de dédain :

— C'est une très-belle personne que madame de Primarion. N'étiez-vous pas dans sa voiture?

— Oui, madame, dit Arthur, à qui l'expression équivoque du visage de la duchesse parut une raillerie, j'étais avec madame de Primarion au moment où nous avons croisé votre calèche, où vous étiez, je crois, avec M. Ribaud.

— C'est vrai, monsieur, votre remarque est parfaitement juste. Le connaissez-vous beaucoup?

— Qui cela?

— Mais... monsieur Ribaud...

— Fort peu, madame, c'est un de ces hommes qu'on peut voir une fois par hasard, pour s'en amuser, mais...

— Vous le traitez mal, monsieur; il m'a dit beaucoup de bien de vous.

— De moi?

— Oui, monsieur.

— Je l'en croyais incapable...

— Alors vous le connaissez mieux que vous ne dites.

Cette réplique faisait un mot spirituel de la dernière réplique du marquis, et il était évident que madame de Massignac avait un désir extrême de faire causer M. de Mun.

Celui-ci était loin d'en deviner le motif. Il ne se doutait pas du tout que Ribaud, en faisant de lui le portrait le plus ridicule du monde pour une madame de Primarion ou une madame de Pimpani, lui avait rendu le plus éminent service auprès de l'excentrique duchesse de Massignac.

Vous remarquerez, cher et aimé lecteur, que c'est moi personnellement qui me sers du mot excentrique, et que c'est à vous que je l'adresse. Je me serais bien gardé de le mettre dans la bouche de notre marquis, qui ne le connaissait pas, et si je le lui avais fait adresser, il m'eût fallu immédiatement lui faire prendre un de ces airs étonnés qui s'emparaient de lui toutes les fois qu'il entendait un de ces mots qui appartiennent à la langue moderne.

Il avait cependant déjà vu des choses tout à fait en dehors de tout ce qu'il pouvait imaginer.

Ainsi, madame de Primarion était pour lui une femme extraordinaire, et s'il eût connu le mot excentrique, il le lui eût appliqué et il eût mal fait. En effet, madame de Primarion était l'expression, exagérée peut-être, d'une mode, mais elle était le résultat de cette mode. Il y avait à côté d'elle, après elle, des lionnes écuyères, chasseresses; elle n'était pas unique. Elle était, si on veut, l'astre le plus marquant d'un monde excentrique, mais personnellement, elle n'était pas excentrique. La duchesse, au contraire, était ce qu'on peut appeler un être excentrique, ce qu'autrefois on appelait une personne originale. Cette qualité ne tient pas à un fait social, elle tient à l'individu, à l'organisation de son corps, de son esprit; elle tient à une idée fixe, à une croyance, ce quelque chose qu'on ne partage avec personne, à ce qui fait les grands hommes et les fous, à ce qui n'est qu'en soi enfin.

Or, voici quelle était l'excentricité personnelle de la duchesse de Massignac.

XXI

Une femme comme il y en a peu.

Fort jeune, fort libre de sa main, pouvant choisir parmi les plus beaux, les plus grands et les plus riches, mademoiselle Amadise de Moralli avait repoussé les hommages les plus empressés, les plus ardents, les plus sincères même, pour se donner au duc de Massignac, vieillard octogénaire, impotent, et d'un esprit encore aimable pour les hommes, disait-on, mais si préoccupé de rouéries politiques, de combinaisons ministérielles, qu'il n'avait guère le temps de causer, même avec sa femme.

Après la surprise que causa le choix que fit la belle Amadise d'un si vieil époux, on éprouva la surprise de voir celui-ci ratifier ce choix.

M. de Massignac passait pour avoir eu dans sa longue carrière tous les vices que peut avoir un homme qui sait les avoir. Ses prodigalités, soutenues par des opérations financières d'une audace aventureuse, étaient célèbres. On ne connaissait pas un homme qui, lui ayant rendu quelques grands services, n'eût été sacrifié par lui à un intérêt puissant ou léger, ou même au besoin de dire un bon mot. Ses trahisons politiques avaient nourri les journaux de plus d'articles de vertueuse indignation que ne l'a fait la vie de M. de Talleyrand, réunie à celle de M. de Sémonville. Il jouait un jeu colossal avec un bonheur qui passait pour de l'adresse; ses aventures avec les femmes les plus éclatantes avaient toujours fini de son côté par quelque infamie ou quelque lâcheté ; M. de Massignac enfin avait en grand toutes les mauvaises qualités que les petits blâment faute de pouvoir les posséder ; mais il n'avait jamais été ridicule.

Lorsqu'on apprit son mariage avec mademoiselle Amadise, le monde sur lequel il avait plané, qu'il avait insulté, raillé pillé, méprisé, rêva une vengeance. On s'écria de tous côtés :

« Enfin cette longue et mauvaise carrière aura une fin méritée ; le vieux et rusé Massignac sera puni, il n'en faut pas douter : il sera ridiculé ! »

Et vous savez ce que peut vouloir dire ce mot quand il est appliqué à un homme de quatre-vingts ans qui épouse une femme qui n'en a que vingt.

Le monde attendit et lança ses plus habiles *ridiculiseurs* à la suite de la jeune et belle duchesse ; la plupart de ceux qu'elle avait repoussés comme époux eurent la prétention d'être plus ou moins que ce qu'ils n'avaient pu être ; mais le monde eut beau faire : les plus charmants, les plus adroits les plus amoureux, c'est-à-dire les plus redoutables, eurent beau faire ; madame de Massignac s'enferma dans l'île escarpée et sans bords de Boileau, et contempla en riant tous les naufrages qui eurent lieu autour d'elle ; mille assauts furent donnés à ce terrible Gibraltar : tous furent repoussés.

Décidément, M. de Massignac avait sur le front une étoile protectrice ; une étoile ! ce n'est pas là ce qu'on eût voulu y voir !

On y mit cependant tous les soins possibles ; le moindre petit bout d'apparence n'avait qu'à percer, vite on y attachait une corde pour pendre à la lanterne commune le nom du vieux duc. Pour cela on commenta toutes les inconséquences de la duchesse, l'extrême liberté de sa conduite, ses entretiens avec des jeunes gens, quelques rencontres qui avaient l'air de rendez-vous ; on y sema de la médisance ; on y planta de la calomnie : rien n'y fit. Si cela paraissait pousser un jour ou deux, il arrivait bientôt un évènement, une parole, un mot, qui emportaient médisance et calomnie comme une herbe qui n'avait pu prendre pied sur ce roc nu et poli, et madame de Massignac sortait triomphante de toutes les atteintes.

Sans se donner la peine d'une justification, sans se sevrer d'une fête, d'un plaisir, ouvrant sa loge aux Italiens ou à l'Opéra à qui voulait venir lui dire qu'elle était belle et qu'il mourrait pour elle, tenant cercle à une heure après minuit, et recevant tout ce qui avait une prétention à un nom célèbre; courant les matinées, seule dans sa voiture, partout où son caprice lui disait d'aller, rencontrée quelquefois à pied tout enveloppée de voiles qui cachaient son visage, de pelisses qui dissimulaient l'aristocratique charme de sa taille, elle restait toujours inabordable, et qui pis est, toujours immaculée.

Ce qu'on inventa à propos de madame de Massignac demanderait de gros volumes. On pensa à un amour obscur, inconnu, à quelque fantaisie comme celle des romans ou des vaudevilles, où l'on voit des duchesses amoureuses d'un colleur de papier. (Il est à remarquer que les colleurs de papier, que les littérateurs semblent oublier, sont en général ce qu'il y a de mieux dans la classe des ouvriers séducteurs : *avis à mes confrères.*) Mais l'amant obscur, la passion de haut en bas qui avait d'abord eu une façon de succès, fut bien vite abandonnée. On fit causer, on ne découvrit rien.

Après l'amour de la grande dame pour l'ouvrier, on inventa plus que je n'en puis dire. Les femmes le confièrent à leurs amants dans ces heures où elles disent le secret des autres et jamais le leur, et cela prit quelque consistance; d'autres femmes détruisirent cette explication.

Enfin, au moment dont nous parlons, il était arrêté et convenu que madame de Massignac était un morceau de bois sans cœur, incapable d'aimer, dans toutes les acceptions du mot.

On considérait, en conséquence, ceux qui s'obstinaient à lui offrir de l'amour comme des fous qui voudraient absolument se faire entendre à des sourds-muets en leur criant à l'oreille :

« Je vous aime. »

L'oreille est irrévocablement bouchée ; rien n'y pénètre, et celui qui crie est un sot ridicule.

Le délicieux comte de Bragières était un de ces derniers maladroits, et on ne l'épargnait en aucune occasion. Madame de Massignac le recevait, comme elle en avait reçu tant d'autres, quand il venait, mais sans s'occuper de lui quand il ne venait pas. Elle quittait sa maison de Paris pour une de ses terres, où il était constaté qu'elle avait passé huit jours toute seule, le jour où elle lui avait permis de l'accompagner au bal. A la saison des eaux, suivie d'un véritable train princier, elle allait de résidence en résidence, tandis que son mari demeurait à Paris, se laissant rencontrer, mais jamais poursuivre.

Comme toutes les femmes, madame de Massignac avait eu des amies intimes qui lui avaient demandé son secret pour le divulguer ; mais ces séductions n'avaient pas eu plus de succès que les autres, et madame de Massignac s'était contentée de répondre qu'elle était la plus heureuse femme de la terre.

Cette très-longue exposition du nouveau personnage que rencontra Arthur expliquera comment il se faisait que la duchesse eût arrêté sans trop d'embarras un jeune homme qu'elle ne connaissait que par son nom, et se fût pour ainsi dire établie en conversation réglée avec lui. On a pu remarquer quel sentiment de curiosité avait percé dans la façon dont cette femme regardait et examinait cet homme. Ce sentiment était le produit du portrait tracé par Ribaud, qui, dans ce qu'il disait comme dans ce qu'il écrivait, n'était jamais bien sûr de ce qu'il croyait dire ou écrire.

En voulant ridiculiser notre héros, il en avait fait le plus merveilleux éloge.

« Cet homme, avait-il dit, est à la fois, ignorant, mal élevé, et parle cependant comme si son titre de marquis était chargé d'avoir de l'esprit et de la politesse pour lui. A chaque instant, on dirait qu'il s'éveille en sursaut et qu'il est transporté dans un pays inconnu, et ce pays lui est si bien inconnu qu'à tous les pas qu'il a voulu faire, il s'est heurté contre un obstacle, et a fait une chute comme celle qu'il vient de faire à l'instant même : il s'est laissé prendre, à ce que j'ai entendu dire, dans une aventure grotesque avec la plus laide femme de Paris, et passe pour avoir séduit et enlevé en une heure la plus belle fille de France, déclarée vertueuse par la plus dévergondée coquine du monde, ce qui doit être une preuve assez irrécusable de vertu; très-présomptueux, très-niais, très à cheval sur les vieilles galanteries..... Il doit être fou... ce qui est la distiction de l'imbécillité. »

Précisément parce que tout ceci n'eût eu rien de bien recommandable pour le vulgaire, cela devint une sorte d'apologie exubérante pour l'excentrique duchesse.

Qui l'eût dit? qui l'eût pu croire? au moment où Arthur rencontra Amadise elle pensait à lui.

Un homme qui ne ressemblait pas aux autres, un homme qu'on ne pouvait pas savoir par cœur dès les premiers jours, dont on ne prévoyait pas la parole, les serments, les actions, mais voilà ce qu'elle cherchait depuis qu'elle vivait :... un homme dont son mari ne pût pas lui rendre compte en vingt minutes ;... mais c'était sa vie, son bonheur, son avenir,... son amour qu'elle allait reconquérir.

Heureux Arthur !

Mais avant d'aller plus loin, il nous faut encore une grosse digression pour expliquer une phrase que nous venons d'écrire :

« Un homme dont son mari ne pût pas lui rendre compte en vingt minutes! »

Qu'est-ce que cela signifie? le voici :

Lorsque mademoiselle de Moralli avait épousé le duc, celui-ci avait prévu le cas dont on avait tant parlé; or, ce fut à ce sujet que ces paroles, éternellement remarquables, furent prononcées par cet éminent vieillard :

— J'ai quatre-vingts ans, et si mon âge ne me permet plus de me venger de la trahison d'un homme, il ne peut m'empêcher de punir l'infidélité de ma femme par des moyens infaillibles : un procès ridicule pour moi et déshonorant pour elle pourrait y suffire; mais j'ai mieux que cela, et j'en garde le secret. Cependant, vous êtes jeune, vous êtes belle, vous serez tentée. Vous laisser une vie sans autre but que de faire parler de vous comme d'un être exceptionnel serait trop vous exposer. Aussitôt que l'éclat de votre incomparable folie sera amoindri, il vous faudra un nouvel aliment.

— Mais, lui avait dit sa femme, pensez-vous, Monsieur, que ce ne sera pas une chose assez nouvelle qu'une femme inabordable en pareille position?

— Madame, reprit gravement le duc, dans ma jeunesse on avait l'habitude de fouetter les écoliers paresseux et libertins; j'ai subi souvent cette correction, et je me suis aperçu d'une chose, c'est que l'homme ne permet pas à un coupable la moindre vertu. Lorsque je supportais le fouet avec un courage ferme, et qui eût dû montrer que j'avais au moins un bon côté dans ma personne, on redoublait avec rage; lorsque je criais comme un poltron, on adoucissait les coups. Vous venez de manquer à mille gens en m'épousant, on va vous fouetter à coups de langue pour vous punir : si vous demandez grâce en prenant un amant, on vous épargnera un peu; si au contraire vous bravez l'opinion publique en repoussant toutes les poursuites, cela sera une calomnie sans fin et dont vous vous lasserez comme moi des coups de fouet.

— Rassurez-vous, reprit Amadise, c'est précisément cette persévérance à me poursuivre qui m'est un garant de ma force...

— Du caractère absolu dont vous êtes, cela n'est pas impossible pour quelque temps ; mais ce sera toujours la même chose. La gloire uniforme est aussi ennuyeuse que le plaisir uniforme, et peut-être alors...

— Jamais... monsieur... jamais... Vous savez l'espèce d'estime que j'ai pour les hommes tels qu'ils sont, vous savez celui que j'aurais désiré s'il pouvait exister ; mais il n'existe pas.

— Eh ! mon Dieu ! fit le duc, il existera le jour où vous aimerez quelqu'un.

— Mais, pour aimer, il faut reconnaître à quelqu'un des qualités que vous-même m'avez dit ne pas exister.

— Elles n'y seront pas, mon enfant, mais vous les y verrez. L'amour est comme la peur, il fait un fantôme immense d'un mouchoir qui flotte au vent, une montagne d'un caillou ; seulement la peur peint en laid et l'amour peint en beau. Vous trouverez un jour cet homme que vous avez rêvé, quoiqu'il n'existe pas, et comme c'est moi qui sans le vouloir vous ai détruit dans le cœur l'espérance de le rencontrer et vous ai poussée, sans y songer, à la folle détermination que vous avez prise de m'épouser, je veux être généreux avec vous, et je vous permets d'aimer ce phénix si jamais vous le rencontrez.

— Ah ! monsieur ! fit la duchesse dédaigneusement.

— Cherchez-le et trouvez-le si vous pouvez ; seulement promettez-moi sur l'honneur, et je crois au vôtre, que vous me permettrez de causer avec lui vingt minutes, et si au bout de ces vingt minutes je n'ai pas fait tomber les faux plâtres, je n'ai pas dissous les brillants vernis dont cet homme se couvre, donnez-vous à lui ou prenez-le, je vous jure de mon côté que je n'en soufflerai mot.

— Sur quoi basez-vous tant d'assurance, monsieur?

— Sur votre honneur d'abord, madame, puis sur le mépris que je fais de l'humanité.

— Mais j'en suis de cette humanité, monsieur, reprit la duchesse.

— Pas encore, ma chère; mais cela vous viendra. J'espère qu'alors je serai mort.

— Et j'espère, monsieur, que je trouverai l'homme impossible que vous me permettez, pour vous apprendre à estimer quelqu'un.

— Je l'attends, repartit le duc.

Cette singulière explication fut acceptée comme un contrat réel, et depuis trois ans à peu près madame de Massignac se laissait faire la cour, sans autre envie d'abord que de montrer à son époux qu'il y avait des hommes qui méritaient d'être aimés, et que, si elle était vertueuse, elle en était seule coupable.

Mais aucun des prétendants n'avait pu résister au vieux duc : il les avait presque tous frappés à des endroits cachés, d'où il avait fait jaillir de très-vilains sentiments.

La duchesse s'était piquée au jeu, et toutes ses courses extravagantes, ses coquetteries si vives, n'avaient eu d'autre but que de trouver le demi-dieu promis. Il n'est pas hors de propos de dire que, si elle le désirait encore pour confondre surtout son époux, elle l'attendait déjà pour se prouver péremptoirement à elle-même qu'elle avait eu tort de croire qu'il n'existait pas.

Dès l'abord, ceux qu'elle avait soumis à l'examen de son mari avaient été triés par elle dans un grand nombre, comme les plus capables de supporter cette singulière expérience, et M. de Massignac avait presque hésité devant quelques-uns; mais, à mesure que la lutte continuait, ceux qu'elle lui amenait devenaient de plus en plus faibles ; elle eût eu autrefois honte de les produire, et maintenant c'est tout ce qu'elle avait à montrer. La fable du héron au long bec s'accomplissait pour la duchesse.

Le dernier qu'elle avait soumis à l'analyse du duc, était le comte de Bragière. Il était beau, doux, dévoué, crédule, et la duchesse l'avait presque suivi des yeux comme une mère dont l'enfant chéri est interrogé par un cruel professeur. Elle avait espéré que le comte s'en tirerait à son honneur à elle; mais hélas! il fut mis à sec et à nu en un quart d'heure. Une proposition d'aller révolutionner l'Inde, pour revenir avec assez de millions pour faire une couronne de sa fortune à celle qu'il aimait, le trouva froid.

« L'amour vit de peu »

était la devise du comte; à quoi le duc avait répondu :

— En ce cas, s'il vit de peu, il est comme les ours, il vit de lui.

Madame de Massignac avait été furieuse contre le comte, et depuis ce jour le maltraitait avec une douceur qui prouvait qu'elle ne voulait plus rien de lui qu'un esclave qu'elle se gardait en attendant mieux.

Or, voilà quelle était la femme que notre marquis venait de rencontrer, et voilà en quelles dispositions il la rencontrait. Ces dispositions feront comprendre comment madame de Massignac avait prêté une signification spirituelle à un mot du marquis ; elle lui eût donné tout le sien si elle avait pu, elle lui eût prêté son âme pour devenir le libérateur que maintenant elle demandait à la nature entière. Jusqu'à ce jour, elle avait commencé par étudier ceux qu'elle présentait à la candidature; mais à ce moment elle fut prise d'une résolution désespérée, et elle se dit : Il faut que je soumette celui-ci au duc sans préparation, sans examen, comme il est, au saut du cheval, meurtri, assommé, ridicule pour tout le monde. C'est peut-être ainsi que doivent se présenter les êtres excentriques.

Emportée par cette idée, madame de Massignac jouant l'hésitation, dit à Arthur :

— Je sais que vous êtes encore bien loin de la maison où l'on vous attend, il vous sera difficile de retrouver votre chemin, et si vous le retrouvez, de le faire à pied, car voilà un malheureux cheval qui ne ferait pas un quart de lieue sans tomber. Le petit ermitage que je possède dans cette vallée est à peu de distance ; j'y retournais à pied quand je vous ai rencontré ; voulez-vous y accepter l'hospitalité ?

— Madame... s'écria Arthur avec empressement.

— Vous y trouverez M. le duc de Massignac, reprit doucement la duchesse ; il sera charmé de connaître l'héritier d'un des plus beaux noms de la province. Je suis sûre de lui faire plaisir en vous présentant à lui, et j'insisterais beaucoup, si je ne craignais de vous être importune.

« Sacredié ! je ne suis point un bélitre ! pensa Arthur en lui-même ; la vanité ne m'aveugle point, cette femme se jette à ma tête. »

— C'est une trop haute faveur, répliqua-t-il tout haut, pour que je ne vous en sois pas reconnaissant. L'état où je me présenterai chez M. le duc n'a pas besoin d'excuse et peut être au besoin un prétexte.

— Un prétexte ! fit la duchesse d'un air majestueux.

— L'hospitalité, reprit Arthur avec une finesse prodigieuse, est un devoir envers les malheureux égarés, et je le suis de bien des façons.

Jamais femme n'éprouva un repentir si cruel et si subit d'une démarche inconsidérée ! Oh ! le bourreau ! le galant animal ! qui disait de ces choses-là à une femme qui rêvait un homme. Mais l'affaire était engagée, et après tout, madame de Massignac avait la ressource, pour ne pas être trop humiliée par son mari, de présenter Arthur comme il l'entendait, comme un pauvre imbécile qui s'était foulé une jambe et qui ne pouvait plus marcher.

— Vous avez beaucoup plus de titres que vous ne pensez, reprit-elle, pour être admis dans la maison de M. de Massignac, et votre accident n'en ajouterait que de bien faibles.

« Tu vois bien, marquis, tu vois bien que tu es un être important, désiré partout. Allons, va, vole et sois vainqueur cette fois. »

Arthur se mit alors à mieux considérer la duchesse ; c'était une petite femme, toute mignonne, à l'œil de feu, au sourire perlé, le nez fin, le menton mobile, le front vaste et bombé. Animée sous sa pâleur par une sorte de vibration perpétuelle de physionomie, elle brûlait dans sa peau, selon l'expression de son mari, mais elle n'en pouvait sortir sans sa permission, et il l'y tenait.

Cependant, à travers ces traits inconnus, M. de Mun remarqua dans madame de Massignac de ces aspects involontaires que prend le visage, de ces mouvements fugitifs que le corps affecte tout à coup et qui lui rappelèrent un vague souvenir d'autrefois. Préoccupé de cette pensée, il regardait madame de Massignac avec l'attention obtuse d'un savant qui s'imagine qu'il lit du sanscrit. Elle remarqua cette attention, et lui dit alors :

— Je vous parais sans doute bien extraordinaire, pour que vous me considériez ainsi, monsieur ?

— Vous me paraissez charmante, madame, dit le marquis d'un air de suffisance si achevée, que cette fois il parut amusant à la duchesse ; mais ce n'est pas seulement vos charmes qui appellent mes regards ; c'est comme un souvenir, je jurerais que je vous ai vue autrefois.

— Autrefois, s'écria la duchesse toute joyeuse de rencontrer cette espèce d'originalité dont Ribaud avait voulu faire un ridicule au marquis, et qui lui avait fait dire qu'il avait souvent l'air d'un homme qui s'éveille. Autrefois, reprit-elle, y a-t-il bien longtemps ?

Arthur était à mille lieues de comprendre que c'était précisément dans l'incohérence de ses idées qu'était l'excentricité qui paraissait le rendre intéressant à l'excentrique duchesse, et se hâta de réparer ce qu'il appela une échappée de langue en disant :

— Autrefois est un mot qui n'a pas de sens avec voué, madame, vous êtes trop jeune pour qu'il puisse vous aller.

— C'est possible, fit la duchesse ; mais on dirait qu'il vous va à vous, quoique assurément vous soyez aussi jeune que moi.

Est-ce tout bonnement parce que le mot suivant est une bêtise, ou bien parce que, de son temps de vieux chevalier de Mun, notre jeune homme l'avait lu à l'angle alinéa de quelque cornet de tabac, qu'il le dit avec une si vive conviction. Est-ce enfin la vérité qui l'emporta, toujours est-il qu'il s'écria d'une voix pleine de sentence :

— J'ai tant vécu !!!!
— A vingt ans à peine ?
— Hélas ! oui, madame.

Une question grillait sur les lèvres de la duchesse, une question qui grille sur les lèvres de toutes les femmes, grisettes ou reines :

« Avez-vous donc aimé ? »

Mais la duchesse n'osa pas la faire directement, et la tourna en disant :

— Vous avez déjà beaucoup souffert ?

Tout excentrique qu'elle était, notre duchesse n'était pas à l'abri des idées courantes. Ainsi les légendes actuelles sur l'âme qui souffre, âme de femme incomprise, de génie méconnu, de maudit solitaire, entraient pour quelque peu dans les superstitions de son cœur. Notre ami M. de Mun ne se doutait pas du tout de cette nouvelle face de la littérature romanesque : le mot souffrir avait pour lui une signification arrêtée. *Ergo*, il était trop jeune pour avoir souffert de grandes peines morales ; mais il était l'éditeur responsable d'une vie où il avait pu se rencontrer beaucoup de douleurs physiques ; aussi s'était-il empressé de répondre :

— Ah ! j'ai eu, madame, de rudes journées et de pénibles nuits. Dans une gorge des Pyrénées, plus d'une fois, j'ai dormi la tête sur la pierre, les pieds dans la neige, et je me suis vu poursuivi par les soldats, qui m'ont forcé à chercher un refuge dans les pics inaccessibles.

La duchesse ouvrit de grands yeux.

« Oh ! qui est-ce ? pensa-t-elle en elle-même ; est-ce quelque noble contrebandier bien plus poétique que le valeureux *contrabandista* que la Malibran chantait si fièrement quand elle chantait sur la terre et qu'elle n'avait pas été reprendre sa place dans les chœurs de l'harmonie éternelle ? Est-ce un frère de Mauprat, ce fils d'un autre génie non moins hardi, non moins beau, non moins harmonieux ? Qui es-tu ?

— Vous, dit-elle avec une curiosité délicieuse, vous, vous avez passé vos jours et vos nuits dans les forêts, sur les monts, parmi les rocs et les aigles ?

— Hélas ! oui, madame, dit le marquis, en croyant parachever son effet par la légèreté avec laquelle il avait supporté ses rudes épreuves, oui, et bien des fois, en compagnie des soldats déguenillés de don Carlos, buvant de détestable eau-de-vie pour chasser le froid, et chantant des psaumes pour chasser la peur.

Ceci n'était pas trop mal ; cela sentait assez le Mauprat ; il y avait même un caractère assez particulier dans la dernière phrase, et la duchesse reprit avec une curiosité sérieusement excitée :

— Oh ! que je serais curieuse de vous entendre raconter tout cela !

Désir embarrassant, désir compromettant, désir qui ramenait le marquis sur un terrain où il ne pouvait manquer de s'empêtrer ; cela le contraria ; il devint rouge, soucieux, presque brusque, et repartit d'une voix sourde :

— il s'est passé là des choses, madame, que personne ne doit jamais savoir, et que moi j'ai juré de ne jamais dire.

« Oh! pensa la duchesse, quelque effroyabe serment! quelque épouvantable exécution!... une de ces scènes noires, éclairées par un foyer rouge, avec des figures sinistres, des tortures et du sang... Je veux le savoir... je le saurai!... et voilà un homme qui, s'il n'a pas une figure excentrique, a du moins eu une vie excentrique; je saurai tout... Je vais prévenir le duc, et il le fera parler.

Après ce monologue particulier, la duchesse s'inclina comme ayant l'air d'accepter le serment de M. de Mun, qui se crut sauvé.

A quoi avait donc servi à cet homme de vivre, puisqu'il ne savait pas qu'à l'instant où une femme ne vous demande plus votre secret, elle a trouvé un autre moyen de l'apprendre.

Ils arrivaient alors à une porte cachée derrière des massifs d'arbres; la duchesse l'ouvrit elle-même, et à peine avait-il fait quelques pas qu'elle chargea un jardinier qui se trouvait là de prendre le cheval du marquis; puis ils s'acheminèrent par une suite d'allées détournées vers le château qu'on ne faisait encore qu'entrevoir à travers les massifs d'arbres rares, chargés des fleurs les plus exotiques.

Il y a une chose qu'il faudrait bien établir dans l'esprit du public pour qu'il ne s'étonnât point de la scène qu'il va voir se passer sous ses yeux. C'est que de même que Lavater reconnaissait un homme à son nez, Gall à ses bosses, M. Saint-Omer à son écriture, etc., etc., on peut reconnaître un homme à l'air de son habitation; et cela d'une façon qui ne trompe jamais.

L'appartement d'un homme, dans ses arrangements, vous l'enseigne en cinq minutes comme caractère; son habitation entière vous le dit tout entier en très-peu d'instants. Mais ce qui est vrai dans la façon dont des meubles ont été choisis ou distribués, est également vrai dans la manière dont un parc est dessiné, arrangé, orné.

Prenez la plus magnifique maison de campagne du plus riche banquier, qu'il soit Allemand juif, Espagnol catholique ou Français athée, et sans vous en douter vous sentirez la finance de tous côtés. Il existe dans l'argent, bien ou mal acquis, un despotisme qui perce partout. Etudiez, et vous reconnaîtrez de toutes parts des sommes énormes dépensées pour des niaiseries, des impatiences de parvenu qui veut jouir vite et à qui la conscience de sa durée n'a pas appris que le temps ne se hâte pour personne.

Le parc d'un riche d'hier et le parc d'un pauvre grand seigneur ont une différence tout en faveur de celui-ci. Le riche ne veut pas d'obstacle et veut tout acheter ; le grand seigneur, que le temps a fait ce qu'il est, respecte son créateur et lui cède en bien des choses. Un banquier fera abattre une vieille allée de frênes moussus pour y replanter des mimosas à belles fleurs odorantes ; le vieux grand seigneur la gardera comme contemporaine de quelque chose avec quoi il a vécu par lui-même ou par les siens. Il se gardera des montagnes élevées à force de tombereaux de terre, et des rivières faites à coups de tuyaux de plomb.

Il est vrai que Louis XIV a fait Versailles ; mais ici l'immensité tient lieu de noblesse.

Quant au financier, il fera de la Suisse, de l'Ecosse, de la ruine et du temple dans sa terre avec une profusion en partie double. Voyez une plantation faite par un homme de haut rang : il la dispose largement, il lui permet d'être trente ans à pousser pour devenir ce qu'elle doit être ; le temps et lui se connaissent. La plantation du banquier est serrée et menue pour donner vite de l'ombre : il faut qu'il arrive vite en tout.

Je ne sais si je me fais bien comprendre, mais ce que je vous dis là Arthur l'éprouva. En entrant dans l'allée du parc où l'introduisit madame de Massignac, il se sentit ramené à sa belle jeunesse, à ces nobles habitations seigneuriales qui avaient une grandeur particulière jusque dans les plus étroites enceintes, jusqu'en ces endroits libertins qu'on appelait les petites maisons.

Il se sentit dans des murs de vieux duc, dans une maison de véritable noblesse, et il renifla cet air aristocratique, comme son cheval eût fait en sentant l'odeur de son écurie. Lorsqu'il fut entré dans la maison et que la duchesse l'eut prié d'attendre dans un petit salon boisé garni de meubles des Gobelins de mode passée et de magnificence incontestable, un valet de chambre vint offrir ses services à M. le marquis, et l'ayant conduit dans une vaste chambre à vaste lit, à vaste cheminée, à haut plafond, à tentures épaisses, ce valet de chambre peigna, brossa, essuya ledit marquis de Mun avec le respect et l'attention qu'il eût pu mettre lui-même à passer la chemise au roi Louis XV.

Cela fait, M. le marquis fut laissé seul un moment après que le valet de chambre eut ouvert, avec un respect silencieux, une seconde chambre attenante à celle du marquis. Ce que renfermait cette chambre, peut-être vous le dirai-je plus tard, mais pour cela, il me faudrait votre permission, ô lecteur!

Et cependant, cette chambre et ce qu'elle renfermait n'était pas un des moindres signes de l'aristocratie intelligente de nos ancêtres. Nous sommes devenus très-délicats sur les mots, nous avons peur de l'expression propre pour la plupart des choses usuelles; eux, au contraire, avaient la délicatesse des choses et non des mots, si délicatesse peut se dire pour certaines choses... mais... Enfin nous verrons plus tard.

Un quart d'heure après que le valet de chambre fut sorti, arriva un monsieur en habit à la française, un monsieur qu'Arthur eût salué chez La Barlière, mais que dans cette haute maison notre marquis sentit appartenir à la haute valetaille et qui lui vint annoncer que M! le duc était prêt à le recevoir. Cet homme était un officier de M. de Massignac, officier, entendez bien, ce qui jadis voulait dire ayant un office dans sa maison, et non point un officier ayant des épaulettes sur les épaules et des soldats derrière lui. Cet officier précéda M. de Mun. « M. de Mun, entendez bien, » car tout ceci s'adressait à M. de Mun ; quoiqu'il n'eût que vingt ans, il était M. de Mun, il portait un de ces grands noms qui étaient autrefois une dot indépendamment du titre ; or, M. de Mun eût-il été encore plus malotru qu'il n'était jeune, on l'eût traité chez M. de Massignac avec la même déférence.

Toutefois, qu'il me soit permis de faire une réflexion avant d'aller plus loin : j'ai dit que M. de Mun avait un de ces grands noms qui autrefois servaient de dot, et je connais des gens qui seraient capables de me chicaner en me disant qu'il en est de même aujourd'hui. Je demande qu'on veuille bien remarquer que j'ai ajouté : indépendamment du titre. Certes il y a aujourd'hui encore des filles de riches parvenus qui se marient à de pauvres nobles, mais ce n'est plus pour le nom, c'est pour le titre.

Ainsi il n'y a pas une femme qui ne préfère aujourd'hui être duchesse de *Caranquoi*, si vous voulez, que d'être tout simplement une *Bonneval*, dont l'antiquité va jusqu'à la vieille Rome, ou une Du Bourg, qui n'a pas d'autre titre que d'être Du Bourg. C'est que le temps est passé des grands souvenirs et des grands noms. Il y a cent ans un d'Estissac ou un Caylus n'avaient besoin que de leur nom pour être tout de suite connus pour ce qu'ils étaient ; aujourd'hui on ne sait plus ce que vaut le sac si l'étiquette n'est pas dessus.

Or, M. de Massignac connaissait le nom de Mun, et il honorait le nom de Mun selon son mérite. En conséquence, notre héros traversa plusieurs salons, précédé par l'officier chargé de l'introduire, et à la façon dont les valets en livrée ouvraient les deux battants des portes à mesure qu'il avançait, il reconnut qu'on le traitait selon son rang.

Déjà l'aspect de la maison, ensuite les soins du valet de chambre, puis la chambre secrète, l'avaient remis dans une sorte de renaissance du passé où il était très à l'aise ; enfin l'appareil de l'introduction lui rendit tout son antique savoir-vivre lorsqu'il fut annoncé à M. de Massignac. Le duc s'était levé et demeurait debout devant son fauteuil ; il attendit que le marquis fût près de lui, et s'inclina le premier en disant d'un air fort sérieux :

— J'ai l'honneur de saluer monsieur le marquis de Mun.

Celui-ci le laissa faire, puis, lui prenant la main, il repartit de l'air le plus respectueux :

— Je baise les mains à monsieur le duc de Massignac, et il fit une inclination profonde comme s'il allait faire ce qu'il disait, avec une imperceptible génuflexion. Cela voulait dire, je suis votre supérieur en rang, mais je m'incline devant vos quatre-vingts ans, maintenant que vous avez reconnu qui je suis.

A cette façon de se présenter, l'œil du duc étincela ; il considéra M. de Mun qui se posta devant lui avec une fierté qui semblait dire : « Je suis bon à regarder, et ne crains pas qu'on me regarde, » et une complaisance qui signifiait : « Je suis tant que vous voudrez à vos ordres. »

Le duc examina Arthur et jeta à sa femme un regard qui voulait dire : « Voici un garçon tout nouveau. »

Bien nouveau en effet, un garçon de cent ans et qui avait les manières d'il y a un siècle. La petite duchesse, qui avait mille fois entendu raconter à son mari ce qu'il appelait les seules manières possibles du monde pour que chacun y fût à sa place, reconnut ou discerna un de ces traits de la vieille école d'autrefois, et en fut ravie.

Elle trouva Arthur superbe, Arthur qui ne s'était incliné

devant l'âge qu'après qu'on s'était incliné devant son nom ; une espérance fugitive d'avoir enfin rencontré son libérateur brilla dans ses traits, et le duc la saisit au passage. Le premier effet du marquis avait été si formidable que le duc eut peur, mais presque aussitôt un sourire supérieur effleura ses lèvres ; il se dit que tout cela pouvait être le résultat d'une leçon donnée par un père qui avait gardé les saintes traditions ; mais de cette convenance intérieure à cette supériorité intellectuelle qu'il voulait exiger pour donner à la duchesse licence d'être femme, il y avait un monde, et c'est ce monde que M. de Massignac comptait bien épaissir entre eux de toutes les sottises qu'il allait arracher à Arthur.

Amadise comprit le sourire triomphant de son mari, et soit qu'elle trouvât qu'il ne rendît pas assez de justice au premier triomphe d'Arthur, soit qu'elle trouvât que les jugements de son époux devinssent d'une sévérité par trop intéressée, soit qu'elle nourrît depuis quelque temps l'envie de se soustraire à cette sévérité, elle se dit :

« A moins qu'il ne soit un âne bâté, je l'aiderai si bien qu'il triomphera. »

Vous rappelez-vous, lecteur, ce mot d'âne bâté ? vous souvenez-vous par qui il a été déjà prononcé en faveur de ce même homme ayant aussi vingt ans à cette époque ? et si vous faites attention au nom de famille de madame de Massignac, vous ne pouvez vous empêcher de reconnaître qu'il y a des qualités de race qui se transmettent de génération en génération, et qui, avec des applications différentes, n'en partent pas moins du même principe.

— Qu'est-ce donc que mademoiselle de Moralli ? — La fille d'un Moralli. — Quel est ce Moralli ? — Le fils d'un autre Moralli. — Mais ce même Moralli ? — Eh bien ? — Eh bien ? — Eh bien, n'y en a-t-il pas un qui a épousé une certaine mademoiselle de Paimpadeuc ? — Bah ! Lucinde ? — Oui, Lucinde. — La fille de la baronne? — La fille de la baronne. — Qui serait grand'mère de la duchesse? — Sa bisaïeule.

Maintenant, continuons.

XXII

La critique et le public. — Succès du marquis. — Simple histoire. — Dénouement imprévu.

Certainement, rien n'est plus difficile à propager qu'une vérité. Pourrait-on croire que ce que nous avons osé avancer comme étant le résultat d'une observation constante a été traité par quelques esprits rebelles comme une de ces assertions légères, et complétement dénuées de fondement, qui sont dans les habitudes des romanciers.

Et, à ce propos, il serait peut-être bon de s'expliquer un peu sincèrement avec le public sur sa prétention à regarder les romanciers avec dédain. Ce que j'en dis n'est pas pour moi, je vous jure, c'est pour vous, lecteurs; car, en vérité, il est pénible de voir traiter d'honnêtes gens comme on vous traite, et de ne pas vous avertir que vous y mettez par trop de longanimité.

Il y a eu et il y a, à l'heure qu'il est, une quantité d'hommes incapables d'une idée, d'une invention, d'un arrangement des idées ou des inventions des autres: ces hommes se sont faits critiques, et ces hommes vous disent à pleine bouche, vous crient de toute leur voix, que vous vous nourrissez de sotte littérature, de mauvaise littérature, de littérature immorale.

« Ceci est, à les entendre, de la boue et du sang; cela de la crème fouettée à l'ognon; il n'y a plus que des héros de bagne et des amoureuses de sophas flétris et tachés; tout est affreux, détestable, immonde, et surtout misérable. »

Vous cependant qui ne savez que faire de vos heures d'ennui, vous lisez toutes ces ordures qui vous amusent, puisque vous recommencez le lendemain; mais, en présence de cette criaillerie, honteux de votre plaisir, vous n'osez avouer ce qui vous plaît, et vous laissez à peine tomber du bout des lèvres que vous vous êtes compromis avec un livre nouveau. Cet aveu, si on vous l'arrache, vous le tempérez tout de suite par le mépris que vous faites du livre, quel qu'il soit. En conséquence de votre lâcheté, la critique se frotte les mains, se met à rire, se rengorge dans son lard et triomphe : n'a-t-elle pas, en effet, insulté un écrivain qui produit, et n'a-t-elle pas craché sur votre plaisir? Que diable peut-elle demander de mieux!

Ce qu'elle peut demander de mieux, pauvre niais que je suis, et ne l'a-t-elle pas déjà obtenu? ne venez-vous donc pas d'en être les témoins? Depuis tantôt douze ans, le clergé, fort ennuyé d'une révolution qui a détruit les espérances de reconstitution qu'il avait conçues sous les autres Bourbons, était en quête d'intrigues pour tourmenter, taquiner et irriter le gouvernement; il ne s'occupait point à autre chose : refusant des baptêmes, et ne chantant le *Domine salvum* qu'avec le nez, lorsque tout à coup il s'est éveillé, au bruit d'une prédication qui, parlant au nom de la morale, de la famille, de la religion, semblait vouloir usurper un peu de son terrain. Elle en a pris l'alarme; mais, après avoir considéré ce dont il s'agissait, les hommes de Dieu se sont aperçus qu'il n'y avait pas de danger à craindre de ces nouveaux prédicants, mais qu'il pourrait bien y avoir avantage à s'emparer de leur thèse. Ainsi ont-ils fait; et vous avez maintenant des évêques qui font des feuilletons sous le nom de mandements, à l'usage des critiques qui faisaient des mandements sous le nom de feuilletons.

C'est à qui se frappera le plus rudement la poitrine entre le critique et le frère ignorantin; mais le critique est le plus fort, et il a inventé à ce propos un *meâ culpâ* près duquel toutes les bassesses de Tartuffe ne sont rien. Et le clergé de redoubler et d'absoudre le repentir, et de flageller celui qui persévère; *perseverare diabolicum!*... n'est-ce pas? Il vous en cuira, littérature critique, comme il vous en cuit déjà, littérature universitaire; faux frères qui avez trahi les vôtres pour vous pavaner sous vos bonnets d'âne et de docteur; le prêtre vous arrivera, nous l'espérons, s'il ne vous est déjà arrivé, et alors vous saurez ce que c'est que d'être calomniés.

En attendant, le triomphe est grand! le clergé en queue de la critique, sans compter le barreau et le parquet qui s'en prennent à la littérature de ce que les femmes trompent leurs maris, de ce que les domestiques volent leurs maîtres, et de ce que les chiens ne mordent plus les mollets des voleurs.

Et tout cela s'accomplit sous vos yeux, ô public, et vous ne sifflez pas toutes ces comédies stériles! Bien plus, comme il n'y a guère qu'un écrivain faisant des œuvres qui puisse dire ce que je dis, vous vous écrierez sur-le-champ:

« Ah! il paraît qu'il a été maltraité par la critique : il geint, il pleure, il veut se venger? ô le vaniteux qui ne peut souffrir qu'on le flagelle sans se mettre de mauvaise humeur; du reste, tous les hommes de lettres sont ainsi faits : du moment qu'on les touche, ils se révoltent comme s'ils étaient des dieux qu'on insulte. Criez tant que vous voudrez, mon bon ami, je ne vous crois point, car c'est votre cause que vous défendez. »

Vous n'en sortirez pas, ô public; vous n'en savez pas plus long, et je vous en dirais de plus merveilleuses, que voilà l'argument contre lequel toutes mes raisons viendraient se briser : » C'est votre cause que vous plaidez, je ne vous crois point. » C'est pourtant bien bête! N'importe, il faut se soumettre au fait.

Nous du moins, romanciers, nous devons le faire; car, pour le public, il se contente de nier le fait tant qu'il peut, surtout quand il lui déplaît. Ceci me ramène à mon point de départ, car je n'ai fait toutes ces réflexions que parce que l'on a accusé d'impertinence de romancier cette vérité souveraine que j'ai émise : c'est qu'il y a des qualités de race qui se transmettent de génération en génération.

A ce propos, j'ai été traité de faquin par plusieurs lettres qui me blâment de flatter la noblesse, et qui concluent en me citant une foule de noms illustres qui n'ont laissé que des descendants fort vulgaires.

Il me faudrait un volume in-quarto pour établir les qualités qui constituent une race, et les distinguer des qualités qui constituent un individu; il me faudrait un autre volume pour montrer comment l'homme le plus éminent et l'homme le plus inepte sont de leur race dans leurs qualités les plus élevées, comme dans leurs défauts les plus bas. Le génie lui-même garde l'empreinte de son origine. Molière a beau être le plus grand esprit qui ait cours, c'est un génie bourgeois. La Rochefoucault, avec son méchant petit livre de pensées étroites, n'en est pas moins un esprit aristocratique. Pourquoi cela? Il me faudrait un autre volume in-quarto pour vous le dire si vous ne le sentiez pas, comme on sent qu'une mélodie est triviale ou distinguée, comme on sent tout ce qui s'apprécie par ce don caché, qui n'a pas de nom, et qui est si puissant; il vaut donc mieux revenir à mon récit, et c'est ce que je fais avec empressement.

J'ai laissé notre héros, M. le marquis de Mun, en compagnie du duc et de la duchesse de Massignac; le vieux duc en disposition de l'écraser, la duchesse fort encline à le soutenir, et lui-même très-content de la réception qu'on lui avait faite.

— Hé bien, monsieur de Mun, fit le vieux duc, vous êtes donc venu ici prendre langue pour vos affaires de là-bas ?

— Pardon, je ne suis à Paris que pour des affaires toutes personnelles, reprit Arthur, à qui l'Espagne et don Carlos apparaissaient encore une fois comme l'écueil sur lequel un navire est sans cesse ramené pour s'y briser définitivement.

— Dans votre position, reprit le duc, les affaires personnelles deviennent souvent des affaires d'Etat : une alliance, un mariage, peuvent déterminer certaines adhésions qui peuvent grandement servir une cause.

— Je ne suis ni assez dévoué, dit Arthur, pour m'imposer des liens éternels pour une cause politique, ni assez vain pour croire que je pusse gagner à ma cause des appuis bien puissants par un mariage.

— Vous désespérez de la cause légitime, à ce qu'il me paraît.

— Je ne la juge pas, reprit froidement Arthur.

— Je la conçois dans ses motifs; mais je ne la comprends pas dans ses chances.

— Juger que sa chance est mauvaise, c'est déjà trahir une cause.

— La vôtre est irrévocablement perdue.

— C'est ce que je ne puis pas savoir.

— Vous qui en avez tous les secrets?

— C'est pour cela, monsieur le duc, que je garde mon avis.

— Vous avez fait de grandes fautes.

— Qui n'en fait pas ?

— Vous avez eu aussi des succès incontestables.

— Mais non pas incontestés.

— Je me rappelle avoir connu le prétendant; c'est un homme obstiné, qui croit à son droit, et qui a des promesses formelles, quoique secrètes, des souverains du Nord, mais auxquelles il aurait tort de se fier.

— Ce sont les chances communes de tous les hommes dans toutes les affaires, que de voir manquer aux promesses les plus saintes.

— Il a pu l'apprendre déjà par la défection de quelques-uns de ses fidèles.

— Ces mots jurent ensemble, monsieur; les fidèles ne trahissent pas.

— C'est vrai, dit le duc en souriant; mais les fidèles ont besoin de vivre; ce qui manque surtout à don Carlos, c'est l'argent.

— C'est une chose qu'on dit beaucoup.

Il est malaisé de répondre plus bêtement à des questions auxquelles on eût voulu répondre; mais du moment que le duc s'imagina que c'était un parti pris de ne pas répondre, il fut assez content de la manière dont Arthur s'en tirait; mais ce qui le surprit plus que nous ne le saurions dire, ce fut cette discrétion elle-même. Quel jeune homme de vingt ans, ayant eu une participation aussi active que le marquis de Mun à une révolution, eût été si froid à ce sujet? point de récriminations contre le blâme, point de vanterie et de laisser-aller en réponse à une louange. Ah! c'était véritablement une exception, et le duc parut un moment considérer le jeune de Mun comme un être fort capable d'être dans les conseils d'une affaire sérieuse.

Cependant, ce que M. de Massignac avait espéré obtenir d'un défaut de M. de Mun, sans y être parvenu, il pensa l'avoir par sa propre adresse, et il recommença la conversation sur un autre point, mais de façon à la ramener par des sentiers détournés à la grave question d'Espagne. Mais le marquis fut encore inabordable; il dérouta son adversaire par les réponses les plus extraordinaires, de façon que le duc se demanda si, par hasard, ce petit jeune homme ne savait pas qu'il avait affaire au plus habile roué de la France, et si cette discrétion n'était pas une épigramme encore plus qu'un devoir.

En présence d'une habileté si soutenue, le duc fut assez déconcerté, et comptant, comme les plus grands esprits, sur les moyens les plus vulgaires pour arriver à son but, il proposa au marquis, en attendant le dîner, une partie de trictrac. Le trictrac avait été le triomphe de notre héros dans son premier temps : il accepta ; mais cette fois, averti par sa récente mésaventure en fait d'équitation, il se présenta comme un novice dont il serait par trop facile au duc d'avoir raison. Mais l'esprit du jeu avait toujours été une des spécialités d'Arthur, et il n'avait pas joué cinq minutes, que cette rouille du temps, qui s'impose toujours à ce qu'on sait le mieux, s'était effacée au premier frottement, et qu'il menait le duc battant avec les termes les plus savants de ce jeu, qui possède un jargon si singulier.

M. de Massignac passa de l'étonnement à la mauvaise humeur, preuve qu'il reconnaissait la supériorité du marquis, et se décida plus formellement encore à employer contre Arthur le moyen qu'il avait mis en réserve.

Ce qui ne laissait pas d'accroître la colère du duc, c'était le ravissement d'Amadise. Comme toute femme, si excentrique qu'elle soit, elle était ravie, non point parce que M. de Mun savait garder le secret de la cause carliste, ni de ce qu'il était fort savant au trictrac, ni de ce qu'il matait un peu l'exubérante prétention du duc. A bien regarder, le premier mérite d'un homme pour une femme, c'est de déplaire à son mari.

Enfin l'heure du dîner arriva, solennelle et avec son étiquette d'autrefois, étiquette qu'Arthur accepta comme chose qui lui était parfaitement familière.

M. de Massignac le tenta sur quelques détails ; mais il s'aperçut que le marquis lui en montrerait sur ce chapitre encore plus qu'il ne lui en avait caché sur celui de don Carlos. D'ailleurs une défaite du marquis sur une chose qu'il ne pouvait savoir que par tradition était de peu d'importance, et le duc commença ainsi la redoutable conversation où la supériorité d'Arthur devait se montrer.

— Je suis charmé de voir, monsieur, qu'il y a encore en France, je ne dirai pas une noblesse, car elle est détruite à tout jamais comme corps politique, mais quelques gentilshommes qui demeureront comme des modèles de ce qu'était autrefois ce qu'on appelait le monde.

— Permettez-moi, reprit Arthur, de ne pas être de votre opinion sur l'anéantissement de la noblesse : elle est éternelle et reprendra sa place.

— C'est la confiance de la jeunesse qui vous fait parler ainsi.

— Et ce qui est bien rare aujourd'hui, ajouta la duchesse, c'est la foi en sa propre cause, en son avenir.

— Vous avez raison, fit le duc, mais ce n'est pas assez que de vouloir, il faut encore pouvoir. On a pu garder les noms et les prétentions, mais il faut faire revivre les sentiments, et c'est ce qui ne se transmet pas comme un nom, comme un héritage.

— Permettez-moi de vous faire observer, monsieur le duc, dit Arthur, que c'est de ces sentiments qu'il faut nous garder, si nous voulons revenir au point dont nous sommes tombés.

— Il est vrai que l'esprit chevaleresque de notre temps serait bien malséant dans celui-ci, monsieur.

— Ou je connais bien mal l'esprit du temps dont vous parlez, ou il était fort peu chevaleresque.

— Qu'est-ce à dire ? fit le duc, prétendez-vous blâmer l'époque où la cour brillait des plus grands noms et des esprits les plus remarquables ?

— Je ne la blâme point, mais il me semble qu'on y était

fort occupé de jeu, de galanterie, de petits ouvrages d'esprit ou de tapisserie, de billevesées de fort bonnes manières, mais de billevesées.

— Vous oubliez que nous faisions la guerre d'Amérique.

— Oui vraiment, dit Arthur; ç'a été une belle escapade. Nous avons été aider là cet amour de M. de Lafayette pour la liberté, sans voir où cela nous conduirait nous-mêmes. Il y avait un peu de guerre à faire contre les Anglais, nous n'y avons pas vu plus loin, et nous avons été faire les affaires d'un peuple qui nous a pris nos hommes, notre argent, et qui a fini par nous établir un compte en partie double, où l'on nous a déclarés ses débiteurs.

— Vous parlez de ce que vous ne pouvez juger, monsieur, fit le duc sévèrement; mais je ne veux pas entamer à ce sujet une discussion qui pourrait paraître fort ennuyeuse à madame de Massignac. Cependant je n'abandonnerai pas mon observation dans un sens où elle peut être un excellent juge. Non, monsieur, non, les sentiments chevaleresques de cette époque ne peuvent plus renaître dans aucun genre, et ceux qui faisaient des femmes les reines du monde, moins que d'autres; ceux qui donnaient à la galanterie ce tour exquis, cette grâce achevée que vous ne connaissez plus, sont à jamais perdus.

— Pardieu! monsieur le duc, fit Arthur comme s'il avait été dans un salon de Versailles, vous me la baillez belle avec votre galanterie délicieuse et le tour piquant des amours de cette époque. Est-ce que c'était quelque chose de si musqué que nos amours de mousquetaire et nos aventures avec les filles de l'Opéra?

— Nos amours, dites-vous?

— Je parle comme quand vous parliez de la noblesse; ce qui lui appartient est à tous et dans tous les temps.

— Je le veux bien; mais je vous défierais de citer aujourd'hui des hommes comme Caudante.

— Un belâtre qui visait les femmes comme une cible, et qui ne touchait jamais.

— Dufander?

— Un homme d'esprit, à ce que disaient les philosophes, ce qui faillit les brouiller avec les femmes qui le trouvaient un sot.

Le duc était presque rouge de colère; il hésita et jeta négligemment le nom du chevalier de Marence.

— Le chevalier de Marence! s'écria Arthur en riant, pardieu! parlez-moi de celui-là. Vous avez raison, il était fort agréable, très-spirituel, très-beau; mais, Dieu me damne! il a fait métier de sa personne et de son esprit beaucoup plus que n'eût pu faire la plus jolie fille de l'Académie royale.

De rouge qu'il était, le duc devint pâle, et reprit d'une voix émue :

— Qu'entendez-vous par-là, monsieur le marquis?

— Pardieu! vous devez le savoir aussi bien que moi; c'était de votre temps que le chevalier se laissait aimer par la vieille maréchale de M.... et qu'il lui envoyait, avec un admirable sang-froid, les mémoires de ses fournisseurs. Et puis son histoire avec Maupeou, quand il écrivait de petites brochures en faveur de son parlement, que le chancelier lui payait mille louis, et qu'il y répondait par d'autres petits écrits que le libraire lui payait dix écus.

— Monsieur! s'écria le duc renversé, M. de Marence était un très-loyal gentilhomme, dont les sentiments...

— Étaient fort loyaux assurément, reprit Arthur, mais enfin il était à la mode de son temps.

Le duc se remit, et haussant les épaules, il lui dit :

— Vous êtes bien du vôtre, monsieur, de croire à ces sottises sur une époque qui a été d'autant plus calomniée qu'elle a été plus brillante. Vous êtes, à ce qu'il me paraît, de ce libéralisme qui croit avoir tout dit de la fin du dix-huitième siècle en parlant de la corruption de ses mœurs.

— Ma foi, monsieur le duc, je ne sais de quelle époque je suis, mais je sais que celle dont vous parlez était d'un singulier modèle. Je me rappelle qu'il y avait dans ce temps-là à Versailles une maison prodigieuse, où allait quelquefois ce chevalier de Marence dont vous me parlez... C'était la maison d'une certaine baronne de Paimpadeuc.

— Bah! s'écria le duc d'un ton fort curieux.

— Madame de Paimpadeuc? fit la duchesse.

— Oui, une petite Bretonne fort avenante pour tout homme qui se présentait en forme, et dont la fille, qui est devenue depuis vicomtesse de Moralli, a eu une aventure assez piquante avec un de mes grands oncles. Quant à la baronne, elle mit un jour le chevalier de Marence à la porte de la façon la plus originale.

— Contez-nous donc cela, s'écria vivement la duchesse avec un ravissement si empressé qu'Arthur ne put douter de l'immense succès qu'il obtenait.

— Puisque vous savez si bien les choses, reprit le duc, donnez-nous d'abord quelques renseignements sur cette madame de Paimpadeuc. Vous la disiez fort légère.

La duchesse se mordit les lèvres à son tour, et Arthur répondit :

— Eh! mon Dieu! elle était comme M. de Marence, à la mode de son temps. Seulement, elle eut cela d'original, qu'ayant accepté les hommages de bien des hommes qui ne passaient pas pour en valoir la peine, elle ne voulut pas de ceux de M. de Marence, et s'en débarrassa d'une façon merveilleuse.

— Mais dites-nous donc cela, monsieur! reprit la duchesse d'une façon si pressante que le duc en montra une véritable colère, qui ne parla point, mais qui n'en fut pas moins menaçante.

— Pardon, madame, fit Arthur, l'aventure de M. de Marence est si ridicule et touche à des matières si particulières, qu'il est bien difficile de la raconter devant une femme.

— Je ne sache pas que M. de Marence, fit le duc avec hauteur, ait jamais été ridicule, et ce dont je suis sûr, c'est que personne ne le lui eût dit en face.

— On le lui a dit, et il n'a pas voulu le croire, dit Arthur, il a essayé de prouver le contraire dans une rencontre, et il a été puni par un coup d'épée aussi ridicule que l'histoire qui avait donné lieu à la querelle.

— Un coup d'épée ridicule! dit la duchesse, cela me semble extraordinaire.

— Eh! madame! si je pouvais, si j'osais vous dire tout cela, vous en ririez à mourir. Mais M. le duc vous la racontera... il doit la savoir.

— Monsieur de Mun, dit le vieillard avec une gravité et un flegme admirable, j'ai une grâce à vous demander. Donnez-moi votre parole d'honneur de raconter cette histoire, et promets en retour une histoire non moins plaisante.

— Je n'ose m'engager, fit Arthur.

— Je vous en prie, dit le vieillard.

— Je vous le promets donc.

— Sur l'honneur?

— Sur l'honneur.

— Maintenant, monsieur, reprit le duc, vous saurez qu'il y a des épées dans cette maison, et si vieux que je suis, je vous donnerai une leçon d'escrime.

— Pour m'être moqué du chevalier de Marence?

— Vous qui savez si bien les histoires de ce temps-là, vous n'ignorez pas, je suppose, à quelle famille appartenait M. de Marence?

— Eh! parbleu! vous avez mille fois raison, monsieur le duc, il était un Frangeau du Languedoc, dont la branche aînée avait le titre de duc de Massignac; il était des vôtres, mille pardons, mais un cadet fort éloigné, d'une branche assez ignorée, à mille lieues de compter parmi vos proches.

— La révolution, monsieur, fit le duc, a rapproché beaucoup de distances. La guillotine a coupé, entre le cadet de la branche cadette dont vous parlez et l'aîné des Massignac, toutes les têtes qui pouvaient coiffer la couronne ducale, et ce cadet est aujourd'hui... le duc de Massignac.

— Vous! s'écria Arthur.

— Moi-même.

Arthur, pris si vivement à la gorge, s'écria malgré lui :

— Vous êtes bien changé !

A son tour, le duc le regarda, et il se demandait ce que signifiait cette singulière exclamation, quand Arthur, toujours sous l'impulsion de ce premier mouvement, reprit :

— Je ne vous aurais pas reconnu.

— Nous ne pousserons pas la plaisanterie plus loin, reprit le duc.

— J'ai été mal informé, fit Arthur; et vous comprendrez qu'à mon âge on puisse ignorer des choses qui datent de soixante ans passés.

— Vous ne vous êtes pas trompé, monsieur, reprit M. de Massignac, l'histoire est vraie; et je vous prie de la raconter à madame la duchesse tout à l'heure quand nous serons retournés au salon.

— Veuillez m'en dispenser.

— Si vous vous tirez galamment de ce récit, fit le duc d'un ton gracieux, vous aurez fait gagner à madame de Massignac un pari bien important pour elle, je vous en préviens.

— Je le voudrais, mais cela me semble impossible.

— Essayez. Qui sait si vous ne gagnerez pas aussi, sans préjudice du coup d'épée que je vous ai promis.

— Si c'est ainsi, monsieur le duc, je ferai comme vous dites, repartit le marquis; j'essaierai :

Le dîner s'acheva, on passa dans le salon où le café fut servi par le même valet de chambre qui avait donné ses soins à Arthur. Ceci n'était pas dans l'ordre; mais le marquis, fort préoccupé de ce qu'il avait à dire, n'y fit pas attention. Dès que les domestiques furent retirés, le duc, s'asseyant dans un vaste fauteuil d'un air complaisant comme quelqu'un qui attend un plaisir, dit gaiement à Arthur:

— J'attends votre récit, monsieur :

— Vous y tenez absolument?

— J'y tiens.

— Madame m'excusera s'il s'y trouve des choses qui ne sont pas d'un goût fort délicat.

— Oui, monsieur, j'apprécierai la violence morale qu'on vous fait, et vous pouvez tout dire, tout, sans craindre que je puisse vous accuser de manquer de convenance.

— Eh bien, soit! dit le marquis, je commence.

Il s'assit entre le duc et la duchesse, en adressant au premier un regard de bravade, à madame de Massignac un coup d'œil pour implorer son indulgence.

Il ne faut pas que nos lecteurs oublient que notre Arthur n'était pas un homme comme les autres; que, malgré son apparente jeunesse, il avait derrière lui quatre-vingt-quinze ans d'existence; que, ramené au sentiment de ce qu'il avait été autrefois, par l'aspect des lieux où il se trouvait, il était, moralement parlant et par une sorte de sentiment que lui seul pouvait avoir, dans un état d'égalité vis-à-vis de M. de Massignac, et que ce que n'eût jamais osé tenter un véritable jeune homme en face d'un vieillard de quatre-vingts ans, Arthur put oser le tenter, sans s'apercevoir de quel manque de respect et de convenance il se rendait coupable.

— Comme je vous le disais, madame, dit-il d'un ton dégagé, M. le chevalier de Marence s'était promis d'ajouter son nom à la très-nombreuse liste des amants de madame de Paimpadeuc. Celle-ci avait pour M. de Marence une haine singulière, il lui plaisait au point qu'elle l'aimait.

Or, de toutes les passions que redoutait le plus madame de Paimpadeuc, l'amour était la première. Etre à la merci d'un sentiment impérieux qu'on porte en soi, lui semblait une chose fort ridicule. Madame de Paimpadeuc pensait que les hommes n'étaient forts que parce que les femmes étaient faibles ; et une femme amoureuse était à son sens un être si faible, que le plus indigne devenait cependant le tyran le plus redoutable. Sentant germer en son cœur le commencement de son esclavage vis-à-vis de M. de Marence, qui du reste avait la réputation d'avoir perdu toutes les femmes qui pouvaient l'être, et maltraité toutes celles qui étaient au-dessus de ce danger.

— Vous me ménagez, fit le vieux duc d'un air moqueur, et vous avez tort, monsieur de Mun ; vous aviez mieux commencé votre histoire durant le dîner.

— Je la dis comme madame de Paimpadeuc me l'a racontée.

— À vous! fit la duchesse.

— À moi! ai-je dit à moi ? c'est que j'ai été si complaisamment bercé de toutes ces histoires, qu'il me semble les tenir des acteurs eux-mêmes. Donc, madame de Paimpadeuc, alarmée de l'état de son cœur et pour donner une solution à cet amour imprudent, invita M. de Marence à souper en tête-à-tête. Il paraît que, se défiant de son courage, elle garda pendant tout le temps du souper quelqu'un auprès d'elle, et entre autres une certaine nourrice fort dévouée et qu'on disait une sorte de devineresse, ou autre chose, qui versait à boire à M. de Marence.

Le souper achevé, le chevalier de Marence vit avec le plus vif espoir qu'on renvoyait les domestiques et qu'on passait dans un boudoir fermé, qui avait une réputation célèbre. Y eut-il un moment de repentir de la part de madame de Paimpadeuc, voulut-elle réparer le mal qu'elle avait fait, et donner au chevalier, qui avait été charmant, des armes contre elle-même; mais il est certain que jamais elle ne mit moins de façons à laisser prendre ce qu'on lui demandait ; mais, quelque soin qu'elle y mit elle-même, quelque empressement qu'y apportât M. de Marence, à la première tentative il fit une horrible grimace.

Comme ces conteurs qui, pour donner plus d'effet à leur récit le miment et reproduisent le geste ou l'expression de physionomie qui a dû accompagner l'action qu'ils racontent, le marquis fit lui-même une grimace fort singulière, mais il se remit et continua.

— M. de Marence avait éprouvé une douleur fort vive, mais il supposa qu'elle n'était que passagère, et voulut poursuivre, mais à l'instant même...

À ce moment le marquis s'arrêta l'œil hagard et en portant vivement les mains à son ventre. Madame de Massignac, qui l'écoutait avec l'attention la plus bienveillante, se mit à rire en s'écriant :

— Quoi... vraiment... Oh! quelle folle idée!

— Continuez, monsieur de Mun, fit le duc.

Mais déjà le marquis était devenu pâle et se trémoussait sur son fauteuil.

— Il me semble voir ce pauvre chevalier, dit la duchesse en riant. Qu'en dites-vous, monsieur de Massignac, est-ce bien cela?

— Mais cela s'en approche assez. Continuez donc, marquis.

Arthur, l'œil en feu, les poings serrés, reprit :

— Ce pauvre chevalier, pris à l'improviste par la colique la plus furieuse qu'eût jamais ressentie un homme, se leva pour s'échapper...

Et Arthur profitant de ce qu'il avait jusque là si bien mimé son récit, se leva aussi et courut vers la porte, mais aussitôt le duc lui dit du ton le plus moqueur :

— Le pauvre chevalier trouva la porte fermée.

Et il se trouva que la porte du salon était fermée comme avait été fermée celle du boudoir.

— C'est une trahison, s'écria Arthur en se levant et en se jetant sur une chaise.

Le duc se prit à rire, et repartit :

— C'est bien cela le mot du chevalier.

— Monsieur ! s'écria Arthur, si je ne respectais votre âge, je vous souffletterais...

— C'est à madame de Paimpadeuc que M. de Marence fit cette menace.

Ah !... horreur ! s'écria Arthur en courant vers une fenêtre, qui refusa aussi de s'ouvrir.

— Mais qu'est-ce donc ? fit madame de Massignac qui ne comprenait pas qu'on pût pousser si loin le talent de l'imitation..

— Sentez, s'écria le duc tandis qu'Arthur se cachait derrière un rideau.

— Ah ! fit madame de Massignac en se levant ; fi ! qu'est-ce que c'est que ça ? Mon Dieu ! ouvrez ! de l'air !

— C'est absolument comme ça, fit le duc, que se termina mon aventure avec madame de Paimpadeuc, sans que jamais elle ait voulut me consoler... Voyez, madame, si vous aurez pour M. de Mun plus de courage que votre bisaïeule.

A ces mots le duc sortit, et madame de Massignac, outrée du tour infâme que son mari venait de lui jouer dans la personne du marquis, essaya de rester, de lui dire un mot ; mais il n'y avait pas moyen d'y résister ; il fallut s'enfuir, et Arthur demeura seul.

Le valet de chambre qui lui avait donné ses soins et qui lui avait servi le café perfide qui avait vengé le duc des indiscrétions du marquis, le ramena dans sa chambre, où il avait déjà rétabli sa toilette : pour la seconde fois, il lui ouvrit la porte de la chambre intérieure où se trouvait une collection admirable de chaises percées. Malheureusement, il était trop tard.

Comment se termina cette aventure ? hélas ! il faut bien le

dire : la duchesse ne put tenir rancune à son mari, et un quart d'heure après, elle riait avec lui, et d'un rire si immodéré qu'il arriva aux oreilles d'Arthur. Le valet de chambre du duc, secrètement autorisé par son maître, avait fait circuler la nouvelle dans toute la maison, de façon qu'on riait à l'antichambre, à l'office, dans les cuisines : les murs eux-mêmes semblaient rire ; et quand Arthur, furieux, exaspéré, se promettant la vengeance la plus éclatante, s'échappa de la maison, il lui sembla que les pavés de la cour riaient sous ses pas, les arbres sur son passage, et la grille en se fermant ne cria pas sur ses gonds, elle rit d'un rire de fer rouillé qui écorcha les oreilles du marquis.

Le voilà donc fuyant encore, après avoir fui quelques heures auparavant : la première fois, sous les pierres et les injures populacières d'un tas de manants ; la seconde, sous le rire insolent d'un grand seigneur et de sa valetaille.

C'en était trop : Arthur sentit sa raison prête à se perdre. Cette fois, il n'y avait pas, il ne pouvait y avoir de sa faute. Bien décidément, c'était une vengeance de cet infâme sorcier appelé Bazilius ; il avait fait un marché de dupe, il fallait le rompre absolument ; mais comment le rompre ? eh ! mon Dieu ! un coup de pistolet dans la tête, et à défaut de pistolet, sa cravate passée autour de son cou et nouée à un arbre, et c'était une affaire défaite.

La honte, la fureur du marquis étaient si violentes, qu'il noua la cravate à la branche, mais lorsqu'il s'agit de la passer autour de son cou, il hésita et se dit :

— Ah ! que ne suis-je encore sur mon grabat, vieux et pauvre ! J'avais mon plaisir, mon tabac, mon petit verre de temps en temps.

Cette fois, le regret fut net, précis complet ; et cependant, qu'était-il arrivé à notre héros ? des mésaventures grotesques, voilà tout..... jusqu'à ce moment, le côté sérieux de sa vie n'avait éprouvé aucun échec véritable. Il se retourna de ce côté; mais il était tellement dominé par la terreur que lui inspirait cette fatalité cachée qui semblait le poursuivre, qu'il reculait devant ce qui jusqu'à ce moment avait été son ambition.

— Méta! Méta! s'écria-t-il, c'est près de toi que doit être le bonheur, le repos, le succès; Méta, j'irai te retrouver.

Ceci pensé, et même dit à haute voix, tant l'enthousiasme de notre héros était grand, il regarda l'endroit où il se trouvait.

La nuit était venue, et il ne vit que des arbres pour se pendre. Un sentier étroit se trouvait devant lui, il s'y engagea et marcha résolument, espérant trouver quelqu'un à qui il pourrait s'informer du chemin de Paris.

Il marcha ainsi pendant plus d'une heure, mais il ne rencontra personne. Cependant, soit qu'il revînt sans cesse sur ses pas, soit qu'il fît moins de chemin que son impatience ne croyait en mesurer, il n'avait pas même rencontré une de ces vastes allées qui mènent nécessairement quelque part. Ce fut alors que, brisé de fatigue, fort gêné dans sa marche par l'état où le cheval de madame de Primarion avait mis sa personne et l'état où la plaisanterie du mari d'Amadise avait mis son pantalon, il se décida à se coucher auprès d'un arbre pour attendre le jour.

Il n'y était pas depuis cinq minutes, qu'il s'endormit.

Le sommeil est un bienfait de la nature, à ce qu'on dit.... je le veux bien, à condition qu'on supprimera les rêves. Pour un qui est agréable et qui vous donne tous les succès, toutes les beautés, et qui vous laisse, au réveil, dans votre nullité et votre désespoir, il en est mille qui vous fatiguent et dont le réveil lui-même ne vous débarrasse pas entièrement.

En effet, jugez s'il n'eût pas mieux valu pour notre héros ne pas dormir du tout que de faire le rêve que je vais vous raconter.

XXIII

Le Rêve.

On peut dire que le marquis ne s'aperçut point du sommeil qui s'emparait de lui; en effet, il demeura les yeux ouverts en regardant tous ces arbres qui lui semblaient des fantômes bizarres, et lorsqu'il fut endormi, il se vit, à l'endroit même où il était couché, entouré précisément des mêmes objets qui lui semblaient de même s'agiter et tourner devant ses yeux.

Tout à coup son attention fut attirée par quelques étincelles qui jaillirent à quelque distance, accompagnées du bruit d'un briquet sur une pierre à fusil. Le marquis se releva sur son coude, et vit mieux que la première fois les étincelles, entendit mieux le briquet, et put distinguer un individu accroupi par terre.

Une voix étrange, sèche, glapissante, mais qui ne lui parut pas étrangère, dit alors à Arthur :

— L'humidité du bois a pénétré l'amadou ; en as-tu ?

— J'ai une guenille du vieux chevalier de Mun que j'ai gardée soigneusement, et qui n'a pas été consumée quand je lui ai versé l'esprit de vie. Le vieux podagre était couché sur le dos, et si bien collé à son lit que la liqueur n'a pu arroser partout. Tiens, voilà le fond de sa culotte.

Cette voix était celle de Bazilius, et M. de Mun la reconnut avant que le vieux chimiste n'eût parlé de choses qui devaient le déceler.

— Pouah! fit l'autre voix,... n'importe; cela doit être râpé à s'allumer au feu d'une vestale.

Cette fois, le marquis reconnut tout à fait cette voix : c'était celle de Léopold Fouriou, qui battit de nouveau le briquet et alluma une chandelle. Il faisait du vent; mais la flamme de cette chandelle était immobile, et ressemblait assez à un fer de lance rougi au blanc; elle jetait une lueur vive, pénétrante et pâle. Cette lumière montra à Arthur le vieux Bazilius et Léopold assis par terre, en face l'un de l'autre, les jambes étendues pied à pied, de manière à renfermer entre eux un lozange de gazon qui ressemblait, ainsi encadré, au tapis d'une table de jeu.

Ce devait être une sorte d'intuition *somnambulique* qui avait fait trouver au marquis cette ressemblance, car presque aussitôt Fouriou tira de sa poche un jeu de cartes, et le jetant sur le gazon, il dit à Bazilius :

— Quel jeu veux-tu jouer?

— Le piquet.

— Tu n'es qu'une vieille bête avec ton piquet; c'est un jeu de portier ou de sous-préfet.

— La bouillotte à deux n'est pas possible.

— Eh bien, esssayons le carbabi.

— Tu sais bien que ce jeu ne doit être enseigné aux hommes qu'en 1851.

— Je le sais si bien, que c'est le don qui m'a été accordé par notre maître pour piper l'argent des Russes.

— Va donc pour le cabarbi.

— Ah ça, entendons-nous sur l'enjeu, dit Fouriou.

— C'est convenu.

— A partir de demain, tu me livres le marquis si je le gagne?

— Je te le livre; mais, si tu perds, tu n'y prétendras plus rien?

— Rien, pas même à le faire cocu.

— Eh bien, je suis généreux : je te permets ce plaisir par-dessus le marché.

— Fais le signe.

Les deux joueurs prirent aussitôt chacun la moitié du jeu, et chacun garda les cartes qui lui convenaient, et ils commencèrent tandis que le marquis se disait :

« Ah ça, est-ce que je vais me laisser jouer comme ça sans rien dire? »

Mais il voulut leur permettre de commencer, dans l'espérance d'apprendre le jeu et de le voler à Fouriou; il se glissa donc tout doucement au pied d'un buisson pour pouvoir mieux voir; mais il eut beau regarder, il ne put comprendre en vertu de quelles règles ils jetaient leurs cartes ; d'ailleurs, ils jouaient avec une rapidité qui l'eût empêché de suivre le jeu s'il eût pu le comprendre. Seulement, il devina à la figure de Bazilius, qui était en face de lui, que Fouriou gagnait; et, par un sentiment qu'il ne pouvait s'expliquer, il fut fâché du succès du gamin. Etait-ce un reste de haine de vieillard contre la jeunesse; était-ce que Bazilius, avec sa science infernale et occulte, lui semblait moins redoutable que Fouriou avec son adresse toute naturelle ?

Ce sentiment de préférence pour Bazilius était si vif que dans un certain moment le vieux sorcier ayant dit :

— Comment, tu n'as pas de trèfle?

Et le gamin ayant répondu que non, Arthur, qui voyait ses cartes, s'écria avec indignation :

— Il ment, il en a.

—Ah ! tu me voles? s'écria Bazilius, pendant que le gamin riait à gorge déployée.

Aussitôt le chimiste se jette sur le gamin, et alors commença une lutte terrible entre eux. Cette lutte avait le caractère particulier d'un entrelacement et d'étreintes qui ressemblaient au combat de deux serpents. Pas un coup n'était porté ; mais les deux adversaires se saisissaient, se pressaient, puis glissaient dans les bras l'un de l'autre pour se ressaisir et se tordre.

Le marquis examina ce combat avec une sorte de curiosité ; mais, comme cela lui paraissait durer trop longtemps sans que l'avantage fût pour aucun des deux, il se décida à porter secours à celui pour lequel il avait pris parti ; il s'approcha le poing levé ; mais le gamin et Bazilius tournaient avec une telle rapidité que toutes les fois qu'Arthur avait l'intention de frapper sur Fouriou, celui-ci lui jetait la tête ou le dos de Bazilius sous la main.

Le marquis attendit pendant quelques instants ; mais sa patience (la patience est une vertu) fut bientôt épuisée, et il se mit à frapper indistinctement sur les deux combattants.

Au second coup de poing, ils tombèrent chacun de son côté, pâles, immobiles, morts.

Le premier sentiment du marquis fut une grande peur d'avoir tué ces deux hommes ; mais le second fut une satisfaction extrême de s'être défait de ses ennemis. Cependant à peine commençait-il à se réjouir qu'il lui sembla voir s'agiter les traits et le corps de Bazilius et de Fouriou ; le visage sembla se fondre, comme un masque de cire devant un feu ardent ; la face prit l'apparence d'un œuf noir, tandis que le corps s'allongeait comme un immense lierre. Le marquis considérait cette transformation avec une épouvante extrême, et cette épouvante redoubla lorsque ces énormes œufs noirs qui avaient pris la place des têtes se détachèrent tout à fait, et se mirent à rouler autour de lui en ayant l'air de se poursuivre. Enfin, l'œuf noir de Bazilius attrapa l'œuf du gamin, et tous deux se brisèrent avec un horrible éclat, et il en sortit immédiatement deux monstres difformes, velus, hideux, ressemblant assez exactement à des singes, mais gardant tous les deux le type de l'individu d'où ils sortaient : l'un était encore Bazilius, l'autre était toujours Fouriou. Quant à l'immense lierre qui s'était formé des corps et des jambes, il avait rapidement tracé une enceinte impénétrable autour de la clairière où se passait cette scène, et ce qu'il y avait d'effroyable dans cet arbre étrange, c'est qu'au lieu de feuilles, il y avait des myriades d'oreilles humaines.

Le pauvre marquis demeurait muet et immobile, n'osant remuer, car tout ce qui s'accomplissait l'avait anéanti; d'ailleurs, jusqu'à ce moment, tous ces êtres surhumains semblaient ne pas s'occuper de sa présence. Seulement l'enceinte était fermée, et il ne lui était pas possible de s'éloigner.

Les deux monstres étaient demeurés dans un état d'immobilité et d'attente qui semblait annoncer qu'il allait survenir quelque chose de nouveau. En effet, Arthur entendit bientôt un roulement lointain qui grandit peu à peu, et bientôt il vit la terre remuer doucement au centre de l'enceinte; une pointe noire en sortit et continua à monter. Cette espèce de bâton était à dix pieds du sol, quand Arthur reconnut que c'était une sorte de chevelure; vint ensuite un front d'une dizaine de pieds, un nez de vingt pieds, une bouche ouverte en long, un cou démesuré, un corps proportionné en longueur à cette tête, et à ce cou des jambes de dimension semblable, si bien que le marquis voulant mesurer l'immense étendue de cet être singulier, se mit à regarder en haut, et s'aperçut que le sommet de cette tête se perdait dans les nuages. Le marquis se pencha tellement en arrière pour voir le haut de cette figure longitudinale qu'il fut entraîné par son propre poids, et tomba assis sur son derrière : comme si ce mouvement eût imprimé à cette figure infinie et ascendante un mouvement pareil, toute cette longue ligne perpendiculaire s'affaissa, et le marquis se trouva assis par terre en face d'une énorme figure ventrue, ayant en largeur ce que l'autre avait en hauteur.

Cet être non moins extravagant, mais beaucoup plus immonde que le premier, attachait sur le marquis des yeux verts et luisants, mais sans expression. Arthur était bien résolu à ne pas dire une parole, à ne pas tenter un mouvement, convaincu qu'il était que la moindre tentative de sa part serait le signal de quelque événement. Il parut avoir raison, car la masse informe qu'il avait devant lui ne bougea pas; les monstrueux visages de Fouriou et de Bazilius ne remuèrent pas non plus, mais ces trois individus attachaient leurs yeux verts et immobiles sur le marquis, et toutes les oreilles qui feuillaient les arbres se penchèrent vers lui comme pour entendre ce qu'il allait dire. Cette attention devint bientôt fatigante pour Arthur, et il voulut fermer les yeux pour s'y soustraire; mais ses paupières étaient comme attachées, et il ne put s'empêcher de voir. Le regard fixe des monstres ne se détachant pas de lui, ce regard lui devint bientôt si insupportable qu'il se leva : rien ne bougea; il se mit à tourner dans cette horrible enceinte, et il marcha quelque temps sans s'apercevoir que l'enceinte tournait avec lui. Il s'arrêta tout à coup en reconnaissant que ce mouvement circulaire imprimé à l'enceinte la faisait descendre en terre comme une vis qu'on y eût enfoncée. Pour regagner le niveau qu'il avait perdu, le marquis tourna en sens contraire, et l'enceinte tourna et remonta.

Satisfait de ce résultat, Arthur s'arrêta un moment; mais rien ne changeait sa position. Cependant il se sentait percer d'un froid glacial par ces regards verts qui ne le quittaient pas; un engourdissement général était prêt à le saisir, et ne voulant pas y succomber, il marcha tantôt dans un sens, tantôt dans un autre : l'enceinte baissait et remontait, mais la position ne changeait pas. Le marquis comprit qu'il lui fallait prendre un parti, et s'adressant au monstre qui tenait le milieu et qui paraissait le chef, il lui dit :

— Qui es-tu, et que veux-tu de moi ?

Ce mot n'était pas dit que le monstre tira une énorme langue, et la dirigea sur le marquis comme un fourmilier sur la fourmi. La langue était glutineuse, le marquis y resta collé;

la bouche s'ouvrit comme un antre de trente coudées, et notre héros se sentit englouti dans une bouche énorme ; il ne put distinguer la structure intérieure du monstre, car il lui sembla qu'il tombait en tourbillonnant dans un abîme sans fond, tandis que des myriades de voix aiguës lui sifflaient aux oreilles :

— Tu as péché par la langue, et la langue t'a emporté.

Le marquis ne put faire une juste application de cette leçon à sa situation actuelle, car il lui semblait qu'il se heurtait à des roches qui le jetaient d'un bord à l'autre de cet abîme.

Enfin il s'arrêta, mais sans éprouver la sensation de la lourde chute qu'il avait dû faire après un espace si long et si rapidement parcouru. On eût dit que des vapeurs élastiques l'avaient peu à peu soutenu, et il se trouva assis par terre à l'entrée d'une salle, le dos tourné vers l'intérieur, et le visage faisant face à une plaine immense où couraient une foule de cavaliers parmi lesquels Arthur reconnut madame de Primarion.

Elle était à califourchon, dans un état de déshabillé extrême, et le cheval qu'elle montait avait une queue comme celle d'un lézard, et qui se retournait sur-elle-même. L'extrémité de la queue était armée d'une énorme molette d'éperon, et l'animal s'en servait pour labourer jusqu'au sang les reins de madame de Primarion.

Gustave la suivait en faisant la roue sur les mains, et de ses mains s'échappaient à chaque tour des poignées d'écus qui semblaient rougis au feu, et qui lui rôtissaient les doigts.

Cela put persuader à Arthur qu'il était dans une partie de l'enfer où l'on appliquait des tortures en épigramme aux péchés humains; cette idée ne persista pas longtemps, car il remarqua presque aussitôt une foule de petits nains, hommes et femmes, qui passaient près de lui, portés sur les épaules d'hommes d'une stature colossale, et de femmes d'une beauté achevée.

— Voilà qui est singulier, dit le marquis, les petits et les laids qui sont portés par les grands et les beaux !

— C'est ici comme là-haut.

— C'est là-haut comme ici,

Lui répondirent deux individus qui vinrent tout à coup prendre place à ses côtés. Arthur reconnut Bazilius et Fouriou, mais tous deux avaient repris leur forme primitive, et il les accueillit avec une extrême cordialité. Ils ne lui inspiraient plus aucun sentiment de crainte; et après leur avoir serré les mains, il dit en riant :

— Cela ne me paraît pas d'une certitude mathématique, savant Bazilius, ni d'une appréciation bien fine, habile Fouriou.

— C'est pourtant exactement la même chose, répondit Bazilius; seulement les distinctions sociales ont été établies ici, dans les anciens temps, en vertu des qualités physiques, tandis qu'elles l'ont été sur la surface du sol en vertu des qualités morales.

— Explique-moi cela, savant des savants.

— C'est une vieille histoire que tu devrais savoir, chevalier, dit Bazilius.

— Et que tu devrais deviner, marquis, dit Fouriou.

— A propos de cela, drôle, s'écria Arthur, j'ai une rancune contre toi de ce que tu t'es permis de me tutoyer devant la duchesse de Ménarès, et je veux t'apprendre à me respecter, faquin.

Sitôt dit, le marquis lança un soufflet à Fouriou. Jamais coup de tonnerre de la nature sublunaire ne fit un fracas pareil à celui que venait de faire le soufflet donné par Arthur, et il ne l'eut pas plus tôt donné qu'une foule de personnes s'approchèrent de Fouriou en lui disant:

— Quel est cet homme qui vient de vous honorer de cette

marque d'estime? voilà un beau trait de sa part s'il est mérité : lui avez-vous donc sauvé la vie ou pris sa femme?

— Non, c'est pure générosité de sa part ; c'est un homme qui est de la politesse la plus achevée, dit Fouriou.

— Il n'y a pas de politesse qui puisse pousser à une action si honorable pour celui qui en est l'objet : vous êtes assurément un grand homme.

Fouriou reçut les hommages et les félicitations de tous les passants, tandis que le marquis disait à Bazilius :

— Ceci est donc le monde à l'envers?

— Point du tout, c'est absolument comme là-haut.

— Encore cette sotte réponse !

— Encore ta sotte présomption !

— Mais explique-toi.

— Je l'aurais déjà fait si tu ne m'avais arrêté au moment où je commençais à le faire.

— Je t'écoute.

— Et d'abord ces petits nains que tu méprises tant sont les descendants des plus beaux hommes et des plus belles femmes de ce pays. Il y a vingt-deux siècles que tout homme ayant six pieds et au-dessus fut déclaré duc; à cinq pieds six pouces, on était comte; les marquis devaient avoir cinq pieds neuf pouces juste, ce qui les rendit fort rares quoiqu'ils fussent moindres que les ducs ; on classa de même les vicomtes et les barons.

— Ah ! ah ! fit Arthur qui commençait à comprendre.

— Maintenant, reprit Bazilius, tu peux voir la race qui est sortie de ces illustres colosses ; ils se sont appauvris de génération en génération, si bien que ce sont aujourd'hui les laquais qui ont les qualités des nobles, et les nobles qui ont les difformités qui avaient autrefois condamné ceux qui en étaient affligés à être des laquais. Dis-moi maintenant, illustre marquis, descendant du vieux marquis de Mun, le plus brave le plus noble, le plus spirituel, le plus généreux, le plus sage, le plus prévoyant des conquérants de la Poméranie, ne te trouves-tu pas, auprès de ton ancêtre, beaucoup plus nain, beaucoup plus difforme, beaucoup plus dégradé, que ces nobles souterrains que tu as méprisés ?

— Ce que tu dis est assez drôle, fit Arthur d'un ton dédaigneux, mais ce n'en est pas moins une sotte noblesse, et.....

Il ne put achever sa phrase ; une immense clameur s'éleva et il entendit retentir de toutes parts cette terrible accusation : Il a méprisé la noblesse !

— Qui ça ? dit Arthur.

— Toi ! toi, s'écrièrent avec fureur les voix des beaux hommes.

— Et, fit Arthur, cela doit vous convenir à vous autres.

— Insulter nos maîtres ! crièrent tous les colosses, quelle impudence !

— Ah ça, ils sont bêtes comme des oies, dit Arthur.

— Comme là-haut, mon bon ami, dit Bazilius, où il y a encore plus d'esclaves plats que de maîtres insolents.

— C'est plaisant, dit Arthur.

— Ah ! tu trouves cela plaisant ? lui dit une voix de stentor sortie d'un corps herculéen. Allons vite, viens devant le tribunal, et tu verras si c'est plaisant.

Le marquis voulut résister, mais on le saisit à la jambe et on le poussa en avant en le forçant à marcher sur les mains. Cette posture fort désagréable lui valut cependant une découverte qui le ravit, c'est que les pavés sur lesquels il marchait étaient doux comme du velours, et que l'eau des ruisseaux sentait la rose.

Malgré les sensations fort agréables qu'il éprouvait, Arthur se fatigua bientôt de cette façon de marcher, et demanda qu'on le remît sur ses pieds. Cela lui fut accordé avec empressement, et bientôt il arriva devant un palais bâti en terre, et que les dernières pluies avaient fort endommagé.

— Qu'est cela ? dit Arthur.

— C'est le temple de la justice.

— Il ne me paraît pas bien solide.

— C'est que nous avons un gouvernement représentatif; et comme on nous change de lois tous les ans, nous avons un temple à l'usage de la loi qu'on nous fait; allez, allez,... il durera toujours plus que la loi en vertu de laquelle vous allez être jugé.

— Et quelle est cette loi?

— C'est la loi des abricots.

— Hein? fit Arthur, la loi des abricots pour un délit contre la noblesse.

— Imbécile, lui dit Bazilius, c'est toujours comme là-haut. N'avez-vous pas les lois de mars, de juillet, de septembre?... celle-là s'appelle la loi des abricots, parce que les législateurs mangeaient des abricots pendant qu'ils la discutaient, et quand ils la votèrent; elle est fort rigoureuse, et je te conseille de prendre un bon avocat.

— Ah! dit Arthur, j'ai horreur des avocats! Je plaiderai bien ma cause.

— Plaider ta cause? lui dit Bazilius; tu es fou.

— Ce n'est donc pas ici comme là-haut.

— Absolument la même chose; tu peux parler tant que tu voudras; mais ici, comme là-haut, tout ce que tu diras pour te défendre tournera contre toi, fusses-tu éloquent comme Démosthène. D'abord il est admis en ce pays, comme principe de morale publique, que tout homme qui parle pour lui ment invariablement. La vérité est proclamée ici, là-haut elle est latente, voilà la seule différence.

Jusqu'à ce moment Arthur avait suivi avec une certaine lucidité toutes ces aventures; mais voilà qu'au moment où il pénétra dans le palais de la justice, il lui sembla éprouver une sorte d'étourdissement étrange : des fantômes bizarres en robe lui coururent devant les yeux, et parmi ceux-là était le juge Jean Bonhomme, ivre comme un pot, et coupant avec un fer de guillotine les cheveux à une jeune et belle femme à genoux devant lui. Ribaud, en cuisinier, c'est-à-dire un bonnet de coton sur la tête, tenant un couteau sur lequel était écrit *tranche l'art* (qu'on voit bien que notre héros rêve dans la vallée de Lièvré!), essayait de couper le cou à une statue d'airain qui le regardait avec des yeux flamboyants et qui l'éclairaient d'une lumière qui montrait une bile jaune et huileuse sous le rose de sa peau de marmot. En passant devant une vaste salle où était allumé un grand feu, il crut reconnaître mademoiselle de Ménarès sur les genoux de Fouriou, se chauffant les jambes, les pieds appuyés de chaque côté sur les chenets ; et, ce qui ne laissa pas que de faire horreur à notre héros, c'est que le comte de Trobanowski et Félix La Barlière servaient de bûches à ce terrible foyer, et flambaient avec d'atroces grimaces.

Le marquis était encore à chercher le sens de cette vilaine punition, lorsqu'en se retournant pour consulter Bazilius, il se trouva en face d'un tribunal composé de trois juges.

La composition de ce tribunal était singulière, mais elle n'étonna point le marquis. C'est le propre des gens qui ont beaucoup d'expérience de ne s'étonner de rien ; cependant il y avait de quoi s'étonner, même pour les esprits les plus robustes. En effet, sur trois sièges couverts de toile perse imprimée en dessins représentant des sujets gastronomiques, siégeaient, comme président, un vieux serpent à la paupière lourde et dont la langue, à moitié tirée de sa gueule, semblait incapable de darder avec cette vélocité effrayante de nos serpents ordinaires ; ce digne serpent était coiffé d'une perruque blonde artistement frisée ; l'autre juge était un corbeau dans la force de l'âge ; il était fort occupé à picoter un morceau de mou peint sur la toile perse qui garnissait le bureau derrière lequel il siégeait. Son œil était rouge et ardent, et son bec paraissait trempé du plus fin acier. Le troisième enfin était un charmant petit cochon de lait, qui avait

21.

l'air le plus bonhomme du monde, mais qui eût peut-être épouvanté encore le marquis plus que ses deux collègues, s'il avait pu savoir que ce petit cochon si grassouillet, si dodu, si beau, passait pour avoir dévoré dans un jour d'appétit judiciaire un petit enfant au berceau.

Le siége du procureur-général était occupé par un beau lézard vert; ce qui inspira au marquis cette réflexion consolante :

« Le lézard est l'ami de l'homme! »

Il y avait au banc des avocats une foule d'orateurs. En tête, on remarquait un beau haras que l'on dit être à Arthur le bâtonnier de l'ordre; il avait la gorge bleue, la queue rouge, et une crête qui se redressait avec un orgueil de dindon. Les moins célèbres étaient une certaine quantité de ces scarabées que les enfants appellent en langue vulgaire des cerfs, et qui sont ornés d'une immense paire de pinces dentelées qui ne lâchent pas aisément ce qu'ils ont pu saisir une bonne fois.

Cependant le marquis se décida pour un jeune crocodile qui le regardait les yeux pleins de larmes, et qui poussait des petits soupirs plaintifs et attrayants. Un gros hanneton, qui mangeait les feuilles du dossier, prit un cornet à piston et déclara la séance ouverte.

Le vieux serpent se déroula d'un quart de tour, montra sa tête au-dessus du bureau, et demanda à l'accusé ses nom, prénoms et qualités. Notre homme répondit en se disant :

— Arthur-Joseph de Mun, marquis de Mun.

— Vous êtes accusé d'avoir insulté la noblesse de ce pays.

— Comment cela serait-il probable, puisque moi-même je suis noble?

— Vous niez donc le fait?

— Je le nie.

— Puisque vous le niez, vous prétendez donc qu'il n'existe pas?

— Je le prétends.

— Tout fait qui n'existe pas est donc une illusion?

— C'est une illusion.

— Une hallucination?

— Une hallucination.

— Les gens qui prétendent que le fait existe ont donc eu une hallucination ?

— Sans doute, dit le marquis en hésitant un peu.

— Accusé, il résulte de votre manière de répondre qu'à vos insultes contre la noblesse du pays, vous ajoutez une injure nouvelle contre toutes les classes de citoyens, en les accusant de folie, de monomanie; car il n'y a que les fous et les monomanes qui ont des hallucinations.

— Mais je n'ai pas dit cela! s'écria Arthur.

— L'accusé rétracte ses aveux, preuve évidente qu'il a menti ou qu'il va mentir. Ah! jeune homme! vous marchez d'un pas bien rapide dans la carrière du crime!

— Mais je n'injurie personne, je n'insulte personne.

— Si vous n'injuriez personne, si vous n'insultez personne, j'ai donc menti, car j'ai avancé le fait?

— Je ne dis pas ça, fit Arthur.

— Encore une rétractation, c'est-à-dire que vous prétendez n'avoir pas dit que vous avez injurié?

— Je prétends n'avoir pas dit que vous mentiez.

— En ce cas, comme j'ai dit que je mentais, j'ai donc menti en le disant; c'est une injure faite à la justice en ma personne. Je ne pousserai pas plus loin cet interrogatoire, par pitié pour l'accusé et pour ne pas augmenter le nombre des chefs d'accusation. La parole est à M. le procurateur-général.

Le jeune crocodile fit une moue triste qui sembla dire à Arthur qu'il avait singulièrement gâté sa cause. Le procurateur se leva, et s'essuyant les yeux avec un foulard en peau de lynx, il s'écria :

« Je pose deux principes incontestables :

» Le premier, c'est que la société d'aujourd'hui ne ressemble pas du tout à celle d'avant-hier ;

« Le second, c'est que la société d'après-demain ne ressemblera pas du tout à celle d'aujourd'hui. »

Approbation des juges.

« J'en tire cette conséquence, c'est que tout homme qui porte atteinte à la loi existente, est le plus coupable des hommes. »

Admiration universelle poussée jusqu'à la stupéfaction dans la personne du jeune crocodile, sur lequel le lézard laisse tomber un regard écrasant de supériorité ; le crocodile baissa la tête d'un air confus, mais les habitués du palais se dirent entre eux :

— Il doit avoir quelque réponse terrible à faire à ce lézard.

Cependant celui-ci continua :

« Il est certain qu'on peut insulter une loi qui dure depuis mille ans et qui doit durer mille ans encore : sa force la protége, et les efforts des perturbateurs pour l'abattre seront vains comme les flots contre le roc. Mais quand la loi est faible, transitoire, disons mieux, comme la rose dont elle n'a pas le parfum, y laisser toucher, c'est la flétrir, c'est compromettre la courte durée de son existence, c'est s'exposer à vivre dans l'anarchie la plus déplorable ; car on peut tuer cette loi avant que le pouvoir législatif ait eu le temps d'en faire une autre ; c'est donc précisément parce qu'elle n'a pas la moindre chance de durée, c'est précisément parce que nous-mêmes nous nous proposions d'en demander l'abrogation dans la séance du sénat de demain, que cette loi est essentiellement respectable et qu'il faut lui porter aide et secours contre les entreprises des mauvais citoyens.

» Cette loi, vous le savez, messieurs, a été rendue parce qu'avant-hier, le vent ayant soufflé avec violence, plusieurs des plus huppés de la cour furent décoiffés et exposés aux regards indiscrets des passants. Aussitôt la presse s'empressa d'imprimer que les notabilités de la noblesse portaient des faux toupets. Cette assertion, d'autant plus infâme qu'elle était véridique, d'autant plus dangereuse que le ridicule était plus mérité, d'autant plus coupable enfin que rien ne défendait de dire la vérité, cette assertion éveilla la sollicitude des chambres, et la loi précitée fut rendue au milieu des acclamations de tous les hommes d'ordre et de sommeil.

» Cette loi, Messieurs, protége chaque classe de la société contre les autres. Il n'est, grâce à cette loi, permis de dire du mal ou du bien de personne, en laissant toutefois à chacun la liberté entière de sa pensée, pourvu qu'il ne l'imprime pas.

» Cette légère restriction apportée à la licence des journaux a excité les clameurs furibondes de ces écrivains qui ne vivent que du sang et de l'or des rois, et l'accusé qui est aujourd'hui devant vous est un de ces malheureux nourris de leurs fausses doctrines. Elles ont égaré sa jeunesse et l'ont poussé à commettre l'horrible crime dont il s'est rendu coupable. »

— Ah! ah! se dit Arthur, ceci va sans doute amener un petit bout d'allocution à l'indulgence du tribunal.

« Soyez donc plus sévères que jamais, s'écria le procurateur-généralissime ; soyez cruels, si ce mot peut jamais être vrai quand c'est la justice qui parle. Que les pervertisseurs de la jeunesse frémissent en voyant où ils la conduisent, et que ceux qui seraient tentés d'imiter son exemple meurent de peur en voyant son supplice. »

Après cette péroraison prononcée d'une voix foudroyante, le vieux serpent se déroula encore d'un demi-tour, et, après avoir léché une boîte de jujube posée sur son bureau, il dit d'une voix pateline :

— La parole est à l'avocat de l'accusé.

Le jeune crocodile se dressa alors; ses écailles poussèrent un grincement sinistre; son œil, naguère pleureur et maladif, s'anima d'une flamme violacée et fulgurante, et il commença d'une voix superbe :

« Le parti que je représente dans cette enceinte n'a pas coutume de cacher ses opinions. Je suis républicain. »

Le président se déroula d'un tour et demi, et s'écria d'une voix dont le sifflement était âcre et mordant :

— Cette expression ne peut être tolérée par le tribunal. Il est défendu de dire qu'on est d'une opinion autre que la nôtre.

— Je me soumets, dit l'avocat, et je dis que je suis publicain.

Le président se déroula encore d'un demi-tour, et reprit encore :

— Ce mot ressemble trop au précédent pour ne pas avoir une signification semblable; nous l'interdisons.

— Je dirai donc, reprit l'avocat en souriant fièrement, que je suis blicain.

Le président s'enroula sur lui-même en disant :

— Ce mot ne signifiant absolument rien, il vous est permis d'en user, mais toutefois avec une extrême modération.

« Je suis donc blicain, dit l'avocat, et vous savez tous ce que veulent les blicains. Les blicains veulent tout. Ce n'est pas un parti à idées étroites, comme vous pouvez voir. C'est un vaste parti qui ne comprend que ceux qui ne sont pas ce qu'ils voudraient être, c'est-à-dire tout le monde. Or, ce parti voit avec douleur ceux qui sont sans avoir à cela un droit précis. »

L'orateur se moucha (si vous me demandez comment se mouche un crocodile, je vous prie de vous adresser à l'Académie française, et l'un de ses membres, fort distingué dans la science, s'empressera, j'en suis sûr, de vous apprendre comment cela se pratique); l'orateur donc s'étant mouché, se dressa sur sa queue, et, se rejetant en arrière avec un geste tragique, il vibra longtemps sur lui-même, et s'écria avec un enthousiasme qui n'avait rien d'apprêté, tant il parut subit à notre ami Arthur :

« Il est temps que le progrès s'accomplisse. Qu'est-ce que la naissance? un don dû au hasard; qu'est-ce que la beauté, l'intelligence, la force? un don dû au hasard; la beauté, l'intelligence, la force, ont donc un droit égal à celui de la naissance. »

— Si l'avocat poursuit cette thèse subversive de toute morale, je lui interdirai la parole.

— La défense est-elle libre ou non?

Le procurateur. La défense peut dire tout ce qu'on lui permet.

« Je remercie mon adversaire de cette immense concession, et je poursuis. Le *blicain*, beau comme l'est mon client, est mécontent de son partage, et il s'écrie : La noblesse est sotte! C'est un cri coupable, mais naturel. Il est naturel, donc il est dans la nature; s'il est coupable, c'est parce qu'une loi contre nature a inventé un crime qui n'est pas dans le sein de la mère universelle. Par quel viol incestueux a-t-on pu faire inventer ce crime à la nature? Voilà toute la question. Elle n'est que là, pas ailleurs. Je commence donc... »

A ce moment, le petit cochon se mit à rouffer, le corbeau aiguisa son bec sur un morceau de fromage toujours peint sur la perse du bureau, et le serpent se roula tout à fait sur lui-même. Alors l'avocat entama la thèse des impossibilités possibles et celles des probabilités certaines, puis il passa en revue la théorie de la participation tangente de l'opposition médicante, et, après avoir parlé deux heures durant, il conclut à ce qu'on acquittât son client, attendu qu'il avait commis le crime avec préméditation, de sa seule volonté, et avec toutes les circonstances aggravantes prévues ou à prévoir.

Le tribunal se retira pour délibérer sous la table où l'on avait servi un bon repas aux juges, et après une heure de mastication, le président serpent déclara que le prévenu était condamné à livrer sa tête au bourreau.

Ce mot de bourreau fit un si prodigieux effet sur Arthur, qu'il sentit la terre tourner sous lui, et presque aussitôt il fut emporté par une chauve-souris au-dessus d'un précipice sans fond sur lequel elle le balança longtemps. Le marquis se tenait cramponné à la chauve-souris avec un horrible désespoir. Ce désespoir devint une horreur glacée lorsqu'en regardant mieux l'immonde et hideuse bête qui l'emportait, il reconnut madame de Pimpani qui penchait amoureusement sa tête sur lui en lui volant de petits baisers amoureux.

Arthur préféra la mort à ce supplice cruel, et il se débattit pour tomber dans le précipice; mais la griffe de la vieille était ornée de bagues de diamants taillés pointus comme des aiguilles, ce qui fit qu'Arthur se déchira les doigts sans pouvoir se débarrasser.

La Pimpani ne le serrait que plus fort en lui disant : « Je te comprends, attends, ne sois pas si pressé, nous serons heureux tout à l'heure. »

Arthur fermait les yeux pour ne plus rien voir, lorsqu'il se sentit lâcher par la terrible chauve-souris. Dans sa joie, il voulut voir où il tombait, mais il était dans un bois sombre, au milieu duquel il entendait cependant une voix dire :

— Quel est ce paquet au pied de cet arbre?

Arthur tombait toujours.

— C'est quelque ivrogne.

— Bien. Vois s'il dort.

— Il dort.

Arthur entendit un carillon dans sa tête comme si les clochers de toutes les paroisses de Paris avaient sonné toutes leurs cloches.

Au même moment il se sentit saisir et étendre sur le dos, on posa une montagne sur sa bouche et on commença sur son corps une danse du sabat effroyable ; puis tout se tut ; toutefois il étouffait : il fit un violent effort pour secouer l'énorme poids qui l'empêchait de respirer, et il se remit sur son séant.

Il était seul et regarda autour de lui, il était au milieu du même bois où il se rappelait avoir voulu s'endormir ; il essaya de se relever et retomba à terre anéanti par des douleurs cuisantes et dévoré d'une soif extrême. Pendant un instant encore, et comme s'il se sentait délivré du charme sous lequel il avait vécu pendant un si longtemps, il voulut essayer de se remuer, mais il ne put y parvenir et fut presque aussitôt ressaisi par un de ces démons qui l'avaient emporté dans ce monde souterrain où il avait failli être décapité.

Mais celui-ci le fit monter perpendiculairement à une hauteur prodigieuse ; ils allaient vers un soleil dont l'éclat avait une puissance inouïe. Ils passèrent à côté, et le marquis put remarquer que ce n'était qu'une énorme lampe Carcel, qui lui parut posée au sommet d'une pyramide en briques. Une foule d'individus en culottes courtes et en habit à la française venaient voleter autour de ce soleil ; quelques-uns s'élançaient jusqu'au-dessus de son énorme cheminée de cristal, mais lorsqu'ils voulaient passer d'un côté à l'autre, ils étaient immédiatement rôtis et tombaient dans la flamme.

— Qu'est-ce que c'est que ces imbéciles-là ? dit le marquis au démon qui l'emportait.

— C'est la bourse du pays. Ceux qui volent autour sont des joueurs qui se brûlent plus ou moins ; ceux qui sont rôtis et engouffrés, sont ceux qui veulent en faire plus qu'ils ne peuvent.

— Je m'étonne de ne pas retrouver ici mon ami La Barlière, dit le marquis.

— Il y est, mais dans le pied de cristal, où il tourne une des roues du mécanisme qui fait aller cette lampe.

— Elle doit brûler une fameuse quantité d'huile.

— De l'huile, mon cher, dit la voix, on ne brûle ici que de l'argent liquide.

— Ah! diable, fit en lui-même le marquis, ceci est un autre système d'allégorie, mais je me garderai bien de rien dire, on me condamnerait peut-être, et la vieille Pimpani n'est pas ici pour me sauver.

En disant cela, il regarda mieux le démon qui l'emportait et il reconnut que c'était toujours la chauve-souris, et qu'elle ne l'avait pas lâché comme il se l'imaginait. Mais cette fois il n'éprouva point l'horreur qu'il avait ressentie d'abord; c'était bien toujours madame de Pimpani, mais légère, suave, fluide; ce n'était plus une hideuse chauve-souris, mais un magnifique papillon.

En conséquence notre héros se laissa emporter sans faire la moindre résistance. L'air qu'il traversait était embaumé, une lumière vive caressait ses yeux; mais ce qui rendait ce séjour moins agréable qu'il n'eût dû l'être, c'est qu'il y régnait un froid glacial, et que, malgré tout son bonheur, Arthur se sentait grelotter de tout son corps. Cependant, au train dont ils allaient, ils devaient être au moins dans le septième siècle, lorsqu'il fut rencontré avec son beau papillon par un homme en costume de sac, qui empoigna madame de Pimpani par son aile la plus brillante, et qui la cloua avec une énorme épingle noire à une feuille de papier du livre-journal, où il la laissa en lui disant:

— Occupez-vous de vos affaires, s'il vous plaît; ne courez plus après ce godelureau.

La pauvre papillonne ainsi attachée se démena avec fureur, et malheureusement pour elle, ce trémoussement fit tomber toutes les belles poussières de mille couleurs qui la recouvraient, et au bout de quelques instants il ne resta plus de l'insecte qu'une carcasse en croix (le corps et les deux ailes), couverte de vieilles toiles comme les ailes d'un moulin à vent, et qui se mit à tourner avec une rapidité furieuse. De ce travail inouï il résulta une mouture qui était reçue dans un immense cornet de papier par M. de La Barlière lui-même, qui le tenait dans sa bouche comme un entonnoir, et qui se gonflait dans son sac.

Le marquis fut curieux de savoir quelle était cette mouture, et il en prit une pincée qu'il aspira, aussitôt il éternua avec violence. C'était un moulin à cacao pour la confection du chocolat, ce qui fit supposer au marquis que M. de La Barlière continuait à avoir des relations avec don Carlos.

Le marquis, voyant qu'il n'y avait plus rien à attendre de la marquise ni de M. de La Barlière, continua sa route tout seul, car, sans qu'il se fût rendu compte de la transformation, sans qu'il l'eût vue s'opérer, cet espace vide où il voyageait s'était changé en une terre semée de fleurs délicieuses, coupées de belles allées qui ressemblaient beaucoup aux allées du parc de M. de Massignac.

L'infortuné n'eut pas plus tôt eu cette pensée, qu'il se sentit pris de coliques horribles, et comme il cherchait un endroit écarté, il vit tout aussitôt près de lui madame Primarion qui le regardait le lorgnon dans l'œil, puis madame de Massignac, la belle Aurore, Lucienne, Nichon, toutes les femmes qu'il avait rencontrées ; alors il se mit à fuir et entra sans s'en apercevoir dans un immense palais, où il courut longtemps sans rencontrer personne, jusqu'au moment où il pénétra tout éperdu dans une salle magnifique où il y avait une foule de gradins sur lesquels étaient rangées des centaines d'individus, tandis qu'un gros homme sec restait immobile sur un véritable trône de velours.

Au moment où le marquis entrait, un monsieur en habit assez sale lui disait :

— Sire...

XXIV

Le rêve finit à temps. — Repentir. — Bonne résolution.

A ces mots, un

— Eh! l'ami, que faites-vous là? articulé d'une façon solide, éveilla tout à fait le dormeur et le rêveur; et bien prit à notre ami de se réveiller, car s'il s'était avisé de rêver sur un sujet aussi grave, il eût pu être singulièrement tracassé par ces messieurs de la justice de ce pays fantastique qu'il venait de parcourir, et rien ne l'eût sauvé de l'attaque d'un nouveau lézard ou de la défense d'un nouveau crocodile.

Arthur, tout à fait éveillé cette fois, considéra l'endroit ou il se trouvait et reconnut le même bois où il s'était endormi, le même bois où il avait cru rêver quand on lui avait mis une montagne sur la poitrine, et vit qu'on l'avait privé pendant son sommeil de sa culotte, de ses bottes et de tout ce que contenaient les poches de son habit.

Voilà sans doute d'où lui venait le froid cuisant qu'il avait ressenti dans le voyage aérien qu'il avait fait.

— On m'a volé! s'écria-t-il, on m'a volé!...

— Ça se voit, dit en ricanant le garde qui avait découvert notre héros; mais qui êtes-vous, s'il vous plaît?

Le marquis s'était relevé : un homme en habit noir et sans pantalon est assurément le plus ridicule personnage qu'on puisse voir, mais le garde eût pu s'empêcher de rire avec cet excès; cependant il riait, il riait à se tordre. Arthur le vit, mais il ne se fâcha point. Ce sommeil, ce rêve, ce froid, avaient singulièrement calmé les vapeurs vaniteuses et emportées de notre héros. Il fut soumis, honteux, et fit avec le garde un marché par lequel celui-ci lui prêta une blouse, un pantalon de toile et une vieille casquette, en recevant pour gage de sa confiance l'habit, le gilet et la cravatte dont on n'avait pas pu dépouiller Arthur.

A peine celui-ci fut-il vêtu de manière à pouvoir circuler honnêtement sur les grands chemins, qu'il se mit en marche pour Paris, et fit le voyage à pied ; il se garda bien cette fois de prendre une voiture qu'il n'aurait peut-être pas le moyen de payer. En marchant ainsi philosophiquement, Arthur récapitula ce que lui avait coûté cette journée de course, un cheval de deux cents louis, qui était sans doute éreinté, fourbu, perdu ; les deux cents louis qu'il avait emportés dans sa poche et qui lui avaient été pris durant son sommeil ; c'est-à-dire un capital de huit mille francs, sans compter les menus frais, pour avoir été la risée de tout le monde.

La veille encore, ce désastre ne lui eût inspiré qu'un sentiment, celui de prendre une revanche éclatante ; mais un affaissement général de sa force physique avait entraîné chez lui un abattement complet de toute force morale, et il reconnut son incapacité à lutter contre des événements qu'il ne savait ni prévoir ni diriger. Il ne prit pas même un parti, mais cette portion de bon sentiment qu'inspire le malheur quand il frappe un être affaibli, le dirigea pour ainsi dire à son insu. Il parcourut toute la route la tête basse, dépassé de temps en temps par quelques cavaliers qui, après la course, avaient été dîner et passer la nuit dans les châteaux voisins ; mais aucun d'eux n'excita son envie. A un certain moment il entendit venir une voiture, et reconnut celle de madame de Primarion ; il se posta derrière un arbre, et la vit avec Ribaud, tous deux fumant de la meilleure intelligence. Cette rencontre ne lui inspira qu'un mépris dédaigneux pour ces mœurs qu'il avait enviées; madame de Primarion, telle qu'il l'avait vue dans son rêve, se représenta à lui, et il s'étonna de ses désirs et de son admiration de la veille.

Il poursuivit ainsi son chemin, traversa tout Paris, et passa devant son hôtel, à la vue duquel il retrouva une nouvelle force, non pour monter chez lui et pour s'y reposer, mais pour le fuir et aller plus loin. Où allait-il donc ainsi? vous l'avez déjà deviné. Pourquoi donc le demander, puisque vous le savez? il allait chez Méta, chez Méta qu'il avait méconnue, insultée, blessée.

Mais, dites-vous, il est plus fou et plus niais que jamais.

Non, il n'est plus ni fou ni niais; le voilà sage, le voilà corrigé : deux jours d'expérience de sa vie nouvelle lui ont mieux servi que les quatre-vingt-quinze ans d'expérience de sa vie passée; il a compris que c'était là qu'était pour lui la retraite assurée, l'asile inviolable où il devait trouver les premières traces du chemin qu'il avait à parcourir.

Sans crainte d'un ressentiment quelconque, il gravit le petit escalier et frappa à la porte, mais personne ne lui répondit; il attendit un moment et frappa de nouveau : on ne lui répondit pas davantage. Alors une peur cruelle s'empara de lui : Jean Bazilius et Méta auraient-ils quitté leur modeste demeure? allait-il demeurer seul sur la terre?

— Ah! se dit-il, ils n'ont pas été fidèles à la mission que leur avait donnée le vieux Bazilius; ils ne m'ont pas attendu longtemps.

Il redescendit, et s'informa à une vieille femme qui habitait le rez-de-chaussée de cette maisonnette, si Jean Bazilius n'y demeurait plus.

— Il y demeure toujours, monsieur.

— Bien! bien! dit Arthur, il est sans doute à la fabrique où il travaille?

— Hélas! non, monsieur, le pauvre jeune homme n'a guère

le cœur au travail…. C'est bien dur quand on est un honnête homme d'être si mal apparenté !

— Que voulez-vous dire ?

— Ah! fit la vieille qui étendait sur un morceau de pain les restes impurs d'un fromage de Brie, la vanité est un grand principe de perdition dans notre époque.

— Mon Dieu! s'écria Arthur, est-ce que Méta,..

— Méta, fit la vieille d'un air digne, mademoiselle Méta, voulez-vous dire !

— Oui, fit Arthur, est-ce qu'il serait arrivé malheur à mademoiselle Méta ?

— Eh! reprit la vieille, c'est comme il vous plaira de l'entendre ; vous êtes un jeune homme de ce temps-ci, et on appelle maintenant les choses autrement qu'autrefois ; mais, dans ma jeunesse, nous autres honnêtes filles, nous appelions ça un malheur.

— Que lui est-il donc arrivé? s'écria encore une fois Arthur avec un véritable mouvement d'intérêt.

— Ah! reprit encore la vieille, ça vous touche de ce côté-là : en ce cas, je vous plains : ce n'est pas que je puisse dire que la chose est sûre, puisque je ne l'ai pas vue ; mais quand on aime une fille pour en faire sa femme, c'est toujours désagréable d'avoir à se rappeler des aventures comme celle-là sur son compte.

— Mais quelle aventure, au nom du ciel ! fit Arthur.

— Hé! si vous êtes si empressé de le savoir, allez, allez, ça se saura assez tôt dans le voisinage sans que je m'en mêle ; et après tout, je ne voudrais pas servir à perdre de réputation une jeune fille qui ne m'a rien fait, quoique, à vrai dire, quand on est ce qu'elle est, on ne devrait pas faire la fière comme elle faisait avec moi.

— Je commence à comprendre ce que vous voulez dire, reprit Arthur ; Méta n'est peut-être pas rentrée cette nuit, et son frère est parti pour aller la chercher.

— Ah!... Ah! fit la vieille, il paraît que ça lui arrive assez souvent, puisque vous l'avez deviné si vite. Ah bien, j'étais encore bien bonne, moi qui m'apitoyais sur son sort, et qui disais à son frère Jean de ne pas se mettre en colère, que c'était peut-être qu'elle s'était cassé une jambe, ou qu'elle avait été écrasée par une voiture. Et ce monsieur Jean qui faisait des hélas comme si c'était la première fois... En voilà une comédie pour faire croire à la vertu de sa sœur... Mon Dieu!... mon Dieu!.. tout ça c'est canaille et compagnie. Jeune homme, si j'ai un conseil à vous donner, c'est de ne plus fréquenter ces espèces-là.

— Pauvre Méta! murmura tout bas Arthur, car maintenant il comprenait qu'il était non-seulement l'auteur de l'accident qui l'avait sans doute empêchée de rentrer, mais encore que c'était lui qui l'exposait à ces insinuations calomnieuses.

Sans doute elles partaient de bien bas; mais elles étaient dans la sphère où vivait Méta.

— Vous la plaignez, reprit la vieille,... pauvre amoureux,... allez;... hum,... voilà que vous pleurez;... Ah! les hypocrites... Allons donc, jeune homme, ayez un peu de sentiment de vous-même!... Si vous saviez!... car vous me faites pitié!... Je ne sais pas quel métier font le frère et la sœur, mais savez-vous ce que m'a dit le frère quand il est parti ce matin, c'est de donner la clef à sa sœur, s'il elle revenait...

— Vouliez-vous donc qu'il la laissât à la porte?

— Je ne veux rien moi, qu'est-ce que ça me fait?... je lui donnerai la clef si elle vient, et je la donnerai aussi au marquis de Mun s'il se présente.

— Au marquis de Mun, s'écria Arthur; on vous a dit de remettre la clef au marquis de Mun?...

— Eh oui, à un beau garçon avec qui elle est revenue déjà ce matin à la pointe du jour... Un je ne dis pas... mais puisqu'on attend celui-là tout seul, ce n'est pas avec lui qu'elle est... La demoiselle ne s'en fait pas faute.

— Donnez,... donnez-moi cette clef, madame, s'écria vivement Arthur.

— A vous? dit la vieille; qui êtes-vous, s'il vous plaît?

— Je suis le marquis de Mun.

Arthur ne s'était pas aperçu que deux ou trois individus s'étaient montrés chacun à sa porte pendant qu'il parlait avec la vieille dans la cour de la maison. A cette déclaration : « Je suis le marquis de Mun, » des éclats de rire partirent de tous côtés.

— Je suis le marquis de Mun, vous dis-je, s'écria Arthur en reprenant toute sa hauteur et sa fierté.

— Quel marquis en guenilles! fit la vieille. Il y a du mobilier dans la maison; ça n'est pas gros, mais enfin ça vaut mieux que rien, et vous êtes de taille à emporter le meilleur sous votre blouse. Allons, allons, décampons d'ici, l'ami, ou je vais chercher le commissaire.

Quelquefois on tourne des heures entières autour d'un mot sans pouvoir le retrouver, puis tout à coup quelque chose d'inattendu vous le rappelle complétement, et vous laisse dans l'étonnement d'avoir pu rester si longtemps à côté d'un nom qu'on sait si bien. Depuis qu'il causait avec la vieille, le marquis avait une sorte de conscience qu'il connaissait la voix qui lui parlait; mais ce mot « commissaire » fut comme la lumière soudainement apportée dans ce vague sentiment qui le préoccupait; il reconnut la voix, les traits, la personne tout entière de la vieille qui avait envoyé chercher un commissaire dans le passage Radziwill; il avait devant ses yeux l'aïeule du superbe Fouriou.

Cette découverte épouvanta le marquis : ce nouveau domicile n'avait pu être choisi à la vieille que par le méchant démon qui, selon le rêve qu'il avait fait, voulait s'emparer d'Arthur pour le perdre. Ce choix avait sans doute pout but de surveiller, d'espionner la noble protection que Bazilius, l'ennemi du gamin, avait posée près d'Arthur. Oh! qu'en ce moment notre héros eût donné d'argent, s'il en avait eu, pour pouvoir avertir Jean et sa sœur du terrible danger qu'ils couraient!

Que notre héros était changé! sa première pensée n'était pas pour lui; le sort de Méta l'occupait plus que le sien propre; aussi prit-il une bonne résolution; il ne voulut pas disputer plus longtemps avec la vieille; il sortit de la maison, et pensant que Jean reviendrait sans doute pour savoir si sa sœur avait reparu, il alla s'asseoir sur une borne de la rue d'où il pourrait voir arriver d'un côté ou de l'autre.

Il fit de cruelles réflexions, car, indépendamment de la fatigue cruelle qu'il éprouvait, il se sentait tourmenté d'une faim encore plus cruelle, et cette faim, il n'avait aucun moyen de l'apaiser; d'un autre côté le froid de la nuit lui avait donné un rhume terrible, et la tête lui brûlait; il avait ôté son chapeau, et l'avait posé sur ses genoux, l'œil au guet sur la porte de Jean Bazilius. Tout à coup une robe blanche le frôla; une femme enveloppée dans un châle de soie noire s'arrêta, et tirant une petite bourse, elle lui jeta deux ou trois pièces de vingt sous dans son chapeau.

La faim l'emporta, et il s'écria :

« Merci, » en regardant la dame.

C'était la duchesse de Massignac; où allait-elle ou bien d'où venait-elle? Cette question, qui eût emporté la veille notre héros sur les pas de la duchesse, ne l'émut point, et il demeura anéanti et confus sur la borne, tandis qu'elle s'éloignait sans paraître avoir remarqué qu'il pouvait être autre chose que ce qu'il paraissait : un mendiant en guenilles.

Quoi! cette femme qui l'avait si bien accueilli la veille, qui semblait vouloir appeler son amour, ses hommages!.... elle ne l avait pas même reconnu! rien ne lui avait dit qu'il y avait sous ces haillons un gentilhomme d'un nom, d'un rang supérieurs aux siens! Ah! que c'était à lui une sotte vanité d'avoir cru au pouvoir de cette noblesse!

Le malheureux était tout à fait sans force, sans courage, sans dignité; il regarda ces pièces de vingt sous, les mit une à une dans sa poche, et sûr qu'il était sans doute de pouvoir manger, soit plutôt qu'il n'eût pas même l'énergie de se satisfaire, il resta sur la borne. Pourquoi resta-t-il sur la borne? Était-ce donc une fatalité attachée véritablement à cet homme, que tout devait tourner contre lui? ou plutôt n'était-ce pas une leçon permanente qui eût dû lui apprendre que la faiblesse et l'abandon de soi-même sont aussi pernicieux que la confiance excessive et la sotte vanité? Toujours est-il que quelques minutes après que la duchesse de Massignac fut éloignée, il vit un petit jeune homme se planter fièrement devant lui.

— J'étais sûr de te retrouver de ce côté, dit Fouriou; mais je l'avoue, cher marquis, je ne pensais pas que ce fût en si piteux état.

A l'aspect de son cruel ennemi, Arthur se releva, remit son chapeau avec un air d'empereur français, et répondit:

— Il n'y a plus de marquis de Mun ici, misérable, il n'y a plus de complice de tes infâmes projets, de tes vices, de tes mensonges, de tes honteuses machinations.

A cette déclaration, Léopold pâlit; pour la première fois, le gamin parut épouvanté du ton et de la résolution d'Arthur.

Le bien fait toujours peur au méchant.

— Marquis de Mun, répliqua-t-il la voix basse et d'un ton de menace, tu as commencé un rôle, et tu l'achèveras.

Je ne l'achèverai pas.

— Pauvre fou, lui dit le gamin, et que prétends-tu faire? à quoi es-tu bon si tu n'es pas bon à être un grand seigneur tout élevé, riche, ayant, sans s'être donné la moindre peine, tous les biens acquis. Sais-tu ce qu'il faut d'industrie, de force, de savoir, de patience et d'audace, pour sortir de la pauvreté et s'arracher à la vie misérable où tu veux végéter?

— Cette vie, je la préfère à celle où tu m'as lancé.

— Mais pour la préférer, la connais-tu?

Arthur, qui se rappela les pauvres dernières années de sa vie, répondit aussitôt :

— Oui, je la connais.

— Comme l'autre, sans doute, pour l'avoir apprise par ouï-dire, je ne sais comment; oui, tu dois savoir quelque chose de la misère, car tu viens d'accepter l'aumône avec une résignation qui prouve que cela n'a rien qui t'offense et qui soit nouveau pour toi... et pourtant tu as eu, toi, des heures de marquis et d'homme de cour. Tu es un être bien inexplicable; mais, qui que tu sois, qui que tu puisses être, je te prends comme je te trouve; tu as été marquis de Mun durant trop de jours, devant trop de gens, pour que tu ne le sois pas éternellement, pour que tu ne le sois pas jusqu'à la mort, ce qui est l'éternité humaine.

— Tu te trompes, Fouriou, lui dit Arthur, si tu crois que tes menaces me feront peur; je ne veux pas être ton complice ni ton jouet. Peut-être es-tu plus habile que je ne le suis; mais ton habileté échouera contre ma résolution; il ne faut pas grande habileté pour dire la vérité : je ne suis pas le marquis de Mun.

— Pauvre sot! si tu n'es pas le marquis de Mun, tu es autre chose : qui es-tu? peux-tu le dire? peux-tu l'avouer?

— Cela t'importe peu, et ce n'est pas à toi que j'ai à rendre compte de ce que je suis.

— Ce n'est pas à moi, dit Fouriou; à qui donc?

— A d'autres, ou peut-être à personne.

— Dans le monde où tu vis, on a toujours à rendre compte

de ce qu'on est quand il plaît à quelqu'un de le demander, et moi je te le demande.

— Tu ne le sauras pas, dit Arthur en se levant pour s'éloigner.

— Je le saurai, dit Fouriou ; tu ne partiras pas sans m'avoir répondu.

Et, avec une audace que rien ne pouvait intimider, ce faible et grêle enfant saisit Arthur au collet; celui-ci, exaspéré, le repoussa avec toute la force musculaire dont il était doué, et le renversa.

A l'aspect de cette lutte, quelques passants s'arrêtèrent et murmurèrent contre la brutalité de ce grand goujat qui frappait ce joli petit jeune homme.

— Oh ! mon Dieu, dit Fouriou, ne lui en voulez pas; c'est un de mes parents qui est fou, et que je viens de retrouver dans ce misérable état.

L'indignation des passants se changea aussitôt en pitié.

— Un si beau jeune homme ! s'écriait-on.

— Et l'espoir d'une si noble famille ! c'est mon cousin, le marquis de Mun.

— Ce n'est pas vrai. Ce drôle ment : je ne suis pas le marquis de Mun.

— Véritablement il est fou, dit un des habitants de la cour où demeurait l'aïeule de Fouriou : il a déclaré tout à l'heure qu'il était le marquis de Mun.

— C'est vrai, dit la vénérable aïeule, il me l'a dit; et il me semble l'avoir vu ailleurs.

— Cette détestable vieille, s'écria Arthur, est la grand'mère de ce petit misérable, et ils s'entendent tous deux pour me perdre.

Ce fut, malgré l'effroi qu'inspirait la folie de ce jeune gaillard, un rire universel.

— Bah, cette vieille la grand'mère de ce petit monsieur !... Il est fou ! tout à fait fou !

22.

Quant à la vieille, elle n'avait dit mot; Fouriou l'avait seulement regardée par dessus l'épaule comme pour voir quelle espèce de femme on lui attribuait comme grand'mère ; mais ni l'un ni l'autre ne parurent se connaître.

Le marquis en ce moment douta de sa raison : se serait-il trompé? cette vieille ne serait-elle pas celle qu'il avait cru reconnaître, ou Fouriou ne serait-il pas le gamin qu'il s'était figuré? Lui-même n'aurait-il pas rêvé avoir vécu autrefois? et n'était-il pas simplement un homme comme les autres à qui la folie aurait enlevé le souvenir réel de sa jeunesse pour le remplacer par le souvenir fantastique de quelques lectures où il aurait puisé tout ce qu'il croyait lui être arrivé?

Dans ce doute affreux, Arthur se prit la tête dans ses deux mains, et s'écria avec un accent de désespoir :

— Grand Dieu, délivrez-moi de cette fatale vie!

Comme il prononçait ces mots, il vit arriver Jean Bazilius ; cette apparition semblait répondre à son vœu : Bazilius n'était-il pas celui qui lui avait redonné cette existence qu'il avait tant souhaitée, et son descendant n'était-il pas celui qui devait être chargé de la défendre ou de la lui retirer? Dans son égarement, Arthur se précipita vers lui en s'écriant :

— Oh! sauvez-moi, monsieur, sauvez-moi!

Jean recula en le regardant un moment avec surprise.

— Le marquis de Mun, s'écria-t-il, vous! et vous me demandez de vous sauver! Avant de me le demander une seconde fois, regardez ce que vous avez fait!

Il prit rudement le marquis par la main, et, le traînant vers une civière qui suivait, il en dérangea le rideau, et lui montra Méta pâle et anéantie.

Arthur resta confondu en s'écriant :

— Méta... Méta, pardonnez-moi!...

Elle ouvrit les yeux, voulut parler et lui tendre la main; mais elle n'en eut pas la force.

— Cependant, s'écria Arthur désespéré en s'adressant à Jean, ce matin vous pensiez encore à moi ; ce matin, vous aviez laissé votre clef pour moi.

— C'est que je ne savais pas que le marquis de Mun était un misérable fou.

Ce mot n'avait pas pour Jean le sens absolu que lui prêtèrent ceux qui l'entendirent. Il avait ajouté ce mot à celui de misérable pour en tempérer la signification, pour rejeter sur l'inconséquence, sur la légèreté du marquis les mauvaises choses qu'il avait pu faire ; mais ce mot fut comme le dernier arrêt d'Arthur, grâce à ce que Fouriou avait déclaré, grâce aux témoins qui l'avaient vu affirmer d'abord et nier ensuite qu'il fût le marquis de Mun : il se sentit perdu ; il comprit qu'il était à la merci de Fouriou ; que sur un signe, sur un mot du gamin, il allait être saisi, lié, garrotté ; sa vertu, sa crainte, son repentir, cédèrent à cette terrible appréhension, et il reprit doucement :

— Eh bien ! chevalier, puisque je suis reconnu, rentrons chez nous, mon cousin.

— Rentrons, dit Fouriou d'un air triomphant.

Le gamin fit approcher un fiacre, et ramena le marquis dans l'hôtel comme une victime. Arthur était abattu, vaincu, assommé ; toute la vaniteuse confiance qui le soutenait la veille s'était évanouie. Fouriou eut beau l'interroger, il n'en put rien apprendre. Cette discrétion fit encore peur au gamin ; mais, en examinant mieux la face d'Arthur, il vit que ses yeux brillaient d'un éclat maladif, ses mains brûlaient, ses pommettes étaient d'un rouge foncé : le marquis avait la fièvre, le marquis était malade ; c'est ce qui l'avait rendu si sage.

En arrivant à l'hôtel, le gamin le fit mettre au lit, et Arthur se laissa faire avec une docilité merveilleuse. Un médecin appelé jugea que c'était une violente courbature, et ordonna des sudorifiques et du repos. Arthur ne fit aucune objection à l'ordonnance, et but de la tisane sans se faire prier.

Fouriou, sûr de son homme, ou plutôt sûr de sa marionnette, dont il avait sans doute besoin pour arriver où il voulait, sortit pour poursuivre ses plans. Arthur demeura seul après avoir dit à son valet de chambre qu'il désirait dormir et qu'il n'avait pas besoin de ses soins.

— Eh bien! dit-il tout haut à son ombre qui était couchée à côté de lui, que dois-je faire? que vais-je devenir? Faut-il persister dans la voie où je suis engagé? faut-il en changer? et, si j'en change, quelle est celle que je dois choisir?

— Tout ceci est bien difficile, maître; nous ne sommes pas de notre époque. Je n'étais pas bonne à conduire un vieillard dont la plupart des passions étaient usées, dont la misère et la décrépitude avaient presque éteint tous les désirs, et me voilà chargée de diriger un jeune homme turbulent, fort, d'une sève exubérante pour toutes les mauvaises choses; je suis bien embarrassée.

— Je ne veux point t'accuser comme je l'ai déjà fait; mais il y a une vérité parfaitement bien reconnue, c'est que l'expérience est une excellente chose. Te refuses-tu à m'éclairer? Ce n'est pas ce que m'avait promis Bazilius.

— Un doute me vient à l'esprit, maître, c'est que l'expérience n'est excellente qu'avec l'autorité pour compagne. Je la comparerais volontiers à des rênes, qui ne sont bonnes à diriger un coursier fougueux qu'autant qu'elles sont dans les mains d'un habile cocher. Vous aurez beau mettre le mors à la bouche d'un jeune cheval, si c'est lui-même qui est chargé de se contenir, ce ne sera qu'une gêne qui l'irritera et le fera s'égarer davantage; plus tard sans doute elle lui deviendra inutile: le cheval, à moins qu'il ne soit complétement vicieux, suivra de lui-même la bonne route, évitera les obstacles, prendra le bon côté du chemin; mais c'est parce qu'il aura été vigoureusement morigéné dans sa jeunesse. Eh! mon Dieu! mon maître, t'en dirai-je plus que ne t'en ont dit les livres, que ne t'en disait ton père quand tu as eu tes premiers vingt ans? et livres et père t'ont-ils empêché de faire une sottise parce que tu étais hors de leur autorité?

— Cela se peut; mais j'ai éprouvé personnellement, j'ai expérimenté par moi-même et, c'est là (en t'accordant comme vrai tout ce que tu dis sur l'inutilité de l'expérience séparée de l'autorité) l'expérience profitable; car je ne puis douter de moi-même, je ne puis pas récuser mon propre témoignage.

— Tu le peux encore, maître, comme tu le pouvais et comme tu l'as fait autrefois, non pas en une occasion, mais en cent. Te rappelles-tu d'avoir été pipé au jeu par une fausse conseillère au parlement, qui avait les plus beaux yeux et les plus belles dents du monde; et te souviens-tu qu'au sortir de la séance, bien averti par l'expérience, bien enseigné par toi-même, tu te dis que tu ne jouerais plus contre des femmes dont tu ne connaîtrais pas certainement l'état; et trois jours après tu te faisais piper du double par une fausse baronne allemande, que tu crus baronne parce qu'elle te donna l'occasion de montrer que tu parlais fort bien l'allemand.

— C'est vrai, dit Arthur.

— Regarde où tu es; ne te souvient-il plus d'avoir été ainsi dans ton lit, malade d'une fièvre pareille, repentant comme tu l'es, très-décidé à ne plus recommencer les orgies qui t'avaient jeté ainsi aux mains du médecin; et à peine étais-tu levé que tu recommençais.

— C'est vrai, dit Arthur plus tristement encore; mais que conclure de tout cela?

C'est qu'il y a un guide supérieur à l'intelligence, qui n'est guère que l'individualité usée et l'égoïsme rusé; un guide qui ne peut se tromper dans ce qui constitue le bonheur intérieur de l'homme, s'il ne lui en donne pas les apparences : ce guide, c'est la conscience.

— Eh ! ma chère amie, reprit Arthur avec impatience, qu'est-ce que la conscience ?

— C'est le regret qu'on éprouve à faire une mauvaise action.

— Ne sais-tu pas qu'il y a des hommes qui trouvent un vrai plaisir à faire le mal ?

— Il y en a qui y arrivent, je le sais, je l'ai vu, mais je ne pourrais affirmer qu'il y en ait qui commencent par là. D'ailleurs, outre le regret que le cœur peut éprouver à faire le mal, il y a pour l'esprit une règle de conduite admirablement renfermée en quelques mots qu'aucune intelligence ne peut se refuser à comprendre. Cette règle est celle-ci :

« Ne faites pas aux autres ce que vous ne voudriez pas qu'on vous fît. »

Souviens-toi, ramène toutes les actions de ta vie à ce point de départ, et tu reconnaîtras que, si tu n'avais jamais rien entrepris contre les autres, il t'en serait moins mal arrivé. Ta dernière aventure avec M. de Massignac en est une preuve toute dépouillée de circonstances qui quelquefois empêchent de saisir l'ensemble logique des événements.

— Y avait-il tant de mal à raconter l'histoire d'un homme que je croyais mort ?

— Il y a toujours du mal à médire, même des morts ; mais, en te concédant ce point, je te dirai que, du moment que tu as su qui il était, tu as fait, vis-à-vis de cet homme, ce que certes tu n'eusses pas voulu qu'on fît contre toi. Tu as tenté de le rendre d'un ridicule honteux vis-à-vis de sa femme, il a fait retomber ce ridicule sur toi. As-tu, dis-moi, le droit de te plaindre de lui ?

— Non certes, mais des autres.

— Est-ce des La Barlière ? mais tu les voles indignement, et s'ils te volent plus tard, ne l'auras-tu pas bien mérité ?

Est-ce la Pimpani? Pourquoi lui donner une si haute opinion de ta personne? et ne voulais-tu pas tromper quelqu'un quand tu as fait cette niaiserie?

— C'est possible, dit Arthur qui commençait à sentir le sommeil le gagner..... Je suis assez de ton avis....

Écoute-moi donc jusqu'au bout, ne dors pas au moment où je t'ai amené à reconnaître la vérité...

— Va toujours, je t'entends, dit Arthur en s'enfonçant la tête dans son oreiller.

— Eh bien! puisque le cœur te manque, puisque tu n'es pas doué de ce sens exquis qui guide les honnêtes natures, et qui leur fait choisir naturellement le bon à côté du mauvais, comme son instinct fait brouter à l'agneau l'herbe salutaire à côté de la plante vénéneuse, conforme-toi à ce que tu sais de la morale écrite... Ne fais pas aux autres ce que tu ne voudrais pas qu'on te fît.

— Je me souviendrai du précepte, fit Arthur en balbutiant.

— Et surtout, sois honnête homme.

Arthur ronflait déjà quand l'ombre prononça ce dernier mot, qui fut perdu pour lui. C'était l'être vaniteux qui avait cédé à ses passions, l'être faible qui avait cédé à son malheur, l'être paresseux qui cédait à un besoin.

Pauvre marquis!

XXV

Retour à la santé. — Correspondance. — Amours rêvés.

Les événements cependant ne dormaient pas comme notre marquis, et ils devaient le retrouver à son réveil dans la plénitude de sa force et de sa santé. En général, il est reconnu par les plus savants médecins, et l'on sait combien les médecins de notre époque sont savants; ils le sont tellement qu'ils ne sont pas autre chose; ils raisonnent, discutent et écrivent si bien, qu'il ne leur reste pas de temps pour soigner et guérir leurs malades : donc il est reconnu par ces savants docteurs qu'en général la maladie aiguë s'attaque aux parties les plus vivaces de l'homme, à celles par lesquelles il est fortement organisé. Elle les abat, les annihile, et anéantit l'individu ; mais il est d'ordinaire aussi que lorsque la santé revient, ces parties affectées reprennent leur vigueur première, et d'autant plus fortement qu'elles ont plus souffert, et qu'elles absorbent à leur profit toute la nutrition que le convalescent est susceptible de recevoir.

Or, ces principes ayant été posés de manière à être tout à fait indiscutables pour les ignorants, je ferai remarquer à mes lecteurs qu'Arthur, malade de sa cavalcade solitaire, du julep de M. de Massignac, de la nuit passée à la belle étoile, de sa pénurie de vêtements, avait été, selon les règles de la médecine savante, attaqué dans la partie la plus vigoureuse et la plus vivace de son être, c'est-à-dire dans sa vanité. Elle avait été en quelques moments atteinte, envahie, abattue, annihilée, par l'invasion subite de la maladie; mais lorsque le sommeil, ce remède admirable et universel, eut calmé la fièvre, supprimé le principe morbide et rétabli les forces perdues de l'individu, la partie affectée se réconforta, se releva, se rengraissa, et notre héros se réveilla fort disposé à se croire, à se dire l'homme le plus spirituel, le plus habile et le plus séduisant des six parties du monde, sans compter celles que quelqu'un découvrira un jour pour que l'Angleterre s'en empare.

Hé! comment diable ne voulez-vous pas qu'Arthur fût dans l'intime persuasion de sa valeur incommensurable, lorsqu'il se sentait l'objet d'une curiosité et d'un intérêt universels. Sans doute, des accidents déplorables étaient venus détruire l'impression soudaine, impérieuse, enchanteresse, qu'il produisait sur tout le monde ; mais ce n'était point sa faute, et il demeurait très-convaincu que du moment qu'il serait livré à lui-même, il lui faudrait à peine se montrer pour obtenir tous les succès et dans tous les genres.

Comment ? nous dira-t-on, à son réveil, le marquis eut toutes ces pensées, et, qui plus est, tous ces oublis ! il se remit dans sa sottise par sa propre force ! Mais vous nous peignez là un Hercule où un Samson, qui n'appartenait qu'aux époques fabuleuses ou indiscutables de l'histoire.

Il y a même des gens qui prétendent que je ne prouve rien, parce qu'au lieu de mettre en scène un homme ordinaire, j'ai choisi. Eh ! mon Dieu, l'homme ordinaire aurait fait des sottises ordinaires, ce qui n'eût pas prouvé davantage que de voir un sot faire les sottises d'un sot, ce qui est toujours plus amusant, ne fût-ce que par l'excès.

Ne me faites donc pas ainsi une mauvaise querelle : non, le héros de ce livre ne revint pas de lui-même et de plein saut dans sa bonne opinion de lui-même ; il lui fallut des auxiliaires ; il éprouva même des hésitations ; mais tout fut vaincu, comme vous allez voir.

Au moment où il s'éveilla dans le soyeux appartement que Fouriou lui avait organisé comme par enchantement, il lui fallut bien comparer les vingt-quatre heures qu'il venait de passer dans un lit chaud, douillet, abrité, avec son nocturne séjour dans le bois de Verrières ; et à moins d'être l'ennemi déclaré de ce pauvre marquis, vous reconnaîtrez comme lui que le lit valait mieux.

A son réveil dans le bois, il se trouva nu et morfondu ; à son réveil dans son lit, il fut enveloppé par son valet de chambre dans une robe de chambre d'un brocard splendide, chaude, satinée, matelassée, caressante. Dans le bois, il mourait de faim, et n'avait pas le sou ; dans son hôtel, il trouva un excellent déjeuner tout prêt, et sur la table où lui fut servi ce déjeuner, une lettre de La Barlière qui lui annonçait qu'ayant fait établir son compte, il se trouvait lui devoir une somme de 15,000 francs pour solde d'intérêts échus, somme qu'il lui remettait en bons billets de banque, en attendant ses ordres pour l'emploi du capital de 500,000 francs, qui était dès à présent à sa disposition.

Ceci évidemment valait mieux que d'être sur une borne à tendre son chapeau à une duchesse qui, ne vous reconnaissant pas, vous jetterait quelques pièces de vingt sous; ceci était plus facile que de vivre comme un ouvrier du travail de ses mains, et de quelles mains! Arthur les regardait avec prédilection : des mains blanches, admirables, avec des ongles roses. Quel crime que de gâter de pareilles mains! Et puis, après tout, quelles étaient donc ces grandes infortunes dont il s'était si fort épouvanté? Des accidents grotesques tout au plus, dont on rirait huit jours, dont il rirait tout le premier avec cette franchise qui arrête la moquerie par la facilité du sacrifice. Allons donc, il avait été fou, mais si bien fou que ce n'était pas une chose étonnante que Fouriou s'y fût laissé tromper, et lui eût parlé comme s'il l'eût été véritablement.

Mais, en vérité, vous avez beau dire, notre héros est plus que modeste, car il a bien d'autres raisons qu'il ne vous a pas dites d'être content de lui-même, et qu'il caresse du regard : voyez, je vous prie, sur sa table ces petits billets parfumés et ouverts; ce sont des billets de femme :

Un billet de madame de Massignac! — Oui, un billet de madame de Massignac!

— Et un billet de madame de Primarion! — Oui, un billet de madame de Primarion!

— Et un billet de mademoiselle de Ménarès! — Oui, un billet de mademoiselle de Ménarès!

Ah! diable!

Et pour preuve que je ne mens pas, les voici tous les trois textuellement :

« Monsieur,

» Voulez-vous m'aider à faire du bien? je le crois, j'en suis sûre : c'est dans huit jours qu'a lieu, à Tivoli, le bal annuel au profit des employés de l'ancienne liste civile. Voici dix billets de ce bal dont je suis une des patronnesses, et auquel j'espère que vous assisterez. Tous ceux qui se souviennent y seront. Je suis, etc. »

Ce billet sera expliqué et commenté en temps et lieu; mais le voilà tel que le marquis le reçut, le lut et le comprit. Que voulait dire cette dernière phrase, sinon : Vous y serez, et j'y serai aussi? N'était-ce pas un rendez-vous? et quel moyen plus ingénieux pouvait choisir une femme comme madame de Massignac, pour donner un rendez-vous, que cet appel à une bonne action?

Cette bonne action, notre ami la connaissait. Du temps de sa vieillesse, il avait mis son titre de chevalier ruiné en avant pour obtenir du roi Charles X une aumône qui lui avait été accordée annuellement, et son nom s'étant retrouvé dans les listes de l'ancienne maison du roi, il avait eu part à la distribution des secours obtenus par les bals du faubourg Saint-Germain.

Le marquis trouva plaisant de devenir un des plus forts souscripteurs de cette danse philanthropique, grâce à laquelle il avait eu un jour de solennel régal tous les ans, et il demanda une plume et de l'encre pour répondre à la duchesse.

En attendant que son valet de chambre lui apportât un fin papier musqué et satiné, il lut le second billet :

« Monsieur,

» Dans le but d'améliorer la race chevaline en France, quelques amis de leur pays viennent d'établir un prix annuel de dix mille francs pour les poulains et pouliches de trois à quatre ans qui n'ont jamais couru. Ce prix est d'autant plus précieux, et a dû être porté à une somme très-forte, que nul cheval ayant couru une fois ne peut être représenté, ce qui doit forcer les éleveurs à présenter chaque année de nouveaux sujets. Nous avons compté sur le concours de tous les vrais amateurs, et j'étais tellement sûre du vôtre, que je vous ai inscrit pour une somme de cinq cents francs. Je présiderai la réunion des souscripteurs demain à midi au pavillon d'Ermenonville. Voici un billet de laissez-passer. Croyez, etc. Signé de Primarion. »

Le marquis sourit à la lecture de ce second billet et murmura doucement :

— Ah! les femmes, les femmes! grandes dames ou financières, elles se ressemblent toutes; leurs moyens de satisfaire leurs caprices changent seulement. Ah! madame de Massignac est délicieuse!..... quel charmant visage!..... quelle grâce coquette et fine!... mais enfin madame de Primarion est fort belle, et j'irai.

Cependant le marquis rejeta le billet sur la table avec une certaine indifférence vaniteuse; il voulait bien de madame de Primarion, et il se faisait de son amour une idée qui ne laissait pas que d'aiguillonner sa curiosité; mais elle était à mille lieues de madame de Massignac. Quant au troisième billet, il n'était pas moins significatif :

« Monsieur, dans la position respective où nous ont mis mon tuteur et vos amis, il serait peut-être nécessaire que nous eussions une explication sérieuse. Si vous aviez l'obligeance de passer chez moi dans trois jours, je pourrais vous recevoir en l'absence de M. de Camballero. »

Le commencement de ce billet semblait convier le marquis à une affaire de celles qu'on appelle simplement affaire, c'est-à-dire qu'il y sera question d'intérêts sérieux. Les derniers mots, qui signalaient l'absence de M. de Camballero comme une circonstance propice, changeaient complètement le caractère de ce rendez-vous.

Le marquis ne put résister à cette troisième preuve de

son inconcevable mérite vis-à-vis des femmes, et se leva pour se regarder un moment. Il était légèrement pâle, et se parut plus distingué que la veille. Il comprenait déjà que la santé d'un jeune taureau, quand elle fleurit sur le visage, ne peut faire soupçonner ni émotions violentes de l'âme, ni fatigue des plaisirs.

Mais ce n'était pas tout que de triompher près des femmes, le marquis dut avoir la tête tout à fait tournée, lorsque parmi cette correspondance il trouva des invitations de M. et madame de Prussien, de M. et madame de Fairfandois, et, chose à laquelle rien ne pouvait le préparer, chose que rien ne justifiait, si ce n'est son importance politique, une invitation du ministre N..... à ses réceptions de chaque jeudi, et particulièrement au concert qu'il donnait le jour même.

C'en était trop pour Arthur, et son triomphe brillait d'un éclat d'autant plus vif qu'aucun souffle malfaisant ne venait en ternir la pureté. Il n'y avait pas le moindre billet de madame de Pimpani.

Cependant Arthur n'avait point revu l'illustre Fouriou, ou plutôt son charmant cousin le chevalier. Tout venait à point aux désirs du marquis, Léopold rentra au moment où Arthur pensait à lui.

— Ah! tu es levé? lui dit Léopold, tu es tout à fait remis. Je t'en fais mon compliment... Sévère, dit-il en sonnant, donnez-moi à déjeuner et défendez la porte à tout le monde, nous avons à nous entretenir d'affaires avec mon cousin.

On se rappelle l'indignation qu'éprouva Arthur la première fois qu'il fut tutoyé par le gamin. Soit qu'il ne voulût pas entamer une querelle à ce sujet au moment où il voulait avoir quelques renseignements de Léopold, soit qu'il n'y fît pas attention, soit plutôt qu'il fût subjugué par les façons, l'assurance et surtout le changement merveilleux de ce singulier personnage, il ne se récria point. D'ailleurs, il ne pouvait y avoir aucune honte à être tutoyé par ce charmant jeune homme; depuis quarante-huit heures que le marquis ne l'avait vu, il lui parut encore plus changé que lorsqu'il avait quitté ses haillons pour l'habillement élégant d'un dandy. Ce qui avait d'abord paru à Arthur un aplomb impertinent, était devenu une aisance achevée. Ce bonjour avait été dit et cet ordre avait été donné avec une facilité qui ne sentait en rien le parvenu qui se pose, l'homme du ruisseau qui joue un rôle pour lequel il n'est pas fait.

L'ordre de Léopold ayant été exécuté, les deux cousins demeurèrent ensemble.

— Je suis bien aise que tu sois rentré, dit le marquis, pour que tu me mettes un peu au courant de mes affaires.

— Nos affaires sont fort distinctes, mon cher ami, lui dit Léopold; tu es incontestablement marquis de Mun, car tu possèdes l'extrait de mariage du feu marquis ton père, ton extrait de naissance en règle, tes titres et parchemins qui constatent ton identité. Il y a mieux que cela, c'est que l'être que tu remplaces, s'occupant de choses fort dangereuses, prenait de faux noms dans toutes les villes et vis-à-vis de tous les gens avec lesquels il avait des rapports. On le connaissait surtout comme l'émissaire du marquis de Mun, ton prétendu père, plutôt que comme son fils, et il me paraît probable, d'après le portrait qui m'a été fait de cet émissaire, qu'ils ont vu sans s'en douter le véritable marquis de Mun. A l'exception de don Carlos en personne, et peut-être d'un ou deux chefs de sa bande, personne ne le connaît de vue, de façon que tu es pour ta part au-dessus de toute crainte, à moins de ces événements qui tombent sur vous comme des montagnes, et qui sont assez rares pour qu'on ne les redoute pas.

— C'est fort bien, dit Arthur; mais ces papiers que je possède suffisent peut-être à ma position, mais non pas à m'instruire de mille choses qu'il faut que je sache, et qui sont dans ceux que tu as conservés.

— Ces papiers, dit Fouriou, ont été entre toi et moi l'objet d'un pari; ce pari sera perdu d'ici à douze jours, puisqu'il y en a trois d'expirés sur le nombre de ceux que j'ai demandés, et je suis homme d'honneur. Je te les remettrai tous sans exception.

— C'est ce que tu pourrais faire tout de suite, dit Arthur, car je te jure que jamais tu ne sauras ni qui je suis, ni d'où je viens.

— J'en ai cependant déjà quelques soupçons, repartit Léopold avec ce regard et cette méchanceté démoniaque que le marquis lui avait vus dans son rêve, et qui le troubla.

— C'est ce que nous verrons en temps et lieu, dit Arthur pour dissimuler ce trouble superstitieux, que le gamin remarqua, sans toutefois en comprendre le motif. Tu avais à me parler d'affaires, as-tu dit?

— Oui, et cette fois c'est des miennes que nous allons parler.

Le marquis, que son sommeil avait cruellement bien rétabli, se rejeta d'un air d'ennui au fond de son fauteuil, et repartit avec un léger bâillement :

— Soit, je t'écoute.

— Tu es, grâce à moi, reprit Léopold en fronçant le sourcil, tout ce que tu peux être, riche et noble; mais moi je ne suis rien, je n'ai pas d'existence que je puisse prouver, et il m'en faut une.

— C'est une chose fort désirable, je le conçois, mais c'est une chose fort difficile à créer quand il n'y a rien sur quoi appuyer cette existence.

— Mon cher ami, reprit Fouriou, nous sommes parents, tu t'es avoué mon cousin; or, je suis issu de quelqu'un de ta famille; cette famille tu la connais, tu connaissais le vieux chevalier; je me suis institué son héritier, son descendant, il faut que tu me renseignes à ce sujet.

— Mon cher cousin, la rage de faire la leçon aux autres

te tourne la tête. Si je ne suis qu'un aventurier à qui tu as procuré un nom et une fortune par hasard, comment veux-tu que je connaisse cette famille dans laquelle je suis un intrus ?

— Je veux que tu la connaisses, parce que tu la connais, parce que tu connais trop bien toutes les familles nobles du pays des Mun, pour ne pas connaître celle-là comme les autres ; parce que, sans t'en apercevoir, tu as donné au duc de Massignac des renseignements sur les Mun qui prouvent que tu sais leur généalogie sur le bout du doigt ; parce qu'enfin tu dois être de cette famille, non point comme marquis de Mun, mais à un autre titre, parce que tu en as le visage, la voix, les manières, si bien que le duc a dit que lorsqu'il t'avait vu il lui avait semblé reconnaître le chevalier de Mun dans son beau temps de la jeunesse, et il a ajouté qu'après ta mésaventure, il ne doutait pas, au ridicule que tu t'étais donné, que le chevalier de Mun ne fût pour quelque chose dans ta naissance ; et que par lui ou par un de ses descendants, il avait dû te transmettre sa présomption, sa sottise et sa vanité.

— Drôle ! s'écria Arthur.

— Marquis ! reprit Léopold avec son expression cruelle, dans une heure il n'y aura plus de marquis de Mun, si tu ne trouves pas moyen de faire un chevalier de Mun. Le vieux gueux dont tu dois être un arrière-bâtard ou peut-être mieux, a été marié, il a laissé un fils ou il a dû en laisser un. Ce fils a été ou doit être, il a dû se marier et laisser un fils, ainsi de suite, jusqu'à ce que je sois né en 1814. C'est la date qui m'est nécessaire pour mes affaires personnelles. Ton grand tort, marquis, c'est de perdre ton temps en discussions inutiles ; il faut que cela soit ou que tu ne sois plus rien. Cherche donc, invente, trouve.

— Et quand je t'établirais une filiation, mon cher ; quand je te trouverais un père jusqu'à l'époque dont tu me parles, comment établirais-tu que tu es son fils? Que le hasard m'ait mieux servi que toi, c'est possible, moi j'ai des actes et tu n'en as pas.

— Que ceci ne te mette pas en peine, mon vieux, lui dit Léopold en reprenant un peu le ton canaille qui déplaisait tant au marquis.

Mais cette fois ce fut encore plus le mot que la manière dont il fut prononcé. « Mon vieux, » avait dit Fouriou, « mon vieux; » n'était-ce pas un commencement de cette vérité que Léopold s'était engagé à découvrir? Le trouble d'Arthur ne parut pas frapper Fouriou ; mais il n'en examinait pas moins le visage du marquis comme quelqu'un qui dit une chose qui a une portée cachée.

— Eh bien, tu ne réponds rien, tu ne te rappelles rien? dit Fouriou.

Le marquis voulut prendre sa revanche, et repartit :

— Au contraire, je me rappelle une histoire qui peut te donner un père; reste à savoir si tu voudras l'accepter.

— Tu es somme toute le fils d'un voleur, lui dit Fouriou, et je ne vois pas que cela te fasse grand tort. Je m'arrangerai pour que les vices et les crimes de mon père ne me nuisent pas... Va toujours.

Cela dit, le gamin s'étendit dans son fauteuil, et il alluma son cigare.

— Pouah! dit le marquis, tu vas me faire vomir!

— Ici, c'est sans inconvénient; d'ailleurs cela t'habituera. Je t'écoute.

XXVI

Une Famille.

— Il faut te dire, répliqua le marquis, que le chevalier de Mun épousa une certaine demoiselle de Melanire, qui lui apporta une assez grande fortune. Voici en quelques mots l'histoire de ta bisaïeule :

Elle était d'une grande beauté et douée d'une voix qui passait pour la plus belle de son temps; indépendamment de cela, elle avait un talent remarquable sur le clavecin.

C'était la fille d'un pauvre gentilhomme de Paris, vivant fort obscurément dans une pauvre rue du Marais, lorsque misère et obscurité disparurent tout à coup, grâce à une aventure assez singulière.

A côté de chez la belle Melanire, demeurait une grisette encore plus belle que la demoiselle, avec laquelle celle-ci était liée, la pauvreté lui ayant fait oublier ce qu'elle se devait. Radegonde de Melanire ne quittait jamais la maison; son père était à son sujet d'une sévérité excessive, et lorsqu'il l'accompagnait tous les dimanches à la messe, il la surveillait de si près, que malgré tous ses désirs elle n'avait pu lier un commerce d'œillades ou de lettres avec aucun des jeunes marchands du Marais qui fréquentaient l'église Saint-Louis. La grisette, au contraire, orpheline qu'elle était et obligée de travailler pour vivre, sortait tous les jours pour porter à ses pratiques les ouvrages d'aiguille qu'elle faisait pour elles; et elle avait grand'peine à se défendre de la poursuite des galants de toute sorte qui l'obsédaient sans cesse.

Il en était résulté qu'avec leurs goûts particuliers, la grisette enviait l'esclavage de la demoiselle, et la demoiselle la liberté sans cesse attaquée de la grisette. Or, il paraît que la résistance de cette fille qu'on appelait Olympe lui avait donné une certaine réputation d'originalité qui parvint jusqu'aux oreilles de Louis XV. On lui fit dire que le roi désirait lui parler, et on lui signifia de se tenir prête à être enlevée un certain soir, vers huit heures, au moment où elle sortirait de chez elle. Or, voilà notre Olympe qui s'en va tout en pleurs raconter cette histoire à Radegonde, dont ce bonheur blessa l'orgueil. Cependant, la petite sotte faisait la mijaurée, pleurait, se lamentait, parlait de s'aller jeter à la rivière, de je ne sais quelles folies enfin. Mademoiselle de Melanire, au lieu de chercher à la consoler, l'effrayait de toutes sortes de pronostics fâcheux : à l'entendre, le roi, après avoir abusé de ses victimes, les faisait plonger vivantes dans des cachots souterrains, où elles mouraient à tout jamais oubliées. Radegonde, qui savait son monde, malgré la terrible surveillance de son père, ne croyait pas un mot de ces histoires absurdes, mais elle les répétait pour épouvanter Olympe, et en combien de circonstances n'en a-t-on pas fait plus, contre ce pauvre roi qu'on a représenté comme un Sardanapale, et qui n'était qu'un homme ennuyé qui aimait assez les petites filles! Cependant Radegonde fit si bien que la grisette fut prise d'une telle peur qu'elle accepta les propositions que lui fit mademoiselle de Melanire pour la sauver. Ces propositions n'étaient rien moins que d'emprunter à Olympe son habit le plus fringant et de sortir à sa place, et, par conséquent, de se laisser enlever pour elle. En sa qualité de demoiselle noble, mademoiselle de Melanire devait nécessairement échapper aux dangers qui menaçaient la pauvre couturière. Le roi n'oserait entreprendre contre elle ce qu'il n'eût pas hésité à accomplir vis-à-vis d'une grisette. Ce dévouement parut à Olympe d'une si sublime amitié qu'elle ne voulait point s'y rendre, et parlait toujours de se noyer au préalable. Mais Radegonde ayant déclaré qu'alors elle irait de même au rendez-vous pour reprocher au roi sa basse cruauté, Olympe céda et habilla mademoiselle de Melanire. La grisette la para tout en pleurant, et en s'étonnant aussi beaucoup du soin que la victime mettait à sa toilette. Ce soin fut si long et si minutieux que l'heure de l'enlèvement arriva comme Radegonde attachait la dernière épingle. Aussitôt elle descendit dans la rue, un mouchoir sur les yeux, et elle se laissa saisir et emporter dans un carrosse qui roula avec rapidité vers le château de Fontainebleau où le roi était alors.

Lorsque le limier qui avait annoncé au roi un gibier superfin reconnut son erreur, il fut sur le point de battre la malheureuse enlevée; mais ayant reconnu qu'elle valait l'autre pour le moins, il se rassura. Cependant le roi s'attendait à une blonde, et on allait lui servir une brune. Il fallait parer au premier moment : on dissimula avec art les cheveux; et comme le visage était blanc, les yeux admirables, les dents délicieuses, on espéra que cela ferait passer la couleur.

La belle fut donc laissée dans un boudoir, où bientôt entra Sa Majesté. Il était aimable, bonhomme au fond, et eut bientôt triomphé de la vertu de l'infortunée grisette ; mais ce triomphe dont il ne douta point lui coûta cher. Il croyait avoir satisfait un caprice; il se trouva s'être donné une maîtresse qui le menaça, lui fit peur d'un suicide, d'un scandale public, de soufflets à la maîtresse en titre; il fallut transiger, et cette transaction, tout au profit de Radegonde, lui constitua je ne sais quel privilège sur la vente des blés qui faillit révolutionner la France, mais qui fit de mademoiselle de Melanire un des plus riches partis de France.

Le vieux père mourut de chagrin de l'inconduite de sa fille; mais celle-ci lui fit élever un superbe tombeau qui lui valut l'estime de tout le monde.

Ce fut lorsqu'elle était déjà riche à millions qu'elle se laissa prendre de passion pour le beau chevalier de Mun qui avait dérangé sa fortune par ses admirables folies. Le chevalier arrivait des cours du Nord; il fut de son côté séduit, enlevé, surpris, épousé, et se trouva père le lendemain d'un bel enfant de trois ans, qu'un ordre secret du roi le pria de reconnaître, sous peine de Bastille éternelle, à cause de je ne sais quel commerce de monnaie bâtarde qu'avait entrepris le chevalier dans un moment de détresse.

Il fallut bien obéir, et cet enfant sera, si tu veux, ton grand-père.

— Ma foi, dit Fouriou, c'est plus que n'osais attendre : descendre d'un roi, de quelque côté que ce soit, ça me va ; il y a quelque chose à faire avec ça.

— Comme il te plaira. Tu comprends cependant que forcé de céder à la nécessité, je ne voulus point garder cet enfant près de moi.

A peine avait-il laissé échapper ce *lapsus linguæ* qu'Arthur fut épouvanté de sa bêtise ; mais il fut plus épouvanté encore de ce que M. son cousin ne parut nullement surpris de cette manière de parler à la première personne, comme dit M. Lhomond. Il supposa, à l'impassibilité du visage de Léopold, que celui-ci n'y avait pas fait la moindre attention, et il continua ainsi :

Le chevalier éloigna cet enfant de lui, mais il avait bien fallu le reconnaître, et quoi qu'en eût M. de Mun, il fallut souffrir que ce prétendu fils portât le nom de comte de Mulgrave, qui était celui des fils aînés de la famille.

— Le comte de Mulgrave ! s'écria tout à coup Léopold Fouriou avec un intérêt extraordinaire ; quel âge pourrait-il avoir aujourd'hui ?

— Mais soixante-dix ans environ, mon bon ami, s'il avait vécu, mais il fut tué dans l'émigration, dans un duel, pour avoir volé au jeu les deux derniers louis de son meilleur ami. Il laissa un fils qui hérita de son titre et de sa pauvreté.

Tandis que le chevalier de Mun, resté en France, ignorait jusqu'à l'existence de ce petit-fils, celui-ci, qui était aussi comte de Mulgrave, fut ramassé par une pauvre femme qui avait suivi ses maîtres dans l'émigration. Tout cela se passait vers 95, et le chevalier, qui avait de même émigré, l'apprit par hasard ; mais il ne pouvait pardonner au petit-fils la naissance illégitime de son père, et il ne voulut point se charger de ce marmot. Voilà, mon cher ami, le seul père que je puisse te proposer ; mais avant que tu l'acceptes, il est juste que je te dise que cet homme fut condamné en 1819, comme faussaire, sous le nom de Bruant, et que l'on ne découvrit qui il était que parce que, dans un recours en grâce qu'il présenta au roi Louis XVIII, il s'arma de son nom et de son titre pour obtenir sa commisération ; j'en fus informé par les journaux du temps ; mais je me gardai bien de réclamer. Ce Bruant a-t-il laissé un fils ? Je ne sais.

— Il en a laissé un, dit Léopold, j'en suis sûr... et ce fils, c'est moi.

— C'est une affaire que je te permets d'arranger à ta gloire, si tu peux y parvenir.

Comme si Léopold Fouriou eût été un magicien, il tira de sa poche un porte-feuille crasseux, horrible, puant ; il en fit sortir un papier non moins sale et non moins puant, et montra au marquis l'extrait d'une célébration de mariage entre le nommé Joseph-Barthélemi Bruant, se qualifiant comte de Mulgrave, et Magdelaine Bonnin.

Arthur faillit tomber de son haut.

Était-ce une illusion ? ou bien ce gamin qui était devant lui était-il véritablement le petit-fils de ce fils qui n'était pas le sien, mais qui était son héritier légitime ?

Il ferma les yeux comme pour dissiper la vision qui le trompait ; mais en les rouvrant il revit le gamin et le papier, et alors, ne pouvant s'imaginer que le hasard eût produit cette rencontre inouïe, il lui dit :

— Tu savais donc déjà cette histoire, que tu avais déjà fabriqué ce papier ?

— Ce papier est bon, est légal, est pur de toute fabrication illicite, dit le gamin. Je n'étais pas ici lorsque mon père fut injustement condamné, et ma mère mourut en couches : ce n'est donc que ma vieille grand'mère qui pouvait m'éclairer. Je pris ses histoires pour des contes en l'air, et je me cachais dans mon nom de Fouriou pour éviter la triste célébrité que mon père avait donnée à celui de Bruant ; mais, du moment que Bruant n'était qu'un faux nom, je reprends mon titre de comte de Mulgrave ; or, comme ce titre de comte de Mulgrave n'était qu'en attendant celui de chevalier de Mun, celui-ci m'appartient de droit.

— Mais le chevalier n'est pas mort, et tu dois rester comte de Mulgrave, fils d'un galérien.

— Ah ! il n'est pas mort, s'écria Fouriou, tu sais donc où il est, toi ? tu ne l'as donc pas tué ? car il n'a disparu que du jour où tu as été trouvé dans sa chambre. Ce pauvre vieillard... Si je m'étais douté que c'était mon bisaïeul, je lui aurais moins souvent volé son tabac, et je n'aurais pas brouillé sa serrure en essayant de l'ouvrir.

— Mauvais drôle ! c'était donc toi qui me faisais ces méchants tours ?

— A toi ?

— A lui, veux-je dire.

— C'était moi qui, ne le connaissant pas, ne sachant qui il était, le trouvais un vieux podagre égoïste qui ne m'aurait pas donné un liard pour avoir des billes ; mais du moment qu'il est de ma famille, je l'honore, je le respecte, je le bénis ; je veux le revoir, et tu me le rendras, marquis, il faut que tu me le rendes, ou bien nous allons recommencer les poursuites judiciaires. Ah ! je suis chevalier de Mun ! qui es-tu, toi, faquin qui porte un nom si noble et qui le compromets si indignement ? Toi, marquis de Mun ? mais c'est moi qui le suis, qui dois l'être ; à moi les 500,000 fr. de La Barlière ; à moi la duchesse de Ménarès ; à moi tout... A la porte le voleur ! l'intrigant ! le drôle qui n'est rien ! A genoux ! drôle... à genoux !... je te livre à la maréchaussée !

Le gamin était ivre; il dansait, il se roulait, il se tordait de joie, tandis qu'Arthur confondu, anéanti, brisé, cherchait en vain une idée, un mot, une défense quelconque contre le gamin qui lui prenait tout.

Cependant Fouriou se calma, et le voyant ainsi abattu, il lui dit :

— Eh bien ! qu'as-tu ? la chose n'est-elle pas merveilleuse ? que peux-tu désirer de mieux ? et maintenant qu'il est bien constaté que je suis ce que je suis, qui es-tu, toi ? Allons, voyons, un peu de franchise ; ose me dire la vérité : serais-tu mon oncle ou un de mes cousins, car tu es le descendant naturel de mon bisaïeul, aussi sûr que je suis son descendant selon la loi ; parle, et alors plus d'inimitiés et de défiances, d'opposition dans nos projets : tu es posé marquis de Mun, je te laisse marquis de Mun ; mais il faut être franc : qui es-tu ? d'où viens-tu ?... songe que j'ai en main le texte de ton rôle. Allons, marquis, un aveu loyal, franc, sincère.

— C'est impossible, dit Arthur, d'un ton sombre, c'est impossible ! je ne puis ! jamais !... jamais !...

— C'est donc bien effroyable ?... dit le gamin en s'approchant du marquis. Ne sommes-nous pas de la même famille ? car je ne doute pas de ta parenté avec le vieux chevalier : ton étrange ressemblance avec lui, ta connaissance exacte de tout ce qui le concerne le prouvent suffisamment. S'il vit, eh bien ! nous lui viendrons en aide ;... s'il est mort, que Dieu fasse paix à sa cendre !... mais tu me connais, je veux te connaître...

Le marquis se leva d'un air désespéré, en s'écriant :

— Jamais !... jamais !... je ne puis pas !... Écoute, toi qui es le descendant de cet exécrable roi qui a jeté sur ma vie le malheur, la honte, qui m'a empêché d'aimer mes enfants, ou plutôt qui m'a réduit à ne pas en avoir avec la femme qu'il avait déshonorée, ne me demande rien,... je ne puis rien te dire ;... sois chevalier de Mun si tu veux ; mais je ne veux plus être marquis de Mun ; je ne veux plus être rien ;

je te cède mes droits, mon titre, tout... Je veux mourir, comme j'aurais dû mourir quand cet infâme Bazilius est venu me proposer cet affreux marché...

Arthur était hors de lui; il parlait sans voir de quel air le gamin l'examinait. Celui-ci le laissa dire, et prenant tout à coup un air bonhomme, il lui dit doucement :

— Allons, voyons, ne t'emporte pas; il en sera ce que tu voudras; je ne te demanderai rien; mais tu ne seras pas assez fou pour abandonner une position faite, acquise, incontestable, et que je ne laisserai pas plus longtemps douteuse en te cachant les papiers que je possède; mais aussi tu me rendras un service ?

— Lequel ? dit Arthur, dont les pensées si troublées se remirent un peu à cette déclaration du gamin.

— Le vieux chevalier a habité à côté de moi; le chevalier a pu me reconnaître, attester la vérité de l'assertion de ce Bruant, comte de Mulgrave : tu as absolument son écriture, sa signature; tu en as fait preuve chez le vieux Landurde; fais-moi, signe-moi une déclaration, et je te promets ces papiers en question.

— Un faux ! s'écria Arthur avec indignation.

— Comment? drôle, reprit Fouriou, tu en as déjà fait un pour avoir une centaine d'écus, et tu hésiterais pour ta fortune ! car c'est ta fortune, je t'en préviens. Comprends-moi bien : je ne veux rien de tes cinq cent mille francs chez La Barlière; je te laisse tout; mais il me faut cette déclaration.

— C'est une fatalité, s'écria Arthur !... le sort le veut ainsi !... je le ferai... D'ailleurs, est-ce un faux ? on peut le dire, mais Dieu sait bien le contraire.

Le gamin ne s'arrêta point à cet appel à Dieu, et lui présenta une feuille de papier timbré, en dictant à Arthur la déclaration suivante :

« Moi, chevalier de Mun, etc., etc.,... sur mon lit de mort, je déclare que le nommé Bruant, comte de Mulgrave, était véritablement le fils de ce comte de Mulgrave, mon fils aîné, mort à Postdam; que ce nommé Bruant a épousé, à ma connaissance, la nommée Madeleine Bonnin, et que c'est de ce mariage qu'est né l'enfant qui a été élevé par la femme Fouriou. »

Arthur signa cet écrit et le remit au gamin, qui s'écria :

— Maintenant je suis chevalier de Mun, grâce à toi et à ces papiers que j'ai trouvés parmi ceux qui t'appartiennent, marquis; car il est bon de te dire que tu étais chargé par ton père de chercher, de découvrir et de rendre au fils de ce nommé Bruant son nom et ses titres qu'il ignorait, et qu'il ignorera toujours. Ton père avait reçu cet acte de célébration de mariage du comte, qu'il avait rencontré au bagne de Toulon; il était accompagné de l'extrait de naissance de ce fils, qui sans doute aura été porté aux Enfants-Trouvés.

— C'était donc un conte que tu me faisais!

— Allons donc, marquis, me crois-tu assez bête pour m'être adressé à toi si j'avais eu la moindre chance d'être comte par moi tout seul? Seulement, comme ton prétendu père écrivait à son fils, qui devait savoir l'histoire de sa famille, il ne lui expliquait point d'où venait et à qui tenait ce comte de Mulgrave. Maintenant que je le sais, j'ai ce qui me manquait, un nom, une famille et une position. Je suis autant que toi, et je suis toujours ton maître, car ces papiers me restent.

— Et ces papiers, tu me les as promis, et tu me les donneras, car il ne peut y avoir un chevalier de Mun sans un marquis de Mun.

— Je ne dis pas non; mais tu es marquis de Mun, et tu le seras sans rien savoir que ce que je voudrai bien te dire. Et maintenant, adieu, va à tes affaires, je vais aux miennes.

FIN.

TABLE

Pages.

CHAP. I. — Le passage Radzivill. — Deux Vieillards. — Comment on fait de l'or. — Souvenirs d'Allemagne. — Esquisse d'une vie bien employée. — Miracle. 4

CHAP. II. — Bon sens et humanité du bon peuple. — Le gamin. — Le gendarme. — Le commissaire de police. — L'anthropophage. — Manière de gagner sa journée. 20

CHAP. III. — Dissertation médico-légale. — Deux scélérats. — A quoi sert l'expérience. — Un premier défenseur de la veuve et de l'orphelin. 31

CHAP. IV. — Encore un defenseur de la veuve et de l'orphelin. — Nouveau personnage. — Le chevalier transformé en marquis par un gamin. — Un juge d'instruction destiné à devenir garde-des-sceaux. — Fabrication de poudre. — L'ombre continue à être bête. — Divers moyens impossibles d'avoir à déjeuner sans argent. — Moyen du gamin. — Un métier non patenté. — Le marquis se loge dans une maison à aventures. 39

CHAP. V. — Quiproquo. — Une duchesse espagnole et un comte espagnol. — Première querelle avec l'ombre. — A quoi sert de souffler la chandelle. — La visite nocturne et ses suites. — On parle d'un comte polonais. 58

CHAP. VI. — Un banquier qui, au premier aspect, semble bonhomme. — Une marquise bourgeoise. — Alarme du marquis. — Rencontre préméditée du gamin. 67

CHAP. VII. — Destinée du marquis. — Son passé, son avenir. — Considérations sur la question espagnole, par Fouriou. — Les Ménarès. — Fidélité carliste. — Les habitués du théâtre du Palais-Royal. — L'habitué du quai aux Fleurs. — Un comte polonais. — Une comtesse polonaise. — Prétentions du gamin. — Premier récit de l'ombre. 77

CHAP. VIII. — La baronne de Painpadeuc. — Lucinde sa fille. — Art de rendre amoureux les enfants désobéissants. — Succès. — Apparition d'un vicomte et d'un commandeur. — A quoi sert de se griser. — A quoi sert d'écouter aux portes. — Résolution d'une femme sensée. 97

TABLE DES CHAPITRES.

Pages.

CHAP. IX. — Suite du récit de l'ombre. — Le vicomte protége le chevalier. — La baronne s'alarme. — Le vicomte se prend à son jeu. — Conversion de tous les personnages. — La baronne revient au vicomte. — Le vicomte va à Lucinde. — Lucinde vient au vicomte. — Le chevalier reste seul. —Dénouement. — Réflexions du marquis. 116

CHAP. X. — Les vieilles Tuileries et les nouvelles. — Les vieux cabarets et les nouveaux restaurants. — Le Théâtre-Français. — Ses abords. — Commerce autorisé par le préfet de police. — Ses habitués. — Ses critiques. 134

CHAP. XI. — Aperçu d'un foyer de théâtre. 154

CHAP. XII. — L'illustre souper. 178

CHAP. XIII. — Contraste. — Honnête Fille. — Honnête Maison. — Honnêtes Gens. — Fouriou revient. — Commencement d'infamie. . 188

CHAP. XIV. — Découverte. — Présentation. — Commission. . . . 207

CHAP. XV. — Nouvelles surprises. — Une femme qui s'ennuie. — Intervention nouvelle de Fouriou. — Encore un fripon. — Deux fripons. — Trois fripons.. 283

CHAP. XVI. — Combinaisons politiques. 233

CAAP. XVII. — Un autre monde. 262

CHAP. XVIII. — Toujours les mêmes sottises. — Nouvelles sottises.. 269

CHAP. XIX. — Café de Paris. — Un industriel à la mode. — Un banquier d'aujourd'hui. 284

CHAP. XX. — Les environs de Paris et le Parisien. — Antonie. — Nouveaux personnages. 291

CHAP. XXI. — Une amazone. — Chute, rechute et rencontre. . . 304

CHAP. XXII. — Une femme comme il y en a peu. 320

CHAP. XXIII. — La critique et le public. — Succès du marquis. — Simple histoire. — Dénouement imprévu. 339

CHAP. XXIII. — Le rêve. 358

CHAP. XXIV. — Le rêve finit à temps. — Repentir. — Une bonne résolution.. 380

CHAP. XXV. — Retour à la santé. — Correspondance. — Amours. 395

FIN.

COLLECTION MICHEL LÉVY.

Volumes parus et à paraître. — Format grand in-18, à 1 franc.

	vol.
A. DE LAMARTINE.	
Les Confidences	1
Nouv. Confidences	1
Touss. Louverture	1
THÉOPH. GAUTIER	
Beaux-arts en Europe	2
Constantinople	1
L'Art moderne	1
Les Grotesques	1
GEORGE SAND	
Hist. de ma Vie	10
Jauprat	1
Valentine	1
Indiana	1
Jeanne	1
La Mare au Diable	1
La petite Fadette	1
François le Champi	1
Teverino	1
Consuelo	3
Comt. de Rudolstadt	2
André	1
Horace	1
Jacques	1
Lettres d'un voyag.	2
Leila	1
Lucrezia Floriani	1
Peche de M. Antoine	2
Le Piccinino	2
Meunier d'Angibault	1
Simon	1
La dern. Aldini	1
Secretaire intime	1
GÉRARD DE NERVAL	
La Bohème galante	1
Le Marq. de Fayolle	1
Les Filles du Feu	1
EUGÈNE SCRIBE	
Théâtre (ouv. comp.)	20
Comédies	8
Opéras	4
Opéras comiques	5
Comédies-Vaudv.	10
Nouvelles	1
Historiettes et Prov.	1
Piquillo Alliaga	3
HENRY MURGER	
Dern. Rendez-vous	1
Le Pays Latin	1
Scènes de Campagne	1
Les Buveurs d'Eau	1
Les Amoureuses	1
Propos de ville et propos de théâtre	1
Vacances de Camille	1
Scènes de la Bohème	1
Sc. de la Vie de Jeun.	1
CUVILLIER-FLEURY	
Voyag. et Voyageurs	1
ALPHONSE KARR	
Les Femmes	1
Encore les Femmes	1
Agathe et Cécile	1
Pr. hors de mon Jard.	1
Sous les Tilleuls	1
Sous les Orangers	1
Les Fleurs	1
Voy. aut. de mon jard.	1
Poignée de Vérités	1
Les Guêpes	6
Pénélope normande	1
Trois cents pages	1
Soirées de S'-Adresse	1
Menus-Propos	1

	vol.
Mme B. STOWE	
Traduct. E. Forcade.	
Souvenirs heureux	3
CH. NODIER (Trad.)	
Vicaire de Wakefield	1
LOUIS REYBAUD	
Jérôme Paturot	1
Paturot-République	1
Dern. des Commis-Voyageurs	1
Le Coq du Clocher	1
L'Indust. en Europe	1
Ce qu'on voit dans une rue	1
La Comt. de Mauléon	1
La Vie à rebours	1
FRÉDÉRIC SOULIÉ	
Mémoires du Diable	8
Les Deux Cadavres	1
Confession Générale	2
Les Quatre Sœurs	1
Au jour le jour	1
Marguerite. — Le Maître d'École	1
Le Bananier. — Eulalie Pontois	1
Huit jours au Château	1
Si jeunesse savait	2
Mme É. DE GIRARDIN	
Marguerite	1
Nouvelles	1
Vicomte de Launay	4
Marq. de Pontanges	1
Poésies complètes	1
Cont. d'une v. Fille	1
ÉMILE AUGIER	
Poésies complètes	1
F. PONSARD	
Études Antiques	1
PAUL MEURICE	
Scènes du Foyer	1
Les Tyrans de Village	1
CH. DE BERNARD	
Le Nœud gordien	1
Gerfaut	1
Un homme sérieux	1
Les Ailes d'Icare	1
Gentilhom. campagn.	2
Un Beau-Père	1
Le Paravent	1
HOFFMANN	
Trad. Champfleury.	
Contes posthumes	1
ALEX. DUMAS FILS	
Avent. de 4 femmes	1
La Vie à vingt ans	1
Antonine	1
Dame aux Camélias	1
La Boîte d'Argent	1
LOUIS BOUILHET	
Melænis	1
JULES LECOMTE	
Poignard de Cristal	1
X. MARMIER	
Au bord de la Newa	1
Les Drames intimes	1
J. AUTRAN	
Milianah	1
FRANCIS WEY	
Les Anglais chez eux	1

	vol.
PAUL DE MUSSET	
La Bavolette	1
Puylaurens	1
CÉL. DE CHABRILLAN	
Les Voleurs d'Or	1
La Sapho	1
EDMOND TEXIER	
Amour et finance	1
ACHIM D'ARNIM	
Trad. T. Gautier fils.	
Contes bizarres	1
ARSÈNE HOUSSAYE	
Femmes c. elles sont	1
L'amour comme il est	1
GÉNÉRAL DAUMAS	
Le grand Désert	1
Chevaux du Sahara	1
H. BLAZE DE BURY	
Musiciens contemp.	1
OCTAVE DIDIER	
Madame Georges	1
FELIX MORNAND	
La Vie arabe	1
ADOLPHE ADAM	
Souv. d'un Musicien	1
Dern. Souvenirs d'un Musicien	1
J. DE LA MADELÈNE	
Les Âmes en peine	1
MARC FOURNIER	
Le Monde et la Coméd.	1
ÉMILE SOUVESTRE	
Philos. sous les toits	1
Conf. d'un Ouvrier	1
Au coin du Feu	1
Scèn. de la Vie intim.	1
Chroniq. de la Mer	1
Dans la Prairie	1
Les Clairières	1
Sc. de la Chouannerie	1
Les derniers Paysans	1
Souv. d'un Vieillard	1
Sur la Pelouse	1
Soirées de Meudon	1
Sc. et réc. des Alpes	1
Les Anges du Foyer	1
L'Échelle de Femm.	1
La Goutte d'eau	1
Sous les Filets	1
Le Foyer Breton	2
Contes et Nouvelles	1
LÉON GOZLAN	
Châteaux de France	2
Notaire de Chantilly	1
Polydore Marasquin	1
Nuits du P.-Lachaise	1
Le Dragon rouge	1
Le Médecin du Pecq	1
Hist. de 130 femmes	1
La famille Lambert	1
La dern. Sœur Anne	1
THÉOPH. LAVALLÉE	
Histoire de Paris	2
EDGAR POE	
Trad. Ch. Baudelaire.	
Histoires extraordin.	1
Nouv. Hist. extraord.	1
Aventures d'Arthur Gordon Pym	1

	vol.
CHARLES DICKENS	
Traduction A. Pichot.	
Neveu de ma Tante	2
Contes et Nouvelles	1
A. VACQUERIE	
Profils et Grimaces	1
A. DE PONTMARTIN	
Contes et Nouvelles	1
Mém. d'un Notaire	1
La fin du Procès	1
Contes d'un Planteur de chour	1
Pourquoi je reste à la Campagne	1
HENRI CONSCIENCE	
Trad. Léon Wocquier.	
Scèn. de la Vie flam.	2
Le Fléau du Village	1
Les Veillées flamand	1
Les Heures du soir	1
Le Démon de l'Argent	1
La Mère Job	1
L'Orpheline	1
Guerre des Paysans	1
PAUL DE MOLÈNES	
Chroniques Contemporaines	1
DE STENDHAL	
(H. Beyle.)	
De l'Amour	1
Le Rouge et le Noir	1
La Chartr. de Parme	1
MAX. RADIGUET	
Souv. de l'Amér. esp.	1
PAUL FÉVAL	
Le Tueur de Tigres	1
Les dernières Fées	1
MÉRY	
Les Nuits anglaises	1
Une Hist. de Famille	1
André Chénier	1
Salons et Sout. de Paris	1
Les Nuits italiennes	1
ÉDOUARD PLOUVIER	
Les Dern. Amours	1
GUST. FLAUBERT	
Madame Bovary	2
CHAMPFLEURY	
Les Excentriques	1
Avent. de Mlle Mariette	1
Le Réalisme	1
Prem. Beaux Jours	1
Les Souffrances du profess. Delteil	1
Les Bourgeois de Molinchart	1
Chien-Caillou	1
XAVIER AUBRYET	
La Femme de 25 ans	1
VICTOR DE LAPRADE	
Psyché	1
H. B. RÉVOIL (Trad.)	
Harems du N.-Monde	1
ROGER DE BEAUVOIR	
Chev. de St-Georges	1
Avent. et Courtisanes	1
Histoires cavalières	1
GUSTAVE D'ALAUX	
Soulouq. et son Emp.	1

	vol.
F. VICTOR HUGO	
(Traducteur.)	
Sonn. de Shakspeare	1
AMÉDÉE PICHOT	
Les Poëtes amoureux	1
ÉMILE CARREY	
Huit jours sous l'Équateur	1
Métis de la Savane	1
Les Révoltés du Para	1
CHARLES BARBARA	
Histoir. émouvantes	1
E. FROMENTIN	
Un Été dans le Sahara	1
XAVIER EYMA	
Les Peaux-Noires	1
Femmes du N.-Monde	1
LA COMTESSE DASH	
Les Bals masqués	1
Le Jeu de la Reine	1
L'Écran	1
Le Fruit défendu	1
MAX BUCHON	
En Province	1
HILDEBRAND	
Trad. Léon Wocquier	
Scè. de la Vie holland	1
AMÉDÉE ACHARD	
Parisiennes et Provinciales	1
Brunes et Blondes	1
Les dern. Marquises	1
Les Femmes honnêtes	1
A. DE BERNARD	
Le Portrait de la Marquise	1
CH. DE LA ROUNAT	
Comédie de l'Amour	1
MAX VALREY	
Marthe de Montbrun	1
A. DE MUSSET	
GEORGE SAND	
DE BALZAC etc.	
Le Tiroir du Diable	1
Paris et les Parisiens	1
Parisiennes à Paris	1
ALBÉRIC SECOND	
A quoi tient l'Amour	1
Mme BERTON	
(Née Samson.)	
Le Bonheur impossib.	1
NADAR	
Quand j'ét. Étudiant	1
Miroir aux Alouettes	1
ÉMILIE CARLEN	
Trad. M. Souvestre.	
Deux Jeunes Femmes	1
LOUIS ULBACH	
Les Secrets du Diable	1
F. HUGONNET	
Souvenirs d'un Chef de Bureau Arabe	1
JULES SANDEAU	
Sacs et Parchemins	1
LOUIS DE CARNÉ	
Drame s. la Terreur	1

www.ingramcontent.com/pod-product-compliance
Lightning Source LLC
Chambersburg PA
CBHW050906230426
43666CB00010B/2050